D1730854

Nomos Universitätsschriften

Recht

Band 630

Dominik Skauradszun

Das Urheberrecht in der Zwangsvollstreckung

Eine Untersuchung zur Vollstreckung in urheberrechtliche Nutzungsrechte, zum Dogma der Unübertragbarkeit des Urheberrechts und seiner Rechtsnatur

 **Nomos**

Die Deutsche Bibliothek verzeichnet diese Publikation in
der Deutschen Nationalbibliografie; detaillierte bibliografische
Daten sind im Internet über http://dnb.ddb.de abrufbar.

Zugl.: Tübingen, Univ., Diss., 2009

ISBN 978-3-8329-4592-3

D21

1. Auflage 2009

Vorwort

Die vorliegende Arbeit wurde von der Juristischen Fakultät der Eberhard-Karls-Universität Tübingen im Wintersemester 2008/2009 als Dissertation angenommen.

Meinem Doktorvater, Herrn Professor Dr. Jürgen Stamm, danke ich herzlich, dass ich in dieser Zeit an seinem Lehrstuhl als Wissenschaftlicher Assistent tätig sein durfte und er mir stets bei der Ausgestaltung und Schwerpunktsetzung der behandelten Bereiche reichlich Freiraum ließ. Herrn Professor Dr. Wolfgang Marotzke sei für die Erstellung des Zweitgutachtens und seine weiterführenden Hinweise gedankt.

Inhaltlich haben die Arbeit insbesondere meine Kollegen Stephan Wendt und Konrad Riemer begleitet, die durch ihre vielfältigen Kenntnisse in der Methodenlehre und im Vollstreckungsrecht maßgebliche Impulse gesetzt haben.

Ihnen wie auch meiner Frau und meinem Vater sei schließlich für die mühevolle Unterstützung bei den Korrekturarbeiten gedankt.

Tübingen, April 2009   Dr. Dominik Skauradszun

Inhaltsübersicht

Inhaltsverzeichnis

11

Abkürzungsverzeichnis

aaO.	am angegebenen Ort
Abs.	Absatz
AcP	Archiv für die civilistische Praxis
a. E.	am Ende
a. F.	alte Fassung
AG	Amtsgericht
Aufl.	Auflage
BB	Betriebsberater
BGB	Bürgerliches Gesetzbuch
BGBl.	Bundesgesetzblatt
BGH	Bundesgerichtshof
BGHZ	Entscheidungen des Bundesgerichtshofs in Zivilsachen
BT	Bundestag
BT-Drucks.	Drucksache des Deutschen Bundestages
BVerfG	Bundesverfassungsgericht
BVerfGE	Entscheidungen des Bundesverfassungsgerichts
BVerwG	Bundesverwaltungsgericht
bzw.	beziehungsweise
CPO	Civilprozessordnung
CR	Computer und Recht
DGVZ	Deutsche Gerichtsvollzieherzeitung
d. h.	das heißt
DZWIR	Deutsche Zeitschrift für Wirtschafts- und Insolvenzrecht
ff.	folgende Seiten
Fn.	Fußnote
FuR	Familie und Recht
GebrMG	Gebrauchsmustergesetz
gem.	gemäß
GG	Grundgesetz
grds.	grundsätzlich
GRUR	Gewerblicher Rechtsschutz und Urheberrecht
GRUR Int.	Gewerblicher Rechtsschutz und Urheberrecht Internationaler Teil
HGB	Handelsgesetzbuch
h. M.	herrschende Meinung
HS	Halbsatz
InsO	Insolvenzordnung
i. S.	im Sinne
JA	Juristische Arbeitsblätter

JR	Juristische Rundschau
JZ	Juristenzeitung
KO	Konkursordnung
KTS	Zeitschrift für Insolvenzrecht
KUG	Gesetz betreffend das Urheberrecht an Werken der bildenen Künste und der Photopraphie
LUG	Gesetz betreffend das Urheberrecht an Werken der Literatur und der Tonkunst
m. w. N.	mit weiteren Nachweisen
MDR	Monatsschrift für deutsches Recht
NJW	Neue Juristische Wochenschrift
NJW-RR	NJW-Rechtsprechungsreport
Nr.	Nummer
NVwZ	Neue Zeitschrift für Verwaltungsrecht
öJZ	Österreichische Juristen Zeitung
OLG	Oberlandesgericht
PatG	Patentgesetz
Rn.	Randnummer
RegE	Regierungsentwurf
RG	Reichsgericht
RPfl	Rechtspfleger
S.	Seite
s.	siehe
s. o.	siehe oben
sog.	sogenannte, sogenannter, sogenanntes
StGB	Strafgesetzbuch
str.	streitig
st. Rspr.	ständige Rechtsprechung
u. a.	unter anderem, unter anderen, und andere
UFITA	Archiv für Urheber- und Medienrecht
UrhG	Gesetz über Urheberrecht und verwandte Schutzrechte (Urheberrechtsgesetz)
u. U.	unter Umständen
VerlG	Gesetz über das Verlagsrecht
VG	Verwaltungsgericht
VGH	Verwaltungsgerichtshof
vgl.	vergleiche
VwGO	Verwaltungsgerichtsordnung
VwVfG	Verwaltungsverfahrensgesetz
z. B.	zum Beispiel
ZEV	Zeitschrift für Erbrecht und Vermögensnachfolge
ZIP	Zeitschrift für Wirtschaftsrecht und Insolvenzpraxis
ZPO	Zivilprozessordnung
ZUM	Zeitschrift für Urheber- und Medienrecht
ZZP	Zeitschrift für Zivilprozeß

Einleitung und Gang der Untersuchung

Das Urheberrecht ist ökonomisch betrachtet ein stetig wichtiger werdendes Wirtschaftsgut. Der *zwangsweise* Zugriff auf das Urheberrecht ist schon seit mehr als einhundert Jahren von einer wechselseitigen Berücksichtigung der Interessen von Urheber und Gläubiger geprägt.[1] Die Berücksichtigung der verschiedenen Interessen und deren schwierige Abwägung hat schon *Kahmann* vor über 50 Jahren beschäftigt.[2] Neben dieser Monographie eigens zu diesem Thema haben auch breit aufgestellte Untersuchungen Besonderheiten des Urheberrechts in der Zwangsvollstreckung beleuchtet.[3]

Unter praktischen Gesichtspunkten ist der seltene Zugriff des Vollstreckungsgläubigers auf das Urheberrecht seines Schuldners auf drei Hürden zurückzuführen: zunächst einmal kann man sich aufgrund der Rechtsnatur als Persönlichkeits- *und* Immaterialgüterrecht – so die herrschende Meinung[4] – in der Zwangsvollstreckung kaum ein komplexeres Recht als das Urheberrecht vorstellen.[5] Weiterhin hat der Gesetzgeber die Zwangsvollstreckung im Urheberrechtsgesetz in den §§ 112 ff. UrhG geregelt und um eine Voraussetzung angereichert, wonach die Vollstreckung nur mit der Einwilligung des Urhebers möglich ist. Als dritte Hürde ist zu nennen, dass das Urheberrecht kraft Gesetzes für unübertragbar erklärt wird und damit in der Zwangsvollstreckung nur bedingt zur Verfügung steht.[6]

Um sich auf sicherem Boden zu bewegen, gilt es im 1. Kapitel zunächst zu klären, ob mit dem Zwangsvollstreckungsrecht im 8. Buch der Zivilprozessordnung,

---

1   *Sosnitza,* JZ 2004, 992, 998. Der Streit um das Urheberrecht in der Zwangsvollstreckung bestand schon zur Zeit des Urheberrechtsgesetzes des norddeutschen Bundes vom 11. Juni 1870, vgl. *Allfeld,* Kommentar LUG, § 10 Nr. 1 (S. 106).

2   *Kahmann,* Zwangsvollstreckung im Urheberrecht (1957), beschäftigte sich insbesondere auch mit dem Widerspruch zwischen dem Wesen der Zwangsvollstreckung und dem Erfordernis der Einwilligung des Schuldners (S. 36 ff.) und der zugrunde liegenden Interessenabwägung (S. 38 ff.).

3   *Freudenberg,* Zwangsvollstreckung in Persönlichkeitsrechte (2006), S. 80 ff. und *Zimmermann,* Immaterialgüterrechte und ihre Zwangsvollstreckung (1998), S. 56 ff., 180 ff., 284 ff.

4   Anders die vorliegende Arbeit (dazu im 4. Kapitel). Zur herrschenden Meinung siehe etwa *Schulze* in: Dreier/Schulze, § 11 Rn. 2; *Nordemann* in: Fromm/Nordemann, § 11 Rn. 2; *Kroitzsch* in: Möhring/Nicolini, § 11 Rn. 3.

5   Zur problematischen Subsumtion des Urheberrechts unter das Tatbestandsmerkmal des "Vermögensrechts" in § 857 Abs. 1 ZPO siehe sogleich 1. Kapitel C II. Zur Frage, in welchem Verhältnis beide Teile des Doppelrechts zueinander stehen, siehe 3. Kapitel B I.

6   Unübertragbare Vermögensrechte kommen in der Zwangsvollstreckung – sieht man einmal von der noch zu untersuchenden Ausnahme des § 857 Abs. 3 ZPO ab (3. Kapitel A) – gemäß §§ 857 Abs. 1, 851 ZPO nicht in Betracht. Zur Frage, ob zumindest einzelne Teile des Urheberrechts übertragbar sind, siehe 1. Kapitel D.

etwa der Vollstreckung in andere Vermögensrechte nach § 857 ZPO, auch das Urheberrecht erfasst werden kann.

Ein Einwilligungserfordernis zur Zwangsvollstreckung ist in der deutschen Rechtsordnung an keiner anderen Stelle zu finden.[7] Es wird sich im 2. Kapitel zeigen, dass es Auslöser für zahlreiche ungeklärte Fragenkomplexe ist. So erscheint es zweifelhaft, ob eine solche Vollstreckungsvoraussetzung mit den Maximen des Zwangsvollstreckungsrechts vereinbar ist. Es wirft desweiteren die Frage auf, wie Vollstreckungsakte zu behandeln sind, die ohne eine Einwilligung vorgenommen wurden und ob der Urheber, wie mancherorts gefordert,[8] sowohl zur Pfändung als auch zur Verwertung einwilligen muss, mithin die Zwangsvollstreckung zu zwei verschiedenen Zeitpunkten verhindern kann. Weiterhin soll untersucht werden, in welcher Weise die Verwertung gepfändeter urheberrechtlicher Nutzungsrechte vorgenommen werden kann und auf welche Normen der Zivilprozessordnung eine solche Verwertung gestützt werden kann.

Im Anschluss hieran werden die unterschiedlichen Lösungsvorschläge im Schrifttum zur Überwindung des Einwilligungserfordernisses untersucht. Da die bisherigen Ansätze den Focus auf besondere Fallgruppen richten und allesamt auf dogmatische oder praktische Bedenken stoßen, wird am Ende des 2. Kapitels ein neuer und umfassender Lösungsvorschlag de lege ferenda unterbreitet. Der Versuch, hier die vollstreckungsrechtliche Dogmatik mit den Interessen des Urheberrechts in Einklang zu bringen, bildet das Herzstück der Arbeit und steht unter dem Leitgedanken, die Behandlung des Urheberrechts in der Zwangsvollstreckung zu vereinfachen. Mit dem eigenen Ansatz soll namentlich gezeigt werden, dass die Behandlung des Urheberrechts in der Zwangsvollstreckung auf das Vollstreckungsrecht in der Zivilprozessordnung zurückgeführt werden kann und es daher einer besonderen Regelung der Zwangsvollstreckung im Urheberrechtsgesetz nicht bedarf. Die §§ 112 bis 119 UrhG können demzufolge gestrichen werden.

Das 3. Kapitel widmet sich sodann dem Grundsatz der Unübertragbarkeit des Urheberrechts, zeichnet dessen rechtshistorischen Weg in das heutige Urheberrechtsgesetz nach und versucht schließlich anhand zwei weiterer Rechtsgebieten – dem Erb- und Arbeitsrecht – zu zeigen, dass die Richtigkeit dieses Grundsatzes angezweifelt werden darf. Womöglich scheitert die Übertragbarkeit des Urheberrechts nicht an einem rechtstechnischen Können, sondern allein an einem rechtspolitischen Wollen.

Am Problem der Zwangsvollstreckung wird mit aller Deutlichkeit die Doppelnatur des Urheberrechts offenbar. Da sich die Probleme in der vorliegenden Arbeit letztlich auf die komplexe Rechtsnatur des Urheberrechts zurückführen lassen, schließt die Untersuchung im 4. Kapitel mit einem Ausblick. Die ökonomische Handhabung des Urheberrechts in den letzten Jahrzehnten, die Rechtsprechung des

---

7   So auch *Freudenberg,* Zwangsvollstreckung in Persönlichkeitsrechte, S. 84 und *Zimmermann,* Immaterialgüterrechte und ihre Zwangsvollstreckung, S. 137.
8   Ausdrücklich *Vinck* in: Fromm/Nordemann, § 113 Rn. 1; *Samson,* Urheberrecht, S. 237.

Bundesgerichtshofs ab 1999,[9] die Beiträge des Schrifttums zur Kommerzialisierung von Persönlichkeitsrechten[10] sowie die Urheberrechtsreformen von 2002 und 2007 haben zu einer Kluft zwischen Rechtsdogmatik und Rechtswirklichkeit geführt[11] und geben deshalb Anlass, abschließend das Problem der Rechtsnatur des Urheberrechts aufzuwerfen.

Da ein Wirtschaftsgut wie das Urheberrecht heute nicht mehr allein national betrachtet werden sollte, fließen in die Untersuchung zu den jeweiligen Aspekten ähnliche oder alternative Regelungen unserer europäischen Nachbarn ein, um Denkanstöße für die Weiterentwicklung des deutschen Rechts zu gewinnen und eine wünschenswerte Rechtsvereinheitlichung nicht aus den Augen zu verlieren.

---

9   Auslösend waren die Entscheidungen BGHZ 143, 214 = BGH JZ 2000, 1056 = BGH NJW 2000, 2195 (Marlene Dietrich) sowie BGH NJW 2000, 2201 (Der blaue Engel).

10 Insbesondere *Götting*, Persönlichkeitsrechte als Vermögensrechte (1995); *Ahrens*, Verwertung persönlichkeitsrechtlicher Positionen, (2001); *Sosnitza*, Die Zwangsvollstreckung in Persönlichkeitsrechte, JZ 2004, 992 ff.; *Freudenberg*, Zwangsvollstreckung in Persönlichkeitsrechte (2006).

11 *Götting*, Persönlichkeitsrechte als Vermögensrechte, S. 1; ähnlich auch *Rehbinder*, UFITA (125) 1973, 125, 126.

1. Kapitel: Die Zwangsvollstreckung in das Urheberrecht gemäß § 857 ZPO

Der Gesetzgeber hat sich 1965 bei der Schaffung des Urheberrechtsgesetzes dafür entschieden, das Urheberrecht grundsätzlich der Zwangsvollstreckung zugänglich zu machen.[12] Das folgt heute aus § 112 UrhG, wonach sich die Zulässigkeit der Zwangsvollstreckung in ein nach dem Urheberrechtsgesetz geschütztes Recht nach den allgemeinen Vorschriften richtet, soweit sich aus den §§ 113 bis 119 UrhG nichts anderes ergibt. Mit den allgemeinen Vorschriften ist das 8. Buch der Zivilprozessordnung gemeint.[13] § 112 UrhG lässt es allerdings offen, auf welche Norm der ZPO abzustellen ist.

Das Schrifttum ist sich einig, dass die Frage der Zwangsvollstreckung in das Urheberrecht ein Fall des § 857 ZPO, der Vollstreckung in andere Vermögensrechte, sei.[14] Jenseits dieses kleinsten gemeinsamen Nenners gehen die Formulierungen in alle denkbaren Richtungen auseinander: Mal sollen die Urheberrechte ohne weitere Differenzierung,[15] mal die Verwertungsrechte (§§ 15 ff. UrhG) pfändbar sein.[16] Anderenorts sollen die nicht näher beschriebenen "Urheberverwertungsrechte"[17] oder aber allein die einräumbaren Nutzungsrechte gemäß § 31 UrhG zwangsweise erfasst werden können.[18]

Sieht man das einschlägige Schrifttum durch, bleibt die Anwendung des § 857 ZPO hinsichtlich der Zwangsvollstreckung in das Urheberrecht zunächst unklar. Da

---

12   In BT-Drucksache IV/270, S. 109 zu § 122 des Entwurfs ist die grundsätzliche Zulässigkeit ausdrücklich erwähnt. So auch *Vinck* in: Fromm/Nordemann, § 112 Rn. 2 und *Freudenberg,* Zwangsvollstreckung in Persönlichkeitsrechte, S. 80.

13   *Kefferpütz* in: Wandtke/Bullinger, § 112 Rn. 1.

14   Etwa *Smid* in: MünchKommZPO, § 857 Rn. 16; *Becker* in: Musielak, § 857 Rn. 11; *Putzo* in: Thomas/Putzo, § 857 Rn. 5. Das sieht auch *Ahrens,* Verwertung persönlichkeitsrechtlicher Positionen, S. 475 so, obwohl er annimmt, die Zwangsvollstreckung in ein Persönlichkeitsrecht mache die Person zum Zugriffsobjekt im Sinne des § 888 ZPO. Dieser Ansatz ist deshalb zweifelhaft, da das Ziel der Zwangsvollstreckung gerade nicht eine nur vom Urheber vornehmbare Handlung ist, sondern die Verwertung eines bereits aus der Person des Urhebers herausgelösten Werkes. *Ahrens* selbst erkennt an anderer Stelle, dass sich das Werk „nach der Erlangung einer bestimmten Verselbstständigung" von der Person löse, so dass das Persönlichkeitsrecht aufhöre und „stattdessen zum reinen Immaterialgüterrecht" werde (aaO S. 88).

15   *Putzo* in: Thomas/Putzo, § 857 Rn. 5.

16   *Becker* in: Musielak, § 857, Rn. 11; *Baur/Stürner/Bruns,* Zwangsvollstreckungsrecht, Rn. 32.26; *Zimmermann,* Immaterialgüterrechte und ihre Zwangsvollstreckung, S. 193; *Lwowski* in: Münchener Kommentar InsO, § 35 Rn. 342.

17   *Lüke* in: Wieczorek/Schütze, § 857 Rn. 66.

18   *Smid* in: MünchKommZPO, § 857 Rn. 16; *Ahrens,* Verwertung persönlichkeitsrechtlicher Positionen, S. 31; *Stöber,* Forderungspfändung, Rn. 1761 und 1763.

sich selten eine Prüfung der einzelnen Tatbestandsvoraussetzungen finden lässt,[19] soll zunächst der Tatbestand von § 857 Abs. 1 ZPO näher betrachtet werden.

Nach § 857 Abs. 1 ZPO gelten die Vorschriften der §§ 829 ff. ZPO für die Zwangsvollstreckung in andere Vermögensrechte, die nicht Gegenstand der Zwangsvollstreckung in das unbewegliche Vermögen sind, entsprechend.[20] § 857 ZPO stellt also einen Sondertatbestand[21] dar, der nur Anwendung findet, wenn es sich beim Urheberrecht gemäß Abs. 1 um ein "anderes" Recht, um ein "Vermögensrecht" und um ein übertragbares Recht handelt. Letztere Voraussetzung ist aus dem Verweis des § 857 Abs. 1 ZPO auf § 851 Abs. 1 ZPO zu entnehmen.[22] Sollte das fragliche Recht unübertragbar sein, so könnte nach § 857 Abs. 3 ZPO eine Zwangsvollstreckung aber insoweit in Betracht kommen, als das Recht einem anderen zur Ausübung überlassen werden kann.[23]

A. Vorüberlegung: Pfändung des Urheberrechts durch Pfändung des Werkstücks?

Vorab ist zu untersuchen, ob es möglich ist, das Urheberrecht durch eine Sachpfändung eines Werkstücks gemäß den §§ 808 ff. ZPO zu erfassen. Dahinter steht die Vorstellung, dass in einem Werk das Urheberrecht selbst enthalten[24] und somit Gegenstand der Vollstreckung das Werk selbst sein könnte.[25] Schließlich ist es nicht selbstverständlich, zwischen einem geistigen Gut und dem Recht an diesem Gut zu unterscheiden.[26]

Diejenigen Autoren, die diesen Ansatz diskutierten, haben ihn meist wieder verworfen.[27] Zwar sei in einem jeden Werkstück das geistige Gut verkörpert. Aufgrund

---

19 Siehe alle zuvor genannten und insbesondere *Brox/Walker*, Zwangsvollstreckungsrecht, Rn. 834.

20 Nach dem Wortlaut des § 857 Abs. 1 ZPO gelten die „vorstehenden Vorschriften entsprechend". Damit sind die §§ 829 ff. ZPO gemeint, *Walker* in: Schuschke/Walker, § 857 Rn. 4.

21 *Lüke* in: Wieczorek/Schütze, § 857 Rn. 1 und *Baur/Stürner/Bruns*, Zwangsvollstreckungsrecht, Rn. 30.2 sehen § 857 ZPO als Auffangtatbestand.

22 *Walker* in: Schuschke/Walker, § 857 Rn. 4.

23 Zu § 857 Abs. 3 ZPO siehe ausführlich 3. Kapitel A.

24 *Waasen*, Urheberrecht und Eigentum, S. 1.

25 Die Auffassung, dass Gegenstand des haftenden Vermögens nicht das Recht an einem Objekt, sondern das Objekt selbst sei, ist auf *Troller*, Internationale Zwangsverwertung und Expropriation von Immaterialgütern, S. 36, zurückzuführen. Seine Ansicht wurde von zahlreichen Autoren kritisiert; siehe nur *Wallner*, Die Insolvenz des Urhebers, S. 16 und *Zimmermann*, Immaterialgüterrechte und ihre Zwangsvollstreckung, S. 138.

26 *Wallner*, Die Insolvenz des Urhebers, S. 15. So wird ebenfalls nicht zwischen Eigentum und dem Eigentumsrecht unterschieden. Siehe aber zu Sonderfällen *Dernburg*, Sachenrecht, S. 227.

27 Bereits *Leupold*, Zwangsverwaltung, S. 27; *Jautz*, Zwangsvollstreckung in Patentrechte, S. 5; *Zimmermann*, Immaterialgüterrechte und ihre Zwangsvollstreckung, S. 147; ablehnend auch *Gregoritza*, Kommerzialisierung von Persönlichkeitsrechten Verstorbener, S. 189; *Baur/Stürner/Bruns*, Zwangsvollstreckungsrecht, Rn. 32.42; *Freudenberg*, Zwangsvollstreckung in Persönlichkeitsrechte, S. 80 und 32, der aber behauptet, heute würde nicht mehr dar-

seiner Eigenschaft als unkörperlicher geistiger Gegenstand kann er aber beliebig oft in einem Werkstück materialisiert werden.[28] Ersichtlich bleibt aber das geistige Gut von den einzelnen Verkörperungen unabhängig.[29]

Diese Ansicht der Literatur ist überzeugend. Greift man zunächst die Parallele zu den körperlichen Sachen auf, so wären die §§ 808 ff. ZPO anzuwenden. Es ist aber fragwürdig, ob das Urheberrecht unter den Tatbestand des § 808 ZPO subsumiert werden kann, mithin eine "Sache" ist.[30] Zwar fehlt der Zivilprozessordnung eine ausdrückliche Regelung, was unter einer Sache zu verstehen ist. Und auch die Definition des § 90 BGB, wonach Sachen nur körperliche Gegenstände sind, kann nicht herangezogen werden, denn auf § 90 BGB konnte die Zivilprozessordnung von 1877 noch nicht abgezielt haben. Es ist vielmehr zu berücksichtigen, dass die Zivilprozessordnung seit jeher unter dem Begriff "Sache" körperliche Gegenstände und Rechte verstand.[31] Aber auch ohne die Definition des § 90 BGB erschließt sich der Anwendungsbereich des § 808 BGB aus der Gesamtschau der §§ 808 ff. ZPO: diese Paragraphen regeln nur solche Vollstreckungsobjekte, an denen eine Besitzergreifung durch den Gerichtsvollzieher oder das Anbringen eines Pfandsiegels möglich ist.[32] An einem geistigen Gut, hier der Schöpfung, ist weder Besitz, noch das Anbringen irgendwelcher Zeichen der Pfändung möglich. Überdies hat der Urheber an seinem Urheberrecht keinen Gewahrsam im Sinne des § 808 ZPO. Unter dem Gewahrsam ist die rein tatsächliche Herrschaft über die Sache zu verstehen.[33] Ein geistiges Gut ist aber grundsätzlich frei und für jedermann zugänglich und nicht in den Begriffskategorien einer tatsächlichen Sachherrschaft zu verstehen.[34]

Als Sonderfall wäre denkbar, dass eine Schöpfung nur in einem einzigen Werk verkörpert ist und sich dieses nicht vervielfältigen lässt.[35] Selbst dann ändert sich an der rechtlichen Bewertung aber nichts. Vielmehr wäre das Werk selber mit einer

---

an gezweifelt, dass sich eine Zwangsvollstreckung auf das Recht beziehen müsse und nicht in Analogie zur Sachpfändung auf den einzelnen Gegenstand. Für eine reine Sachpfändung steht aber *Münzberg* in: Stein/Jonas, § 808 Rn. 3 ein, jedenfalls dann, wenn man § 808 ZPO analog heranzieht.

28 So auch *Wallner,* Die Insolvenz des Urhebers, S. 18, *Hunziger,* UFITA (101) 1985, 49, 51 und *Zimmermann,* Immaterialgüterrechte und ihre Zwangsvollstreckung, S. 148 mit weiteren Nachweisen.

29 *Schack,* Urheber- und Urhebervertragsrecht, Rn. 20. Überdies unterscheidet sich die körperliche Sache vom Immaterialgut dadurch, dass erstere mit eigener physischer Kraft beschützt werden kann, während das Immaterialgut die Hilfe der Rechtsordnung bedarf. Siehe aber noch ausführlicher zur Unterscheidung Sacheigentum und geistigem Eigentum im 4. Kapitel B II.

30 Ähnlich *Ulmer,* Urheber- und Verlagsrecht, § 2 I 1, der betont, das Urheberrecht sei kein Sachkörper.

31 Siehe etwa *Becker-Eberhard* in: MünchKommZPO, § 265 Rn. 16; *Reichold* in: Thomas/Putzo, § 265 Rn. 2. Siehe aber ausführlich noch das 4. Kapitel B II.

32 Zweifelhaft deshalb die Ansicht, gepfändete Computerprogramme auf dem Computer des Schuldners kenntlich zu machen. Dazu *Münzberg* in: Stein/Jonas, § 808 Rn. 3.

33 *Putzo* in: Thomas/Putzo, § 808 Rn. 3.

34 *Schack,* Urheber- und Urhebervertragsrecht, Rn. 20.

35 Beispielsweise ist an ein Gemälde oder eine Skulptur zu denken.

Sachpfändung zu erfassen, das Urheberrecht hingegen mit einer Rechtspfändung.[36] Insoweit ähnelt die Situation der Pfändung einer beweglichen Sache, an der der Schuldner nur ein Anwartschaftsrecht hat.[37] Hier nimmt die herrschende Meinung mit der Theorie der Doppelpfändung auch die Kombination aus Sach- und Rechtspfändung an.[38]

Folglich wird durch die Sachpfändung eines Werkexemplars das Urheberrecht nicht erfasst.

B. "Anderes" Vermögensrecht

Grundsätzlich wäre aufgrund seiner Auffangfunktion § 857 Abs. 1 ZPO nur anwendbar, wenn es sich beim Urheberrecht um ein "anderes" Recht handeln würde, also keine andere Norm das Urheberrecht erfasst.[39] Der 2. Abschnitt des 8. Buches der ZPO unterscheidet als Vollstreckungsgegenstände bewegliches und unbewegliches Vermögen. Offensichtlich sind die §§ 864 ff. ZPO für die Zwangsvollstreckung in das Urheberrecht nicht einschlägig.[40] Wie gezeigt lässt sich das Urheberrecht auch nicht mit der Mobiliarzwangsvollstreckung nach den §§ 808 ff. ZPO erfassen.[41] Schließlich ist das Urheberrecht auch nicht als Forderung zu verstehen, so dass auch eine Zwangsvollstreckung gemäß den §§ 829 ff. ZPO nicht in Betracht kommt.[42]

Somit kann das Urheberrecht – wenn überhaupt – mit dem Auffangtatbestand gemäß § 857 Abs. 1 ZPO erfasst werden.

---

36   Sich für eine Doppelpfändung aussprechend *Paulus*, Rechtsschutz und Verwertung von Computerprogrammen, S. 831, 841 ff.

37   Die Situation erscheint auch deshalb vergleichbar, da der Urheber bei Werken, die vervielfältigt werden können, meist nicht Eigentümer der Werkexemplare ist, mithin Eigentum und Urheberrecht oft auseinanderfallen werden.

38   *Smid* in: MünchKommZPO, § 857 Rn. 22; *Brehm* in: Stein/Jonas, § 857 Rn. 86; *Kemper* in: Hk-ZPO, § 857 Rn. 9.

39   *Lüke* in: Wieczorek/Schütze, § 857 Rn. 1; *Sosnitza*, JZ 2004, 992, 997. Mit diesem Tatbestandsmerkmal will das Gesetz die Abgrenzung zu anderen Normen durchführen, *Zimmermann*, Immaterialgüterrechte und ihre Zwangsvollstreckung, S. 152.

40   *Kemper* in: Hk-ZPO, § 857 Rn. 2.

41   Denkbar aber sind Fälle, in denen die §§ 883 ff. ZPO einschlägig sind. Insbesondere, wenn der Urheber ein Werk trotz vertraglicher Verpflichtung nicht herausgibt oder aber seiner vertraglichen Verpflichtung zur Werkschaffung nicht nachkommt. Diese Fallgruppen enthalten keine besonderen Probleme wie es die Fallgruppe der Vollstreckung wegen Geldforderungen in das Urheberrecht enthält. Vgl. diesbezüglich auch *Kahmann*, Zwangsvollstreckung im Urheberrecht, S. 14.

42   So auch *Zimmermann*, Immaterialgüterrechte und ihre Zwangsvollstreckung, S. 19.

C. Anderes "Vermögensrecht"

Fraglich ist sodann, ob das Urheberrecht ein Vermögensrecht im Sinne des § 857 Abs. 1 ZPO darstellt. Allein die hohe wirtschaftliche Bedeutung lässt noch keinen Rückschluss auf die Einordnung eines Rechts als Vermögensrecht im Sinne des § 857 Abs. 1 ZPO zu.[43]

I. Definition eines "Vermögensrechts"

Die verschiedenen Rechtsgebiete der deutschen Rechtsordnung legen den Begriff des "Vermögensrechts" jeweils nur für ihren Bereich aus.[44] Eine allgemeine Definition ist aber weder in der Zivilprozessordnung, noch im materiellen Recht zu finden.[45] Nach allgemeiner Meinung sind unter dem Begriff des Vermögensrechts jedenfalls alle geldwerten Rechte zu verstehen.[46]

Smid und *Brehm* nehmen darüber hinaus einen eher weiten Begriff des Vermögensrechts an, wonach zu den Vermögensrechten auch solche Rechte zählen sollen, die zwar einen Vermögenswert haben, die aber nicht geeignet sein müssen, unmittelbar durch Pfändung und Verwertung zur Befriedigung des Gläubigers zu dienen.[47] Nach *Smid* soll ein Recht dann ein Vermögensrecht sein, wenn es sich auf den Haftungsverband des Schuldners bezieht.[48]

Lüke vertritt einen engeren Begriff des Vermögensrechts, wonach nicht jeder Vermögenswert ein Vermögensrecht darstellen könne. Nach *Lüke* soll der Begriff durch eine Abgrenzung bestimmt werden. So sei das Vermögensrecht von der Ver-

---

43 *Freudenberg,* Zwangsvollstreckung in Persönlichkeitsrechte, S. 35. Siehe zur wirtschaftlichen Bedeutung *Schack,* Urheber- und Urhebervertragsrecht, Rn. 28.

44 *Gregoritza,* Kommerzialisierung von Persönlichkeitsrechten Verstorbener, S. 191. Zu den zahlreichen Bedeutungen „der Vokabel Vermögen" bereits *Schwab/Löhnig,* Zivilrecht, Rn. 298. Es findet sich beispielsweise auch im Insolvenzrecht keine womöglich übernehmbare Definition, *Klauze,* Urheberrechtliche Nutzungsrechte, S. 199; *Wallner,* Die Insolvenz des Urhebers, S. 20. Vielmehr versucht man den Begriff "Vermögen" im Rahmen des § 35 InsO auch mittels einer Aufzählung zu konkretisieren, vgl. dazu *Eickmann* in: MünchKommZPO, § 35 Rn. 3 ff.

45 *Olzen,* ZZP 1984, 1, 7; *Freudenberg,* Zwangsvollstreckung in Persönlichkeitsrechte, S. 35 f. Nicht anders ist dies im Schweizer Recht, siehe *Müller,* Zwangsvollstreckung in Immaterialgüter, S. 4.

46 *Becker* in: Musielak, § 857 Rn. 2; *Wallner,* Die Insolvenz des Urhebers, S. 20; ähnlich auch *Brehm* in: Stein/Jonas, § 857 Rn. 7; auch *Hartmann* in: Baumbach/Lauterbach, § 857 Rn. 3. Das ist letztlich aber bereits seit Einführung der Civilprozeßordnung anerkannt, siehe etwa *Seuffert,* Kommentar ZPO (1911), § 857 Nr. 1.

47 *Smid* in: MünchKommZPO, § 857 Rn. 7; *Brehm* in: Stein/Jonas, § 857 Rn. 7. Siehe diesbezüglich zu dem weiten Vermögensbegriff in der Insolvenz *Wallner,* Die Insolvenz des Urhebers, S. 21.

48 *Smid* in: MünchKommZPO, § 857 Rn. 7.

mögensgesamtheit zu unterscheiden, die zwar rechtlich übertragbar sein kann, in die aber als solche nicht vollstreckt werden könne.[49]

Walker bestimmt den Begriff des Vermögensrechts über eine Abgrenzung. Er bestimmt zunächst diejenigen Rechte, die nicht zum Vermögen zählen, namentlich die sogenannten Nichtvermögensrechte.[50] Zu einem Nichtvermögensrecht zählt er insbesondere die allgemeinen und besonderen Persönlichkeitsrechte.[51] Diejenigen Rechte, die nicht zu den Nichtvermögensrechten zählen, kommen folglich als Vermögensrechte in Betracht.

Während die Definitionen von *Smid* und *Lüke* wenig hilfreich anmuten – müssen für diese erst weitere Begriffe definiert werden – erscheint die Vorgehensweise durch eine Abgrenzung zu den Nichtvermögensrechten leicht durchführbar. So wird insbesondere bei *Smid* nicht deutlich, was der "Haftungsverband" im Einzelnen umfassen soll. Überdies sollten die Fragen der Einordnung als Vermögensrecht und dessen Übertragbarkeit entgegen *Lüke* isoliert betrachtet werden.[52] *Götting* weist überzeugend darauf hin, dass der häufig anzutreffende Satz "Vermögensrecht ist nur, was auch übertragbar ist" so nicht zutreffend ist.[53] So sind etwa die persönliche Dienstbarkeit und der Nießbrauch Vermögensrechte, obgleich sie nicht übertragbar sind.[54] Der Vorteil einer Abgrenzung zu den Nichtvermögensrechten hingegen liegt darin, dass die Einteilung in Vermögens- und Nichtvermögensrechte allgemein anerkannt ist.[55]

Somit stellt ein Recht dann ein Vermögensrecht im Sinne des § 857 Abs. 1 ZPO dar, wenn es nicht bereits als Nichtvermögensrecht einzuordnen ist, sondern durch seinen Vermögenswert geeignet ist, in der Pfandverwertung zur Befriedigung der Geldansprüche der Gläubiger zu führen.[56]

---

49 *Lüke* in: Wieczorek/Schütze, § 857 Rn. 9; bestätigend auch *Freudenberg*, Zwangsvollstreckung in Persönlichkeitsrechte, S. 28.

50 *Walker* in: Schuschke/Walker, § 857 Rn. 2.

51 *Walker* in: Schuschke/Walker, § 857 Rn. 2; ebenso *Lackmann*, Zwangsvollstreckungsrecht, Rn. 294 und *Rüthers*, Rechtstheorie, Rn. 64. Ähnlich auch *Kemper* in: Hk-ZPO, § 857 Rn. 6, der zwar keine Definition vorschlägt, aber auch die Rechte mit höchstpersönlichem Charakter ausnimmt.

52 Siehe auch *Klauze*, Urheberrechtliche Nutzungsrechte, S. 199, der die Einordnung als Vermögensrecht eng mit der Frage der Übertragbarkeit verknüpft, aber deutlich betont, dass von der Übertragbarkeit nicht unbedingt auf die Rechtsnatur des jeweiligen Rechts zu schließen sei.

53 *Götting*, Persönlichkeitsrechte als Vermögensrechte, S. 8.

54 *Götting*, Persönlichkeitsrechte als Vermögensrechte, S. 8.

55 Siehe nur *Larenz/Wolf*, Allgemeiner Teil BGB, § 15 Rn. 21; *Rüthers*, Rechtstheorie, Rn. 64.

56 Bezüglich des zweiten Teils lehnt sich die Definition deshalb an *Klauze*, Urheberrechtliche Nutzungsrechte, S. 200 und *Stöber* in: Zöller, § 857 Rn. 2 an. Ähnlich auch *Gregoritza*, Kommerzialisierung von Persönlichkeitsrechten Verstorbener, S. 191.

II. Subsumtion

Die Subsumtion des Urheberrechts unter die genannten Ansätze bereitet Schwierigkeiten. So ist bereits unklar, ob das Urheberrecht einen Vermögenswert hat.[57] Genauso unklar bleibt, ob das Urheberrecht eine Vermögensgesamtheit darstellt oder unter den Haftungsverband des Schuldners fällt.[58]

Die Schwierigkeit resultiert daraus, dass sich das Urheberrecht scheinbar aus verschiedenen Teilen zusammensetzt. So regeln die §§ 12-14 UrhG das Urheberpersönlichkeitsrecht, die §§ 15-24 UrhG die Verwertungsrechte und die §§ 31 ff. UrhG die Nutzungsrechte.

Die heute allgemein anerkannte Auffassung, wie diese Teile zueinander stehen, ist auf *Ulmer* und seine sogenannte Baumtheorie[59] zurückzuführen. Nach ihm erscheinen die Persönlichkeits- und Vermögensinteressen „wie bei einem Baum, als die Wurzeln des Urheberrechts, und dieses selbst als der einheitliche Stamm. Die urheberrechtlichen Befugnisse sind den Ästen und Zweigen vergleichbar, die aus dem Stamm erwachsen. Sie ziehen die Kraft bald aus beiden, bald ganz oder vorwiegend aus einer der Wurzeln"[60]. Die Früchte der Äste stellt *Ulmer* als die Nutzungsrechte dar.[61]

Zwar suggeriert das Gesetz mit der Eingruppierung in das Urheberpersönlichkeitsrecht, die Verwertungsrechte und die Nutzungsrechte eine Dreiteilung.[62] Das Schrifttum hat sich aber einheitlich der Anschauung von *Ulmer* angeschlossen und geht davon aus, dass die beiden ersten Teile eine Einheit bilden und die Nutzungsrechte davon getrennte, vermögensrechtliche Früchte darstellen.[63] Die suggerierte Dreiteilung hat deshalb nur ordnenden Charakter.[64] Die im Urheberrechtsgesetz vorgenommene Unterscheidung in Verwertungs- und Nutzungsrechte ist akribisch

---

57 Man wird das für die Nutzungsrechte annehmen können, da die Einräumung von Nutzungsrechten in einem Lizenzvertrag einen Vermögenswert hat. So auch *Schulze* in: Dreier/Schulze, § 112 Rn. 1. Das Urheberpersönlichkeitsrecht wird wohl aber keinen Vermögenswert haben. Es ist nach heutiger Auffassung kein Teil des Rechtsverkehrs. Diese Frage wird sowohl bei der Verwertung noch einmal relevant als auch im letzten Kapitel zur Untersuchung der Rechtsnatur des Urheberrechts.

58 Da sich das Urheberrecht aus verschiedenen Teilen zusammensetzt, könnte hier eine Vermögensgesamtheit vorliegen. Ob die Vermögensgesamtheit oder einzelne Teile des Urheberrechts aber übertragbar sind, wird erst nachfolgend untersucht.

59 So auch bezeichnet bei *Rehbinder,* Urheberrecht, § 3 VII.

60 *Ulmer,* Urheber- und Verlagsrecht, § 18 II 4.

61 *Ulmer,* Urheber- und Verlagsrecht, § 18 II 4. Die Terminologie „Stammrecht" wird im Schrifttum auch heute verwendet, vgl. nur *Nordemann* in: Fromm/Nordemann, § 28 Vorbem. Rn. 1.

62 *Schack,* Urheber- und Urhebervertragsrecht, Rn. 304 stellt darauf ab, dass die Einteilung nur ordnenden Charakter habe.

63 So etwa auch *Schack,* Urheber- und Urhebervertragsrecht, Rn. 318 und *Ohly,* JZ 2003, 545, 549.

64 *Schack,* Urheber- und Urhebervertragsrecht, Rn. 304.

einzuhalten und nicht nur terminologischer Natur.[65] In der Hand des Urheberrechts-
inhabers liegt eine Komponente des Urheberrechts in Form eines "Verwertungsrechts" vor; wird die Befugnis, ein Werk zu verwerten, einem Dritten eingeräumt,
spricht das Gesetz von einem "Nutzungsrecht".[66] Inhaltlich können beide Begriffe
im Einzelfall übereinstimmen.[67]

Zunächst einmal lässt sich nun subsumieren, dass urheberrechtliche Nutzungsrechte geldwerte Rechte sind, nicht zu den Nichtvermögensrechten gehören und
nach allgemeiner Meinung deshalb zu den Vermögensrechten im Sinne des § 857
Abs. 1 gezählt werden können.[68] *Klauze* trägt dazu anschaulich vor, dass sich der
Charakter des Nutzungsrechts als Vermögensgegenstand an der Tatsache ablesen
lässt, dass das Nutzungsrecht in der Höhe der Anschaffungskosten in der Bilanz des
Lizenznehmers aufgeführt wird.[69]

Bis vor wenigen Jahren war es darüber hinaus möglich, das Urheberpersönlichkeitsrecht als ein besonderes Persönlichkeitsrecht und damit als Nichtvermögensrecht einzuordnen.[70] Da die umfassenden Verwertungsrechte aus dem Urheberpersönlichkeitsrecht resultieren,[71] galt für sie infolgedessen dieselbe Einordnung.[72] Als
Nichtvermögensrechte kamen das Urheberpersönlichkeitsrecht und die umfassenden
Verwertungsrechte als Vollstreckungsgegenstände im Sinne des § 857 Abs. 1 ZPO
nicht in Betracht.[73]

Ob eine solche Subsumtion bezüglich des Urheberpersönlichkeitsrechts und des
aus ihm resultierenden umfassenden Verwertungsrechts weiterhin möglich ist, ist
spätestens seit den beiden Entscheidungen des Bundesgerichtshofs vom 1. Dezem-

---

65   Siehe *Schricker* in: Schricker, §§ 28 ff. Vorbemerkung Rn. 20. Kritisch zur Terminologie
     Strömholm, GRUR Int. 1973, 350, 357, der sich dafür ausspricht, die alte Terminologie der
     Vorgängergesetze wieder einzuführen. Siehe auch *Hertin* in: Fromm/Nordemann, § 31 Vor-
     bemerkung Rn. 5.

66   *Klauze*, Urheberrechtliche Nutzungsrechte, S. 12; *Schricker* in: Schricker, §§ 28 ff. Vorbe-
     merkung Rn. 20; deutlich auch *Stöber*, Forderungspfändung, Rn. 1761.

67   *Schricker* in: Schricker, §§ 28 ff. Vorbemerkung Rn. 20; *Strömholm*, GRUR Int. 1973, 350,
     356.

68   So deutlich *Schack*, Urheber- und Urhebervertragsrecht, Rn. 554; *Klauze*, Urheberrechtliche
     Nutzungsrechte, S. 237; *Häfele/Wurzer*, DZWIR 2001, 282, 282; im Ergebnis auch *Schulze*
     in: Dreier/Schulze, § 112 Rn. 18.

69   *Klauze*, Urheberrechtliche Nutzungsrechte, S. 200. Siehe zur Bilanzierung von gewerblichen
     Schutzrechten *Häfele/Wurzer*, DZWIR 2001, 282, 282.

70   *Gregoritza*, Kommerzialisierung von Persönlichkeitsrechten Verstorbener, S. 191 spricht von
     einer „bisher nahezu einhelligen Auffassung". Obgleich der neuen Tendenz so immer noch
     Stöber, Forderungspfändung, Rn. 1461; *Walker* in: Schuschke/Walker, § 857 Rn. 2; *Schack*,
     Urheber- und Urhebervertragsrecht, Rn. 41; *Schulze* in: Dreier/Schulze, § 112 Rn. 1.

71   *Lütje* in: Möhring/Nicolini, § 112 Rn. 4; *Schulze* in: Dreier/Schulze, § 15 Rn. 2.

72   Anders *Schricker* in: Schricker, § 28 Rn. 5, der die "Verwertungsrechte" unter dem Begriff
     des "Vermögens" im Sinne des § 1922 BGB subsumiert. Womöglich meint *Schricker* aber die
     Verwertungsrechte im untechnischen Sinne, mithin die Nutzungsrechte und nicht die Verwer-
     tungsrechte als Ganzes. Siehe überdies ausführlich noch 4. Kapitel.

73   Deutlich etwa *Stöber*, Forderungspfändung, Rn. 1461.

ber 1999 zweifelhaft geworden.[74] So hat sich der BGH einer seit einigen Jahren voranschreitenden Entwicklung im Schrifttum[75] angeschlossen und vertritt seit der Marlene-Dietrich-Entscheidung, dass das allgemeine Persönlichkeitsrecht nicht nur ideelle, sondern auch kommerzielle Interessen der Person schützt, somit sich auch das allgemeine Persönlichkeitsrecht aus vermögensrechtlichen Bestandteilen zusammensetzt.[76] Mit dieser Entscheidung ermöglichte der Bundesgerichtshof den Schutz der Person vor der Kommerzialisierung ihrer Persönlichkeitsmerkmale durch Nichtberechtigte.[77]

Seit diesen Entscheidungen, die im Schrifttum teilweise als „Meilenstein"[78] und „Klassiker der Rechtsgeschichte"[79] bezeichnet werden, kann die Zwangsvollstreckung in das Urheberpersönlichkeitsrecht jedenfalls nicht mehr automatisch mit dem Argument verneint werden, das Persönlichkeitsrecht sei ein Nichtvermögensrecht und somit kein Vermögensrecht im Sinne des § 857 Abs. 1 ZPO.[80] Denn es mehren sich auch im Schrifttum die Stimmen, die annehmen, ein Persönlichkeitsrecht könne gleichzeitig Persönlichkeits- *und* Vermögensrecht sein.[81] So wird schließlich auch beim Urheberpersönlichkeitsrecht angenommen, dass dieses persönlichkeitsrechtliche und vermögensrechtliche Elemente enthalte.[82] Die durch den Bundesgerichtshof

74 BGHZ 143, 214 = BGH JZ 2000, 1056 = BGH NJW 2000, 2195 (Marlene Dietrich) sowie BGH NJW 2000, 2201 (Der blaue Engel).

75 Allen voran *Götting*, Persönlichkeitsrechte als Vermögensrechte; siehe ferner *Hahn*, NJW 1997, 1348, 1350. Nach den Entscheidungen dann etwa *Beuthien*, ZUM 2003, 261, 262.

76 BGHZ 143, 214 = BGH JZ 2000, 1056 (Marlene Dietrich).

77 „Die Anerkennung der Vererblichkeit der vermögenswerten Bestandteile des Persönlichkeitsrechts ist geboten, um den Schutz gegenüber einer kommerziellen Nutzung von Name, Bildnis und sonstigen Persönlichkeitsmerkmalen des Verstorbenen durch Nichtberechtigte zu gewährleisten. Ein wirkungsvoller postmortaler Schutz der vermögenswerten Bestandteile des Persönlichkeitsrechts ist nur gewährleistet, wenn der Erbe in die Rolle des Trägers des Persönlichkeitsrechts treten und ebenso wie dieser unter Wahrung der mutmaßlichen Interessen des Verstorbenen gegen eine unbefugte Nutzung vorgehen kann", BGH NJW 2000, 2195, 2197. Neben diesem Argument trägt der BGH vor, dass er der unabänderlich hinzunehmenden Tatsache, der Vermarktung von Persönlichkeitsrechten, Rechnung tragen müsse. Siehe auch *Götting*, NJW 2001, 585, 585 und *Ahrens*, Verwertung persönlichkeitsrechtlicher Positionen, S. 262.

78 *Götting*, NJW 2001, 585, 585.

79 *Götting*, NJW 2001, 585, 585.

80 Die genannten Entscheidungen haben im Patentrecht eine ähnliche Diskussion ausgelöst. Siehe etwa *Mes*, Kommentar PatG/GebrMG, § 6 Rn. 17: „Ob das Erfinderpersönlichkeitsrecht aufgrund seines höchstpersönlichen Charakters als unverzichtbar, unübertragbar und unpfändbar nach wie vor angesehen werden kann, erscheint in Anbetracht der Entwicklung von Rechtsprechung und Literatur im Zusammenhang mit den vermögensrechtlichen Auswirkungen des allgemeinen Persönlichkeitsrechts zweifelhaft".

81 Allen voran *Götting*, Persönlichkeitsrechte als Vermögensrechte, S. 7; *Götting*, NJW 2001, 585, 585; *Götting*, GRUR 2004, 801, 804; *Sosnitza*, JZ 2004, 992; *Ohly*, JZ 2003, 545, 550; *Gregoritza*, Kommerzialisierung von Persönlichkeitsrechten Verstorbener, S. 117 ff.; ausführlich zum dualen Persönlichkeitsrecht *Peifer*, GRUR 2002, 495, 496.

82 Etwa *Dietz* in: Schricker, § 12 Vorbemerkung Rn. 11; *Gregoritza*, Kommerzialisierung von Persönlichkeitsrechten Verstorbener, S. 139.

ausgelöste Tendenz gipfelt darin, dass etwa *Ahrens* die Persönlichkeitsrechte „unproblematisch"[83] als Vermögensrechte im Sinne des § 857 Abs. 1 ZPO einstuft und sich dazu auf die erwähnte Marlene-Dietrich-Entscheidung stützt.[84]

Die Entscheidungen des Bundesgerichtshofs sind indessen nicht ohne Gegenwehr geblieben. So tragen manche Stimmen vor, eine Aufspaltung eines Rechts führe zu einem für das deutsche Recht fremden Dualismus.[85] Ein solcher Dualismus provoziere nur Streit, da damit die Möglichkeit geschaffen werde, dass die ideellen und vermögensrechtlichen Befugnisse von verschiedenen Rechtsinhabern wahrgenommen werden.[86]

Da die Entscheidungen des Bundesgerichtshofs zum allgemeinen Persönlichkeitsrecht ergangen sind, sind die bewirkten Tendenzen auf das Urheberpersönlichkeitsrecht – sieht man einmal davon ab, dass es sich ohnehin um Einzelfallentscheidungen handelt – nicht unmittelbar übertragbar. Es liegt aber nahe, diese Entwicklung insbesondere auch mit dem Urheberpersönlichkeitsrecht als Teil des Wirtschaftsrechts zu synchronisieren.[87] Folgt man dieser neueren Auffassung, ist das Urheberpersönlichkeitsrecht damit zumindest *auch* ein Vermögensrecht.[88]

Somit lassen sich folgende Schlussfolgerungen ziehen: Es ist mit *Sosnitza* festzustellen, dass die formale Einteilung eines Rechts für die Frage, ob ein Recht ein Vermögensrecht im Sinne des § 857 Abs. 1 ZPO sein kann, heute nicht mehr entscheidend ist.[89] Auch ein als Persönlichkeitsrecht einzuordnendes Recht kann aufgrund einer vermögensrechtlichen Seite noch Vermögensrecht im Sinne des § 857 Abs. 1 ZPO sein. Selbst eine Anerkennung eines vermögensrechtlichen Elements beim Urheberpersönlichkeitsrecht würde aber nicht unmittelbar zur Pfändbarkeit führen.[90] Es ist vielmehr so, dass das entscheidende Tatbestandsmerkmal für die Vollstreckungstauglichkeit nun die Übertragbarkeit des Rechts im Sinne der §§ 857

---

83   *Ahrens*, Verwertung persönlichkeitsrechtlicher Positionen, S. 482 Fn. 239.

84   Dagegen aber *Gregoritza*, Kommerzialisierung von Persönlichkeitsrechten Verstorbener, S. 192.

85   *Ahrens*, Verwertung persönlichkeitsrechtlicher Positionen, S. 262.

86   *Schack*, Urheber- und Urhebervertragsrecht, Rn. 51a. Kritisch auch *Beuthien*, NJW 2003, 1220, 1221, der einen eigenen Weg einschlägt.

87   Dazu, dass die wirtschaftliche Seite des Urheberrechts die Hauptsache ist, *Schwab/Löhnig*, Zivilrecht, Rn. 278 und ausdrücklich so bereits 1878 *Dernburg*, Preußisches Privatrecht, S. 720.

88   Die Erörterung der Rechtsnatur des Urheberrechts wird im 4. Kapitel vorgenommen. Zunächst ist ausreichend, dass jedenfalls ein Teil des Urheberrechts – die Nutzungsrechte – Vermögensrecht im Sinne des § 857 Abs. 1 ZPO ist.

89   *Sosnitza*, JZ 2004, 992, 996. Deshalb ist *Stöber*, Forderungspfändung, Rn. 1461 nicht zuzustimmen, wenn er das Namensrecht mit dem Argument, es sei ein „höchstpersönliches Recht" nicht als Vermögensrecht im Sinne des § 857 Abs. 1 ZPO ansehen will. Denn gerade das Namensrecht war Thema der Rechtsprechung des BGH in der Marlene-Dietrich-Entscheidung und wird mittlerweile als Persönlichkeitsrecht mit vermögensrechtlichen Bestandteilen angesehen.

90   Übereinstimmend mit *Sosnitza*, JZ 2004, 992, 996 und wohl auch *Gregoritza*, Kommerzialisierung von Persönlichkeitsrechten Verstorbener, S. 192.

Abs. 1, 851 Abs. 1 ZPO darstellt.[91] Die hier vorgenommene Subsumtion trägt damit der Entwicklung der letzten Jahre Rechnung, wonach sukzessive die verschiedenen Persönlichkeitsrechte kommerzialisiert wurden und somit zumindest eine vermögensrechtliche Seite zugesprochen bekommen haben.[92]

D. Übertragbarkeit des Urheberrechts gemäß §§ 857 Abs. 1, 851 Abs. 1 ZPO

Die Zwangsvollstreckung soll zur Befriedigung des Gläubigers wegen einer Geldforderung führen. Somit sind nur diejenigen Rechte im Sinne von § 857 Abs. 1 ZPO für die Zwangsvollstreckung taugliche Vollstreckungsgegenstände, die in Geld umsetzbar sind.[93] Sie müssen daher selbstständig[94] übertragbar sein oder wenigstens einem anderen zur Ausübung überlassen werden können, vgl. § 857 Abs. 3 ZPO.[95] Zwar kann ein unübertragbares Vermögensrecht einen Geldwert haben, ohne die Möglichkeit einer Übertragung oder Ausübungsüberlassung steht ein solches Vermögensrecht als Vollstreckungsgegenstand dennoch nicht zur Verfügung.[96] Der die

---

91 Anders wohl *Gregoritza*, Kommerzialisierung von Persönlichkeitsrechten Verstorbener, S. 12, die eine Zwangsvollstreckung in die vermögenswerten Bestandteile von Persönlichkeitsrechten nach § 857 ZPO strikt ablehnt. Eine ausführliche Betrachtung der Rechtsnatur des Urheberrechts und des Verhältnisses der persönlichkeitsrechtlichen und vermögensrechtlichen Teile zueinander darf darüber hinaus dem 4. Kapitel und dem 3. Kapitel unter B I vorbehalten bleiben. Siehe außerdem *Sosnitza*, JZ 2004, 992, 996. Seine Behauptung, es käme auf eine umfassende Interessenabwägung an, und gerade nicht auf das Merkmal der Übertragbarkeit, überzeugt deshalb nicht, da er zur Bekräftigung auf § 857 Abs. 3 ZPO verweist. Nach § 857 Abs. 3 ZPO kann zwar auch ein nicht übertragbares Recht der Zwangsvollstreckung unterliegen, sofern es wenigstens durch einen anderen ausgeübt werden kann. Dass sich hier im Falle des Urheberrechts weitere Probleme auftun, zeigt sich noch im 3. Kapitel A III.
92 Statt aller: *Götting*, Persönlichkeitsrechte als Vermögensrechte, S. 66, 68 und 130, der dies für das Recht am eigenen Bild, das Namensrecht und das wirtschaftliche Persönlichkeitsrecht zeigt.
93 *Freudenberg*, Zwangsvollstreckung in Persönlichkeitsrechte, S. 13 und 34; *Wallner*, Die Insolvenz des Urhebers, S. 21; ähnlich auch *Maaz*, Zwangsvollstreckung in Vermögensrechte, S. 167.
94 *Brox/Walker*, Zwangsvollstreckungsrecht, Rn. 721.
95 *Hubmann*, Die Zwangsvollstreckung in Persönlichkeits- und Immaterialgüterrechte, S. 812, 815; *Kemper* in: Hk-ZPO, § 851 Rn. 1. Dabei orientiert sich die Verpfändung an der Vollübertragbarkeit, „die – das ist ja gerade die Funktion des Pfandrechts – schließlich einen totalen Rechtsverlust (§§ 1228 ff., 1277 ff. BGB) für den Sicherungsfall" ermöglichen soll, *Ahrens*, Verwertung persönlichkeitsrechtlicher Positionen, S. 483.
96 *Götting*, Persönlichkeitsrechte als Vermögensrechte, S. 8; *Brox/Walker*, Zwangsvollstreckungsrecht, Rn. 724. So schreibt schon *Leupold*, Zwangsverwaltung, S. 11, dass § 857 ZPO zur Voraussetzung den allgemeinen, im Gesetz nicht besonders ausgesprochenen Satz habe, der sich aus der analogen Anwendung von § 851 ZPO ergebe, wonach auch die Vermögensrechte der Pfändung nur insoweit unterworfen sind, als sie übertragbar sind. Hingegen ist *Ahrens*, Verwertung persönlichkeitsrechtlicher Positionen, S. 483 beizupflichten, dass die

Übertragbarkeit regelnde § 851 ZPO ist dabei durch den Verweis aus § 857 Abs. 1 ZPO anwendbar.[97] Andere Stimmen entnehmen die Voraussetzung der Übertragbarkeit aus § 857 Abs. 3 ZPO, der zwar nicht ausdrücklich ein veräußerliches Recht verlangt, man dies aber im Wege eines Umkehrschlusses erkennen könne.[98]

Zu untersuchen ist folglich, ob das Urheberrecht gemäß den §§ 857 Abs. 1, 851 Abs. 1 ZPO übertragbar ist.[99]

I. Grundsatz der Unübertragbarkeit aus § 29 Abs. 1 UrhG

Die Prüfung der Übertragbarkeit im Sinne des § 851 ZPO richtet sich nach dem materiellem Recht.[100] Für das Urheberrecht findet sich die materiell-rechtliche Vorschrift in § 29 Abs. 1 UrhG. Danach ist das Urheberrecht nicht übertragbar, es sei denn, es wird in Erfüllung einer Verfügung von Todes wegen oder an Miterben im Wege der Erbauseinandersetzung übertragen. In § 29 Abs. 2 UrhG wird bestimmt, dass die Einräumung von Nutzungsrechten, schuldrechtliche Einwilligungen und Vereinbarungen zu Verwertungsrechten sowie die in § 39 UrhG geregelten Rechtsgeschäfte über Urheberpersönlichkeitsrechte zulässig sind.

Somit bestimmt § 29 UrhG, dass das Urheberpersönlichkeitsrecht und das umfassende Verwertungsrecht als Kernrechte[101] beim Urheber verbleiben und für eine Übertragung nicht zur Verfügung stehen.[102] Die konstitutive[103] Rechtseinräumung

---

Formel „Was übertragen werden kann, kann auch gepfändet" werden, in dieser Allgemeinheit nicht zutrifft.

97 *Walker* in: Schuschke/Walker, § 857 Rn. 4; *Smid* in: MünchKommZPO, § 857 Rn. 13; *Wallner,* Die Insolvenz des Urhebers, S. 41; *Ahrens,* Verwertung persönlichkeitsrechtlicher Positionen, S. 475; *Klauze,* Urheberrechtliche Nutzungsrechte, S. 199.

98 *Freudenberg,* Zwangsvollstreckung in Persönlichkeitsrechte, S. 34. *Sosnitza,* JZ 2004, 992, 993 und *Ahrens,* Verwertung persönlichkeitsrechtlicher Positionen, S. 475 etwa zitieren sowohl § 851 ZPO als auch § 857 Abs. 3 ZPO.

99 Eine Übertragbarkeit des Urheberrechts als Ganzes ist de lege lata nicht möglich. Eine diesbezüglich hinterfragende Untersuchung wird aber im 3. Kapitel unter D vorgenommen.

100 *Brehm* in: Stein/Jonas, § 851 Rn. 1; *Lackmann,* Zwangsvollstreckungsrecht, Rn. 354.

101 *Kotthoff* in: Heidelberger Kommentar UrhG, § 29 Rn. 3 und 12. Die Terminologie eines „Kerns" findet sich bereits bei der Gesetzesbegründung in BT-Drucksache IV/270 S. 55, linke Spalte.

102 *Schulze* in: Dreier/Schulze, § 29 Rn. 15; *Schack,* Urheber- und Urhebervertragsrecht, Rn. 529. Siehe auch die Parallele im Patentrecht. Hier anerkennt die Rechtsprechung (etwa BGHZ 125, 334 (1. Leitsatz) = BGH JZ 1994, 1012 ff. (Rotationsbürstenwerkzeug)) und Literatur (etwa *Brehm* in: Stein/Jonas, § 857 Rn. 20; *Lüke* in: Wieczorek/Schütze, § 857 Rn. 62; *Stöber,* Forderungspfändung, Rn. 1719) die Möglichkeit einer Zwangsvollstreckung, obwohl das Patentrecht mit dem Erfinderpersönlichkeitsrecht ebenfalls ein Nichtvermögensrecht beinhaltet. Die Zwangsvollstreckung wird hier aber möglich, da § 15 PatG ausdrücklich eine weitreichende Übertragbarkeit vorsieht. Zur Vollstreckung in die einzelnen Teilrechte des Patentrechts ausführlich *Freudenberg,* Zwangsvollstreckung in Persönlichkeitsrechte, S. 74 ff.

103 *Schack,* Urheber- und Urhebervertragsrecht, Rn. 530.

von Nutzungsrechten gemäß § 29 Abs. 2 UrhG könnte aber eine Übertragbarkeit im Sinne von § 851 Abs. 1 ZPO darstellen.

II. Übertragbarkeit der Nutzungsrechte nach §§ 31, 34 UrhG

Nach §§ 857 Abs. 1, 851 Abs. 1 ZPO – beziehungsweise aus dem Umkehrschluss des § 857 Abs. 3 ZPO – bedarf es für die Pfändung eines Rechts dessen Ausübungsüberlassung oder "Übertragbarkeit". Hingegen spricht § 29 Abs. 2 UrhG nur von einer "Einräumung" von Nutzungsrechten. Das wirft die Frage auf, ob dennoch dem Erfordernis aus §§ 857 Abs. 1, 851 Abs. 1 ZPO genüge getan wird.

Tatsächlich ist im Urheberrecht zwischen einer Rechtseinräumung und Rechtsübertragung zu differenzieren.[104] Durch die Einräumung von Nutzungsrechten wird das Urheberrecht gerade nicht übertragen. Vielmehr werden konstitutiv Nutzungsrechte vom Urheberrecht abgespalten.[105] Mit dieser Differenzierung wird zudem verdeutlicht, zwischen welchen Personen der Vorgang stattfindet.[106] Das erstmalige Einräumen eines Nutzungsrechtes ist folglich ein Vorgang zwischen dem Urheber oder seinem Rechtsnachfolger und dem Empfänger (konstitutive Rechtsübertragung), während der Vorgang zwischen dem Empfänger und einem Dritten fortan eine translative Übertragung darstellt.[107]

Für die Frage der Übertragbarkeit im Sinne des § 851 ZPO ist aber nur entscheidend, ob urheberrechtliche Nutzungsrechte grundsätzlich übertragbar sind. Und dies bejaht das Urheberrechtsgesetz in § 34 selbst, wenn es von einer "Übertragung von Nutzungsrechten" ausgeht. § 29 UrhG ist deshalb so zu verstehen, dass durch Nutzungsrechte das Urheberrecht als Ganzes nicht übertragen wird. Dies wäre aufgrund § 29 Abs. 1 UrhG auch nicht möglich. Soweit durch eine Pfändung die Nutzungsrechte erfasst werden sollen, ist für § 851 Abs. 1 ZPO aber ausreichend, dass die Nutzungsrechte grundsätzlich übertragbare und damit verkehrsfähige Rechte sind, die in Geld umsetzbar sind und somit der Befriedigung des Vollstreckungsgläubigers dienen können.[108]

---

104 *Block* in: Wandtke/Bullinger, § 28 Rn. 4; *Schulze* in: Dreier/Schulze, § 29 Rn. 15 ff. Häufig werden Rechtseinräumungen als Übertragung bezeichnet (*Schulze* aaO Rn. 17).

105 *Block* in: Wandtke/Bullinger, § 28 Rn. 4 und § 29 Rn. 34.

106 Ähnlich auch *Klauze*, Urheberrechtliche Nutzungsrechte, S. 17.

107 *Schulze* in: Dreier/Schulze, § 29 Rn. 17; *Klauze*, Urheberrechtliche Nutzungsrechte, S. 17. Beachte aber den Sonderfall in § 35 UrhG.

108 So auch *Klauze*, Urheberrechtliche Nutzungsrechte, S. 201. Zum Sinn und Zweck des § 851 Abs. 1 ZPO siehe auch *Maaz*, Zwangsvollstreckung in Vermögensrechte, S. 167.

E. Ergebnis

Es bleibt festzuhalten, dass das Urheberrecht nicht schon durch die Pfändung eines Werkstücks erfasst wird, sondern vielmehr durch die Zwangsvollstreckung in andere Vermögensrechte über den Auffangtatbestand des § 857 Abs. 1 ZPO.[109] Das Urheberrecht ist jedenfalls hinsichtlich seiner Nutzungsrechte ein anderes Vermögensrecht im Sinne des § 857 Abs. 1 ZPO. Da selbst dem Urheberpersönlichkeitsrecht vermögensrechtliche Seiten zugesprochen werden, ist heute seine formale Einteilung in eine Rechtekategorie für die Frage, ob es Vermögensrecht im Sinne des § 857 Abs. 1 ZPO sein kann, nicht mehr entscheidend. Von entscheidender Bedeutung ist hingegen die Frage der Übertragbarkeit der einzelnen Teile des Urheberrechts. Während das Urheberrecht als Ganzes nicht übertragbar ist, erfüllen durchaus die Nutzungsrechte die Voraussetzung aus §§ 857 Abs. 1, 851 Abs. 1 ZPO.[110] Folglich sind auch zunächst die Nutzungsrechte als Vollstreckungsgegenstand genauer zu betrachten.

---

109 *Wallner*, Die Insolvenz des Urhebers, S. 41; *Leupold*, Zwangsverwaltung, S. 24.
110 Übereinstimmend auch mit *Klauze*, Urheberrechtliche Nutzungsrechte, S. 201. Ob an diesem Grundsatz der Unübertragbarkeit festgehalten werden sollte, wird im 3. Kapitel D näher untersucht. Überdies zeigt sich hier erneut der verbreitete Ansatz, wonach der Vermögenscharakter eines Rechts schwerpunktmäßig mit dem Phänomen der Übertragbarkeit verknüpft ist, siehe etwa *Freudenberg*, Zwangsvollstreckung in Persönlichkeitsrechte, S. 36.

2. Kapitel: Die Zwangsvollstreckung in die Nutzungsrechte nach § 113 UrhG

Die für das 2. Kapitel zentrale Norm stellt § 113 S. 1 UrhG dar: Gegen den Urheber ist die Zwangsvollstreckung wegen Geldforderungen in das Urheberrecht nur mit seiner Einwilligung und nur insoweit zulässig, als er Nutzungsrechte einräumen kann (§ 31). Dieser Wortlaut wird im Schrifttum als ungenau und wenig geglückt bezeichnet.[111]

Unklar ist bereits die Formulierung „in das Urheberrecht". Nach allgemeiner Meinung ist § 113 S. 1 UrhG berichtigend auszulegen. So erfasst die Norm entgegen ihrem Wortlaut weder das Urheberrecht als Ganzes noch das Urheberpersönlichkeitsrecht und die umfassenden Verwertungsrechte.[112] Möglich ist aber die Pfändung eines Nutzungsrechts in der Gestalt, dass das Nutzungsrecht im Sinne des § 31 UrhG - abweichend vom Normalfall - nicht freiwillig durch den Urheber, sondern zwangsweise eingeräumt wird.[113]

Dass das zwangsweise einzuräumende Nutzungsrecht Gegenstand der Zwangsvollstreckung ist, erkennt man daran, dass ohnehin nur Nutzungsrechte und nicht etwa das umfassende Verwertungsrecht verwertet werden können[114] und die Vorschriften § 114 und § 119 UrhG nach ihrem Wortlaut ausdrücklich auf das Nutzungsrecht Bezug nehmen.[115] Somit kommt nach § 113 UrhG in der Zwangsvollstreckung nur das vom Verwertungsrecht abgespaltene Nutzungsrecht in Betracht.[116]

---

111 *Ulmer*, Urheber- und Verlagsrecht, § 135 II 5; *Zimmermann*, Immaterialgüterrechte und ihre Zwangsvollstreckung, S. 137; *Lütje* in: Möhring/Nicolini, § 112 Rn. 4; *Wild* in: Schricker, § 112 Rn. 9.

112 *Schack*, Urheber- und Urhebervertragsrecht, Rn. 757; *Wild* in: Schricker, § 113 Rn. 2; *Rehbinder*, Urheberrecht, Rn. 956; *Zimmermann*, Immaterialgüterrechte und ihre Zwangsvollstreckung, S. 137. Bedenklich *Baur/Stürner/Bruns*, Zwangsvollstreckungsrecht, Rn. 32.26, die die „Verwertungsrechte (§§ 15 ff. UrhG)" ohne weitere Einschränkung als Vollstreckungsgegenstand sehen.

113 *Samson*, Urheberrecht, S. 237; *Schulze* in: Dreier/Schulze, § 112 Rn. 18; *Lüke* in: Wieczorek/Schütze, § 857 Rn. 66; *Vinck* in: Fromm/Nordemann, § 113 Rn. 1.

114 So ausdrücklich *Brehm* in: Stein/Jonas, § 857 Rn. 24. Das umfassende Verwertungsrecht erwächst aus dem Urheberpersönlichkeitsrecht und kann schon nicht übertragen werden. Dazu 1. Kapitel unter D.

115 Deshalb so auch *Stöber*, Forderungspfändung, Rn. 1761 und 1763.

116 Ausdrücklich *Lütje* in: Möhring/Nicolini, § 112 Rn. 4. Wie im 1. Kapitel C II erörtert, kann ein Nutzungsrecht mit dem Verwertungsrecht im Einzelfall inhaltlich übereinstimmen, was sich darauf zurückführen lässt, dass Gegenstand des Nutzungsrechts die Verwertungsrechte nach §§ 15 ff. UrhG sind, so auch *Freudenberg*, Zwangsvollstreckung in Persönlichkeitsrechte, S. 81.

Im zweiten Kapitel sollen zunächst die Nutzungsrechte (I) und das Einwilligungserfordernis aus § 113 UrhG (II) im Allgemeinen erörtert werden. Sodann wird untersucht, welche Möglichkeiten die Zivilprozessordnung dem Vollstreckungsgläubiger für die Verwertung eines gepfändeten Nutzungsrechts gibt (III). Im Mittelpunkt dieses Kapitels steht die Frage, ob sich die Normen aus dem Urheberrechtsgesetz zur Zwangsvollstreckung mit deren Prinzipien und Grundsätzen vereinbaren lassen (IV). Da sich hier eine Reihe von Unstimmigkeiten offenbaren, werden im Anschluss verschiedene Lösungsansätze diskutiert (VI und VII).

A. Die Nutzungsrechte im Allgemeinen

Der Gesetzgeber hat die Nutzungsrechte in den §§ 31 ff. UrhG geregelt. Nutzungsrechte sind gemäß § 29 Abs. 2 UrhG einräumbar und können einem anderen gemäß § 34 UrhG übertragen werden.[117] Durch die Übertragbarkeit im Sinne der §§ 857 Abs. 1, 851 ZPO kommen sie in zwei Varianten als tauglicher Vollstreckungsgegenstand in Betracht.[118] Auf der einen Seite kann der Vollstreckungsgläubiger die zwangsweise Einräumung eines Nutzungsrechts erwirken. Auf der anderen Seite kann der Vollstreckungsgläubiger auch auf ein bereits einem Dritten eingeräumtes Nutzungsrecht zwangsweise zugreifen.[119]

I. Nutzungsrecht und Nutzungsart

Nach der Legaldefinition aus § 31 Abs. 1 S. 1 UrhG kann der Urheber einem anderen das Recht einräumen, das Werk auf einzelne oder alle Nutzungsarten zu nutzen. Aus § 31 UrhG geht nicht hervor, ob eine Nutzungsart eine Verwertungsart im Sinne des § 15 UrhG darstellt. Dem ist aber nicht so. Vielmehr meint die Nutzungsart aus § 31 UrhG jede konkrete in der Technik und Medienwelt denkbare Form, ein Werk zu verwenden,[120] während das Verwertungsrecht aus § 15 UrhG die verschiedenen Nutzungsrechte umfasst, die wiederum den jeweils konkreten Nutzungsarten entsprechen.[121] Beide Begriffe haben also verschieden große Reichweiten.[122] Da die

---

117 Zur Differenzierung zwischen Übertragung und Einräumung siehe 1. Kapitel D II.
118 So auch *Kirchmaier* in: Mestmäcker/Schulze, § 112 Rn. 11, der von einer umfassenden Pfändbarkeit der Nutzungsrechte ausgeht.
119 In der ersten Variante verbleibt dem Gläubiger die Wahl, lediglich ein einfaches oder ein ausschließliches Nutzungsrecht zu pfänden. Da der Gläubiger von der Einwilligung des Urhebers abhängig ist, wird er nicht unbedingt stets ein ausschließliches Nutzungsrecht erreichen können. Zur Vollstreckung in Dritten eingeräumte Nutzungsrechte siehe auch *Lütje* in: Möhring/Nicolini, § 112 Rn. 35 ff.
120 Vgl. *Schricker* in: Schricker, § 31 Rn. 7; *Schack*, Urheber- und Urhebervertragsrecht, Rn. 535.
121 *Schulze* in: Dreier/Schulze, § 15 Rn. 6; weiterführend *Rehbinder*, Urheberrecht, Rn. 568.
122 *Schulze* in: Dreier/Schulze, § 15 Rn. 6.

Nutzung von Werken auf vielfältigste Art möglich ist und sich die denkbaren Nutzungsvarianten stetig erweitern, ist der Begriff der Nutzungsart mit einem Verwertungsrecht gemäß § 15 UrhG nicht korrespondierend.[123]

Im Schrifttum besteht noch keine Einigkeit, ob es für jede Nutzungsart ein getrennt einräumbares Nutzungsrecht geben muss.[124] Es ist aber zweifelhaft, ob die Legaldefinition des § 31 Abs. 1 S. 1 UrhG so verstanden werden kann. Mit jeder einzelnen Nutzungsart braucht gerade nicht ein gesondertes Nutzungsrecht korrespondieren.[125] Vielmehr kann ein Nutzungsrecht eine oder mehrere Nutzungsarten zusammenfassen. Die Nutzungsart beschreibt also den genauen inhaltlichen Umfang des eingeräumten Nutzungsrechts.

II. Einfaches und ausschließliches Nutzungsrecht

Nach § 31 Abs. 1 S. 2 UrhG kann das Nutzungsrecht als einfaches oder ausschließliches Recht eingeräumt werden. Unter einem einfachen Nutzungsrecht ist die Berechtigung des Inhabers zu verstehen, das Werk auf die erlaubte Art zu nutzen, ohne dass eine Nutzung durch andere ausgeschlossen wird, § 31 Abs. 2 UrhG. Einfache Nutzungsrechte werden etwa Theatern und Kinos eingeräumt, die neben anderen Aufführungsstätten das Werk ihrem Publikum zugänglich machen dürfen. Dahingegen ist unter dem ausschließlichen Nutzungsrecht die Berechtigung des Inhabers zu verstehen, das Werk unter Ausschluss aller anderen Personen auf die ihm erlaubte Art zu nutzen, § 31 Abs. 3 UrhG.

III. Rechtsnatur des einfachen und ausschließlichen Nutzungsrechts

Das Urheberrechtsgesetz enthält keine eindeutige Stellungnahme zur Rechtsnatur der Nutzungsrechte. Obgleich der Bundesrat 2001 im Zuge der Urhebervertragsrechtsreform noch einmal darum gebeten hat, die Rechtsnatur zu klären,[126] hat sich die Bundesregierung bis zu letzt gegen eine Klärung ausgesprochen und bewusst diese Frage der Rechtsprechung und Rechtswissenschaft vorbehalten.[127] Dies sollte aus vollstreckungsrechtlicher Sicht eigentlich nicht weiter beunruhigen, wären da nicht Stimmen in der Literatur, die eine Zwangsvollstreckung in Dritten eingeräumte

---

123 *Schack,* Urheber- und Urhebervertragsrecht, Rn. 535.
124 In diesem Sinne z.B. *Spautz* in: Möhring/Nicolini, § 31 Rn. 17.
125 So auch *Schack,* Urheber- und Urhebervertragsrecht, Rn. 535.
126 Stellungnahme des Bundesrates vom 13. Juli 2001 zu § 29 Abs. 2 UrhG in BT-Drucksache 14/7564 S. 6 (Gesetz zur Stärkung der vertraglichen Stellung von Urhebern und ausübenden Künstlern).
127 Gegenäußerung der Bundesregierung zu § 29 Abs. 2 UrhG in BT-Drucksache 14/7564 S. 11.

Nutzungsrechte nur in bestimmte, nämlich in die ausschließlichen Nutzungsrechte zulassen wollen.[128]

Das ausschließliche Nutzungsrecht gemäß § 31 Abs. 3 UrhG wird vom überwiegenden Schrifttum als dingliches[129] bzw. quasidingliches[130] Recht gesehen.[131] Bei einem ausschließlichen Nutzungsrecht räumt der Urheber dem Inhaber das Recht ein, das Werk nicht nur zu nutzen, sondern auch das Recht, im Falle der Beeinträchtigung selbstständig die Störung abzuwehren.[132] Da sich der Inhaber nicht nur gegen den Urheber selbst, sondern gegen jeden ihn beeinträchtigenden Dritten wehren kann, sei das ausschließliche Nutzungsrecht ein absolutes Recht.[133] Denn absolute Rechte zeichnen sich gerade dadurch aus, gegenüber jedermann Abwehransprüche zu haben.[134] Das ausschließliche Nutzungsrecht soll neben dem positiven Nutzungsrecht folglich auch ein negatives Verbotsrecht enthalten und dem Inhaber überdies die Möglichkeit geben, weitere Nutzungsrechte zu erteilen.[135]

Ob auch das einfache Nutzungsrecht ein dingliches bzw. quasidingliches Recht darstellt, ist in der Literatur immer noch nicht geklärt.

Eine Ansicht nähert sich der Frage aus bürgerlich-rechtlicher Sicht und vertritt, das einfache Nutzungsrecht sei nur schuldrechtlicher Natur.[136] Denn durch den Vertrag des Urhebers mit dem Erwerber verpflichte sich der Urheber, die Benutzung seines Werkes zu dulden. Anders formuliert könne der Nutzungsrechtsinhaber dem Verbotsrecht des Urhebers seinen schuldrechtlichen Anspruch auf Nutzung entgegenhalten.[137] Da sich der Inhaber mit einem obligatorischen Anspruch aber allein gegen den Urheber wehren könne und ihm Abwehransprüche gegen sonstige Dritte

---

128 So ausdrücklich *Hertin* in: Fromm/Nordemann, § 35 Rn. 1 aE; dargestellt auch bei *Schricker* in: Kommentar zum Verlagsrecht, § 28 Rn. 32 und *Lütje* in: Möhring/Nicolini, § 112 Rn. 50. Für die Verwertung der einfachen Nutzungsrechte in der Insolvenz auch thematisiert von *Klauze*, Urheberrechtliche Nutzungsrechte, S. 196 f.

129 *Schack*, Urheber- und Urhebervertragsrecht, Rn. 540.

130 *Rehbinder*, Urheberrecht, Rn. 565; *Klauze*, Urheberrechtliche Nutzungsrechte, S. 197.

131 Zum Meinungsstand siehe auch *Schricker* in: Schricker, § 31 Rn. 4 ff.

132 *Klauze*, Urheberrechtliche Nutzungsrechte, S. 196.

133 Ausführlich *Klauze*, Urheberrechtliche Nutzungsrechte, S. 196.

134 Vgl. *Larenz/Wolf*, Allgemeiner Teil BGB, § 15 Rn. 2.

135 Dabei ist weiter unklar, ob der Inhaber eines ausschließlichen Nutzungsrechts lediglich einfache oder sogar ausschließliche Nutzungsrechte einräumen kann. So sprechen sich *Spautz* in: Möhring/Nicolini, § 31 Rn. 40 und *Rehbinder*, Urheberrecht, Rn. 563 für einfache Nutzungsrechte aus, während *Schricker* in: Schricker, § 31 Rn. 4 auch ein ausschließliches Nutzungsrecht einräumen lassen will. Tatsächlich ist der Wortlaut des § 35 Abs. 1 S. 1 UrhG diesbezüglich offen, regelt er doch nur, dass der Inhaber eines ausschließlichen Nutzungsrechts weitere Nutzungsrechte nur mit Zustimmung des Urhebers einräumen kann. Da der Urheber aber jederzeit seine Zustimmung im Sinne des § 34 UrhG verweigern kann, bestehen keine Bedenken, dass erneut ausschließliche Nutzungsrechte eingeräumt werden.

136 *Hertin* in: Fromm/Nordemann, §§ 31/32 Rn. 2; *Spautz* in: Möhring/Nicolini, § 31 Rn. 39.

137 Ähnlich auch *Ulmer*, Urheber- und Verlagsrecht, § 85 II.

verwehrt seien, spreche viel für die Annahme, dass hier ein schuldrechtliches, eben relatives Nutzungsrecht vorliege.[138]

Nach anderer Ansicht soll auch das einfache Nutzungsrecht dinglicher bzw. quasidinglicher Natur sein.[139] Hierbei wird maßgeblich auf § 29 Abs. 2 UrhG abgestellt, der als zulässige Rechtsgeschäfte die Einräumung von Nutzungsrechten, die schuldrechtlichen Einwilligungen und Vereinbarungen zu Verwertungsrechten sowie die vereinzelt geregelten Rechtsgeschäfte über Urheberpersönlichkeitsrechte anführt. Da der Gesetzgeber gerade die schuldrechtlichen Vereinbarungen von den Nutzungsrechten getrennt erwähnt, läge der Umkehrschluss nahe, dass damit die Nutzungsrechte insgesamt dinglicher Natur seien.[140] Als weiteres Argument wird § 33 S. 1 UrhG angeführt, wonach auch einfache Nutzungsrechte gegenüber später eingeräumten Nutzungsrechten wirksam bleiben (sogenannter Sukzessionsschutz).[141] Dadurch erfahre auch das einfache Nutzungsrecht einen dinglichen Charakter, da es gegenüber jedem späteren Rechtsinhaber fortbestehe.

Der Meinungsstreit bedarf der Entscheidung. Zunächst einmal ist der vorgebrachte Umkehrschluss zu § 29 Abs. 2 UrhG nicht stichhaltig, da sich der Gesetzgeber ausdrücklich jeglicher Stellungnahme enthalten hat und die Klärung der Rechtsnatur von sich weist. Gerade dann will der Gesetzgeber mit seiner Formulierung keine Position zur Rechtsnatur beziehen, so dass auch ein Umkehrschluss zur gewählten nicht ergiebig ist.

Auch das Wortlautargument aus § 33 UrhG vermag nicht zu überzeugen. Denn es handelt sich bei § 33 S. 1 UrhG schlicht um eine Ausnahme vom Grundsatz des relativen Rechts. Dass einem relativen Recht ausnahmsweise eine Verdinglichung zukommen kann, ist keine Neuartigkeit des Urheberrechts, sondern beispielsweise auch im bürgerlichen Recht zu finden. Eine solche Verdinglichung des obligatorischen Rechts ist etwa im Mietrecht angelegt.[142] Der Mieter einer Wohnung kann auch im Falle der Veräußerung der Mietsache sein Mietrecht gegenüber dem Erwerber behaupten, § 566 Abs. 1 BGB.[143] § 33 S. 1 UrhG war vielmehr eine notwendige Regelung, um den Wert eines einfachen Nutzungsrecht zu erhalten. Welcher Erwerber würde sich sonst mit einem einfachen Nutzungsrecht zufrieden geben, müsste er befürchten, sein Recht in dem Moment zu verlieren, in dem der Urheber einer anderen Person ein ausschließliches Nutzungsrecht einräumt.[144]

---

138 So vertreten u.a. von *Hertin* in: Fromm/Nordemann, §§ 31/32 Rn. 2; *Kotthoff* in: Heidelberger Kommentar UrhG, § 29 Rn. 11; *Spautz* in: Möhring/Nicolini, § 31 Rn. 39.

139 *Scholz* in: Mestmäcker/Schulze, § 29 Rn. 4; *Rehbinder,* Urheberrecht, Rn. 561; *Klauze,* Urheberrechtliche Nutzungsrechte, S. 198.

140 So ausdrücklich *Scholz* in: Mestmäcker/Schulze, § 29 Rn. 4; *Ulmer,* Urheber- und Verlagsrecht, § 85 II; *Schack,* Urheber- und Urhebervertragsrecht, Rn. 540.

141 Vgl. *Schack,* Urheber- und Urhebervertragsrecht, Rn. 540.

142 Vgl. dazu ausführlich *Larenz/Wolf,* Allgemeiner Teil BGB, § 15 Rn. 62.

143 *Larenz/Wolf,* Allgemeiner Teil BGB, § 15 Rn. 62.

144 Ähnlich auch *Spautz* in: Möhring/Nicolini, § 31 Rn. 39. An anderer Stelle meint *Scholz* in: Mestmäcker/Schulze, § 33 Rn. 9, dass § 33 UrhG keine zwingenden Rückschlüsse auf die dogmatische Einordnung einfacher Nutzungsrechte erlaube. Warum *Scholz* dies bei seiner Kommentierung zu § 29 UrhG noch ganz anders sieht, bleibt unklar. Dort nämlich kommen-

Somit ist nach der hier vertretenen Ansicht davon auszugehen, dass es sich bei einfachen Nutzungsrechten um schuldrechtliche Rechte handelt. Für diese Annahme spricht auch der Vergleich zu den gewerblichen Schutzrechten. Gerade auch im Patentrecht sind die einfachen Nutzungsrechte als schuldrechtliche Rechte ausgestaltet.[145]

Es bleibt somit festzuhalten, dass es sich beim ausschließlichen Nutzungsrecht um ein absolutes, beim einfachen Nutzungsrecht aber um ein relatives Recht handelt.

IV. Vollstreckung nur in ausschließliche Nutzungsrechte?

Die umstrittene Rechtsnatur der Nutzungsrechte führt zu dem Folgestreit, ob die Zwangsvollstreckung in Dritten eingeräumte Nutzungsrechte allein in die ausschließlichen Nutzungsrechte möglich ist.[146] Dahinter steht der Gedanke, dass der Urheber bei der Einräumung eines einfachen Nutzungsrechts im Vergleich zum ausschließlichen Nutzungsrecht bewusst nur eine geringere Beeinträchtigung seines eigenen Rechts wählt. Wenn der Urheber aber ein Nutzungsrecht offensichtlich nur einer bestimmten Person einräumen will, darf nach Auffassung eines Teils der Literatur das einfache Nutzungsrecht auch nicht gepfändet werden.[147]

Diesen Ansatz gilt es kritisch zu hinterfragen. Zunächst einmal kommt eine Zwangsvollstreckung in das Nutzungsrecht in der Praxis dann kaum mehr in Betracht, sobald der Urheber sein Urheberrecht durch Nutzungsverträge bereits verwertet hat.[148] Ab diesem Zeitpunkt wird regelmäßig die Pfändung der Vergütungsansprüche gewählt werden. Im Umkehrschluss, dann also, wenn noch kein Nutzungsrecht eingeräumt wurde, kann der Gläubiger nicht wissen, welche Art Nutzungsrecht der Urheber einräumen möchte. Es wäre dann aber nicht nachvollziehbar, die Pfändung einfacher und ausschließlicher Nutzungsrechte zuzulassen, sofern das Werk noch nicht verwertet wurde, nicht aber die Pfändung zuzulassen, wenn der Urheber bereits ein einfaches Nutzungsrecht eingeräumt hat. Zudem besteht auch kein Anlass, den Urheber über § 34 UrhG hinaus zu schützen. Denn nach § 34 UrhG sind sämtliche Übertragungen von Nutzungsrechten zustimmungsbedürftig, gleich ob es sich um ein einfaches oder ausschließliches Nutzungsrecht handelt.[149] Selbst wenn der Urheber einem Dritten nur ein einfaches Nutzungsrecht eingeräumt hat, ist er

---

tiert er, der Wortlaut des § 29 Abs. 2 UrhG lasse „nun kaum mehr die Deutung zu, einfache Nutzungsrechte seien nur schuldrechtlicher Natur".

145 Darauf weist auch *Spautz* in: Möhring/Nicolini, § 31 Rn. 39 hin. Vgl. auch *Mes*, Kommentar PatG/GebrMG, § 15 Rn. 40, sowie BGHZ 62, 272, 277.

146 So nämlich *Hertin* in: Fromm/Nordemann, § 35 Rn. 1 aE.

147 So bereits für das KUG und LUG *Hubmann*, Die Zwangsvollstreckung in Persönlichkeits- und Immaterialgüterrechte, S. 812, 829.

148 So auch *Smoschewer, ZZP* 1952, 25, 64.

149 Vgl. zu diesem letzten Argument auch *Schricker* in: Kommentar zum Verlagsrecht, § 28 Rn. 32.

nach § 34 Abs. 1 S. 1 UrhG in der Zwangsvollstreckung gegen den Dritten um seine Zustimmung zu fragen.[150] Da schließlich sowohl ausschließliche als auch einfache Nutzungsrechte übertragbar sind,[151] besteht auch vollstreckungsrechtlich kein Grund, die beiden Arten von Nutzungsrechten anders zu behandeln.[152]

Somit ist die Zwangsvollstreckung sowohl in ausschließliche als auch einfache Nutzungsrechte möglich.

V. Zur Notwendigkeit der Zwangsvollstreckung auch in andere Vollstreckungsgegenstände als das Nutzungsrecht

Mit Schaffung des Urheberrechtsgesetzes von 1965 hat der Gesetzgeber die Zwangsvollstreckung nur noch in die von Verwertungsrechten abgespalteten Nutzungsrechte zugelassen.[153] Dafür wurde dem Urheber aber die Möglichkeit eröffnet, durch ausschließliche Nutzungsrechte absolute Rechte einzuräumen.

Dadurch entstand zum Teil die Auffassung, dass durch die dingliche Wirkung der ausschließlichen Nutzungsrechte praktisch ein gleiches Ergebnis wie durch die Übertragung nach früherem Recht zu erreichen sei.[154] Dahinter steht die Überlegung, dass sowohl der Inhaber eines ausschließlichen Nutzungsrechts, als auch der Erwerber eines übertragenen Urheberrechts die Rechte gegenüber jedermann – unter anderem auch gegenüber dem Urheber selbst – ausüben kann. Würde aber die Übertragung des Urheberrechts und die Einräumung eines ausschließlichen Nutzungsrechts gleichbedeutend sein, könnte der Eindruck entstehen, die Zwangsvollstreckung in Nutzungsrechte reiche aus. Würde ein zwangsweises Einräumen eines ausschließlichen Nutzungsrechts zu gleichen Ergebnissen wie die zwangsweise Übertragung führen, wäre tatsächlich eine weitergehende Zwangsvollstreckung, als dies § 113 UrhG vorsieht, nicht notwendig.

Dieser Ansatz von *Spautz* erscheint aber zweifelhaft. Würde tatsächlich ein ausschließliches Nutzungsrecht die gleiche Rechtsposition entfalten wie das Urheberrecht selbst, hätte es der Regelung des § 29 Abs. 1 UrhG schon nicht bedurft. Der Gesetzgeber hätte es bei der Übertragbarkeit des Urheberrechts belassen können.[155] Es ist vielmehr so, dass die Rechtsposition des Inhabers eines ausschließlichen Nutzungsrechts immer noch von geringerem Ausmaße ist als die des Urhebers. So un-

---

150 OLG Hamburg ZUM 1992, 550; *Samson,* Urheberrecht, S. 237; *Lütje* in: Möhring/Nicolini, § 112 Rn. 72; *Ulmer,* Urheber- und Verlagsrecht, § 135 III. Siehe aber noch ausführlicher 2. Kapitel C VI.

151 Vgl. *Spautz* in: Möhring/Nicolini, § 34 Rn. 3; *Schricker* in: Schricker, § 34 Rn. 5 mit weiteren Nachweisen. Warum *Hertin* in: Fromm/Nordemann, § 34 Rn. 1 annimmt, einfache Nutzungsrechte seien nicht übertragbar, bleibt unklar. Das ist jedenfalls nicht aus § 34 UrhG zu entnehmen.

152 So auch *Lütje* in: Möhring/Nicolini, § 112 Rn. 50.

153 *Lütje* in: Möhring/Nicolini, § 113 Rn. 9.

154 So zum Beispiel *Spautz* in: Möhring/Nicolini, § 29 Rn. 7.

155 Ausführlicher zur Entwicklung des Grundsatzes der Unübertragbarkeit 3. Kapitel B.

terliegt das Werk auch im Falle eines umfassenden, ausschließlichen Nutzungsrechts gemäß § 14 UrhG einem generellen Änderungsverbot[156] und der Inhaber des ausschließlichen Nutzungsrechts kann nicht in gleichem Maße Dritten Nutzungsrechte einräumen wie es der Urheber kann.[157] Aus rechtspraktischer Sicht lässt sich einwenden, dass ein Gläubiger – wenn überhaupt – meist nur ein einfaches und gerade kein ausschließliches Nutzungsrecht erhalten wird. Somit ist die zwangsweise Übertragung des Urheberrechts nicht gleichbedeutend mit der zwangsweisen Einräumung eines ausschließlichen Nutzungsrechts. Letzteres ist für einen Erwerber in der Zwangsvollstreckung also weniger attraktiv als das gesamte Urheberrecht.

VI. Rückrufsrechte nach dem Zwangsvollstreckungsverfahren?

Bedenklich erscheinen überdies auch die Gestaltungsrechte[158] des Urhebers wie das Rückrufsrecht wegen Nichtausübung nach § 41 UrhG, oder dasjenige wegen gewandelter Überzeugung gemäß § 42 UrhG.[159] Der Erwerb des ausschließlichen Nutzungsrechts im Zuge der Zwangsvollstreckung könnte die Gefahr bergen, dass der Urheber nach Abschluss des Verfahrens von derartigen Rechten Gebrauch macht.[160]

Inwieweit die §§ 41 f. UrhG in der Zwangsvollstreckung Anwendung finden, soll nun untersucht werden.[161]

Nach dem Wortlaut des § 41 Abs. 1 UrhG wäre es denkbar, dass der Urheber ein Rückrufsrecht ausübt, wenn der Vollstreckungsgläubiger oder der Erwerber das

---

156 Zum generellen Änderungsverbot *Schulze* in: Dreier/Schulze, § 14 Rn. 2; *Kroitzsch* in: Möhring/Nicolini, § 14 Rn. 2. Siehe auch § 23 UrhG, wonach Bearbeitungen und Umgestaltungen der Einwilligung des Urhebers bedürfen.

157 Zu denken ist etwa an das Zustimmungserfordernis aus § 34 UrhG. Bis vor wenigen Monaten ließ sich ein Argument auch aus § 31 Abs. 4 UrhG herleiten, wonach die Einräumung des Nutzungsrechts nicht die noch unbekannten Nutzungsarten umfasste. Mit dem Zweiten Gesetz zur Regelung des Urheberrechts in der Informationsgesellschaft ("Korb 2") ist § 31 Abs. 4 UrhG mit Wirkung vom 1.01.2008 nun aufgehoben worden. Dem Urheber wird aber bezüglich Verträgen über unbekannte Nutzungsarten künftig ein Widerrufsrecht eingeräumt (§ 31a Abs. 1 S. 2 n. F. UrhG). Überdies sieht § 137l n. F. UrhG eine komplexe Übergangsregelung vor.

158 *Schulze* in: Dreier/Schulze, § 41 Rn. 2.

159 Nicht weiter zu erörtern ist das seit 2002 bestehende Rückrufsrecht aus § 34 Abs. 3 S. 2 UrhG, da dieses eine andere Situation voraussetzt, nämlich eine vorausgehende Übertragung des Nutzungsrechts.

160 Dieses Problem entsteht nicht, wenn der Inhaber nur ein einfaches Nutzungsrecht erlangt hat. Denn dann braucht der Urheber von diesen Gestaltungsrechten keinen Gebrauch machen. Vielmehr kann er durch das Einräumen weiterer Nutzungsrechte das Urheberrecht verwerten, siehe dazu *Schulze* in: Dreier/Schulze, § 41 Rn. 9.

161 Siehe schon *Schulze* in: Dreier/Schulze, § 42 Rn. 5. Nach ihm soll das Rückrufsrecht des § 42 UrhG im „gesamten Bereich des Urheberrechts" gelten; ähnlich *Nordemann* in: Fromm/Nordemann, § 42 Rn. 3. Damit ist aber wohl nicht die Anwendbarkeit im Rahmen der §§ 112 ff. UrhG gemeint. Vielmehr nehmen die Autoren Stellung zu dem Streit, ob die Rückrufsrechte auch im Arbeits- oder Dienstverhältnis anwendbar sind (*Schulze* aaO Rn. 5).

zwangsweise eingeräumte ausschließliche Nutzungsrecht nicht oder nur unzureichend ausüben. Das könnte dann etwa der Fall sein, wenn die Verwendung des gepfändeten Rechts und damit des Werkes unterbleibt und der Urheber aufgrund des Charakters als ausschließliches Nutzungsrecht selbst keine weitere Verwertung vornehmen kann.[162] Auch der Wortlaut des § 42 UrhG enthält keine Einschränkung für die Zwangsvollstreckung, so dass der Urheber im Falle gewandelter Überzeugung nach dem Wortlaut das Nutzungsrecht zurückrufen kann.

Weiterhin ist die Auslegung nach der Systematik vorzunehmen. Gegen die Anwendung der Rückrufsrechte spricht hier, dass diese aus dem 5. Abschnitt über den "Rechtsverkehr im Urheberrecht" stammen und damit allein bei der rechtsgeschäftlichen Einräumung[163] von Nutzungsrechten, sowie der Übertragung im Erbgang[164] anwendbar erscheinen.[165]

Diese Annahme lässt sich durch die Auslegung nach Sinn und Zweck der Vorschriften stützen. Es wäre nämlich verwunderlich, wenn der Urheber die mitunter längst abgeschlossene Zwangsvollstreckung noch durch Rückrufsrechte stören könnte.[166] Damit wäre ein Erwerber in der Verwertung niemals vor einem späteren Rückruf sicher. Es wäre mit der Verwertung im Rahmen der Zwangsvollstreckung schlicht nicht vereinbar, wenn der Erwerber des Nutzungsrechts dieses aufgrund des Rückrufs gemäß § 41 Abs. 5 UrhG wieder verlieren würde.[167] In der Praxis würden sich für die Verwertung wohl nur schwer Interessenten finden lassen.

Somit lässt sich festhalten, dass die Rückrufrechte nach der hier vertretenen Ansicht in der Zwangsvollstreckung nicht anwendbar sind.

B. Das Einwilligungserfordernis des § 113 UrhG

Nach § 113 S. 1 UrhG ist die Zwangsvollstreckung gegen den Urheber wegen Geldforderungen nur mit seiner Einwilligung zulässig.[168] Eine solche Regelung erscheint aus vollstreckungsrechtlicher Sicht zunächst paradox.[169] Die Zwangsvollstreckung

---

162 Dazu 2. Kapitel A II.

163 Siehe dazu *Schack,* Urheber- und Urhebervertragsrecht, Rn. 560; auch *Spautz* in: Möhring/Nicolini, § 42 Rn. 1, der es auf den Abschluss des Vertrages bezieht.

164 *Nordemann* in: Fromm/Nordemann, § 42 Rn. 3.

165 Denkbar erscheint allerdings ein Erst-recht-Schluss: Wenn die Rückrufsrechte schon im Bereich der rechtsgeschäftlichen Übertragung Anwendung finden, dann erst recht bei der zwangsweisen Einräumung.

166 So kann das Rückrufsrecht gemäß § 41 Abs. 2 S. 1 UrhG nicht vor Ablauf von zwei Jahren seit Einräumung des Nutzungsrechts ausgeübt werden.

167 Nach § 41 Abs. 5 UrhG erlischt das Nutzungsrecht mit Wirksamwerden des Rückrufs.

168 Das Einwilligungserfordernis ist ein „weiteres Produkt des monistischen Ansatzes im Urheberrecht", *Freudenberg,* Zwangsvollstreckung in Persönlichkeitsrechte, S. 82. Siehe zur monistischen Theorie noch ausführlicher 3. Kapitel B I 1.

169 Siehe dazu die Untersuchung im 2. Kapitel D. Überdies dazu, dass den Schuldner grundsätzliche Mitwirkungspflicht trifft, *Freudenberg,* Zwangsvollstreckung in Persönlichkeitsrechte, S. 27.

um eine besondere Vollstreckungsvoraussetzung anzureichern, ist jedoch keine grundlegende Neuerung im Urheberrechtsgesetz. So enthielt bereits das Gesetz für das Urheberrecht an Werken der Literatur und der Tonkunst von 1901 (LUG) in § 10 und das Gesetz für das Urheberrecht an Werken der bildenden Künste und der Photographie von 1907 (KUG)[170] in § 14 eine solche Vollstreckungsvoraussetzung.

I. Die Ratio eines Einwilligungserfordernisses

Von besonderer Bedeutung ist zunächst die Untersuchung, welchen Sinn und Zweck der Gesetzgeber mit dem Einwilligungserfordernis verfolgt hat.[171]

Der Blick in die Gesetzesmaterialien zum Urheberrechtsgesetz von 1965 bringt einen zentralen Gedanken hervor: Der Gesetzgeber verfolgte mit dem Einwilligungserfordernis das Ziel, die Beziehung des Urhebers zu seinem Werk umfassend zu schützen.[172] Abgesehen von diesem Schutzgedanken finden sich aber in den Gesetzesmaterialien keine weiterführenden Erläuterungen zur Ratio des Einwilligungserfordernisses.

Eingangs wurde erwähnt, dass das Einwilligungserfordernis keine grundlegende Neuerung des Urheberrechtsgesetzes von 1965 darstellt. Konsequenterweise sind deshalb die Materialien der Vorgängergesetze heranzuziehen. Während das erste einheitliche Urheberrechtsgesetz vom 11. Juni 1870 noch keine Bestimmungen über die Zwangsvollstreckung enthielt,[173] findet sich erstmals in § 10 LUG eine dem heutigen § 113 UrhG vergleichbare Vorschrift.[174] Die Begründung des Gesetzentwurfes zum LUG von 1900 enthält zunächst den Hinweis, dass es sich für den Gesetzgeber aufgrund des im Schrifttum bestehenden Streits um das Urheberrecht in der Zwangsvollstreckung empfohlen hatte, diese Frage im Gesetz zu entscheiden.[175] Der Streit im Schrifttum, wonach manche Stimmen das Urheberrecht der Zwangsvollstreckung schlechthin entziehen, während andere es dem zwangsweisen Zugriff zugänglich machen wollten, habe seinen „Grund in den Schwierigkeiten, die sich daraus ergeben, daß einerseits das Urheberrecht vom Gesetz als ein veräußerliches Vermögensrecht anerkannt wird, daß aber andererseits die Veröffentlichung des Werkes, ohne welche dessen Verwerthung nicht ausführbar ist, die rein persönlichen Interessen des Urhebers unmittelbar berührt"[176]. Weiter heißt es, der „Entwurf sucht

---

170 Das KUG wurde durch Gesetz vom 9.9.1965 aufgehoben, soweit es nicht den Schutz von Bildnissen betrifft.

171 *Jänich*, Geistiges Eigentum,

172 BT-Drucksache IV/270, S. 37 und 109. Siehe auch *Hubmann*, Persönlichkeitsrecht, S. 236.

173 *Allfeld*, Kommentar LUG, § 10 Nr. 1 (S. 106).

174 Siehe zum LUG *Marwitz/Möhring* in: Kommentar zum LUG, § 10 S. 93

175 Berichte über die Verhandlungen des Reichstages, 10. Legislaturperiode, II. Session 1900/1902, Erster Anlageband, Nr. 97, S. 395.

176 Berichte über die Verhandlungen des Reichstages, 10. Legislaturperiode, II. Session 1900/1902, Erster Anlageband, Nr. 97, S. 395.

zwischen den Interessen des Urhebers und seiner Gläubiger einen billigen Ausgleich herzustellen"[177].

Den billigen Ausgleich sah der Gesetzgeber des LUG darin, dass der Urheber in Form der Einwilligung auf den Schutz seiner persönlichen Interessen verzichten konnte und damit den Interessen des Gläubigers entsprach.[178]

Bei Durchsicht der damaligen Kommentarliteratur findet sich bei *Allfeld* ein zweiter Ansatz bezüglich der Ratio des Einwilligungserfordernisses. Nach weit verbreiteter Ansicht im Schrifttum sei das Urheberrecht ab Veröffentlichungsabsicht des Urhebers ein vollstreckungstaugliches Vermögensrecht im Sinne des § 857 CPO.[179] Da der Entschluss des Urhebers, sein Werk zu veröffentlichen, schwer nachzuweisen sei,[180] habe der Gesetzgeber eine leichter nachprüfbare Voraussetzung gewählt, nämlich ein Einwilligungserfordernis.

Das heutige Schrifttum hält sich zur Ratio des Einwilligungserfordernisses bedeckter und versteht es als „pauschale Interessenabwägung des Gesetzgebers in der Zwangsvollstreckung im Bereich des kulturellen, geistigen Schaffens zugunsten des Werkschöpfers und zum Nachteil seiner Geldschuldgläubiger"[181]. Die gesetzlich vorgegebene Interessenabwägung in § 113 UrhG soll nach *Sosnitza* das Selbstbestimmungsrecht des Schuldners über die Verwertung seines Rechts wahren.[182] Zur gesetzestechnischen Umsetzung eines solchen Schutzgedankens in einem sensiblen persönlichkeitsrechtlichen Bereich scheint ein Einwilligungserfordernis zu einer „befriedigenden, das Gewissen jederzeit beruhigenden Lösung"[183] zu führen.[184]

II. Einwilligung im Sinne des § 183 BGB?

Im Schrifttum wird diskutiert, was unter dem Tatbestandsmerkmal der Einwilligung im Sinne des § 113 UrhG zu verstehen ist. Die Gesetzesbegründung bietet dazu

---

177 Berichte über die Verhandlungen des Reichstages, 10. Legislaturperiode, II. Session 1900/1902, Erster Anlageband, Nr. 97, S. 395.
178 Vgl. auch *Calker,* Kritische Bemerkungen zu dem Entwurf, S. 17, der aus dem Prinzip, kein Dritter dürfe ohne Einwilligung über das Werk verfügen, folgert, in den Entwurf eine dem § 903 BGB entsprechende Vorschrift aufzunehmen. Doch ist zu bedenken, dass die Rechtsordnung auch beim umfassendsten Herrschaftsrecht, dem Eigentum im Sinne des § 903 BGB, einen zwangsweisen Zugriff kennt.
179 *Allfeld,* Kommentar LUG, § 10 Nr. 1 (S. 106).
180 *Allfeld,* Kommentar LUG, § 10 Nr. 1 (S. 106).
181 *Wallner,* Die Insolvenz des Urhebers, S. 59. „Bleibt aber einem Urheber die Entscheidung, einer Zwangsvollstreckung zuzustimmen, ist das Gleichgewicht der gegenläufigen Interessen eindeutig zu seinen Gunsten verschoben", *Freudenberg,* Zwangsvollstreckung in Persönlichkeitsrechte, S. 82. Ähnlich auch *Lütje* in: Möhring/Nicolini, § 112 Rn. 3.
182 *Sosnitza,* JZ 2004, 992, 997.
183 *Ahrens,* Verwertung persönlichkeitsrechtlicher Positionen, S. 311, der die vermeintliche Flexibilität aber ausführlich versucht, zu widerlegen.
184 Ähnlich bereits 1910 *Dernburg,* Urheberrecht u.a., S. 53.

keinen Aufschluss.[185] Der Gesetzgeber könnte mit der Formulierung "Einwilligung" aber einen Begriff gewählt haben, den der allgemeine Teil des bürgerlichen Rechts als vorherige Zustimmung definiert.

Die Literatur nimmt überwiegend eine Einwilligung im Sinne des § 183 BGB an und stützt sich auf den systematischen Vergleich der §§ 34 und 113 UrhG.[186] In § 34 UrhG spreche das Gesetz gerade nicht von der "Einwilligung", sondern von der "Zustimmung". Da beide Normen zeitgleich erlassen wurden, sei dem Gesetzgeber die unterschiedliche Terminologie bewusst gewesen.[187] Weiterhin wird vorgebracht, § 113 UrhG enthalte für die Zwangsvollstreckung eine Zulässigkeitsvoraussetzung. Da vor dem Beginn einer Zwangsvollstreckung sämtliche Zulässigkeitsvoraussetzungen vorliegen müssen, sei von einer vorherigen Zustimmung auszugehen.[188] Dabei soll die vorherige Zustimmung bereits beim Pfändungsakt, also beim Beginn des Vollstreckungsverfahrens vorliegen und nicht erst bei der Verwertung.[189]

Diese Ansicht ist – unabhängig davon, wie man das Einwilligungserfordernis grundsätzlich beurteilt[190] – überzeugend. Insbesondere lässt sich noch anführen, dass bereits zur Zeit des LUG von einer vorherigen Zustimmung ausgegangen wurde und sich insoweit im Urheberrechtsgesetz daran nichts ändern sollte.[191] Betrachtet man schließlich noch die Begründung im Gesetzesentwurf zum Urheberrechtsgesetz, dann lässt sich auch hier feststellen, dass die Bundesregierung immer nur von der "Einwilligung" ausgegangen ist.[192]

Somit lässt sich festhalten, dass es für die Zwangsvollstreckung nach § 113 UrhG de lege lata einer vorherigen Zustimmung des Urhebers im Sinne des § 183 BGB bedarf und diese im Zeitpunkt der Pfändung vorliegen muss.

III. Form, Beschränkung und Nachweis der Einwilligung

Eine besondere Form der Einwilligung setzt § 113 UrhG nicht voraus. Im Schrifttum besteht Einigkeit, dass die Einwilligung formfrei und auch konkludent erteilt werden

---

185 Insbesondere erfolgt kein Verweis auf das BGB, vgl. BT-Drucksache IV/270, S. 109.

186 *Lütje* in: Möhring/Nicolini, § 113 Rn. 12; *Kefferpütz* in: Wandtke/Bullinger, § 113 Rn. 9; *Schulze* in: Dreier/Schulze, § 113 Rn. 9; *Wallner,* Die Insolvenz des Urhebers, S. 60; im Ergebnis auch *Freudenberg,* Zwangsvollstreckung in Persönlichkeitsrechte, S. 81. Die Auslegung als Einwilligung im Sinne des § 113 UrhG wirkt sich auf den Streit um eine etwaige Heilung einer fehlenden Zustimmung aus.

187 Vgl. *Zimmermann,* Immaterialgüterrechte und ihre Zwangsvollstreckung, S. 183.

188 *Kotthoff* in: Heidelberger Kommentar UrhG, § 113 Rn. 3. Schon 1910 *Dernburg,* Urheberrecht u.a., S. 54.

189 Vgl. nur *Lütje* in: Möhring/Nicolini, § 113 Rn. 12; *Zimmermann,* Immaterialgüterrechte und ihre Zwangsvollstreckung, S. 184.

190 Siehe dazu noch 2. Kapitel D bis G.

191 Dazu *Marwitz/Möhring* in: Kommentar zum LUG, § 10 S. 95.

192 Vgl. BT-Drucksache IV/270 S. 109 zu § 122.

kann.[193] Da der Urheber im Regelfall keine Kenntnis vom Schutz durch das Einwilligungserfordernis hat, soll aber bloßes Schweigen nicht ausreichen.[194]

Überdies kann die Einwilligung weitere Details enthalten. So sollen Beschränkungen und Vorbehalte für Modalitäten der Verwertung[195] denkbar sein, vergleichbar den verschiedenen Möglichkeiten, Nutzungsrechte einzuräumen.[196]

In welcher Form und zu welcher Zeit die Einwilligung nachgewiesen werden muss, ist streitig. Nach *Brehm* braucht der Vollstreckungsgläubiger für die Pfändung lediglich eine schlüssige Behauptung vorzutragen, aus der sich die erteilte Einwilligung ergibt.[197] Ein endgültiger Nachweis sei erst bei der Verwertung erforderlich.

Nach *Freudenberg*[198] bedarf es des Nachweises bereits bei der Stellung des Antrages, nach *Stöber*[199] und *Breidenbach*[200] beim Erlass des Pfändungsbeschlusses.[201]

Die genannten Ansichten begründen ihre Annahme nicht. Wie oben festgestellt bedarf es nach der bestehenden Gesetzeslage vor Beginn der Zwangsvollstreckung der vorherigen Zustimmung. Insoweit hat die Einwilligung bereits beim Pfändungsbeschluss vorzuliegen. Dass sie dem Vollstreckungsgericht noch nicht definitiv nachgewiesen wurde, ist aber nicht hinderlich. Denn die bloße Pfändung belastet den Urheber noch nicht ernsthaft.[202] Aber auch der Nachweis bei der Verwertung erscheint nicht zwingend. Vielmehr erscheint das Glaubhaftmachen der Einwilligung für die Pfändung und Verwertung ausreichend, kann doch der Urheber jederzeit das Nichtvorliegen der Einwilligung mit der Vollstreckungserinnerung nach § 766 ZPO rügen. Die hinter diesem Problem stehende Frage lautet aber, wie viel Prüfungsleistung kann dem Vollstreckungsgericht und damit gemäß § 20 Nr. 17 RPflG dem funktionell zuständigen Rechtspfleger aufgetragen werden. Handelt es sich bei dem Nachweis der Einwilligung um einen rein formalen Prüfungsschritt oder um eine materiell-rechtliche Aufgabenstellung?[203] Der Beantwortung dieser

---

193 Vgl. *Lütje* in: Möhring/Nicolini, § 113 Rn. 13; *Kotthoff* in: Heidelberger Kommentar UrhG, § 113 Rn. 4; *Schramm* in: MünchKommBGB, § 183 Rn. 8; *Freudenberg,* Zwangsvollstreckung in Persönlichkeitsrechte, S. 81.

194 *Zimmermann,* Immaterialgüterrechte und ihre Zwangsvollstreckung, S. 191; *Wild* in: Schricker, § 113 Rn. 3.

195 *Ahrens,* Verwertung persönlichkeitsrechtlicher Positionen, S. 320.

196 *Freudenberg,* Zwangsvollstreckung in Persönlichkeitsrechte, S. 81; *Ahrens,* Verwertung persönlichkeitsrechtlicher Positionen, S. 320; siehe auch *Wild* in: Schricker, § 113 Rn. 4; *Baur/Stürner/Bruns,* Zwangsvollstreckungsrecht, Rn. 32.27.

197 *Brehm* in: Stein/Jonas, § 857 Rn. 23.

198 *Freudenberg,* Zwangsvollstreckung in Persönlichkeitsrechte, S. 81.

199 *Stöber,* Forderungspfändung, Rn. 1762.

200 *Breidenbach,* CR 1989, 971, 971.

201 Siehe zur früheren Rechtslage zur Zeit des LUG und KUG *Leupold,* Zwangsverwaltung, S. 25, der sich dafür ausgesprochen hatte, die Einwilligung vor Erlass des Pfändungsbeschlusses nachweisen zu müssen.

202 Ähnlich auch *Zimmermann,* Immaterialgüterrechte und ihre Zwangsvollstreckung, S. 192. So wäre allenfalls zu bedenken, dass eine Verstrickung des Rechts zu Einschränkungen führt.

203 Für eine rein formale Frage spricht sich *Zimmermann,* Immaterialgüterrechte und ihre Zwangsvollstreckung, S. 192 aus. Zu einer materiell-rechtlichen Frage könnte es aber allein

Frage, die mit dem Formalisierungsprinzip verknüpft ist, soll an dieser Stelle noch nicht vorgegriffen werden.[204]

IV. Widerruflichkeit der Einwilligung?

Fraglich bleibt, ob die Einwilligung widerrufen werden kann.[205] Im bürgerlichen Recht wäre zu unterscheiden, ob die Einwilligung auf Grundlage vertraglicher Vereinbarungen oder als einseitige Erklärung erteilt wurde.

Bezüglich der Einwilligung auf Grundlage vertraglicher Vereinbarung sind die Auffassungen zur Widerrufsmöglichkeit geteilt. Nach einer Auffassung ist das Selbstbestimmungsrecht des Rechtsträgers absolut vorrangig zu beachten.[206] Nach anderer Auffassung ist das Vertrauen des Rechtsverkehrs auf die Wirksamkeit der gegebenen Einwilligung zu schützen.[207] Als Mittelweg hat sich herausgebildet, dass eine einmal erteilte Einwilligung grundsätzlich bindende Wirkung haben soll, diese aber im Falle eines wichtigen Grundes widerrufen werden kann.[208]

Diese Überlegungen sind aber nur begrenzt auf die Einwilligung zu übertragen, die als einseitige Erklärung erteilt wird. Nach *Götting* soll in diesem Fall das Selbstbestimmungsrecht des Einwilligenden ein Übergewicht gewinnen, so dass eine einseitige Einwilligung jederzeit frei widerruflich sei.[209] Zu einer Interessenabwägung mit dem Einwilligungsempfänger soll es deshalb nicht mehr kommen, da dieser mangels zweiseitiger Erklärung schon keine Vertrauensposition innehabe.[210] *Götting* will von dieser Faustformel erst dann eine Ausnahme machen, wenn vertrauensbegründende Faktoren hinzutreten.[211]

Da nach herrschender Meinung unter der Einwilligung im Rahmen des § 113 UrhG eine vorherige Zustimmung im Sinne des § 183 BGB und somit eine einseitige Erklärung verstanden wird, erscheint es konsequent, § 183 BGB in seiner Gesamtheit anzuwenden: nach § 183 S. 1 Halbsatz 1 BGB kann die erteilte Einwilli-

---

schon deshalb werden, da der Rechtspfleger erst einmal den Streit um den Nachweis der Einwilligung kennen und sich dann einer Auffassung anschließen müsste.

204 Siehe dazu 2. Kapitel D IV.
205 Zur Widerruflichkeit einer Einwilligung bei der Verwertung von Persönlichkeitsrechten im Allgemeinen, *Ahrens,* Verwertung persönlichkeitsrechtlicher Positionen, S. 322 und 529.
206 *Bongartz,* Recht am eigenen Bilde, S. 75.
207 OLG Freiburg in GRUR 1953, 404, 405.
208 So z.B. *Götting,* Persönlichkeitsrechte als Vermögensrechte, S. 149, der § 626 BGB für den wichtigen Grund heranziehen möchte.
209 *Götting,* Persönlichkeitsrechte als Vermögensrechte, S. 151.
210 *Götting,* Persönlichkeitsrechte als Vermögensrechte, S. 152.
211 Zu diesen vertrauensbildenden Faktoren äußert er sich nicht mehr und will diese einzelfallabhängig beurteilen, *Götting,* Persönlichkeitsrechte als Vermögensrechte, S. 152.

gung bis zur Vornahme des Rechtsgeschäftes widerrufen werden. Daraus folgert die Literatur, dass ein solcher Widerruf auch in der Zwangsvollstreckung möglich sei.[212] Eine solche Widerrufsmöglichkeit wird kritisch gesehen. Zwar ist ein Heranziehen des § 183 BGB im Rahmen des § 113 UrhG nur dann überzeugend, wenn man sich nicht nur auf einzelne Tatbestandsmerkmale beschränkt, sondern die Norm in ihrer Gänze anwendet. Jedoch kann dies zu einem "Katz-und-Maus-Spiel" zwischen Urheber und Vollstreckungsgläubiger führen. Es drängen sich etwa Situationen auf, in denen der Urheber grundlos eine erteilte Einwilligung im letzten Moment widerruft, um den Gläubiger zu schikanieren. Eine solche Befugnis des Urhebers stimmt aber bedenklich.[213]

Götting will den Adressaten der Einwilligung, der auf die Wirksamkeit der Einwilligung vertraut hat, im Falle eines Widerrufes analog § 122 BGB einen Anspruch auf Ersatz des Vertrauensschadens zubilligen.[214] Jedenfalls dieser Anspruch wird in der Praxis regelmäßig wertlos sein: der zahlungsunfähige Schuldner, der bereits die Hauptforderung des Gläubigers nicht befriedigen kann, wird wohl kaum in der Lage sein, den Vertrauensschaden zu ersetzen.

Nicht entschieden ist damit die Frage, bis *wann* der Urheber seine Einwilligung widerrufen kann. § 183 BGB geht davon aus, dass die vorherige Zustimmung bis zur Vornahme des Rechtsgeschäfts widerruflich ist. Überträgt man diese Regelung auf § 113 UrhG ergeben sich zwei denkbare Zeitpunkte. Entweder man erlaubt den Widerruf bis zur Pfändung oder gar bis zur Verwertung. Nach Ansicht von *Kirchmaier* ist die Einwilligung bis zum Beginn der Vollstreckungsmaßnahmen frei widerruflich.[215] *Kefferpütz* konkretisiert diesen Zeitpunkt und spricht sich für den Moment aus, in dem das Vollstreckungsgericht dem Urheber als Vollstreckungsschuldner das Inhibitorium nach § 857 Abs. 2 ZPO[216] auferlegt.[217]

Will man der herrschenden Meinung folgen und erkennt eine Widerrufsmöglichkeit an, erscheint es geboten, das dazu denkbare Zeitfenster so klein wie möglich zu halten.[218] Ein Widerruf ist daher nur bis zur Pfändung möglich.

212 *Kirchmaier* in: Mestmäcker/Schulze, § 113 Rn. 7 („bis zum Beginn der Vollstreckungsmaßnahmen jederzeit widerruflich"); *Kefferpütz* in: Wandtke/Bullinger, § 113 Rn. 10; *Freudenberg*, Zwangsvollstreckung in Persönlichkeitsrechte, S. 81.

213 Die dahinter stehende Frage, ob der Urheber bezüglich seiner Einwilligungsbefugnis wirklich so frei ist wie das Gesetz suggeriert, wird an späterer Stelle wieder aufgegriffen und erörtert (2. Kapitel F IV).

214 *Götting*, Persönlichkeitsrechte als Vermögensrechte, S. 152. Interessant auch *Ahrens*, Verwertung persönlichkeitsrechtlicher Positionen, S. 323, der auf § 42 Abs. 3 S. 1 UrhG verweist. Kritisch dagegen wieder *Götting* (aaO S. 151).

215 *Kirchmaier* in: Mestmäcker/Schulze, § 113 Rn. 7.

216 *Kefferpütz* zitiert § 829 Abs. 1 S. 2 ZPO, obwohl § 857 Abs. 2 ZPO spezieller ist.

217 Vgl. *Kefferpütz* in: Wandtke/Bullinger, § 113 Rn. 11; vgl. zum Widerruf der Einwilligung im Rahmen des § 6 UrhG, *Marquardt* in: Wandtke/Bullinger, § 6 Rn. 21.

218 Auch ein Vergleich zum Widerruf der Einwilligung zu Prozesshandlungen spricht für den früheren Zeitpunkt. So kann etwa eine Einwilligung zur gewillkürten Prozessstandschaft bis zur Zustellung der Klageschrift, nicht aber bis zum Erlass des Urteils widerrufen werden, siehe dazu *Schramm* in: MünchKommBGB, § 183 Rn. 11.

V. Auswirkung einer erteilten Einwilligung für andere Gläubiger?

Erteilt der Urheber einem Gläubiger seine Einwilligung im Sinne des § 113 UrhG, stellt sich die Frage, ob die erteilte Einwilligung auch Auswirkungen für andere Gläubiger hat. Insbesondere drängt sich die Frage auf, ob nach erstmalig erteilter Einwilligung das Einwilligungserfordernis für andere Gläubiger entfällt. Das wäre denkbar, wenn eine einmal erteilte Einwilligung Bindungswirkung für die Zwangsvollstreckung anderer Gläubiger hätte.

Eine solche Bindungswirkung gegenüber anderen Gläubigern wird im Schrifttum verneint.[219] Der Urheber wolle, wenn überhaupt, seine Einwilligung nur einem bestimmten Gläubiger erteilen. Eine Einwilligung mit genereller Wirkung sei von ihm nicht beabsichtigt und würde auch gegen das Urheberpersönlichkeitsrecht verstoßen.[220] Er müsse wissen, wem er einen Zugriff auf seine Rechte erlaube.

Zu untersuchen ist, wie sich diese Auffassung begründen lässt. Ob eine erteilte Einwilligung eine Bindungswirkung haben kann, ist eine Frage der Auslegung analog §§ 133, 157 BGB. Die bürgerlich-rechtliche Einwilligung im Sinne des § 183 BGB geht von einer vorherigen Zustimmung zu "einem" Vertrag bzw. zu "einem" Rechtsgeschäft aus. Folglich könnte man auch davon ausgehen, dass die Einwilligung im Zuge der Vollstreckung die vorherige Zustimmung zu "einer" Vollstreckungshandlung ist, nicht aber die Generaleinwilligung zu allen künftigen Vollstreckungsakten. Eine Generaleinwilligung wäre mit dem Wortlaut von § 113 UrhG wohl auch kaum vereinbar. Denn § 113 UrhG erlaubt gerade nur die Vollstreckung in eine bestimmte Nutzungsart. Eine Generaleinwilligung würde aber dazu führen, dass andere Gläubiger auf andere Nutzungsarten zugreifen könnten, mithin das umfassende Verwertungsrecht nun erst recht der Vollstreckung zugänglich wäre. Dies ist aber de lege lata nicht möglich.[221]

Folgt man diesem Ansatz, dann ist das Urheberrechtsgesetz nicht nur so zu verstehen, dass es den Urheber davor schützen möchte, dass überhaupt in sein Urheberrecht vollstreckt wird. Vielmehr hat das Urheberrechtsgesetz auch den Schutz hinsichtlich des Umfanges vor Augen. Will man am Einwilligungserfordernis grundsätzlich festhalten, dann ist es nur konsequent, die Einwilligung auch so beschränkt wie möglich zu behandeln. Dann ist eine Bindungswirkung für andere Gläubiger nicht möglich.

---

219 *Walker* in: Schuschke/Walker, § 857 Rn. 36; *Kotthoff* in: Heidelberger Kommentar UrhG, § 113 Rn. 4; *Vinck* in: Fromm/Nordemann, § 113 Rn. 2; *Lütje* in: Möhring/Nicolini, § 113 Rn. 18; *Zimmermann*, Immaterialgüterrechte und ihre Zwangsvollstreckung, S. 190. Aus Sicht der Insolvenz auch *Wallner*, Die Insolvenz des Urhebers, S. 61, der schreibt „Aber auch die Einwilligung gegenüber allen Gläubigern kann man nicht als ausreichend für die Begründung der Beschlagfähigkeit in der Insolvenz ansehen […]".

220 Ähnlich *Zimmermann*, Immaterialgüterrechte und ihre Zwangsvollstreckung, S. 189.

221 *Lütje* in: Möhring/Nicolini, § 112 Rn. 4; vgl. bereits oben.

VI. Konsequenzen für das Fehlen einer Einwilligung?

Fraglich ist, wie sich eine fehlende Einwilligung auf die Zwangsvollstreckung auswirkt.

Nach herrschender Ansicht muss eine Zwangsvollstreckung ohne vorherige Einwilligung nachgeholt werden.[222] Sie soll insbesondere durch eine nachträgliche Genehmigung nicht geheilt werden können.[223] Eine solche Vollstreckungsmaßnahme sei vielmehr nichtig.[224]

Die Gegenauffassung nimmt die Möglichkeit einer Heilung an.[225] Nach *Samson* soll die Einwilligung allein die Interessen des Urhebers und seine persönliche Bindung zu seinem Werk wahren.[226] Wenn der Urheber nach Beginn der Zwangsvollstreckung die Genehmigung zur schwebend unwirksamen Zwangsvollstreckung erteile, so sei der Zweck der Vorschrift immer noch gewahrt, nämlich die Durchführung der Zwangsvollstreckung allein dem Willen des Urhebers zu überlassen.[227]

Zu dem hier aufgeworfenen Problem erscheint eine Stellungnahme nur dann möglich, wenn zunächst einmal feststeht, nach welchem Rechtsgebiet der Fehler zu behandeln ist. Dahinter verbirgt sich folglich die Frage, ob das Zwangsvollstreckungsrecht, zudem auch die hier diskutierte besondere Vollstreckungsvoraussetzung gehört, zum Privatrecht oder zum öffentlichen Recht zu zählen ist. Erst dann ist zu untersuchen, ob das Fehlen der Einwilligung zu einer anfechtbaren oder zu einer nichtigen Vollstreckungsmaßnahme führt. Handelt es sich um eine nichtige Vollstreckungsmaßnahme, so kommt eine Heilung schon nicht mehr in Betracht.[228] Handelt es sich hingegen um eine anfechtbare Maßnahme, ist im dritten Schritt zu fragen, ob sie heilbar oder unheilbar ist.

---

222 Etwa *Lütje* in: Möhring/Nicolini, § 113 Rn. 12; *Freudenberg,* Zwangsvollstreckung in Persönlichkeitsrechte, S. 81; siehe auch die nachfolgende Fn.

223 *Kirchmaier* in: Mestmäcker/Schulze, § 113 Rn. 7; *Schulze* in: Dreier/Schulze, § 113 Rn. 9; *Wild* in: Schricker, § 113 Rn. 3; *Kefferpütz* in: Wandtke/Bullinger, § 113 Rn. 12; *Kotthoff* in: Heidelberger Kommentar UrhG, § 113 Rn. 3; *Lütje* in: Möhring/Nicolini, § 113 Rn. 12.

224 Vgl. *Zimmermann,* Immaterialgüterrechte und ihre Zwangsvollstreckung, S. 185; *Schack,* Urheber- und Urhebervertragsrecht, Rn. 770.

225 *Baur/Stürner/Bruns,* Zwangsvollstreckungsrecht, Rn. 32.27 nimmt eine Heilung mit ex nunc Wirkung an.

226 *Samson,* Urheberrecht, S. 236.

227 Vgl. *Samson,* Urheberrecht, S. 236.

228 Die einzelnen Möglichkeiten einer Heilung etwa im Verwaltungsverfahrensrecht sind umstritten. § 45 VwVfG sieht eine Heilung nur bei Verfahrens- und Formfehlern vor; nach dessen Abs. 1 kommt eine Heilung im Falle der Nichtigkeit nach § 44 VwVfG schon nicht in Betracht. Vgl. zu dem Grundsatz, dass nichtige Verwaltungsakte nicht heilbar sind *Kopp/Ramsauer,* VwVfG Kommentar, § 43 Rn. 47 und § 45 Rn. 10.

1. Die Zwangsvollstreckung als Teil des öffentlichen Rechts

Die Folgen eines Fehlers werden je nach Rechtsgebiet unterschiedlich behandelt.[229] Die besondere Vollstreckungsvoraussetzung einer Einwilligung ist Teil des Zwangsvollstreckungsrechts. Die Frage nach der Rechtsnatur der Zwangsvollstreckung ist im Einzelnen im Schrifttum noch nicht abschließend geklärt.[230]

Nach überwiegender Ansicht gehört das Zwangsvollstreckungsrecht insgesamt zum öffentlichen Recht.[231] Im jüngeren Schrifttum wird vermehrt differenziert, wonach nicht das Verhältnis Gläubiger zum Schuldner, sondern allein das Verhältnis des Hoheitsträgers zum Vollstreckungsgläubiger und -schuldner dem öffentlichen Recht zuzuordnen ist.[232] Diese Annahme wird mit der Beteiligung eines Hoheitsträgers, der den Betroffenen in einem Subordinationsverhältnis gegenübersteht, mit dem Vollstreckungsanspruch des Titelinhabers gegen den Staat,[233] mit dem Eingriff in Grundrechte und des für den Betroffenen dadurch notwendigen Schutzes begründet.[234]

Diese Annahme überzeugt. Die durch die Zwangsvollstreckung erfolgenden Eingriffe in die Grundrechte können nur legitimiert werden, wenn sie der Staat selbst durchführt.[235] Denn es ist allein der Staat, der das Recht zum Zwang hat.[236] Dem Vollstreckungsschuldner und -gläubiger können sich dann im Gegenzug durch die Grundrechte Abwehrmöglichkeiten eröffnen.

---

229 So kennt das Privatrecht etwa die Figur der "schwebenden Unwirksamkeit", siehe etwa *Dörner* in: Hk-BGB, § 108 Rn. 1 und das öffentliche Recht eine umfassende Regelung zur Heilung von Fehlern, vgl. § 45 VwVfG.

230 Vgl. *Stamm*, Prinzipien und Grundstrukturen des Zwangsvollstreckungsrechts, S. 19 unter II; übereinstimmend mit *Böhmer*, der das Zwangsvollstreckungsrecht ohne Einschränkung dem öffentlichen Recht zuordnet (Sondervotum zu BVerfGE 49, 228, 231).

231 Für die Rechtsprechung etwa BGHZ 119, 75, 78; für die Literatur etwa *Lackmann*, Zwangsvollstreckungsrecht, Rn. 3; *Hartmann* in: Baumbach/Lauterbach, § 704 Grundz Rn. 7; *Gaul* in: Rosenberg/Gaul/Schilken, § 1 III; *Münzberg* in: Stein/Jonas, § 704 Vorbemerkung Rn. 16.

232 Der Gläubiger hat gegen den Staat einen Vollstreckungsanspruch, der, wird er rechtswidrig und schuldhaft vereitelt, zu Amtshaftungsansprüchen führen kann (Art. 34 GG, § 839 BGB), *Münzberg* in: Stein/Jonas, § 704 Vorbemerkung Rn. 16. *Stamm*, Prinzipien und Grundstrukturen des Zwangsvollstreckungsrechts, S. 23 (sog. Dreiecksverhältnis).

233 *Lackmann*, Zwangsvollstreckungsrecht, Rn. 3.

234 *Schuschke* in: Schuschke/Walker, § 704 Allgemeine Vorbemerkungen Rn. 3; *Stamm*, Prinzipien und Grundstrukturen des Zwangsvollstreckungsrechts, S. 23. Ausführlich zur Bedeutung der Grundrechte in der Zwangsvollstreckung und den denkbaren Eingriffen *Gaul* in: Rosenberg/Gaul/Schilken, § 3 I.

235 Das deutsche Recht erlaubt dem Gläubiger regelmäßig eben nicht, den Eingriff beim Schuldner selbst vorzunehmen. Hier hat der Staat ein Monopol inne, siehe *Baur/Stürner/Bruns*, Zwangsvollstreckungsrecht, Rn. 1.1.

236 *Münzberg* in: Stein/Jonas, § 704 Vorbemerkung Rn. 16.

Verständigt man sich darauf, dass das Vollstreckungsrecht insgesamt dem öffentlichen Recht angehört, ist weiter zu fragen, ob es sich um Rechtspflege oder Verwaltung handelt.[237]

Nach einer Ansicht ist die Zwangsvollstreckung Teil der Rechtspflege, da sie Justizgewährung in einem besonderen Verfahrensstadium sei.[238] Meist wird zur Untermauerung dieser Annahme § 801 Abs. 1 ZPO und § 4 S. 2 EGGVG herangezogen, wonach das Gesetz von der "gerichtlichen" Zwangsvollstreckung spricht und diese den "ordentlichen" Gerichten zuweist.

Das Wortlautargument aus § 801 Abs. 1 ZPO vermag aber nicht zu überzeugen, wollte der Gesetzgeber der Zivilprozessordnung dem Landesgesetzgeber allein die Möglichkeit geben, im Falle weiterer Schuldtitel den Behördenaufbau des Bundes nutzen zu können, namentlich die Vollstreckungsgerichte im Sinne des § 764 ZPO.[239] Auch der Verweis auf § 4 S. 2 EGGVG hilft nicht weiter, ordnet bereits § 764 ZPO in Verbindung mit § 802 ZPO das Zwangsvollstreckungsrecht ausschließlich den ordentlichen Gerichten zu.[240]

Es ist gerade nicht die Rechtsprechung, die den Schuldnerwillen notfalls mittels staatlichen Zwangs bricht, sondern die Verwaltung.[241] Die Vollstreckungsorgane vollziehen unmittelbar die Gesetze wie es Art. 20 Abs. 3 GG vorsieht. Die Rechtsprechung wird erst dann wieder zuständig, wenn sich beim Gesetzesvollzug Streitigkeiten ergeben.[242] Folglich ist es überzeugender, die Zwangsvollstreckung als Verwaltung einzuordnen.[243]

---

237 In der älteren Literatur wurde überdies vertreten, dass das Zwangsvollstreckungsrecht eine "eigene Art" neben dem Erkenntnisverfahren sei, *Stein*, Grundfragen der Zwangsvollstreckung, S. 10.

238 *Gaul* in: Rosenberg/Gaul/Schilken, § 2 I 1; *Schuschke* in: Schuschke/Walker, § 704 Allgemeine Vorbemerkungen Rn. 4; *Münzberg* in: Stein/Jonas, § 704 Vorbemerkung Rn. 1, wobei hier erwähnt wird, dass manche Hoheitsakte Verwaltungsakten ähneln. Dagegen äußert sich jedoch wieder *Gaul* (aaO § 2 I 3), der meint, Verwaltungsakte könnten schon deshalb nicht vorliegen, da bei diesen der Staat in eigener Sache tätig wird, während er in der Zwangsvollstreckung in fremder Angelegenheit tätig wird. *Stamm*, Prinzipien und Grundstrukturen des Zwangsvollstreckungsrechts, S. 29 hingegen stellt darauf ab, dass es für die Definition eines Verwaltungsaktes im Sinne des § 35 VwVfG nicht darauf ankommt, in wessen Angelegenheit die Maßnahme erfolgt.

239 Begründung zum Entwurf der Civilprozeßordnung zu § 655, S. 420 f. Ausführlich gegen beide Wortlautargumente *Stamm*, Prinzipien und Grundstrukturen des Zwangsvollstreckungsrechts, S. 27.

240 Dazu *Stamm*, Prinzipien und Grundstrukturen des Zwangsvollstreckungsrechts, S. 28. *Stamm* weist in diesem Zuge darauf hin, dass die Zwangsvollstreckung in der Schweiz den Betreibungsämtern zugewiesen ist, die Einordnung als Verwaltung also nahe liegt. Dennoch ist diese Einordnung auch in der Schweiz umstritten.

241 So *Stamm*, Prinzipien und Grundstrukturen des Zwangsvollstreckungsrechts, S. 41.

242 *Stamm*, Prinzipien und Grundstrukturen des Zwangsvollstreckungsrechts, S. 41.

243 Im Ergebnis übereinstimmend mit *Baur/Stürner/Bruns*, Zwangsvollstreckungsrecht, Rn. 7.30; *Bruns*, AcP (171) 1971, 358, 362; *Schlosser*, Zivilprozessrecht II, Rn. 29; vgl. auch *Lackmann*, Zwangsvollstreckungsrecht, Rn. 3.

2. Die verwaltungsrechtliche Fehlerfolgenlehre

Wenn aber das Zwangsvollstreckungsrecht dem öffentlichen Recht zuzuordnen ist und in den Bereich der Verwaltung fällt, richten sich auch die Folgen eines Fehlers nach diesem Rechtsgebiet. Mithin ist auf die verwaltungsrechtliche Fehlerfolgenlehre abzustellen.[244]

Der durch das Vollstreckungsorgan durchgeführte Pfändungsvorgang, die Beschlagnahme, ist einem Verwaltungsakt gleichzusetzen.[245] Dieser regelt, dass der Vollstreckungsschuldner die vorgenommene Vollstreckungsmaßnahme zu dulden hat.[246] Weiterhin ist dieser Verwaltungsakt Grundlage für dessen Vollzug.[247] Gemäß § 43 Abs. 2 VwVfG geht das Verwaltungsverfahrensrecht von dem Grundsatz aus, dass ein Verwaltungsakt, sei er auch fehlerbehaftet, dennoch wirksam ist.[248] Erst wenn dieser zurückgenommen, widerrufen oder anderweitig aufgehoben oder sich durch Zeitablauf oder auf andere Weise erledigt hat, endet seine Wirksamkeit.

Davon gilt nur im Falle des § 43 Abs. 3 VwVfG eine Ausnahme, dann nämlich, wenn der Verwaltungsakt nichtig ist. Der die Nichtigkeit des Verwaltungsakts regelnde § 44 VwVfG nimmt in Abs. 3 einige Fehler aus, die zwar gravierend sind, aber dennoch nicht zu einer Nichtigkeit führen sollen. Sodann enthält § 44 Abs. 2 VwVfG einen Katalog von Fehlern, die die Nichtigkeit auslösen. Auch wenn kein Mangel im Sinne des Abs. 1 vorliegt, führt einer der in Abs. 2 aufgeführten Fälle in jedem Fall zur Nichtigkeit.[249] Schlussendlich kann ein Verwaltungsakt gemäß § 44 Abs. 1 VwVfG dann nichtig sein, wenn er an einem besonders schwerwiegenden Fehler leidet und dies bei verständiger Würdigung aller in Betracht kommenden Umstände offensichtlich ist.[250] Insoweit muss der Fehler so elementar sein, dass er dem Verwaltungsakt auf die Stirn geschrieben steht[251] (sogenannte Evidenztheorie).[252]

---

244 Dazu *Sachs* in: Stelken/Bonk/Sachs, § 44 Rn. 1; zu diesem Begriff auch *Schenke*, NVwZ 1990, 1009, 1016; vgl. auch *Stamm,* Prinzipien und Grundstrukturen des Zwangsvollstreckungsrechts, S. 360.

245 BGHZ 66, 79, 80; *Werner,* JR 1971, 278, 283; *Stamm,* Prinzipien und Grundstrukturen des Zwangsvollstreckungsrechts, S. 360. Aber nicht unbestritten: so spricht sich *Gaul* in: Rosenberg/Gaul/Schilken, § 2 I 2 und IV 1 deutlich gegen eine Gleichsetzung aus.

246 Dazu, dass der Verwaltungsakt auf ein Dulden gerichtet ist *Baur/Stürner/Bruns,* Zwangsvollstreckungsrecht, Rn. 2.37; *Stamm,* Prinzipien und Grundstrukturen des Zwangsvollstreckungsrechts, S. 360.

247 Ausführlich *Sachs* in: Stelken/Bonk/Sachs, § 43 Rn. 162 und *Stelkens* in: Stelken/Bonk/-Sachs, § 35 Rn. 30.

248 Die in § 43 VwVfG geregelte Wirksamkeit des Verwaltungsakts ist grundsätzlich nicht unmittelbar an seine Rechtmäßigkeit geknüpft, *Sachs* in: Stelken/Bonk/Sachs, § 44 Rn. 1.

249 Vgl. *Meyer* in: Knack VwVfG, § 44 Rn. 10.

250 Die Prüfungsreihenfolge des § 44 VwVfG unterscheidet sich demnach von seinem systematischen Aufbau, vgl. dazu *Sachs* in: Stelken/Bonk/Sachs, § 44 Rn. 98.

251 Terminologie nach dem Bundessozialgericht, vgl. BSGE 17, 83.

252 Vgl. zur Evidenztheorie *Kopp/Ramsauer,* VwVfG Kommentar, § 44 Rn. 7; sie ist nicht unumstritten. Mancherorts wird sie sogar abgelehnt, da aus einer Generalklausel mit unbe-

3. Die Anwendung der Fehlerfolgenlehre auf § 113 UrhG

Ob das Fehlen der Einwilligung in die Kategorie der Nichtigkeit einzuordnen ist oder aber in die Kategorie der im Gesetz nicht positiv geregelten[253] Rechtswidrigkeit, ist aus § 113 UrhG selbst nicht zu entnehmen.

Soweit ersichtlich diskutiert das Problem allein *Zimmermann*,[254] während das weitere Schrifttum allein die Frage der Heilung erörtert. Nach ihr soll die Vollstreckung ohne vorherige Einwilligung zur Nichtigkeit führen. Da das Urheberrecht der Zwangsvollstreckung ohne die Einwilligung des Urhebers völlig entzogen sei, sei die Einwilligung die entscheidende und konstitutive Voraussetzung zur Vollstreckung. Somit werde § 113 UrhG zu einer Norm, deren Verletzung einen schwerwiegenden Mangel der Pfändung begründe und deshalb zur Nichtigkeit führe.[255]

Diese Argumentation erscheint aber fragwürdig. Die Annahme, das Urheberrecht sei der Zwangsvollstreckung ohne die Einwilligung völlig entzogen, beachtet nicht, dass der Gesetzgeber 1965 mit § 112 UrhG gerade dem umgekehrten Prinzip folgte und den Grundsatz aufstellte, wonach eine Zwangsvollstreckung im Urheberrecht grundsätzlich zulässig ist.[256] Der Gesetzgeber hat sich im Urheberrechtsgesetz gerade für diese Möglichkeit ausgesprochen und hat sich damit bewusst von der vorherigen Regelung verabschiedet, nach der die Zwangsvollstreckung ohne die Einwilligung schlechthin für unzulässig erklärt wurde.[257] Das Einwilligungserfordernis, so fraglich es auch ist, schränkt diesen weiten Grundsatz lediglich ein.[258] Mit dem Ansatz von *Zimmermann* erscheint die Annahme der Nichtigkeit somit nicht überzeugend. Fraglich bleibt deshalb, ob die Annahme der Nichtigkeit anderweitig begründet werden kann.

a) Nichtigkeit gemäß § 44 Abs. 2 Nr. 2 VwVfG?

Versucht man eine einschlägige Norm für die Begründung der Nichtigkeit zu finden, dann erscheint § 44 Abs. 2 Nr. 2 VwVfG am nahe liegendsten. Danach ist ein Ver-

---

stimmten Rechtsbegriffen nicht auf die Nichtigkeit geschlossen werden dürfe, vgl. Nachweise bei *Meyer* in: Knack VwVfG, § 44 Rn. 9.

253   Vgl. *Sachs* in: Stelken/Bonk/Sachs, § 44 Rn. 11.

254   Neben *Zimmermann,* Immaterialgüterrechte und ihre Zwangsvollstreckung, S. 186 f. findet sich nur noch bei *Baur/Stürner/Bruns,* Zwangsvollstreckungsrecht, Rn. 32.28 eine Darstellung. Jedenfalls ist dem Ergebnis bei *Baur/Stürner/Bruns* zuzustimmen.

255   Vgl. *Zimmermann,* Immaterialgüterrechte und ihre Zwangsvollstreckung, S. 186 f.

256   So stellt ausdrücklich *Vinck* in: Fromm/Nordemann, § 112 Rn. 2 darauf ab, dass der Gesetzgeber mit dem Urheberrechtsgesetz nicht mehr die Ansicht verfolgte, die Zwangsvollstreckung sei schlechthin unzulässig, sondern mit § 112 UrhG nun „dem umgekehrten Prinzip" folge. Ebenso deutlich *Freudenberg,* Zwangsvollstreckung in Persönlichkeitsrechte, S. 80.

257   *Vinck* in: Fromm/Nordemann, § 112 Rn. 1. Die grundsätzliche Zulässigkeit ist auch aus der Gesetzesbegründung in BT-Drucksache IV/270, S. 109 rechte Spalte, zu entnehmen.

258   Dazu noch ausführlicher im 2. Kapitel D bis G.

waltungsakt ohne Rücksicht auf das Vorliegen der Voraussetzungen des Absatzes 1 nichtig, wenn der Verwaltungsakt nach einer Rechtsvorschrift nur durch die Aushändigung einer Urkunde erlassen werden kann, aber dieser Form nicht genügt.[259] Mit Nr. 2 erfasst das Gesetz Fälle, in denen ein Verwaltungsakt erlassen wurde, der seinem Inhalt nach auch ohne weiteres erlassen werden konnte, jedoch an eine ganz besondere Form gebunden ist. Diese Form dient dem besonderen Schutz des Adressaten.[260]

Nun bedarf es zur Pfändung im Urheberrecht zwar keiner ausgehändigten Urkunde, aber der vorher "ausgehändigten" Einwilligung durch den Urheber, die verhindern soll, dass allzu schnell ein an sich nicht zu beanstandender Verwaltungsakt erlassen wird.[261]

Bedenken gegen das Heranziehen von § 44 Abs. 2 Nr. 2 VwVfG bestehen letztlich aber deshalb, weil sich das Urkundserfordernis des § 44 Abs. 2 Nr. 2 VwVfG und das Einwilligungserfordernis des § 113 UrhG gegenläufig gegenüberstehen. Es soll der Hoheitsträger gegenüber dem Adressaten und nicht der Adressat gegenüber dem Hoheitsträger eine besondere Form wahren, damit der Hoheitsträger den Verwaltungsakt wirksam erlassen kann.

§ 44 Abs. 2 Nr. 2 VwVfG umfasst folglich das vorliegende Problem weder ausdrücklich vom Wortlaut, noch ist die Konstellation dieselbe. Somit ist § 44 Abs. 2 Nr. 2 VwVfG hier nicht einschlägig.

b) Fehlende Offensichtlichkeit im Sinne § 44 Abs. 1 VwVfG?

Kommt schon kein weiterer enumerativer Nichtigkeitsgrund aus § 44 Abs. 2 VwVfG in Betracht, verbleibt nun der Blick auf die Generalklausel in Abs. 1. Selbst wenn man das Fehlen der Einwilligung als "besonders schweren Fehler" im Sinne des § 44 Abs. 1 VwVfG ansähe, wäre indessen immer noch fraglich, ob dieser Fehler auch "offensichtlich" ist. Die schwere Fehlerhaftigkeit müsste ohne weiteres erkennbar sein und zwar nicht nur für einen Fachmann, sondern auch für einen unvoreingenommenen, nicht unbedingt sachkundigen, aber aufgeschlossenen Betrachter.[262] Das Einwilligungserfordernis ist aber eine atypische und im sonstigen Vollstreckungsrecht unbekannte Ausnahme.[263] Folglich würde es für § 44 Abs. 1 VwVfG jedenfalls schon an der Offensichtlichkeit des Fehlers mangeln.

---

259 Beispielsweise ist der Verwaltungsakt, der eine Einbürgerung regelt, nur dann wirksam, wenn er als Urkunde dem Adressaten ausgehändigt wird, § 16 Abs. 1 S. 1 StAG.
260 Vgl. zum Schutzgedanken *Sachs* in: Stelken/Bonk/Sachs, § 44 Rn. 130.
261 Die Pfändung eines Vermögensrechts im Sinne des § 857 ZPO ist an sich ohne weiteres denkbar, nur bedarf es einer besonderen "Aushändigung" der Einwilligung zum Schutz des Adressaten, des Urhebers.
262 *Meyer* in: Knack VwVfG, § 44 Rn. 28; BGH NJW 1993, 735, 736.
263 Siehe *Freudenberg*, Zwangsvollstreckung in Persönlichkeitsrechte, S. 81.

c) Grundsätzlich restriktive Auslegung der Nichtigkeit

Zu beachten ist weiterhin, dass § 44 VwVfG grundsätzlich restriktiv auszulegen ist.[264] Die Nichtigkeit ist ein seltener Ausnahmefall.[265] Es sollen gerade nur Fehler erfasst werden, die in einem schwerwiegenden Widerspruch zur geltenden Rechtsordnung und den ihr zugrunde liegenden Wertvorstellungen der Gemeinschaft stehen, so dass ein wirksamer Verwaltungsakt unerträglich wäre,[266] insbesondere auch deshalb, weil gegen tragende Verfassungsprinzipien verstoßen wurde.[267] Die restriktive Auslegung wird damit begründet, dass auch bei einem rechtswidrigen Verwaltungsakt eine ausreichende Verteidigungsmöglichkeit bestehe.[268] Im öffentlichen Recht kann sich der Adressat eines rechtswidrigen Verwaltungsakts gemäß §§ 68, 42 Abs. 1, 80 Abs. 1 VwGO mit dem Widerspruch und der Anfechtungsklage wehren und erreicht damit im Regelfall eine Suspensivwirkung.[269] Nicht anders ist aber der Adressat einer rechtswidrigen Vollstreckungsmaßnahme geschützt.[270] Ihm steht mit der Vollstreckungserinnerung gemäß § 766 Abs. 1 ZPO[271] ebenso ein hinreichendes Verteidigungsmittel zur Verfügung.[272]

Diese Wertung wird durch folgende Überlegung ergänzt. Die fehlende Einwilligung müsste einen Fehler darstellen, der schwerer wiegt als die in § 44 Abs. 3

---

264 Vgl. *Kopp/Ramsauer,* VwVfG Kommentar, § 43 Rn. 47. Nicht richtig wäre es zu behaupten, § 44 VwVfG sei eine abschließende Regelung. Abs. 2 enthält vielmehr wichtige Fallgruppen ohne Anspruch auf Vollständigkeit, *Kopp/Ramsauer,* VwVfG Kommentar, § 44 Rn. 3. Dennoch wäre eine Analogie zu § 44 Abs. 2 Nr. 2 VwVfG wenig überzeugend, da es schon an einer planwidrigen Regelungslücke fehlt. Abs. 1 enthält eine allgemeine Regelung, nach der alle übrigen Fälle beurteilt werden können.

265 *Schwarz* in: Hk-VerwR, § 44 Rn. 1; *Sachs* in: Stelken/Bonk/Sachs, § 44 Rn. 2.

266 Vgl. die Formulierungen der Rechtsprechung bei *Kopp/Ramsauer,* VwVfG Kommentar, § 44 Fn. 7.

267 So schon BVerwGE 8, 332.

268 *Baur/Stürner/Bruns,* Zwangsvollstreckungsrecht, Rn. 2.38.

269 *Baur/Stürner/Bruns,* Zwangsvollstreckungsrecht, Rn. 2.38. Zu den Ausnahmen siehe § 80 Abs. 2 VwGO.

270 Der Schutz durch die Suspensivwirkung tritt im Rahmen des Widerspruchs oder der Anfechtungsklage kraft Gesetz ein, während bei den Vollstreckungsrechtsbehelfen die Suspensivwirkung gerade nicht automatisch eintritt. Diese tritt erst ein, wenn das Gericht gemäß §§ 766 Abs. 1 S. 2, 732 Abs. 2 ZPO eine einstweilige Anordnung erlässt. Dieser Unterschied zum Verwaltungsrecht lässt sich damit erklären, dass dem Interesse des Bürgers nur das Allgemeininteresse entgegensteht, während dem Interesse des Vollstreckungsschuldners das grundrechtlich geschützte Interesse des Vollstreckungsgläubigers entgegensteht. Deshalb würde sich ein automatischer Suspensiveffekt im Zwangsvollstreckungsrecht kaum rechtfertigen.

271 Siehe für die Abgrenzung zur sofortigen Beschwerde gemäß den §§ 11 RPflG, 793 ZPO, *Baur/Stürner/Bruns,* Zwangsvollstreckungsrecht, Rn. 44.1.

272 *Gaul* in: Rosenberg/Gaul/Schilken, § 3 IV 1. Dass die Rechtsbehelfe hinreichenden Schutz bieten, sieht auch *Münzberg* in: Stein/Jonas, § 704 Vorbemerkung Rn. 128 so; ähnlich *Stöber,* Forderungspfändung, Rn. 750 und 1762, der den ohne vorherige Einwilligung erlassenen Staatsakt als fehlerhaft und anfechtbar, jedoch nicht als unwirksam erachtet.

VwVfG genannten Mängel.[273] Nach § 44 Abs. 3 Nr. 4 VwVfG ist ein Verwaltungsakt nicht schon deshalb nichtig, weil die nach einer Rechtsvorschrift erforderliche Mitwirkung einer anderen Behörde – beispielsweise eine Zustimmung[274] – unterblieben ist.[275] Zwar betrifft § 44 Abs. 3 Nr. 4 VwVfG ähnlich Abs. 2 Nr. 2 eine Handlung der Behörde und nicht eine solche des Adressaten. Es wird aber bereits durch diese Wertung deutlich, dass eine fehlende Zustimmungshandlung nicht sogleich zur Nichtigkeit der Maßnahme führt.

Schließlich ist die Entwicklung im Verwaltungsrecht zu berücksichtigen, wonach auch gravierende Fehler nicht mehr zur Nichtigkeit, sondern nur noch zur Rechtswidrigkeit führen sollen. So wurde beispielsweise das Normenkontrollverfahren nach § 47 VwGO zum 20. Juli 2004 in Abs. 5 S. 2 dahingehend geändert, dass ungültige Rechtsnormen nicht mehr nichtig, sondern nur noch unwirksam sein sollen.[276] Wenn aber schon fehlerhafte Rechtsnormen nicht mehr nichtig sein sollen, dann liegt es nahe, dass erst recht fehlerhafte Verwaltungsakte rechtswidrig statt nichtig sind.

d) Der Vergleich mit den §§ 811 und 850 ff. ZPO

Diese Annahme lässt sich zudem durch einen systematischen Vergleich mit ähnlichen Normen aus dem 8. Buch der ZPO untermauern. § 811 Abs. 1 ZPO erfasst Sachen, die von ihrer Sacheigenschaft grundsätzlich der Zwangsvollstreckung zugänglich sind,[277] im besonderen Falle, wenn sie der Schuldner zur bescheidenen, menschenwürdigen Lebensführung[278] benötigt, jedoch von der Zwangsvollstreckung ausgenommen werden.[279]

Ähnlich ist der Schutz für die Pfändung von Arbeitseinkommen in den §§ 850 ff. ZPO geregelt. Das Arbeitseinkommen als Forderungsvollstreckung unterliegt grundsätzlich der Zwangsvollstreckung nach den §§ 829 ff. ZPO.[280] Lediglich ein be-

---

273 Der Gesetzgeber versuchte den Schweregrad des Fehlers so zu beschreiben, dass ein unter Abs. 1 zu subsumierender Fehler zwar nicht in Abs. 2 ausdrücklich geregelt ist, aber gleichzeitig schwerer wiegt als der Fehler aus Abs. 3, vgl. BT-Drucksache 7/910, S. 64.

274 *Meyer* in: Knack VwVfG, § 44 Rn. 51; *Kopp/Ramsauer,* VwVfG Kommentar, § 44 Rn. 59.

275 Die Wertung des Gesetzes entspricht der herrschenden Meinung vor Fassung des VwVfG, vgl. *Meyer* in: Knack VwVfG, § 44 Rn. 51.

276 Vgl. zur Gesetzesänderung *Unruh* in: Hk-VerwR/VwGO, § 47 Rn. 107.

277 *Paulus* in: Wieczorek/Schütze, § 704 Vorbemerkung Rn. 15.

278 *Walker* in: Schuschke/Walker, § 811 Rn. 1.

279 Soweit ersichtlich diskutiert allein noch *Zimmermann*, Immaterialgüterrechte und ihre Zwangsvollstreckung, S. 185 die Parallele zu § 811 Abs. 1 ZPO, entscheidet sich dann aber dagegen, den Schutz des § 811 ZPO mit dem Schutz des § 113 UrhG vergleichen zu können.

280 Dazu *Baur/Stürner/Bruns,* Zwangsvollstreckungsrecht, Rn. 30.3.

stimmter Teil ist nach § 850c ZPO von der Zwangsvollstreckung ausgenommen, um dem Schuldner ein Mindesteinkommen zu bewahren.[281]

In beiden Fällen aber ist der Pfändungsakt, der eine Sache erfasst, die unter den Schutz des § 811 ZPO fällt oder ein Arbeitseinkommen pfändet, ohne die Grenzen der §§ 850 ff. ZPO zu beachten, nicht etwa nichtig, sondern rechtswidrig und durch den Vollstreckungsschuldner anfechtbar.[282] Der dazu einschlägige Rechtsbehelf ist die Vollstreckungserinnerung gemäß § 766 Abs. 1 ZPO.[283]

Wenn die Pfändung von unpfändbaren Sachen im Sinne des § 811 ZPO schon nicht zur Nichtigkeit führt, dann gilt das erst recht für die urheberrechtlichen Nutzungsrechte, die grundsätzlich zu den pfändbaren Gegenständen zählen (arg. a maiore ad minus).

4. Ergebnis

Da die Zwangsvollstreckung im Verhältnis Hoheitsträger zum Schuldner öffentlich-rechtlicher Natur ist, sind Fehler im Zwangsvollstreckungsverfahren nach der verwaltungsrechtlichen Fehlerfolgenlehre zu beurteilen. Das Fehlen der Einwilligung im Sinne des § 113 UrhG führt entgegen der herrschenden Meinung gerade nicht zu einer unwirksamen, sondern zu einer rechtswidrigen Maßnahme.[284] Diese ist vom Vollstreckungsschuldner anfechtbar. Mit dieser Auffassung gelangt man zur Befolgung des Gebotes der Rechtssicherheit und zur Begünstigung der staatlichen Organe durch eine Vermutung für die Rechtmäßigkeit ihres Handelns.[285] Die hier vertretene Ansicht steht folglich mit dem neueren Schrifttum im Verwaltungsrecht und der heute allgemeinen Meinung im Zwangsvollstreckungsrecht im Einklang.[286]

---

281 Vgl. *Walker* in: Schuschke/Walker, § 850 Rn. 3. Siehe aber auch die aktuelle Diskussion um einen neuen Kontopfändungsschutz, Pressemitteilung des Bundesministeriums der Justiz vom 24. Januar 2008.

282 *Münzberg* in: Stein/Jonas, § 811 Rn. 22; für zunächst volle Wirksamkeit und gerade keine Nichtigkeit auch *Hartmann* in: Baumbach/Lauterbach, § 811 Rn. 3; bezüglich § 850 ZPO vgl. *Walker* in: Schuschke/Walker, § 850 Rn. 7.

283 Vgl. *Putzo* in: Thomas/Putzo, § 811 Rn. 43; *Schilken* in: Rosenberg/Gaul/Schilken, § 52 III; *Walker* in: Schuschke/Walker, § 811 Rn. 11; *Münzberg* in: Stein/Jonas, § 811 Rn. 21.

284 Im Ergebnis somit im Einklang mit *Stöber*, Forderungspfändung, Rn. 1762, der dies aber nicht weiter begründet. Übereinstimmend auch mit *Baur/Stürner/Bruns*, Zwangsvollstreckungsrecht, Rn. 32.27, die aber annehmen, dies sei die herrschende Meinung und dazu allein auf *Stöber* verweisen. Wohl auch übereinstimmend mit *Schulze* in: Dreier/Schulze, § 113 Rn. 15, der zwar eine Unzulässigkeit, aber keine Nichtigkeit annimmt. Zur etwaigen Heilung äußert sich *Schulze* nicht.

285 *Münzberg* in: Stein/Jonas, § 704 Vorbemerkung Rn. 128; vergleiche zu den Vorzügen der hier vertretenen Ansicht auch *Baur/Stürner/Bruns*, Zwangsvollstreckungsrecht, Rn. 11.3.

286 Als allgemeine Meinung bezeichnet es *Münzberg* in: Stein/Jonas, § 811 Rn. 109.

Dem überwiegenden Schrifttum aus dem Urheberrecht, das sich für die Nichtigkeit der Vollstreckungsmaßnahme ausspricht, kann somit nicht gefolgt werden.[287]

Eine Heilung des rechtswidrigen Vollstreckungsakts in Form einer nachträglichen Zustimmung wäre zwar grundsätzlich denkbar, ist aber de lege lata ausgeschlossen.[288] Das Zulassen einer nachträglichen Zustimmung würde zu einem Unterlaufen des vorherigen Ergebnisses führen, wonach § 113 UrhG nur die vorherige Zustimmung, eben die Einwilligung nach § 183 BGB meint, nicht aber die nachträgliche Zustimmung im Sinne des § 184 BGB.

C. Verwertung des gepfändeten Nutzungsrechts

Die Normen im Urheberrechtsgesetz bezüglich der Zwangsvollstreckung klären die Frage der Verwertung des gepfändeten Nutzungsrechts nicht. Deshalb bleibt nur der Blick in das Zwangsvollstreckungsrecht im 8. Buch der Zivilprozessordnung. Vorrangig bietet es sich an, bereits die Verwertungsmöglichkeiten in § 857 ZPO selbst zu erörtern.[289] Hier lassen sich gleich zwei Möglichkeiten anführen. Nach § 857 Abs. 4 S. 1 ZPO kann das Gericht bei der Zwangsvollstreckung in unveräußerliche Rechte, deren Ausübung einem anderen überlassen werden kann, besondere Anordnungen erlassen. Unter einer solchen Anordnung ist nach S. 2 insbesondere bei einer Zwangsvollstreckung in Nutzungsrechte eine Verwaltung zu verstehen. Die zweite Möglichkeit ist in § 857 Abs. 5 ZPO zu finden, wonach von dem Vollstreckungsgericht eine Veräußerung des Vermögensrechts angeordnet werden kann, wenn die Veräußerung des Rechts selbst zulässig ist.

Damit sind aber noch nicht alle Möglichkeiten ausgeschöpft, denn § 857 Abs. 1 ZPO verweist auf die vorstehenden Vorschriften. Die Verwertung bei der Zwangsvollstreckung in Forderungen nach den §§ 829 ff. ZPO findet durch einen Überweisungsbeschluss nach § 835 ZPO statt. Hier eröffnen sich zwei weitere Möglichkeiten: Nach § 835 Abs. 1 ZPO kann die gepfändete Geldforderung entweder zur Ein-

---

287 *Vinck* in: Fromm/Nordemann, § 113 Rn. 2; *Lütje* in: Möhring/Nicolini, § 113 Rn. 12; *Kotthoff* in: Heidelberger Kommentar UrhG, § 113 Rn. 3. *Schack,* Urheber- und Urhebervertragsrecht, Rn. 770 schreibt, die fehlende Einwilligung führe genauso zur Nichtigkeit wie eine Pfändung von Zubehör unter Verstoß gegen § 865 Abs. 2 ZPO.

288 Dies entspricht der herrschenden Meinung, vgl. etwa *Vinck* in: Fromm/Nordemann, § 113 Rn. 2. Es ist von *Baur/Stürner/Bruns,* Zwangsvollstreckungsrecht, Rn. 32.27 und 11.8 grundsätzlich zu begrüßen, sich für eine Heilbarkeit auszusprechen. Dies würde sich auch besser in die verwaltungsrechtliche Fehlerfolgenlehre eingliedern lassen. Denn rechtswidrige Verwaltungsakte sind regelmäßig heilbar. Jedoch finden auch *Baur/Stürner/Bruns* keine Lösung, die Heilbarkeit mit der Einwilligung im Sinne des § 183 BGB zu vereinbaren. Auch sie geraten in den Widerspruch mit einer Heilbarkeit eine nachträgliche Genehmigung im Sinne des § 184 BGB zu erlauben. Dies ist aber de lege lata wohl nicht möglich.

289 Anders *Lackmann,* Zwangsvollstreckungsrecht, Rn. 297, der die Verwertung gepfändeter anderer Vermögensrechte „grundsätzlich nach § 835" ZPO vornehmen will. Ebenso *Lüke* in: Wieczorek/Schütze, § 857 Rn. 101 („grundsätzlich nach §§ 835, 844"). Das ist aus Gründen des Regel-Ausnahme-Verhältnisses aber fragwürdig.

ziehung oder an Zahlungs Statt zum Nennwert überwiesen werden. Es wird zu untersuchen sein, ob § 835 Abs. 1 ZPO auch auf die Verwertung des gepfändeten Nutzungsrechts anwendbar ist, ob also das Nutzungsrecht dem Gläubiger nach seiner Wahl zur Einziehung oder an Zahlungs Statt zum Nennwert überwiesen werden kann.

Schließlich erlaubt § 844 ZPO neben der Überweisung noch eine andere Art der Verwertung, dann nämlich, wenn die gepfändete Forderung bedingt oder betagt ist oder ihre Einziehung wegen der Abhängigkeit von einer Gegenleistung oder aus anderen Gründen mit Schwierigkeiten verbunden ist. Auf das Urheberrecht angewandt wäre womöglich eine andere Art der Verwertung vom Vollstreckungsgericht anzuordnen, wenn die Einziehung des gepfändeten Nutzungsrechts mit Schwierigkeiten verbunden ist.

Mit den nachfolgenden Ausführungen sollen die verschiedenen Verwertungsmöglichkeiten geprüft werden.

I. Verwertung nach §§ 857 Abs. 1, 835 Abs. 1 Alt. 2 ZPO

Die Überweisung des Nutzungsrechts an Zahlungs Statt setzt voraus, dass der gepfändete Teil des Urheberrechts einen Nennwert hat. Der Nennwert einer Geldforderung lässt sich aus der schuldrechtlichen Vereinbarung heraus entnehmen. Einen solchen Nennwert für ein Nutzungsrecht als auch für das Urheberrecht als Ganzes zu bestimmen, ist hingegen praktisch nicht durchführbar.[290] Die ökonomische Ergiebigkeit des Urheberrechts ist zu keinem Zeitpunkt mathematisch berechenbar.[291] Weder zum Zeitpunkt der erstmaligen Veröffentlichung eines Werkes lässt sich die spätere Resonanz und Nachfrage im Wirtschaftsverkehr errechnen, noch zum Zeitpunkt des Abschlusses der Verwertungsverträge. *Zimmermann* ist zuzustimmen, dass lediglich eine Addition aller bisherigen Verwertungsverträge möglich ist, diese errechnete Summe dann aber nur den Ertragswert des Urheberrechts, nicht aber den Nennwert im Sinne des § 835 Abs. 1 ZPO darstellt.[292] Da auch eine bloße Schätzung weder ausreicht noch möglich ist,[293] ist § 835 Abs. 1 Alt. 2 ZPO nur auf Geldforderungen anwendbar,[294] so dass eine Verwertung des Nutzungsrechts nach §§ 857 Abs. 1, 835 Abs. 1 Alt. 2 ZPO ausscheidet.

---

290 Es ist deshalb soweit ersichtlich unbestrittene Auffassung, dass § 835 Abs. 1 Alt. 2 ZPO mangels Nennwert des Urheberrechts nicht zur Anwendung kommen kann. Vgl. *Walker* in: Schuschke/Walker, § 857 Rn. 37; *Stöber*, Forderungspfändung, Rn. 1764; *Lütje* in: Möhring/Nicolini, § 112 Rn. 70; *Schack*, Urheber- und Urhebervertragsrecht, Rn. 771; *Smoschewer*, ZZP 1952, 25, 65.

291 Nicht einmal der Wert ist schätzbar, *Freudenberg*, Zwangsvollstreckung in Persönlichkeitsrechte, S. 139.

292 Vgl. *Zimmermann*, Immaterialgüterrechte und ihre Zwangsvollstreckung, S. 316.

293 *Hubmann*, Die Zwangsvollstreckung in Persönlichkeits- und Immaterialgüterrechte, S. 812, 834.

294 *Lüke* in: Wieczorek/Schütze, § 835 Rn. 33; *Brehm* in: Stein/Jonas, § 835 Rn. 37.

II. Verwertung nach §§ 857 Abs. 1, 835 Abs. 1 Alt. 1 ZPO

Wie gezeigt ist die Verwertung nach § 835 Abs. 1 Alt. 2 ZPO nicht möglich. Diese Möglichkeit wäre für einen jeden Gläubiger aber auch mit einem hohen Risiko verbunden, da seine Forderung auch im Fall der mangelnden Bonität gegenüber dem Vollstreckungsschuldner mit der Überweisung als befriedigt anzusehen wäre.[295] Regelmäßig wird deshalb in der Praxis die Überweisung zur Einziehung gewählt.[296] Nicht anders ist dies bei der Verwertung eines gepfändeten Nutzungsrechts. Die heute herrschende Meinung spricht sich für eine Verwertung nach §§ 857 Abs. 1, 835 Abs. 1 Alt. 1 ZPO aus.[297]

Eine solche Verwertung wird man sich so vorstellen können, dass das gepfändete Nutzungsrecht dem Gläubiger zum Zwecke der Ausübung zur Verfügung gestellt wird.[298] Der Gläubiger wird durch die Überweisung in die Lage versetzt, die Rechte des Urhebers so weit und so lange auszuüben, bis er seine Forderung gegen den Schuldner befriedigt hat.[299]

Eine solche Verwertungsmethode stieß bereits lange vor Inkrafttreten des Urheberrechtsgesetzes in der Praxis auf Ablehnung. Die Kritik rührte ursprünglich vom Patentrecht her und wurde auf das Urheberrecht zu übertragen versucht. So wurde vom Deutschen Patentamt ein Überweisungsbeschluss zur Einziehung grundsätzlich abgelehnt, da ein gepfändetes Recht zur Einziehung nur dann überwiesen werden könne, wenn es seiner Natur nach auch von einem anderen als dem Schuldner ausgeübt werden kann. Im Patentrecht sei dies nicht der Fall, da gegenüber dem Patentamt allein der Anmelder, nicht aber ein Gläubiger alle notwendigen Erklärungen bezüglich der Erfindung abgeben könne.[300]

Diese Ansicht ist in der Literatur nicht auf Zustimmung gestoßen.[301] Es sei zwar zutreffend, dass regelmäßig nur der Anmelder selbst weitere Erklärungen vornehmen könne. Im Fall der Vollstreckung soll aber gerade geprüft werden, ob durch die Überweisung zur Einziehung der Pfändungsgläubiger in diese Rechtsstellung einrücken kann. Überdies gibt es Fälle, in denen neben dem Patentanmelder auch eine

---

295 *Smid* in: MünchKommZPO, § 835 Rn. 24; vgl. zu § 835 Abs. 2 ZPO auch *Putzo* in: Thomas/Putzo, § 835 Rn. 5.

296 *Putzo* in: Thomas/Putzo, § 835 Rn. 4; zur Auslegung im Zweifel als Überweisung zur Einziehung *Kemper* in: Hk-ZPO, § 835 Rn. 5.

297 *Hubmann*, Die Zwangsvollstreckung in Persönlichkeits- und Immaterialgüterrechte, S. 812, 834; *Rehbinder*, Urheberrecht, Rn. 959; *Lütje* in: Möhring/Nicolini, § 112 Rn. 70; *Stöber*, Forderungspfändung, Rn. 1764; *Zimmermann*, Immaterialgüterrechte und ihre Zwangsvollstreckung, S. 317; *Smoschewer*, ZZP 1952, 25, 66.

298 *Gregoritza*, Kommerzialisierung von Persönlichkeitsrechten Verstorbener, S. 189. Ähnlich auch *Lütje* in: Möhring/Nicolini, § 112 Rn. 70.

299 *Hubmann*, Die Zwangsvollstreckung in Persönlichkeits- und Immaterialgüterrechte, S. 812, 834; *Zimmermann*, Immaterialgüterrechte und ihre Zwangsvollstreckung, S. 316.

300 Das Deutsche Patentamt ging von einem rechtlich gegenstandslosen Überweisungsbeschluss aus, vgl. in GRUR 1950, 294 f.

301 *Tetzner*, JR 1951, 166, 168.

weitere Person Erklärungen abgeben kann, namentlich dann, wenn Anmelder und Erfinder personenverschieden sind.[302]

Die vom Patentamt vorgebrachte Kritik kann auch nicht auf das Urheberrecht übertragen werden. Denn bei der Vollstreckung in ein Nutzungsrecht kann neben dem Urheber auch der Nutzungsberechtigte Erklärungen abgeben, gerade auch dann, wenn dem Nutzungsberechtigen ein ausschließliches Nutzungsrecht eingeräumt wurde und dieser nun einem Dritten wiederum gemäß § 31 Abs. 2 UrhG ein einfaches Nutzungsrecht gewährt.

Das Problem steckt aber an einer anderen Stelle. Regelmäßig erlangt der Gläubiger bei der Vollstreckung in eine Forderung durch die Überweisung die Möglichkeit, einen Geldbetrag einzuziehen.[303] Er hat deshalb unmittelbar die Möglichkeit, Befriedigung zu erlangen.[304] Nach *Walker*, *Ulmer* und *Schack* hat der Gläubiger diese Möglichkeit bei der Überweisung des Nutzungsrechts zur Einziehung aber gerade nicht.[305] Er könne allenfalls auf den Abschluss von Nutzungsverträgen mit Dritten hoffen und aus diesen dann Befriedigung erlangen.[306] Es käme, wie es *Leupold* formuliert, auf seine eigene Tätigkeit an.[307] Erst dadurch werde der Dritte quasi zu einem "Drittschuldner". Damit aber komme § 835 Abs. 1 Alt. 1 ZPO für die vorliegende Situation nicht in Betracht.

Die Kritik der Gegenauffassung vermag zu überzeugen, denn die Verwertungskonstellation im Urheberrecht fügt sich nicht in das System der §§ 829 ff. ZPO ein. Bei der Forderungsvollstreckung wird nämlich davon ausgegangen, dass der Schuldner gegenüber einem Dritten bereits Forderungsinhaber ist.[308] Der Vollstreckungsschuldner ist gleichzeitig also selber Gläubiger. Im Falle des zwangsweise einzuräumenden Nutzungsrechts ist der Urheber aber gerade kein Gläubiger.[309] Vielmehr erlangt der Vollstreckungsgläubiger allein dadurch Befriedigung, dass er

---

302 *Tetzner,* JR 1951, 166, 168. Denkbar ist es auch, dass der Erfinder selbst der Pfändungsgläubiger ist und gegen den Anmelder vollstreckt.

303 *Brox/Walker,* Zwangsvollstreckungsrecht, Rn. 638.

304 Siehe *Stöber,* Forderungspfändung, Rn. 578; der Gläubiger erlangt durch die Überweisung zur Einziehung noch keine Befriedigung, aber im Regelfall wird der Drittschuldner die Forderung anerkennen und fortan an den Vollstreckungsgläubiger leisten. Das ist etwa im Arbeitsrecht meist unproblematisch. Vgl. *Brox/Walker,* Zwangsvollstreckungsrecht, Rn. 634, *Siebert,* Prioritätsprinzip, S. 25.

305 *Schack,* Urheber- und Urhebervertragsrecht, Rn. 771; *Ulmer,* Urheber- und Verlagsrecht, § 135 II 4; *Walker* in: Schuschke/Walker, § 857 Rn. 37.

306 So auch *Walker* in: Schuschke/Walker, § 857 Rn. 37; *Zimmermann,* Immaterialgüterrechte und ihre Zwangsvollstreckung, S. 317 beschreibt das Problem ähnlich, wonach die Verwertungsrechte keine Rechte sind, aufgrund derer von Drittschuldnern Leistungen zur Abdeckung der Gläubigerforderung eingezogen werden könnten.

307 *Leupold,* Zwangsverwaltung, S. 13. Ähnlich auch aktuell *Freudenberg,* Zwangsvollstreckung in Persönlichkeitsrechte, S. 139, wonach die gepfändeten Verwertungsrechte nur die Basis für den Abschluss von Verträgen bilden.

308 *Baur/Stürner/Bruns,* Zwangsvollstreckungsrecht, Rn. 30.1.

309 Das Verwertungsrecht ist vielmehr die Basis für spätere Zahlungspflichten, vgl. *Zimmermann,* Immaterialgüterrechte und ihre Zwangsvollstreckung, S. 317.

einen bis dato unbeteiligten Dritten in Anspruch nimmt.[310] Es bestand jedoch noch kein Schuldverhältnis, aus dem eine Forderung resultieren konnte.[311] Dieses Schuldverhältnis schafft der Vollstreckungsgläubiger erst noch durch das Eingehen eines Nutzungsvertrages.[312] Wenn aber weder die Personenkonstellation vergleichbar ist, noch ein Schuldverhältnis zwischen Urheber und Drittschuldner vorhanden ist, dann ist die Situation im Urheberrecht derart von der ursprünglich vom Gesetzgeber vorgestellten Konstellation des § 835 Abs. 1 Alt. 1 ZPO entfernt, dass über § 857 Abs. 1 ZPO für diesen Fall keine entsprechende Anwendung möglich ist.

Gegen diese Ansicht lässt sich auch nicht einwenden, eine Überweisung zur Einziehung würde in manchen Fällen ebenfalls nicht zu einer unmittelbaren Befriedigung des Gläubigers führen. Etwa dann, wenn der Drittschuldner die Forderung nicht anerkenne, müsse der Gläubiger als Prozessstandschafter[313] die fremde Forderung im eigenen Namen erst einklagen und betreiben.[314] Auch in diesem Fall wären weitere Zwischenschritte notwendig, bis der Gläubiger Befriedigung erlange, ohne dass dadurch die Möglichkeit der Überweisung zur Einziehung in Frage gestellt werden würde. Ein solcher Einwand würde aber fehlgehen. Er zeigt nur, dass jeder Normalfall auch problematisiert werden kann. Das Problem, eine Forderung notfalls einklagen zu müssen, kann ebenso entstehen, wenn der Gläubiger einen Nutzungsvertrag geschlossen hat und der Dritte die Entgeltzahlung verweigert. Während bei der Klage des Gläubigers gegen den sich weigernden Drittschuldner die Forderung aber schon besteht, ist die Klage des Gläubigers gegen den Empfänger des Nutzungsrechts nur möglich, weil letzterem *zuvor* das Nutzungsrecht eingeräumt wurde.

---

310 Diese Situation ist aber grundverschieden zur Forderungspfändung nach §§ 829, 835 ZPO. Versteht man unter einem Drittschuldner jeden, dessen Rechtsstellung von der Pfändung berührt wird, *Kemper* in: Hk-ZPO, § 857 Rn. 12, dann ist der unbeteiligte Dritte gerade kein Drittschuldner. Denn ihn berührt die Pfändung keinesfalls. Dann aber erscheint die Feststellung der herrschenden Meinung, es gäbe in der Vollstreckung im Urheberrecht keinen Drittschuldner, nicht als ausreichend. So etwa: *Lütje* in: Möhring/Nicolini, § 112 Rn. 69; *Weimann*, RPfl 1996, 12, 13. Zutreffend ist aber, dass der Pfändungsbeschluss bereits wirksam ist, wenn das Gericht dem Schuldner das Gebot erlassen hat, sich jeder Verfügung über seine Nutzungsrechte zu enthalten (§ 857 Abs. 2 ZPO). Ohne vergleichbare Personenkonstellation kommt § 835 ZPO aber nicht in Betracht.

311 *Zimmermann*, Immaterialgüterrechte und ihre Zwangsvollstreckung, S. 317 will dennoch § 835 Abs. 1 Alt 1 ZPO anwenden und meint, dass die Überweisung zur Einziehung keinen abgeschlossenen Vertrag voraussetzt. Dem kann nicht gefolgt werden, bedarf es für die Forderungspfändung ebenfalls einer tatsächlich bestehenden Forderung, also einer schuldrechtlichen Grundlage. Fehlt diese Forderung, geht die Pfändung ist Leere, vgl. *Smid* in: MünchKommZPO, § 835 Rn. 25.

312 Auch *Schack*, Urheber- und Urhebervertragsrecht, Rn. 771 betont, dass der Gläubiger erst weitere Nutzungsverträge abschließen muss.

313 Muss der Vollstreckungsgläubiger gerichtlich gegen den Drittschuldner vorgehen, handelt es sich nicht mehr um einen Teil der Zwangsvollstreckung. Vielmehr beginnt ein neues Erkenntnisverfahren. Vgl. *Schilken* in: Rosenberg/Gaul/Schilken, § 55 II 2 b).

314 Dazu *Baur/Stürner/Bruns*, Zwangsvollstreckungsrecht, Rn. 30.26; *Brox/Walker*, Zwangsvollstreckungsrecht, Rn. 640; *Smid* in: MünchKommZPO, § 835 Rn. 12.

Folglich kommt die Überweisung zur Einziehung im Sinne der §§ 857 Abs. 1, 835 Abs. 1 Alt. 1 als Verwertungsmöglichkeit entgegen der herrschenden Meinung nicht in Betracht.[315]

III. Verwertung nach §§ 857 Abs. 1, 844 ZPO

Über die Verweisnorm des § 857 Abs. 1 ZPO kommt schließlich auch eine Verwertung gemäß § 844 ZPO in Betracht. Die Anwendung des § 844 ZPO ist im Schrifttum auf breite Zustimmung gestoßen.[316] Diejenigen Autoren, die § 835 Abs. 1 Alt. 1 ZPO für anwendbar halten, ermöglichen regelmäßig auch die andere Verwertungsart im Sinne des § 844 ZPO.[317] Ausreichend sei bereits, dass eine andere Verwertungsart im Sinne des § 844 ZPO einfacher und erfolgversprechender als diejenigen des § 835 Abs. 1 ZPO sei.[318] Als mögliche andere Verwertungsarten werden der freihändige Verkauf, die Versteigerung oder die Bestellung eines Verwalters diskutiert.[319]

Die Anwendung des § 844 ZPO über den Verweis aus § 857 Abs. 1 ZPO stößt aber auf Bedenken. Denn § 835 und § 844 ZPO stehen in einem Regel-Ausnahme-Verhältnis.[320] Die ausnahmsweise andere Verwertung nach § 844 ZPO kann nur in Betracht kommen, wenn der Regelfall nach § 835 ZPO mit Schwierigkeiten verbunden ist. Er darf aber nicht ausgeschlossen sein.[321] Es ist aber nach allgemeiner Mei-

---

315 Ebenfalls ablehnend *Leupold*, Zwangsverwaltung, S. 13; *Schack*, Urheber- und Urhebervertragsrecht, Rn. 771; *Ulmer*, Urheber- und Verlagsrecht, § 135 II 4. Beide letztgenannten Autoren kritisieren ebenfalls, dass keine Einziehung von Geldbeträgen möglich ist. Für die herrschende Meinung siehe etwa *Hubmann*, Die Zwangsvollstreckung in Persönlichkeits- und Immaterialgüterrechte, S. 812, 834; *Rehbinder*, Urheberrecht, Rn. 959; *Lütje* in: Möhring/Nicolini, § 112 Rn. 70; *Stöber*, Forderungspfändung, Rn. 1764; *Zimmermann*, Immaterialgüterrechte und ihre Zwangsvollstreckung, S. 317.

316 Vgl. etwa *Freudenberg*, Zwangsvollstreckung in Persönlichkeitsrechte, S. 139; *Brox/Walker*, Zwangsvollstreckungsrecht, Rn. 836 f.; *Walker* in: Schuschke/Walker, § 857 Rn. 37; *Schack*, Urheber- und Urhebervertragsrecht, Rn. 771; *Wild* in: Schricker, § 113 Rn. 6; *Kemper* in: Hk-ZPO, § 857 Rn. 15; *Klauze*, Urheberrechtliche Nutzungsrechte, S. 209; auch schon *Leupold*, Zwangsverwaltung, S. 13 und 24.

317 Beispielsweise *Rehbinder*, Urheberrecht, Rn. 959. Anders aber *Freudenberg*, Zwangsvollstreckung in Persönlichkeitsrechte, S. 139, der § 844 ZPO heranziehen möchte, obwohl er beide Alternativen des § 835 ZPO ablehnt.

318 *Zimmermann*, Immaterialgüterrechte und ihre Zwangsvollstreckung, S. 320.

319 *Stöber*, Forderungspfändung, Rn. 1764; *Lütje* in: Möhring/Nicolini, § 112 Rn. 72; *Freudenberg*, Zwangsvollstreckung in Persönlichkeitsrechte, S. 139.

320 *Smid* in: MünchKommZPO, § 844 Rn. 1. Ebenso *Schuschke* in: Schuschke/Walker, § 844 Rn. 1, der schreibt, die "andere Verwertungsart" des § 844 ZPO stehe nicht im Belieben des Gläubigers. Deutlich auch *Zimmermann*, Immaterialgüterrechte und ihre Zwangsvollstreckung, S. 314.

321 *Brehm* in: Stein/Jonas, § 844 Rn. 7. Vgl. auch *Lüke* in: Wieczorek/Schütze, § 844 Rn. 4, wonach der Antragsteller gerade die Gründe darlegen muss, wegen derer eine Regelverwertung durch Überweisung der Forderung zur Einziehung mit Schwierigkeiten verbunden ist. Gründe für eine unzulässige Überweisung braucht er nicht darzulegen, da dann auch die An-

nung weder § 835 Abs. 1 Alt. 2 ZPO, noch nach der hier vertretenen Ansicht § 835 Abs. 1 Alt. 1 ZPO anwendbar. Ist aber eine Überweisung in beiden Alternativen nicht bloß mit Schwierigkeiten verbunden, sondern sogar ausgeschlossen, dann kann nach Ansicht von *Brehm* auch keine Anordnung nach § 844 ZPO ergehen.[322] Das überzeugt aufgrund des Wortlauts, wonach § 844 ZPO keine dritte Verwertungsalternative normiert, sondern lediglich eine "andere" Verwertungsart aufzeigt. Damit wird aber deutlich, dass zumindest eine andere Verwertungsart grundsätzlich möglich sein muss.

Aus den Gesetzesmaterialien ergibt sich ebenfalls nichts Gegenteiliges.[323] Die Begründung zu § 690 des Entwurfes, der dem heutigen § 844 ZPO entspricht, erwähnt, dass eine andere Art der Verwertung allenfalls bei "besonderen Umständen und Schwierigkeiten" in Betracht kommt.

Schließlich könnten Bedenken gegen die Anwendbarkeit des § 844 ZPO auch aus Gründen der Systematik bestehen. § 857 ZPO enthält in seinen Absätzen 4 und 5 eigene Regelungen für die Verwertung.[324] Dem gegenüber ist die "andere Verwertungsart" aus § 844 ZPO nicht direkt, sondern erst über § 857 Abs. 1 ZPO entsprechend anwendbar. Wenn aber § 857 ZPO als Sondertatbestand für die Zwangsvollstreckung in andere Vermögensrechte eigene Verwertungsvorschriften aufweist,[325] mithin selbst schon die Veräußerung und Verwaltung erfasst, ist § 857 ZPO als lex specialis grundsätzlich auch vorrangig anzuwenden.[326]

Eine Verwertung des gepfändeten Nutzungsrechts kann folglich auch nicht nach §§ 857 Abs. 1, 844 ZPO erfolgen.

IV. Verwertung nach § 857 Abs. 4 oder 5 ZPO

Es verbleibt die Untersuchung der Verwertung nach § 857 Abs. 4 oder 5 ZPO. Nach § 857 Abs. 4 S. 1 ZPO kann das Gericht bei der Zwangsvollstreckung in unveräußerliche Rechte, deren Ausübung einem anderen überlassen werden kann, besondere Anordnungen erlassen. Nach Abs. 4 S. 2 kann eine solche Anordnung bei der Zwangsvollstreckung in Nutzungsrechte eine Verwaltung sein. Unter den Begriff

ordnung einer anderen Verwertungsart nach § 844 ZPO unzulässig ist. Anderer Ansicht sind *Stöber*, Forderungspfändung, Rn. 1466 und *Hartmann* in: Baumbach/Lauterbach, § 857 Rn. 18. *Hartmann* will § 844 ZPO auch anwenden, wenn die „Verwertung durch Einziehung unmöglich" ist. Er begründet dies aber nicht und nimmt auch keine Stellung zum Regel-Ausnahme-Verhältnis des § 835 zu § 844 ZPO.

322 *Brehm* in: Stein/Jonas, § 844 Rn. 7.
323 Begründung des Entwurfs einer Civilprozeßordnung und des Einführungsgesetzes (1874), S. 435.
324 *Brehm* in: Stein/Jonas, § 857 Rn. 111 ff.
325 Auch *Brox/Walker*, Zwangsvollstreckungsrecht, Rn. 733 sehen § 857 Abs. 4 und 5 ZPO als Sonderregeln für die Verwertung.
326 Soweit ersichtlich vertritt dies allein noch *Sosnitza*, JZ 2004, 992, 1000 Fn. 71. Ansatzweise *Zimmermann*, Immaterialgüterrechte und ihre Zwangsvollstreckung, S. 314, die schreibt, § 857 Abs. 5 ZPO sei gerade „nicht der Ausnahmefall".

der "Nutzungsrechte" fallen auch jene des Urheberrechts.[327] Nach Abs. 5 kann das Gericht, sofern die Veräußerung des Rechts selbst zulässig ist, die Veräußerung anordnen.

1. Bestandsaufnahme im Schrifttum zum Verhältnis der Absätze 4 und 5

In einem ähnlichen Fall, namentlich der Verwertung gepfändeter Patentrechte, wird regelmäßig § 857 Abs. 5 ZPO herangezogen.[328] Hingegen ist die Möglichkeit der Verwertung urheberrechtlicher Nutzungsrechte nach § 857 Abs. 4 oder 5 ZPO im Schrifttum nur wenig kommentiert worden.[329]

Sofern im Schrifttum dazu Stellung genommen wird, werden *beide* Absätze für die Verwertung der urheberrechtlichen Nutzungsrechte für einschlägig gehalten.[330] Auf das Verhältnis beider Absätze und die einzelnen Tatbestandsmerkmale wird dabei nicht eingegangen.

Die kumulative Anwendung der Verwertungsmöglichkeiten nach § 857 Abs. 4 und 5 ZPO hängt aber davon ab, in welchem Verhältnis beide Absätze stehen.

2. Auslegung der Absätze 4 und 5

Fraglich ist, ob sich die Verwertungsmöglichkeiten aus § 857 Abs. 4 und 5 bereits nach dem Wortlaut gegenseitig ausschließen. Denn Abs. 4 S. 1 geht von einem unveräußerlichen Recht aus, während Abs. 5 gerade davon ausgeht, dass die Veräußerung des Rechts zulässig ist. Nach allgemeiner Meinung handelt es sich bei der "Veräußerlichkeit" im Sinne der Absätze 4 und 5 um eine terminologische Alternative zur "Übertragbarkeit" im Sinne des § 851 Abs. 1 ZPO.[331] Das

---

327 Schon 1915 *Leupold,* Zwangsverwaltung, S. 8.
328 Etwa *Smid* in: MünchKommZPO, § 857 Rn. 49.
329 Eine kurze Erwähnung findet § 857 ZPO bei *Smoschewer,* ZZP 1952, 25, 66.
330 *Schricker* in: Schricker, § 113 Rn. 6; *Becker* in: Musielak, § 857 Rn. 11; *Schack,* Urheber- und Urhebervertragsrecht, Rn. 771; *Zimmermann,* Immaterialgüterrechte und ihre Zwangs-vollstreckung, S. 320; *Rehbinder,* Urheberrecht, Rn. 959. *Leupold,* Zwangsverwaltung, S. 6, der seine Dissertation § 857 ZPO widmet, nimmt an, dass für Nutzungsrechte sowohl die Verwaltung als auch die Veräußerung in Betracht kommt. Zur Zeit der Arbeit von *Leupold* war das Urheberrecht noch übertragbar, so dass eigentlich allein Abs. 5, nicht aber Abs. 4 einschlägig war. Entgegen dem Wortlaut sprach er sich aber für eine Zwangsverwertung von veräußerlichen Urheberrechten aus (aaO S. 13).
331 Siehe nur *Becker* in: Musielak, § 857, Rn. 4; *Hartmann* in: Baumbach/Lauterbach, § 857 Rn. 14; *Lüke* in: Wieczorek/Schütze, § 857 Rn. 105. Die Unveräußerlichkeit muss dabei von Gesetzes wegen herrühren; *Brehm* in: Stein/Jonas, § 857 Rn. 15. Im Bereich des Immaterial-güterrechts liegt eine Inhaltsänderung dann vor, wenn zwischen Immaterialgut und Person des Rechtsträgers eine derart enge Verknüpfung gegeben ist, die eine Übertragung des Rechts entweder begrifflich ausschließt oder aus Rücksicht auf die Person des Rechtsträgers von der Rechtsordnung nicht zugelassen wird, vgl. *Zimmermann,* Immaterialgüterrechte und ihre

zwangsweise zu erfassende Recht kann aber nicht gleichzeitig übertragbar und unübertragbar sein.

Zieht man für die Klärung der beiden Absätze die Gesetzesmaterialien zur Civilprozeßordnung heran, dann fällt auf, dass § 701 CPO des ersten Entwurfes - der dem heutigen § 857 ZPO entspricht - durch alle Beratungen hindurch völlig unverändert blieb.[332] Die letzte Fassung als § 754 CPO von 1876 enthält annähernd den gleichen Wortlaut wie die heutige Fassung.[333] Nach § 754 Abs. 3 CPO kann das Gericht bei der Zwangsvollstreckung in Rechte, welche nur in Ansehung der Ausübung veräußerlich sind, besondere Anordnungen erlassen. Abs. 4 entspricht wortwörtlich dem heutigen § 857 Abs. 5 ZPO, wonach die Veräußerung vom Gericht angeordnet werden kann, wenn die Veräußerung des Rechts selbst zulässig ist. Dabei fällt auf, dass § 701 CPO in der Begründung des Entwurfs von 1874 nicht erläutert wurde.[334] Auch in keinem der Protokolle geht die Kommission auf § 701 CPO ein. Die historische Auslegung vermag hier also nicht zur Klärung beizutragen.

3. Exklusivitätsverhältnis zwischen § 857 Abs. 4 und 5 ZPO

Da im Schrifttum das Verhältnis beider Absätze bislang nicht erörtert wurde[335] und unter dem Gesichtspunkt der historischen Auslegung keine Klärung erzielt werden konnte, verbleibt für die Auslegung allein der Wortlaut.

Nach diesem erfasst § 857 Abs. 4 ZPO, der in Zusammenhang mit Abs. 3 zu verstehen ist,[336] Rechte, die nicht übertragbar, also unveräußerlich sind. Im Gegensatz dazu erfasst § 857 Abs. 5 ZPO übertragbare Rechte. Da ein Recht nicht gleichzeitig beide Eigenschaften haben kann, stehen die Absätze 4 und 5 in einem Exklusivitätsverhältnis. § 857 Abs. 4 und 5 ZPO schließen sich somit auf Tatbestandsebene gegenseitig aus.

Zwangsvollstreckung, S. 168. § 29 Abs. 1 UrhG lässt aus Rücksicht auf die Person des Urhebers gerade diese Veräußerung des Urheberrechts nicht zu.

332 In der ersten Lesung hat die Kommission § 701 CPO unverändert beschlossen (S. 47). Nicht anders war dies dann in der zweiten Lesung (S. 269). 1876 ändert sich nach den Beschlüssen in zweiter Beratung allein die Paragraphennummer auf § 754 CPO.

333 Civilprozeßordnung nach den Beschlüssen in zweiter Beratung, S. 125.

334 In der Begründung zum Entwurf von 1874 werden alle voran- und nachstehenden Normen ausführlich begründet, § 701 CPO aber ausgespart.

335 Vgl. etwa *Baur/Stürner/Bruns*, Zwangsvollstreckungsrecht, Rn. 32.5; siehe auch *Brehm* in: Stein/Jonas, § 857 Rn. 111, der neben Abs. 5 „außerdem" Abs. 4 anwenden will und etwa für das Patentrecht trotz des tatbestandlichen Widerspruchs beide Verwertungsmöglichkeiten erlaubt. Vgl. auch *Schilken* in: Rosenberg/Gaul/Schilken, § 58 II, der beide Verwertungsmöglichkeiten für einschlägig hält.

336 *Mohrbutter*, Vollstreckungsrecht, § 17 II 1. So wohl auch *Schilken* in: Rosenberg/Gaul/Schilken, § 58 II. Bereits *Leupold*, Zwangsverwaltung, S. 9 stellt 1915 auf eine gleiche Auslegung der Absätze 3 und 4 ab.

4. Verbleibende Verwertungsmöglichkeit nach § 857 Abs. 4 ZPO

Bezogen auf das Urheberrecht bedeutet dies, dass unter dem Tatbestandsmerkmal des unveräußerlichen Rechts das Urheberrecht als Ganzes zu verstehen ist und das Recht als Ganzes wie oben gezeigt unveräußerlich ist.[337] Die "Ausübung" des Rechts durch einen anderen ist allerdings hinsichtlich des Urheberrechts als Ganzes fraglich.[338] Jedenfalls kann das Urheberrecht aber durch Einräumung von Nutzungsrechten einem Dritten in begrenztem Maße überlassen werden.[339] Somit ist § 857 Abs. 4 ZPO für das Urheberrecht einschlägig.[340]

Der Tatbestand des § 857 Abs. 5 ZPO hingegen geht davon aus, dass das Recht selbst veräußerlich ist. Im angesprochenen Fall des Patentrechts kommt § 857 Abs. 5 ZPO tatsächlich in Betracht, da § 15 PatG die Veräußerlich- bzw. Übertragbarkeit des Rechts vorsieht.[341] Für das Urheberrecht trifft dies aufgrund der Regelung in § 29 Abs. 1 UrhG aber nicht zu, so dass § 857 Abs. 5 ZPO für das Urheberrecht in der Zwangsvollstreckung nicht einschlägig ist.

Hält man § 857 Abs. 5 UrhG für nicht einschlägig, verbleibt somit für die Verwertung von den anfänglich fünf aufgeworfenen Möglichkeiten allein § 857 Abs. 4 ZPO, besonders nach dessen Satz 2 die Verwaltung. Nur auf den ersten Blick erscheint die Verwertung des urheberrechtlichen Nutzungsrechts somit eingeschränkt zu sein. Denn nach § 857 Abs. 4 S. 2 ZPO ist die Verwaltung lediglich ein Beispiel.[342] Das lässt sich schon aus dem Wortlaut entnehmen, wonach die Verwaltung "insbesondere" angeordnet werden kann.[343] Dem Vollstreckungsgericht verbleiben alle anderen erdenklichen Verwertungsmöglichkeiten, da § 857 Abs. 4 S. 1 ZPO von den "besonderen Anordnungen" spricht und mit diesem Tatbestandsmerkmal alle Möglichkeiten und damit gerade auch die Veräußerung offen lässt.[344] § 857 Abs. 4 S. 2, 2. Halbsatz ZPO ist für den Fall der urheberrechtlichen Nutzungsrechte so zu verstehen, dass die Pfändung durch Zustellung des Beschlusses bewirkt ist.

---

337 Vgl. schon 1. Kapitel D und § 29 UrhG.
338 Vorliegend geht es nur um die Zwangsvollstreckung in Nutzungsrechte, insoweit kann es hier noch offen bleiben, ob das Urheberrecht als Ganzes von Dritten ausgeübt werden kann. Die Frage wird aber im 3. Kapitel A aufgegriffen.
339 *Schack,* Urheber- und Urhebervertragsrecht, Rn. 307, 309 und insbesondere Rn. 757.
340 *Freudenberg,* Zwangsvollstreckung in Persönlichkeitsrechte, S. 154 erörtert zwar nicht die Verwertung nach § 857 Abs. 5 ZPO, spricht sich aber ebenfalls für Abs. 4 aus.
341 Folglich führt auch *Brehm* in: Stein/Jonas, § 857 Rn. 111 das Patentrecht als Beispiel an.
342 Siehe dazu auch *Zimmermann,* Immaterialgüterrechte und ihre Zwangsvollstreckung, S. 315.
343 So auch *Brox/Walker,* Zwangsvollstreckungsrecht, Rn. 733.
344 Die Veräußerung erwähnt *Smid* in: MünchKommZPO, § 857 Rn. 50.

5. Diskussion der Verwaltung und Veräußerung im Schrifttum

Die Verwaltung und Veräußerung urheberrechtlicher Nutzungsrechte ist im Schrifttum nur vereinzelt kommentiert worden.

Die Verwaltung wird man sich so vorstellen können, dass bis zur Befriedigung des Gläubigers fortan der Verwalter die Rechtsgeschäfte für den Urheber vornimmt, namentlich Lizenzverträge abschließt und den Erwerbern Nutzungsrechte einräumt.[345]

Nach *Breidenbach* darf die Verwertungsart in der Zwangsvollstreckung nicht über die Verwertungsart hinausgehen, die der Urheber selbst ins Auge gefasst hat.[346] Allein die evidenten praktischen Schwierigkeiten, die sich mit der Verifizierung einer solchen Behauptung seitens des Urhebers verbinden, führen dazu, dass dieser Vorschlag nicht weiter vertieft werden sollte.[347]

Hubmann kritisiert die Möglichkeit der Verwertung durch eine Zwangsverwaltung nach § 857 Abs. 4 S. 2 ZPO. Es entstünden damit neue Kosten, die zusätzlich durch die Verwertung gedeckt werden müssten.[348] Das ist zwar ein nicht von der Hand zu weisender Nachteil, doch entstehen bei jeder Verwertungsmaßnahme Kosten.[349] Obwohl eine Verwertung durch eine Zwangsverwaltung unter Umständen auch Kosten verursachen kann, hat der Gesetzgeber dem Gläubiger diese Verwertungsmöglichkeit gelassen. So sieht etwa auch § 869 ZPO für die Immobiliarvollstreckung beide Möglichkeiten der Verwertung als gleichrangig vor. Der Gläubiger kann nach dieser Vorschrift sowohl die Zwangsversteigerung als auch die Zwangsverwaltung wählen. Dabei ist die Verwertung durch Verwaltung in manchen Fällen der einzige Weg, auch Ansprüche auf wiederkehrende Leistungen zu erfassen.[350]

Entscheidender erscheint aber die Frage, wer die Kosten für die Zwangsverwaltung vorzuschießen hat. Als Antwort wird man in Übereinstimmung mit der Zwangsverwaltung in der Immobiliarvollstreckung geben können, dass dies der

---

345 *Sosnitza*, JZ 2004, 992, 1000. Die zivilrechtliche Stellung des Verwalters wird man in Anlehnung an die herrschende Amtstheorie im Insolvenzrecht (etwa *Bork*, Insolvenzrecht, Rn. 68) so sehen können, dass der Verwalter die Rechte des Urhebers – auch im Falle der prozessualen Durchsetzung – im eigenen Namen geltend machen kann.

346 *Breidenbach*, CR 1989, 971, 973.

347 So auch *Wallner*, Die Insolvenz des Urhebers, S. 83.

348 *Hubmann*, Die Zwangsvollstreckung in Persönlichkeits- und Immaterialgüterrechte, S. 812, 834. Im Ergebnis übereinstimmend mit *Leupold*, Zwangsverwaltung, S. 66 f.

349 *Freudenberg*, Zwangsvollstreckung in Persönlichkeitsrechte, S. 140.

350 Die Möglichkeit der Zwangsverwaltung macht sich insbesondere dann bezahlt, wenn durch bestehende Dauerschuldverhältnisse Miet- oder Pachteinnahmen erzielt werden können. Diese sind von der Beschlagnahme gemäß § 21 Abs. 2 ZVG nicht umfasst, wohl aber von der Beschlagnahme des Grundstücks im Zuge einer Zwangsverwaltung nach § 148 Abs. 1 S. 1 ZVG.

Vollstreckungsgläubiger selbst ist.[351] Diese Notwendigkeit, neues Kapital aufwenden zu müssen, wird folglich den Gläubiger gelegentlich abschrecken.[352]

Zutreffend ist zudem der Einwand von *Leupold*. Er betont, dass es ein Hauptinteresse des Gläubigers sei, durch die Verwertung möglichst rasch befriedigt zu werden.[353] Bei der Zwangsverwaltung ist dies naturgemäß gerade nicht möglich, vielmehr führt diese nur zu einer allmählichen Befriedigung. Deshalb fände die Zwangsverwaltung nur als ein Notbehelf praktische Anwendung.[354]

Schließlich bleibt zu erwähnen, dass es schwierig ist, Verwalter ausfindig zu machen, die in der jeweiligen Medienbranche die zwangsweise Verwertung von Werken sachgerecht durchführen können.[355]

Auch einer Veräußerung des gepfändeten Rechts steht *Hubmann* kritisch gegenüber und betont die Gefahr, dass das Werk des Urhebers in der Vollstreckung „für geringe Beträge wegveräußert wird"[356]. Auch dieser Einwand ist nicht unbedenklich. Bei der Versteigerung besteht die Gefahr einer Zuschlagserteilung weit unter Wert gerade deshalb, weil Schutzinstrumente wie etwa § 817a Abs. 1 ZPO, §§ 74a, 85a ZVG keine Anwendung finden sollen.[357] Allerdings lassen sich für Nutzungsrechte schon keine verlässlichen Verkaufswerte finden. Es fehlt dazu bei ihnen schon an einem Nennwert.[358] *Hubmann* wird man folglich entgegnen können, dass der Erlöswert objektiv nicht überprüfbar ist, mithin für die genannten Normen die Grundlage fehlt. Ernst zu nehmen ist aber das von *Wallner* aufgezeigte Problem bei der Veräußerung von Nutzungsrechten an Computerprogrammen. So lassen sich angemessene Entgelte oft nur dann erzielen, wenn eine Softwarefehlerbeseitigung bzw. eine Soft-

---

351 So sieht § 161 Abs. 3 ZVG vor, dass der Gläubiger die Kosten vorzuschießen hat. Auch *Leupold*, Zwangsverwaltung, S. 58 und *Brehm* in: Stein/Jonas, § 857 Rn. 112 wollen den Gläubiger in die Kostenpflicht nehmen. Für die Vergütung des Verwalters analog § 153 ZVG auch *Mohrbutter*, Vollstreckungsrecht, § 17 II 1.

352 So auch *Leupold*, Zwangsverwaltung, S. 92. Das hängt vom prognostizierten Ertrag des Nutzungsrechts in der Verwertung ab.

353 *Leupold*, Zwangsverwaltung, S. 6.

354 *Leupold*, Zwangsverwaltung, S. 6.

355 Hierauf weist schon *Leupold*, Zwangsverwaltung, S. 92 hin.

356 *Hubmann*, Die Zwangsvollstreckung in Persönlichkeits- und Immaterialgüterrechte, S. 812, 834. Ähnlich auch *Schiemer*, öJZ 1949, 266, der die Zwangsveräußerung mangels sicherer Schätzung als „höchste Unbilligkeit" bezeichnet.

357 Hierauf weisen auch *Wallner*, Die Insolvenz des Urhebers, S. 82 und *Zimmermann*, Immaterialgüterrechte und ihre Zwangsvollstreckung, S. 323 Fn. 977 hin. Der Ausschluss von § 817a ZPO bei einer anderen Verwertung scheint im Schrifttum wohl überwiegend anerkannt zu sein, vgl. nur *Smid* in: MünchKommZPO, § 844 Rn. 13; *Schuschke* in: Schuschke/Walker, § 844 Rn. 4; *Stöber*, Forderungspfändung, Rn. 1473. Es wird im 2. Kapitel C VI 2 noch zu untersuchen sein, welche Normen für die Veräußerung heranzuziehen sind. Dabei ist eine analoge Anwendung der §§ 816 ff. ZPO zu prüfen, was bereits im Schrifttum vorgeschlagen wurde. Warum dann § 817a ZPO davon ausgenommen werden soll, erscheint nicht einleuchtend. Etwa das LG Essen NJW 1957, 108 hat ebenfalls § 817a ZPO entsprechend herangezogen.

358 *Zimmermann*, Immaterialgüterrechte und ihre Zwangsvollstreckung, S. 323 Fn. 977.

warepflege mit vereinbart wird.[359] Allerdings hat der Erwerber aufgrund der Regelung in § 806 ZPO gerade keine Mängelgewährleistungsansprüche. Folglich wird ein Erwerber entweder vom Erwerb gänzlich Abstand nehmen oder nur deutlich geringere Entgelte bieten.[360]

Ein Problem an einer Veräußerung nach § 857 Abs. 4 S. 1 ZPO wird überdies an einer weiteren Stelle gesehen. Ein durch den Gläubiger gepfändetes ausschließliches Nutzungsrecht wird an einen Dritten veräußert, wobei der Gläubiger durch die vom Dritten zu leistenden Nutzungsentgelte befriedigt wird. Im Falle der vollständigen Befriedigung wird die Zwangsvollstreckung zwar aufgehoben,[361] der Dritte aber behält das ihm eingeräumte Nutzungsrecht. Im Gegensatz zur Verwaltung, die nach Befriedigung des Gläubigers eingestellt werden kann,[362] fällt das Nutzungsrecht nach einer Veräußerung nicht mehr automatisch an den Urheber zurück.[363] Vielmehr wirkt das eingeräumte einfache Nutzungsrecht gemäß § 33 UrhG auch gegenüber später eingeräumten Nutzungsrechten weiter.[364]

Der die Veräußerung anordnende Rechtspfleger[365] – und nicht etwa der Gerichtsvollzieher[366] – hat deshalb dafür Sorge zu tragen, dass ein Verwertungserlös durch Übertragung des einfachen Nutzungsrechtes an den Dritten in angemessener Höhe angeordnet wird.[367] Fraglich ist, wie die Rechtmäßigkeit der Verwertung gewährleis-

---

359 *Wallner,* Die Insolvenz des Urhebers, S. 83.

360 Der verwertende Vollstreckungsgläubiger wird notwendige Gewährleistungsverträge nicht anbieten können und der Urheber wird „aufgrund des Zwangsverfahrens nicht motiviert sein, ohne dass hierin ein vorwerfbares Verhalten zu sehen ist", *Wallner,* Die Insolvenz des Urhebers, S. 83.

361 Der Urheber kann aber nicht die Übergabe der vollstreckbaren Ausfertigung verlangen, da § 757 ZPO nur für die Vollstreckung durch den Gerichtsvollzieher gilt. Zur Möglichkeit, die Herausgabe analog § 371 BGB zu verlangen, ausführlich *Baur/Stürner/Bruns,* Zwangsvollstreckungsrecht, Rn. 17.3.

362 So betont auch *Leupold,* Zwangsverwaltung, S. 94 den Vorteil der Verwaltung, da diese das Recht dem Schuldner gerade nicht dauerhaft entzieht.

363 Davon ist die Situation des sog. Heimfallrechts zu unterscheiden. Der Heimfall des Nutzungsrechts ist dann denkbar, wenn eine vereinbarte Nutzungsdauer überschritten ist oder ein im Nutzungsvertrag vereinbarter Zweck erreicht wurde. In derartigen Fällen fällt das Recht automatisch an den Urheber oder seinen Rechtsnachfolger zurück. Dazu *Schulze* in: Dreier/Schulze, § 29 Rn. 16. Denkbar ist es aber, dass das Vollstreckungsorgan derartige Vereinbarungen bei der Veräußerung in den Nutzungsvertrag implementiert. Die Regel ist das jedenfalls nicht.

364 Es ist gerade der Sinn und Zweck des § 33 UrhG, dem Erwerber einen Bestandsschutz zu ermöglichen, so dass dieser darauf vertrauen kann, weiterhin zur Nutzung des Werks befugt zu sein, *Schulze* in: Dreier/Schulze, § 33 Rn. 1.

365 *Smid* in: MünchKommZPO, § 857 Rn. 2.

366 *Smid* in: MünchKommZPO, § 857 Rn. 50 schreibt, es sei nicht Aufgabe des Gerichtsvollziehers die Höhe des Mindestgebotes zu ermitteln. So auch das AG Witzenhausen in DGVZ 1995, 174. Zwar kann der Gerichtsvollzieher die eigentliche Versteigerung durchführen (*Schack,* Urheber- und Urhebervertragsrecht, Rn. 771). Der Rechtspfleger hat ihm aber vorher den Wert mitzuteilen.

367 Auch *Wild* in: Schricker, § 113 Rn. 6 weist darauf hin, die Zwangsvollstreckung durch Veräußerung dürfe nicht weiter gehen, als dies zur Befriedigung des Gläubigers und Deckung der

tet werden soll, sollte entweder der Urheber zu der Ansicht gelangen, das Gericht hätte keinen angemessenen Erlös angeordnet oder eine ursprünglich angemessene Veräußerung offenbart im Nachhinein ein auffälliges Missverhältnis. Zu überlegen ist, ob sich der Urheber im ersten Fall mit einem Rechtsbehelf gegen die Art und Weise der Zwangsvollstreckung wehren kann, im zweiten Fall § 32 a UrhG in einer analogen Anwendung heranziehen darf. § 32 a UrhG regelt den Fall, dass der Urheber einem anderen ein Nutzungsrecht zu Bedingungen eingeräumt hat, die dazu führen, dass die vereinbarte Gegenleistung in einem auffälligen Missverhältnis zu den Erträgen und Vorteilen aus der Nutzung des Werkes steht, so dass der Urheber verlangen kann, dass der Erwerber in eine Änderung des Vertrages einwilligt, durch die dem Urheber eine den Umständen nach weitere angemessene Beteiligung gewährt wird.

6. Schutz des Urhebers im Falle der Veräußerung

Fraglich ist, mit welchem Rechtsbehelf sich der Urheber gegebenenfalls gegen die Art und Weise der Verwertung wehren kann. Die herrschende Meinung nimmt regelmäßig eine Verwertung nach § 844 ZPO an.[368] Da dessen Abs. 2 die Anhörung des Schuldners vorsieht, soll der einschlägige Rechtsbehelf für Streitigkeiten in der Verwertung § 793 ZPO sein.[369] Begründet wird das mit dem Anhörungserfordernis des § 844 Abs. 2 ZPO, wodurch eine "Entscheidung" des Gerichts im Sinne des § 793 ZPO gegeben sei. Damit sei die sofortige Beschwerde einschlägig.[370]

Zu untersuchen ist, ob nicht eher die Vollstreckungserinnerung nach § 766 Abs. 1 S. 1 ZPO gerade auch für rechtswidrige Anordnungen des Vollstreckungsgerichts im Zuge der Verwertung der einschlägige Rechtsbehelf ist. Denn § 766 ZPO differenziert nach seinem Wortlaut nicht danach, ob sich eine Vollstreckungsmaßnahme auf die Pfändung oder auf die Verwertung bezieht. Es ist nicht einsichtig, warum eine Vollstreckungsmaßnahme, die nach Anhörung des Vollstreckungsschuldners ergeht, zu einer Entscheidung im Sinne des § 793 ZPO werden soll.[371] Es ist vielmehr so, dass die Zivilprozessordnung auch sonst bei der Auswahl des statthaften Rechtsbe-

Kosten notwendig ist. Nicht weiter zu verfolgen ist der fragwürdige Ansatz von *Freudenberg,* Zwangsvollstreckung in Persönlichkeitsrechte, S. 140, wonach der Vollstreckungsgläubiger dem Rechtspfleger im Zuge der Pfändung noch weitere Weisungen und Direktiven an den Verwalter mitgeben kann, etwa wie die Werbung bezüglich des Werkes auszusehen habe.

368 Sowohl die Autoren, die § 835 ZPO für einschlägig erachten, als auch ablehnen, etwa *Schack,* Urheber- und Urhebervertragsrecht, Rn. 771. Ausführlich 2. Kapitel C III.

369 Zum Anhörungserfordernis *Schack,* Urheber- und Urhebervertragsrecht, Rn. 771; zum Rechtsbehelf *Brehm* in: Stein/Jonas, § 844 Rn. 6. Siehe auch *Smid* in: MünchKommZPO, § 844 Rn. 7; *Münzberg* in: Stein/Jonas, § 766 Rn. 3 und 8; *Gaul* in: Rosenberg/Gaul/Schilken, § 37 IV Nr. 2; wohl auch *Kindl* in: Hk-ZPO, § 793 Rn. 2 und § 766 Rn. 6.

370 *Münzberg* in: Stein/Jonas, § 766 Rn. 3 und 8; *Gaul* in: Rosenberg/Gaul/Schilken, § 37 IV Nr. 2; BGH ZIP 2004, 1379 (allerdings zu Vollstreckungsmaßnahmen während des Insolvenzverfahrens).

371 Kritisch auch *Baur/Stürner/Bruns,* Zwangsvollstreckungsrecht, Rn. 44.1.

helfs keine Rücksicht darauf nimmt, ob der Betroffene gehört wurde.[372] Überdies spricht gegen die Ansicht der herrschenden Meinung ein pragmatisches Argument. Der Urheber müsste die sofortige Beschwerde gemäß § 569 Abs. 1 S. 1 ZPO innerhalb einer Notfrist von zwei Wochen einlegen. Schwierigkeiten bei der Verwertung wird der Urheber oftmals aber erst erheblich später feststellen. Dahingehend hätte er mit der Vollstreckungserinnerung einen unbefristeten Rechtsbehelf zur Hand.[373] Schließlich kann vorgebracht werden, dass § 793 ZPO nur dann Anwendung finden sollte, wenn es sich um eine "rechtsprechende Entscheidung" handelt. Die Anhörung geschieht aber nicht vor dem Richter, sondern vor dem funktionell zuständigen Rechtspfleger.[374] Die Vollstreckungserinnerung hingegen ist auch einschlägig, wenn eine "verwaltungsbehördliche Entscheidung" angegriffen wird.[375] Die Festsetzung und Berechnung des Verwertungserlöses wird man aber als verwaltungsbehördliche Entscheidung einstufen können.[376]

Überdies läuft der Verweis auf die Anhörung nach § 844 Abs. 2 ZPO nach der hier vertretenen Auffassung leer, da § 844 aus den oben genannten Gründen schon nicht anwendbar ist.

Folglich ist davon auszugehen, dass sich der Urheber gegen eine fehlerhafte Anordnung mit der Vollstreckungserinnerung wehren kann.[377]

7. Schutz des Urhebers durch § 32a UrhG analog?

Es bleibt zu untersuchen, ob dem Urheber im Falle einer vom Gericht angeordneten rechtmäßigen Veräußerung § 32a UrhG dann zur Seite steht, wenn sich die Einräumung des Nutzungsrechts im Verhältnis zur erlangten Gegenleistung im Nachhinein als auffälliges Missverhältnis herausstellt. Nach dem Wortlaut ist § 32a Abs. 1 S. 1 UrhG nur anwendbar, wenn es der Urheber selbst war, der einem anderen ein Nutzungsrecht eingeräumt hat. Die zwangsweise Einräumung durch das Gericht im Zuge einer Vollstreckung ist von § 32a Abs. 1 S. 1 UrhG nicht umfasst. Allerdings entsteht im Falle der Verwertung im Vollstreckungsverfahren eine vergleichbare

---

372 So auch *Wieser, ZZP* (115) 2002, 157, 158; aA etwa *Smid* in: MünchKommZPO, § 844 Rn. 7, der bei versäumter Anhörung nicht mehr die sofortige Beschwerde, sondern die Vollstreckungserinnerung für einschlägig hält. Siehe auch *Hartmann* in: Baumbach/Lauterbach, § 844 Rn. 12.

373 Billigt man dem Urheber "nur" die sofortige Beschwerde im Sinne des § 793 ZPO zu, schneidet man ihm zudem eine Instanz ab.

374 *Brehm* in: Stein/Jonas, § 844 Rn. 6; *Walker* in: Schuschke/Walker, § 857 Rn. 9.

375 So die Konkretisierung des Begriffs der "Entscheidung" in § 793 ZPO bei *Stamm*, Prinzipien und Grundstrukturen des Zwangsvollstreckungsrechts, S. 539 d).

376 Das ist vergleichbar etwa mit dem Kostenfestsetzungsverfahren nach § 104 ZPO, in dem ebenfalls der Rechtspfleger entscheidet, *Gierl*, § 104 Rn. 10.

377 Übereinstimmend deshalb mit *Sosnitza*, JZ 2004, 992, 1001; *Baur/Stürner/Bruns*, Zwangsvollstreckungsrecht, Rn. 43.4 und *Wild* in: Schricker, § 113 Rn. 6, der dies aber nicht weiter ausführt. *Schricker* in: Schricker, § 113 Rn. 6 will § 766 ZPO jedenfalls für die übermäßige Pfändung heranziehen.

Interessenlage. Sobald nämlich der Vollstreckungsgläubiger befriedigt, die Zwangs-vollstreckung abgeschlossen und das Inhibitorium im Sinne des § 857 Abs. 2 ZPO aufgehoben ist,[378] ist es wieder allein der Urheber, der seine Interessen wahrnimmt. Dann kann es aber keinen Unterschied machen, ob der Urheber selbst ein Nutzungs-recht eingeräumt hat oder die Einräumung zwangsweise geschehen ist. In beiden Fällen ist allein entscheidend, dass sich nach der Einräumung die Gegenleistung des Erwerbers als nicht ausreichend darstellt.

Einer analogen Anwendung des § 32a Abs. 1 UrhG kann man auch nicht entge-genhalten, dass dieser ein Zweipersonenverhältnis erfasse, während in der Zwangs-verwertung ein Dreipersonenverhältnis vorliegt. Schließlich sieht § 32a Abs. 2 UrhG selbst die Möglichkeit vor, dass der Urheber seinen gesetzlichen Anspruch gegen Dritte richtet.[379] Vielmehr lässt sich gerade mit Abs. 2 die Annahme stützen, dass der Anpassungsanspruch auch im Dreiecksverhältnis der Zwangsvollstreckung her-angezogen werden kann.

Da der Gesetzgeber der Vollstreckung im Urheberrecht abneigend gegenüber stand, ist es nachvollziehbar, dass er diese Problematik nicht bedacht hat.[380] Es liegt folglich auch die für eine Analogie erforderliche planwidrige Regelungslücke vor. Somit ist eine analoge Anwendung des § 32a UrhG möglich.

Der Urheber kann also mit einer analogen Anwendung des § 32a UrhG die Ver-einbarung über den Verwertungserlös in Extremfällen korrigieren.

V. Zwischenergebnis

Nach der hier vertreten Ansicht ist eine Verwertung der gepfändeten Nutzungsrechte weder nach den beiden Alternativen des § 835 ZPO noch nach § 844 ZPO in Ver-bindung mit § 857 Abs. 1 ZPO möglich. Die Verwertungsmöglichkeiten nach § 857 Abs. 4 und 5 ZPO schließen sich auf Tatbestandsebene gegenseitig aus. Beide Ab-sätze stehen in einem Exklusivitätsverhältnis. Da das Urheberrecht unveräußerlich ist, in begrenztem Umfang aber die Ausübung durch einen Dritten in Form eines eingeräumten Nutzungsrechts möglich ist, ist allein § 857 Abs. 4 ZPO einschlägig. Die Verwaltung im Sinne des § 857 Abs. 4 S. 2 ZPO ist dabei nur eine von mehre-ren Möglichkeiten. Allerdings hat das Vollstreckungsgericht dafür Sorge zu tragen, dass im Falle einer Veräußerung eine angemessene Lizenzgebühr festgesetzt wird.[381] Fehler, die dem Rechtspfleger hier unterlaufen, kann der Urheber mit einer Vollstre-

---

378 Das Inhibitorium des § 857 Abs. 2 ZPO entspricht dem des § 829 Abs. 1 S. 2 ZPO, *Smid* in: MünchKommZPO, § 829 Rn. 26.

379 *Wandtke/Grunert* in: Wandtke/Bullinger, § 32a Rn. 29; der Anspruch kann sogar noch nach mehrmaliger Übertragung des Nutzungsrechts geltend gemacht werden (sog. Lizenzkette).

380 In der Gesetzesbegründung zu den §§ 112 ff. UrhG finden sich an keiner Stelle Gedanken des Gesetzgebers zur Verwertung, vgl. BT-Drucksache IV/270, S. 109 ff.

381 Der Urheber kann aber mittels der Erinnerung nach § 766 ZPO keinen am Markt nicht erziel-baren Wunschwert durchsetzen.

ckungserinnerung angreifen und nach Abschluss des Vollstreckungsverfahrens unter Umständen mit einer analogen Anwendung von § 32 a UrhG korrigieren.

VI. Das Problem einer Doppelbeschränkung

Im letzten Teil zum Themenkomplex der Verwertung gepfändeter Nutzungsrechte geht es um die Frage, welche Auswirkung die Einwilligung auf die Verwertung hat. Die in den §§ 113 f. UrhG vorausgesetzte Einwilligung betrifft nach überwiegender Auffassung allein die Ebene der Pfändung.[382] Die Verwertung der urheberrechtlichen Nutzungsrechte ist hingegen im Urheberrechtsgesetz nicht positiv geregelt. Wie oben festgestellt, kann das Gericht zur Verwertung unter anderem die Verwaltung oder die Veräußerung wählen.[383] Im Falle der Zwangsverwaltung nach § 857 Abs. 4 S. 2 ZPO bestellt das Gericht einen Treuhänder, der die Nutzungsrechte verwaltet.[384] Als Treuhänder sollte das Gericht einen neutralen, mit der Lizensierung von Nutzungsrechten vertrauten Dritten bestellen.[385] Der Verwalter bemüht sich im Anschluss daran um eine Ertragserlangung und führt diese Erträge bis zur Befriedigung an den Gläubiger ab.[386] Einen Ertrag kann der Verwalter nur dann erwirtschaften, wenn interessierte Lizenznehmer das gepfändete Nutzungsrecht erhalten.[387] Ähnlich ist die Situation im Falle der Zwangsveräußerung. Auch hier wird der Erwerber nur dann einen Veräußerungserlös bezahlen, wenn er das gepfändete Nutzungsrecht erhält.

Teile der Literatur gehen deshalb davon aus, dass bei der Verwertung rechtstechnisch eine Übertragung vorliegt. Demgemäß halten *Vinck*[388] und *Samson*[389] für die Übertragung im Zuge der Verwertung § 34 UrhG für einschlägig und fordern erneut

382 Vgl. bereits oben 2. Kapitel B I; exemplarisch nur *Lütje* in: Möhring/Nicolini, § 113 Rn. 12.
383 Siehe 2. Kapitel C IV 4.
384 *Stöber*, Forderungspfändung, Rn. 1764; *Ulmer*, Urheber- und Verlagsrecht, § 135 II 4. *Ulmer* spricht in diesem Zusammenhang von einem "Treuhänder". Verwendet man diesen Begriff, sollte aber betont werden, dass der Urheber als Treugeber das Recht, Dritten Nutzungsrechte an seinem Werk einzuräumen, nicht freiwillig überträgt und der Verwalter als Treunehmer das Recht im Sinne einer schonenden und doch effektiven Zwangsvollstreckung ausüben soll. Letztlich ist diese Frage auf den Streit zurückzuführen, welche rechtliche Stellung die in der Verwertung eingesetzten Personen haben. Für den Streit hinsichtlich des Gerichtsvollziehers im Rahmen des § 814 ZPO siehe 2. Kapitel C VI 2.
385 *Sosnitza*, JZ 2004, 992, 1000.
386 So auch *Lütje* in: Möhring/Nicolini, § 112 Rn. 72; *Ulmer*, Urheber- und Verlagsrecht, § 135 II 4.
387 Siehe *Vinck* in: Fromm/Nordemann, § 113 Rn. 1, der schreibt „Will er [der Gläubiger] das Nutzungsrecht nicht selbst ausüben, so bedarf es zur Weiterübertragung der erneuten Einwilligung des Urhebers (§§ 34, 35)".
388 So ausdrücklich *Vinck* in: Fromm/Nordemann, § 113 Rn. 1; wohl auch *Ahrens,* Verwertung persönlichkeitsrechtlicher Positionen, S. 484 und 490.
389 *Samson*, Urheberrecht, S. 237 geht davon aus, dass neben der Einwilligung zur Pfändung auch die Zustimmung zur Verwertung notwendig ist.

die Zustimmung des Urhebers zur Übertragung.[390] Denn nach § 34 Abs. 1 S. 1 UrhG kann ein Nutzungsrecht nur mit Zustimmung des Urhebers übertragen werden. *Wallner* will das weitere Schutzbedürfnis für den Urheber mit dem Argument rechtfertigen, dass dem Urheber bei der Einwilligung gegenüber einem Gläubiger ohne weiteres das aktuelle Bewusstsein fehlen könne, dass der Gläubiger vorsieht, das Nutzungsrecht an einen Dritten zu übertragen.[391]

Folgt man diesen Stimmen, würde das zu der kuriosen Situation führen, dass der Urheber zweimal zustimmen muss, das heißt einmal zur Pfändung und einmal zur Verwertung, obwohl beide Ebenen eng verknüpft sind und in der Rechtspraxis oftmals nahtlos ineinander übergehen.[392] Ob eine solche doppelte Beschränkung tatsächlich vom Gesetzgeber gewollt war, geht aus den Gesetzesmaterialien nicht hervor.[393] Unklar ist zudem, ob der Urheber seine Zustimmung zur Pfändung erklären könnte, sie zur Verwertung aber verweigern darf.

Nachfolgend soll deshalb untersucht werden, ob die Verwertung der urheberrechtlichen Nutzungsrechte tatsächlich einer erneuten Zustimmung bedarf, mithin durch Einwilligung zur Pfändung und Zustimmung zur Verwertung für den Gläubiger eine Doppelbeschränkung besteht ("Problem der Doppelbeschränkung").[394]

1. Lütje: Entbehrlichkeit der Zustimmung aufgrund bestehender Einwilligung im Sinne des § 113 UrhG?

Lütje spricht sich gegen eine Zustimmung zur Verwertung aus. Nach seiner Ansicht schließt die zur Pfändung erteilte Einwilligung die Zustimmung zur Verwertung mit

390 Jedenfalls zur Verwertung durch Veräußerung fordert auch *Wild* in: Schricker, § 113 Rn. 6 eine Zustimmung.

391 *Wallner,* Die Insolvenz des Urhebers, S. 66: „Bei der Einzelzwangsvollstreckung steht dem Urheber, ähnlich der Einräumung von Nutzungsrechten, eine bestimmte Gläubigerperson gegenüber, so dass zu rechtfertigen ist, dass der Urheber bei der Einwilligung in die Zwangsvollstreckung sein Vertrauen nur bei dem Einwilligungsadressaten persönlich gelassen hat".

392 So wird regelmäßig der Pfändungsbeschluss im Sinne des § 829 ZPO zusammen mit dem Überweisungsbeschluss im Sinne des § 835 ZPO erlassen; *Baur/Stürner/Bruns,* Zwangsvollstreckungsrecht, 30.25.

393 Die Begründung des Gesetzgebers enthält in BT-Drucksache IV/270 keine Ausführungen zur Verwertung.

394 Aus Sicht der Insolvenz findet sich bei *Wallner,* Die Insolvenz des Urhebers, S. 64 dazu eine Erörterung. Er geht davon aus, dass das Zustimmungserfordernis aus § 34 Abs. 1 S. 1 UrhG direkt schon nicht anwendbar sei, da dem Insolvenzverwalter die Nutzungsrechte nicht eingeräumt wurden. Vielmehr übertrage dieser die Nutzungsrechte aufgrund der gemäß § 80 InsO übergegangenen Verwaltungs- und Verfügungsbefugnis. Für eine analoge Anwendung soll es an einer planwidrigen Regelungslücke und einer vergleichbaren Interessenlage fehlen (aaO S. 65). Nach *Wallner* bedarf somit die "Übertragung" durch den Insolvenzverwalter keiner Zustimmung. Siehe auch *Samson,* Urheberrecht, S. 237, der von einer „Einengung" spricht. Ferner *Wild* in: Schricker, § 113 Rn. 6, der ebenfalls eine Zustimmung zur Verwertung fordert. Unklar bleibt der Standpunkt von *Schack,* Urheber- und Urhebervertragsrecht, Rn. 771, der von einem Einverstanden sein des Urhebers zur Verwertung schreibt.

ein.[395] Der Einwilligung soll deshalb umfassende Wirkung zukommen, da sie nur dann zum Ziele führt, wenn sie Pfändung und Verwertung gleichermaßen umfasst.

Lütje selbst begründet seine Ansicht nicht. Für seinen Ansatz lassen sich jedoch zwei Wortlautargumente finden. Zunächst einmal geht der Wortlaut des § 113 S. 1 UrhG von "seiner Einwilligung" aus und nicht etwa von "seinen Einwilligun*gen*". Der Singular könnte Indiz dafür sein, dass es sich nur um eine *einmalige* Beteiligung des Urhebers handeln soll.

Weiterhin geht § 113 UrhG von der Einwilligung zur "Zwangsvollstreckung" aus. Diese Terminologie könnte deutlich machen, dass damit sowohl der Pfändungsvorgang, als auch die spätere Verwertung gemeint ist, mithin der Vollstreckungsvorgang als Ganzes. Jedenfalls ist aus § 113 UrhG nicht zu entnehmen, dass sich die Zustimmung des Urhebers *nur* auf die Pfändung beziehen soll.

Allerdings muss berücksichtigt werden, dass die Formulierung des § 113 UrhG nach allgemeiner Ansicht wenig geglückt ist[396] und deshalb Bedenken bestehen, ob der Gesetzgeber mit dem Singular der "Einwilligung" beziehungsweise mit dem Ausdruck "Zwangsvollstreckung" tatsächlich den Oberbegriff für die Pfändung und Verwertung des Vollstreckungsrechts gemeint hat. Denn in den Gesetzesmaterialien finden sich keine Anzeichen dafür, dass die Einwilligung Wirkung für Pfändung und Verwertung haben soll.[397] Vielmehr ist die Verwertungsebene in den Gesetzesmaterialien gar nicht thematisiert worden.

Die Ansicht von *Lütje*, wonach eine Zustimmung zur Verwertung deshalb entbehrlich ist, weil der Urheber bereits zur Pfändung eingewilligt hat, erscheint folglich nach dem Sinn und Zweck der Einwilligung überzeugend. Für diese Ansicht konnte aber aus den Gesetzesmaterialien keine Stütze entwickelt werden und auch das Abstellen auf den Wortlaut war aufgrund der nicht unproblematischen Formulierung des § 113 UrhG nicht ergiebig.

---

395 *Lütje* in: Möhring/Nicolini, § 112 Rn. 72.

396 So suggeriert der Wortlaut des § 113 UrhG, das Urheberrecht als Ganzes sei tauglicher Vollstreckungsgegenstand. Dass diese Formulierung missglückt ist, wird in der Literatur einhellig so beurteilt, vgl. nur *Ulmer*, Urheber- und Verlagsrecht, § 135 II 2; *Zimmermann*, Immaterialgüterrechte und ihre Zwangsvollstreckung, S. 183; *Lütje* in: Möhring/Nicolini, § 113 Rn. 9; *Wild* in: Schricker, § 112 Rn. 9. Interessanterweise hat der Gesetzgeber in § 114 Abs. 2 S. 1 Nr. 1 UrhG eine zutreffende Formulierung gefunden, wenn er hier von der „Zwangsvollstreckung in ein Nutzungsrecht am Werk" ausgeht. Vergleiche zur Untersuchung oben 1. Kapitel A.

397 So schreibt der Gesetzgeber in der Begründung zum Entwurf des Urheberrechtsgesetzes in BT-Drucksache IV/270 § 122 S. 109 allein von der Zwangsvollstreckung, ohne eine weitere Differenzierung vorzunehmen. Lediglich im Bereich der Vollstreckung in Dritten eingeräumte Nutzungsrechte unterscheidet der Gesetzgeber in die unbeschränkt mögliche Pfändung und die durch das Zustimmungserfordernis beschränkte Verwertung.

2. Entbehrlichkeit der Zustimmung aufgrund hoheitlicher Rechtsübertragung?

Das OLG Hamburg[398] nahm in einer Entscheidung im Einklang mit der herrschenden Literaturauffassung[399] an, dass die Zwangsveräußerung des gepfändeten Nutzungsrechts durch eine hoheitliche Übertragung vorgenommen werde. Es ging dabei davon aus, dass der die Versteigerung leitende Gerichtsvollzieher hoheitlich tätig wird.[400]

Sollte es sich bei der Verwertung des gepfändeten Nutzungsrechts um eine Übertragung kraft Hoheitsakt handeln, dann bedarf es eines Zustimmungserfordernisses bereits deshalb nicht, da § 34 UrhG nach allgemeiner Meinung keine hoheitlichen, sondern allein rechtsgeschäftliche Übertragungen erfasst.[401]

Fraglich ist bereits, nach welchen Normen sich die Zwangsveräußerung des gepfändeten Nutzungsrechts richtet. Während bei der Mobiliarvollstreckung auf die §§ 816 ff. ZPO und bei der Forderungsvollstreckung auf die §§ 835 ff. ZPO abzustellen ist, ist im Falle der Vollstreckung in ein anderes Vermögensrecht im Sinne des § 857 ZPO neben dessen Absätzen 4 und 5 der Verweis auf die §§ 835 ff. ZPO vorgesehen. Die Rechtsprechung und das Schrifttum greifen für die Durchführung der Zwangsveräußerung – unabhängig davon, ob die §§ 857, 835, 844 ZPO für einschlägig erachtet werden – jedoch auf die §§ 816 ff. ZPO in analoger Anwendung zurück.[402] Nach § 817 ZPO analog soll folglich der Gerichtsvollzieher bei der Veräußerung des gepfändeten Nutzungsrechts dem Meistbietenden den Zuschlag erteilen.

Dann wäre aber weiter zu fragen, ob die Versteigerung durch den Gerichtsvollzieher gemäß den §§ 816 ff. ZPO analog zu einer hoheitlichen Rechtsübertragung führt. Gegen ein hoheitliches Tätigwerden des Gerichtsvollziehers sprechen aber

---

398 OLG Hamburg ZUM 1992, 550.
399 *Walker* in: Schuschke/Walker, § 817 Rn. 6. Aus der neueren Literatur deutlich etwa *Klauze*, Urheberrechtliche Nutzungsrechte, S. 209.
400 OLG Hamburg in ZUM 1992, 547, 550 rechte Spalte aaa). Die Durchführung der Verwertung einer gepfändeten Forderung wird auch sonst im Schrifttum als hoheitliches Verwerten eingeordnet, vgl. etwa *Schuschke* in: Schuschke/Walker, § 844 Rn. 4.
401 *Spautz* in: Möhring/Nicolini, § 34 Rn. 2 geht von der vertraglichen Einräumung aus. Deutlich auch *Hertin* in: Fromm/Nordemann, § 34 Rn. 7, der § 34 UrhG nur auf die Rechtsgeschäfte anwendet. Ähnlich *Block* in: Wandtke/Bullinger, § 34 Rn. 1, der den Anwendungsbereich in der translativen Weiterübertragung sieht. Der Gesetzgeber ging nämlich 1965 gar nicht davon aus, dass ein Nutzungsrecht auch im Zuge der Zwangsvollstreckung übertragen werden würde. So finden sich in der Gesetzesbegründung keinerlei Hinweise auf die Verwertung gepfändeter Nutzungsrechte. Vgl. auch *Schricker* in: Schricker, § 34 Rn. 5, der auch nur von einem rechtsgeschäftlichen Anwendungsbereich ausgeht, überdies aber in das Verpflichtungs- und Verfügungsgeschäft differenziert und das Zustimmungserfordernis allein beim Verfügungsgeschäft ansiedelt.
402 LG Essen, NJW 1957, 108; *Schack*, Urheber- und Urhebervertragsrecht, Rn. 771. *Schuschke* in: Schuschke/Walker, § 844 Rn. 4; *Brehm* in: Stein/Jonas, § 844 Rn. 9; *Baur/Stürner/Bruns*, Zwangsvollstreckungsrecht, Rn. 30.32; *Klauze*, Urheberrechtliche Nutzungsrechte, S. 208; *Mohrbutter*, Vollstreckungsrecht, § 17 II 3.

folgende Überlegungen:[403] Der Gerichtsvollzieher wird zunächst einmal als Stellvertreter des Gläubigers tätig und handelt infolgedessen privatrechtlich.[404] Das lässt sich bereits aus den Materialien zur Zivilprozessordnung entnehmen. Die Kommission einigte sich darauf, dass der Gerichtsvollzieher ohne Leitung des Gerichts von den Parteien selbst beauftragt werden sollte.[405] Die öffentliche Bestellung des Gerichtsvollziehers ändert nichts daran, dass er in zivilrechtlicher Form tätig wird, kennt man das auch an anderer Stelle, etwa aus § 383 Abs. 3 BGB.[406] Von einem öffentlichen Vertrag bzw. von einer hoheitlichen Eigentumszuweisung ist weder in § 817 ZPO noch in § 156 BGB die Rede.[407] In der Tradition des Allgemeinen Landrechts verstand der Gesetzgeber der Zivilprozessordnung unter der Ablieferung im Sinne des § 817 Abs. 2 ZPO, die zur Eigentumsübertragung führt, auch keinen dinglichen Vertrag, sondern allein einen privatrechtlichen Vollzugsakt.[408] Wäre das BGB vor der Zivilprozessordnung entstanden, hätte ein Verweis des Gesetzgebers auf die §§ 1228 ff. BGB ausgereicht.[409] Dies war aber allein deshalb nicht möglich, da das BGB von 1900 erst nach der ZPO von 1877 entstand.

Der Gerichtsvollzieher wird somit bei der zwangsweisen Veräußerung des urheberrechtlichen Nutzungsrechts nicht hoheitlich, sondern privatrechtlich tätig. Da es dann entgegen dem OLG Hamburg und Teilen der Literatur schon an einer hoheitlichen Rechtsübertragung durch den Gerichtsvollzieher fehlt, kann mit diesem Ansatz die Entbehrlichkeit der Zustimmung aus § 34 UrhG nicht begründet werden.[410]

---

403 Dazu schon ausführlich *Leupold*, Zwangsverwaltung, S. 46 ff.

404 *Säcker*, JZ 1971, 156, 161 rechte Spalte; *Stamm*, Prinzipien und Grundstrukturen des Zwangsvollstreckungsrechts, S. 365; *Marotzke*, NJW 1978, 133, 136.

405 Begründung des Entwurfs einer Civilprozeßordnung und des Einführungsgesetzes (1874), S. 388 unter IV.

406 *Stamm*, Prinzipien und Grundstrukturen des Zwangsvollstreckungsrechts, S. 366.

407 Kritisch deshalb auch *Münzberg* in: Stein/Jonas, § 817 Rn. 20.

408 *Säcker*, JZ 1971, 156, 158.

409 *Stamm*, Prinzipien und Grundstrukturen des Zwangsvollstreckungsrechts, S. 368.

410 Folgt man hingegen der herrschenden Meinung und sieht in der Übertragung durch den Gerichtsvollzieher einen hoheitlichen Akt (vgl. *Walker* in: Schuschke/Walker, § 817 Rn. 6; *Hartmann* in: Baumbach/Lauterbach, § 817 Rn. 1, wonach die Pfandverwertung in der Zwangsvollstreckung ganz dem öffentlichen Recht zuzuordnen ist), dann hindert das überraschenderweise die herrschende Meinung dennoch nicht, § 34 Abs. 1 S. 1 UrhG auch außerhalb von rechtsgeschäftlichen Übertragungen anzuwenden. In der oben angeführten Entscheidung betont das OLG Hamburg (ZUM 1992, 547, 550 rechte Spalte aaa), § 34 UrhG könne gerade auch auf den hoheitlichen Übertragungsakt angewendet werden. Damit behandelt die Rechtsprechung den rechtsgeschäftlichen und hoheitlichen Erwerb gleich. Vgl. zur Gleichbehandlung auch *Säcker*, JZ 1971, 156, 159 linke Spalte.

3. Eigene Ansicht: § 34 Abs. 1 S. 1 UrhG für konstitutive Rechtseinräumung nicht einschlägig

Betrachtet man noch einmal den Ausgangspunkt, dann geht es darum, dass das gepfändete Nutzungsrecht nun verwertet werden soll. Im Falle der Verwertung durch Zwangsverwaltung geht *Ulmer* davon aus, dass das gepfändete Nutzungsrecht einem Treuhänder "eingeräumt"[411] werde und dieser das Nutzungsrecht dann an den Lizenznehmer übertrage. Dem folgt auch *Stöber*, der allerdings davon ausgeht, dass dem Verwalter die Nutzungsrechte nicht eingeräumt, sondern "übertragen"[412] werden. Kommt man zu dem Schluss, dass dem Verwalter das gepfändete Nutzungsrecht eingeräumt oder übertragen wurde, ist es tatsächlich folgerichtig, nun eine "Übertragung" an den Lizenznehmer anzunehmen. Dann liegt es nahe, für diese Übertragung § 34 Abs. 1 S. 1 UrhG heranzuziehen und somit die Zustimmung des Urhebers zur Übertragung zu fordern.

Entgegen dieser weit verbreiteten Ansicht ist aber bereits die Prämisse anzuzweifeln. Dem Verwalter werden nämlich gerade nicht die gepfändeten Nutzungsrechte "eingeräumt" beziehungsweise "übertragen". Dahinter steht folgender Gedankengang: Zunächst einmal ist zwischen einer konstitutiven und einer translativen Rechtsübertragung zu differenzieren.[413] Räumt der Urheber einem Dritten ein Nutzungsrecht an seinem Werk ein, handelt es sich um eine konstitutive[414], also um eine rechtsbegründende Übertragung.[415] Man spricht hier von einem "Einräumen"[416] des Nutzungsrechts. Nur dann, wenn der Dritte sein ihm eingeräumtes Nutzungsrecht nun an einen Vierten weitergibt, handelt es sich um einen translativen[417] Vorgang, der auch "Übertragung"[418] genannt wird.[419] Unstreitig ist § 34 UrhG aber allein für translative Übertragungen anwendbar.[420] Wird das Nutzungsrecht erstmalig aber aufgrund des vollstreckungsrechtlichen Zwanges einem Dritten eingeräumt, ver-

---

411 *Ulmer*, Urheber- und Verlagsrecht, § 135 II 4.

412 *Stöber*, Forderungspfändung, Rn. 1764.

413 Siehe dazu schon 1. Kapitel D II und *Klauze*, Urheberrechtliche Nutzungsrechte, S. 201; *Schulze* in: Dreier/Schulze, § 31 Rn. 11.

414 Deutlich *Rehbinder*, Urheberrecht, Rn. 559; *Schack*, Urheber- und Urhebervertragsrecht, Rn. 530; *Klauze*, Urheberrechtliche Nutzungsrechte, S. 201; *Schricker* in: Schricker, § 29 Rn. 3d und 8.

415 Das Nutzungsrecht entsteht also originär in der Person des Erwerbers, *Rehbinder*, Urheberrecht, Rn. 559.

416 *Schricker* in: Schricker, § 29 Rn. 8; *Schulze* in: Dreier/Schulze, § 31 Vorbemerkung Rn. 20; *Rehbinder*, Urheberrecht, Rn. 556.

417 *Klauze*, Urheberrechtliche Nutzungsrechte, S. 201; *Schulze* in: Dreier/Schulze, § 34 Rn. 1.

418 *Rehbinder*, Urheberrecht, Rn. 556; *Schulze* in: Dreier/Schulze, § 31 Rn. 11.

419 Nach § 35 UrhG ist es für den Inhaber eines ausschließlichen Nutzungsrechts möglich, einem Vierten weitere Nutzungsrechte einzuräumen. Es handelt sich dann erneut um eine konstitutive Rechtseinräumung, *Schricker* in: Schricker, § 35 Rn. 1. Das Zustimmungserfordernis aus § 35 Abs. 1 S. 1 UrhG resultiert aus der Schutzbedürftigkeit, das demjenigen bei § 34 UrhG gleichkommt.

420 Siehe nur *Schulze* in: Dreier/Schulze, § 34 Rn. 5 und *Rehbinder*, Urheberrecht, Rn. 579.

wandelt sich die konstitutive Rechtseinräumung nicht in eine translative Übertragung.

Somit werden dem Verwalter weder Nutzungsrechte eingeräumt noch übertragen.[421] Vielmehr werden die gepfändeten Nutzungsrechte erst dem Lizenznehmer konstitutiv eingeräumt. Fehlt es aber schon an einer translativen Übertragung, ist für § 34 UrhG Abs. 1 S. 1 auf der Verwertungsebene kein Raum.

4. Ergebnis

Mangels translativer Übertragung zwischen Zwangsverwalter und Erwerber ist § 34 Abs. 1 S. 1 UrhG entgegen einer weit verbreiteten Ansicht in der Verwertung nicht einschlägig. Es handelt sich für den Erwerber um eine konstitutive Rechtseinräumung.

D. Vereinbarkeit des § 113 UrhG mit den Maximen des Zwangsvollstreckungsrechts?

Einwilligungserfordernisse wie das der §§ 113 ff. UrhG sind im Vollstreckungsrecht ansonsten unüblich.[422] Sie stellen eine besondere Vollstreckungsvoraussetzung dar. Das wirft die Frage auf, ob die besondere Vollstreckungsvoraussetzung des § 113 UrhG bei der Rechtspfändung bzw. die inhaltsgleiche Vollstreckungsvoraussetzung des § 114 UrhG für die Sachpfändung[423] von Werkoriginalen mit den Maximen[424] bzw. Prinzipien des Zwangsvollstreckungsrechts zu vereinbaren ist.[425]

---

421 Die Zwangsverwaltung ist folglich möglich, ohne dass dem Verwalter selbst die zwangsweise zu verwertenden Nutzungsrechte eingeräumt werden. Es ist nach wie vor das Mutterrecht des Urhebers, welches belastet wird, dazu *Schulze* in: Dreier/Schulze, § 31 Rn. 11 und *Schack,* Urheber- und Urhebervertragsrecht, Rn. 530.

422 *Freudenberg,* Zwangsvollstreckung in Persönlichkeitsrechte, S. 81 und 84, der es auch als „gesetzgeberischen Spagat" ausdrückt; *Zimmermann,* Immaterialgüterrechte und ihre Zwangsvollstreckung, S. 137. So kennt auch das Patentrecht ein Erfinderpersönlichkeitsrecht, ohne allein durch diese persönlichkeitsrechtliche Seite des Rechts besondere Schutzmechanismen für die Vollstreckung aufzustellen. Vgl. auch *Schack,* Urheber- und Urhebervertragsrecht, Rn. 754, der von „Sonderregeln" spricht.

423 *Wild* in: Schricker, § 114 Rn. 2; *Lütje* in: Möhring/Nicolini, § 112 Rn. 68.

424 Im Schrifttum werden die Begriffe "Maxime" und "Prinzip" deckungsgleich verwendet. Etwa *Paulus* in: Wieczorek/Schütze, § 704 Vorbemerkung Rn. 16 und *Gaul* in: Rosenberg/Gaul/-Schilken, § 5 II 1 schreiben von "Maximen", etwa *Stürner,* ZZP (99) 1986, 291, 291 von "Prinzipien".

425 Die Regelung ist allein deshalb schon unüblich, weil die ZPO grundsätzlich das gesamte Vermögen eines Schuldners dem Vollstreckungszugriff unterwirft, *Münzberg* in: Stein/Jonas, § 765a Rn. 1; *Hartmann* in: Baumbach/Lauterbach, § 857 Rn. 2; *Sosnitza,* JZ 2004, 992, 997.

Dort, wo sich Regelungen auf Grundprinzipien zurückführen lassen, kann man von einem rationalen Rechtssystem sprechen.[426] Prinzipien sind also Leitlinien der Rechtsordnung.[427] Eine Ausrichtung anhand der Prinzipien eines Rechtsgebiets[428] erscheint die Basis zu sein, um dem Gebot der Gerechtigkeit Folge leisten zu können.[429] *Stürner* stellt deshalb fest, dass man sich insbesondere dann der Prinzipien erinnert, wenn sich Unbehagen an einer Regelung bemerkbar macht.[430] Ein solches Unbehagen macht sich gerade bei den §§ 113 ff. UrhG bemerkbar.

Als Prüfungsmaßstab soll dabei das Prinzip der Erzwingbarkeit von Ansprüchen, der Grundsatz des einseitigen Verfahrens und des aufgeschobenen Gehörs, das Prinzip des freien Vollstreckungszugriffs, das Formalisierungs- und das Prioritätsprinzip herangezogen werden.

I. Das Prinzip der Erzwingbarkeit von Ansprüchen

Das Prinzip der Erzwingbarkeit von Ansprüchen ist die Konsequenz aus dem fundamentalen Grundsatz "pacta sunt servanda".[431] Es besagt, dass Verträge notfalls auch zwangsweise einzuhalten sind.[432]

Der im Erkenntnisverfahren festgestellte Anspruch ist allein dann werthaltig, wenn er notfalls zwangsweise durchgesetzt werden kann.[433] Die Zwangsvollstreckung bedeutet dementsprechend die Brechung des Schuldnerwillens unter dem Vorbehalt staatlicher Gewaltanwendung.[434] Die Erzwingbarkeit durch staatliche Organe stellt folglich ein grundlegendes Prinzip dar.[435]

Wenn § 113 UrhG aber davon ausgeht, dass eine Zwangsvollstreckung nur stattfinden kann, sofern der Urheber mit ihr einverstanden ist, kann nicht mehr von einer

---

426   Vgl. *Rüthers,* Rechtstheorie, Rn. 757.
427   *Rüthers,* Rechtstheorie, Rn. 757. Das ist in Rechtsordnungen, die dem case law System folgen, nicht anders. So lebt etwa auch das US-amerikanische Rechtssystem von fundamental principles, *Stürner,* ZZP (99) 1986, 291, 292.
428   Siehe dazu, dass die Prinzipienbildung im Zwangsvollstreckungsrecht vermehrt auf Probleme gestoßen ist *Stamm,* Prinzipien und Grundstrukturen des Zwangsvollstreckungsrechts, S. 63.
429   *Baur/Stürner/Bruns,* Zwangsvollstreckungsrecht, Rn. 6.1; *Stürner,* ZZP (99) 1986, 291, 292. So stellt auch *Stürner,* ZZP (94) 1981, 263, 286 fest, dass die Systembildung vor allem Gleichheitskontrolle ist. Ausführlich zur methodischen Notwendigkeit einer Prinzipienbildung im Zwangsvollstreckungsrecht *Stamm,* Prinzipien und Grundstrukturen des Zwangsvollstreckungsrechts, S. 64.
430   Ähnlich *Stürner,* ZZP (99) 1986, 291, 293.
431   *Paulus* in: Wieczorek/Schütze, § 704 Vorbemerkung Rn. 22.
432   Ähnlich *Baur/Stürner/Bruns,* Zwangsvollstreckungsrecht, Rn. 7.1.
433   Siehe auch *Gaul* in: Rosenberg/Gaul/Schilken, § 1 I 1; *Baur/Stürner/Bruns,* Zwangsvollstreckungsrecht, Rn. 1.1.
434   So die Definition der Zwangsvollstreckung nach *Stamm,* Prinzipien und Grundstrukturen des Zwangsvollstreckungsrechts, S. 14.
435   Vgl. AG Kerpen in ZIP 2005, 2827, 2330; *Stamm,* Prinzipien und Grundstrukturen des Zwangsvollstreckungsrechts, S. 5 und 641.

zwangsweisen Durchsetzung ausgegangen werden.[436] Es wird folglich kein Wille des Schuldners gebrochen, was aber gerade das Wesen der Zwangsvollstreckung ausmacht.[437] Bejaht der Gesetzgeber in § 112 UrhG die grundsätzliche Möglichkeit der Zwangsvollstreckung im Urheberrecht,[438] dann erscheint es als damit nicht vereinbar, die Entscheidung über die zwangsweise Vollstreckung dem Urheber zu überlassen. Denn im gleichen Atemzuge gibt der Gesetzgeber dem Urheber mit einem Einwilligungserfordernis ein Instrument zur Vollstreckungsvereitelung in die Hand.[439] Da die Regelung der Zwangsvollstreckung im Urheberrechtsgesetz den zwangsweisen Zugriff somit erübrigt,[440] ist sie nach Ansicht von *Kahmann* gesetzestechnisch als "verfehlt"[441] zu erachten.[442]

Überdies führt die Regelung zu einem faktischen Ausschluss der Zwangsvollstreckung.[443] Ein Schuldner, der auch nach Abschluss des Erkenntnisverfahrens nicht bereit ist, seiner Verpflichtung nachzukommen, wird dies erst recht nicht sein, wenn der Gläubiger nun den Weg der Zwangsvollstreckung einschlägt.[444]

Für den Gläubiger ergibt sich also das Bild, sein Sanktionsrecht an das staatliche Gewaltmonopol abgeben zu müssen, dieses dann aber leer laufen zu sehen.[445] Soll die Grundsatzentscheidung des Gesetzgebers *für* eine Zwangsvollstreckung im Urheberrecht auch substantiell sein, so bedeutet Zwangsvollstreckung, dass sich auch der Urheber alle Eingriffe in seine Rechtssphäre gefallen lassen muss, die benötigt werden, um den erkannten Anspruch des Gläubigers zu befriedigen.[446]

Der jetzige Mittelweg jedenfalls lässt sich mit dem Wesen der Zwangsvollstreckung und dem Prinzip der Erzwingbarkeit von Ansprüchen nicht vereinbaren.[447]

---

436 Ähnlich auch *Müller,* Zwangsvollstreckung in Immaterialgüter, S. 82.

437 Siehe *Freudenberg,* Zwangsvollstreckung in Persönlichkeitsrechte, S. 85.

438 Ausdrücklich in der Gesetzesbegründung in BT-Drucksache IV/270, S. 109 rechte Spalte. Siehe auch nicht weniger deutlich *Freudenberg,* Zwangsvollstreckung in Persönlichkeitsrechte, S. 81.

439 Sich gegen ein solches Instrument aussprechend, *Freudenberg,* Zwangsvollstreckung in Persönlichkeitsrechte, S. 77.

440 Den Sinn der Regelung stellt auch *Freudenberg,* Zwangsvollstreckung in Persönlichkeitsrechte, S. 85 in Frage („stumpfes Schwert").

441 *Kahmann,* Zwangsvollstreckung im Urheberrecht, S. 36.

442 Vorsichtiger *Ahrens,* Verwertung persönlichkeitsrechtlicher Positionen, S. 477, der von einer „eigenartigen" und „sonderbaren" Regelung spricht.

443 *Müller,* Zwangsvollstreckung in Immaterialgüter, S. 82; ähnlich *Freudenberg,* Zwangsvollstreckung in Persönlichkeitsrechte, S. 121 und *Rehbinder,* Urheberrecht, Rn. 956.

444 Dieser Einschätzung von *Müller,* Zwangsvollstreckung in Immaterialgüter, S. 82 bezüglich den Auswirkungen für die Praxis ist zuzustimmen.

445 Auch *Vinck* in: Fromm/Nordemann, § 113 Rn. 1 kommt zu dem Ergebnis, dass der Urheber sein Recht insgesamt dem Zugriff entziehen kann. Gerade vor diesem Stehenbleiben des Vollstreckungsverfahrens auf halben Wege warnen *Baur/Stürner/Bruns,* Zwangsvollstreckungsrecht, Rn. 7.1.

446 Vgl. *Kahmann,* Zwangsvollstreckung im Urheberrecht, S. 37. Für das Dulden des Vollstreckungseingriffes in die Rechtssphäre des Schuldners vgl. auch *Baur/Stürner/Bruns,* Zwangsvollstreckungsrecht, Rn. 5.11.

447 So beurteilen das auch Autoren aus dem Ausland, vgl. etwa *Müller,* Zwangsvollstreckung in Immaterialgüter, S. 82.

II. Grundsatz des einseitigen Verfahrens und des aufgeschobenen Gehörs

Das deutsche Vollstreckungsrecht folgt dem Grundsatz des einseitigen Verfahrens.[448] Denn es genügt der Antrag nur einer Partei, um einen Verfahrensakt zu erlassen.[449] Damit verbunden ist der im Zwangsvollstreckungsrecht geltende Grundsatz des aufgeschobenen Gehörs.[450] Der Schuldner wird vor einer Vollstreckungsmaßnahme regelmäßig nicht gehört.[451]

Dahinter steht der Gedanke, dass der Schuldner keine "Vorkehrungen" gegen die drohende Vollstreckung ergreifen können soll, die Vollstreckung ihn mithin überraschen möge.[452] Der Schuldner hat ungeachtet des Grundsatzes des einseitigen Verfahrens und des aufgeschobenen Gehörs die Möglichkeit, ein kontradiktorisches Rechtsbehelfsverfahren einzuleiten:[453] legt der Schuldner einen Rechtsbehelf ein, wird ihm hier nachträglich Gehör gewährt.[454] Deshalb besteht auch nicht die Gefahr, mit diesem Grundsatz gegen Art. 103 Abs. 1 GG zu verstoßen. Art. 103 Abs. 1 GG erfasst nach seinem Wortlaut nur das rechtliche Gehör vor Gericht.[455]

Fraglich ist, ob dieser Grundsatz durch die besonderen Vollstreckungsregelungen im Urheberrechtsgesetz beachtet wird. Der Urheber, gegen den die Vollstreckung betrieben wird, muss vorher um seine Einwilligung gefragt werden. Das Einwilligungserfordernis aus den §§ 113 f. UrhG macht aus dem einseitigen, ein zweiseitiges Vollstreckungsverfahren. Statt *ge*handelt, wird nun doch wieder *ver*handelt.[456] Man schenkt dem Urheber deshalb Gehör, weil er sich für aber auch gegen die Voll-

---

448 *Baur/Stürner/Bruns,* Zwangsvollstreckungsrecht, Rn. 7.29; *Gaul* in: Rosenberg/Gaul/Schilken, § 5 II 1.

449 *Brox/Walker,* Zwangsvollstreckungsrecht, Rn. 5; *Baur/Stürner/Bruns,* Zwangsvollstreckungsrecht, Rn. 6.26.

450 *Gaul* in: Rosenberg/Gaul/Schilken, § 5 II 1 und VI 4a; *Gaul,* ZZP 1997, 3, 11. Positiv regelt etwa § 834 ZPO diesen Grundsatz.

451 *Baur/Stürner/Bruns,* Zwangsvollstreckungsrecht, Rn. 2.4. Eine Ausnahme stellt etwa § 891 ZPO dar, der sich aber dadurch rechtfertigen lässt, dass der Gläubiger in den Fällen der §§ 887 ff. ZPO nicht geschützt zu werden braucht. Denn hier geht es nicht um ein begrenztes Vollstreckungsobjekt.

452 Zur Überraschungschance *Gaul* in: Rosenberg/Gaul/Schilken, § 5 VI 4a. Bereits die Begründung des Entwurfs einer Civilprozeßordnung und des Einführungsgesetzes (1874), S. 433 zu § 683 hat diese Erläuterung enthalten.

453 *Gaul* in: Rosenberg/Gaul/Schilken, § 5 II 1 beschreibt es so, dass im Vollstreckungsverfahren „gehandelt" werden soll, während im Rechtsbehelfsverfahren „verhandelt" wird.

454 *Gaul* in: Rosenberg/Gaul/Schilken, § 5 VI 4a; *Gaul,* ZZP 1997, 3, 11; *Baur/Stürner/Bruns,* Zwangsvollstreckungsrecht, Rn. 7.29.

455 BVerfGE 101, 397, 404; *Degenhart* in: Sachs GG, Art. 103 Rn. 8; *Pieroth* in: Jarass/Pieroth GG, Art. 103 Rn. 5 mit Nachweisen zur Gegenauffassung. Im Falle der Rechtspflegerverfahren ermöglicht das Bundesverfassungsgericht (aaO unter 3b) eine Anhörung „unter dem Gesichtspunkt des fairen Verfahrens" und stützt diese Annahme auf Art. 2 Abs. 1 GG in Verbindung mit dem Rechtsstaatsprinzip.

456 So können Vollstreckungsgläubiger und Urheber insbesondere um die Reichweite der Einwilligung und einen etwaigen Widerruf verhandeln. Zu dieser Terminologie *Gaul* in: Rosenberg/Gaul/Schilken, § 5 II 1.

streckung äußern kann, obwohl der Schuldner vor Pfändungsmaßnahmen grundsätzlich nicht zu hören ist.[457] Durch diese einzuholende Einwilligung nimmt man dem Gläubiger den Überraschungseffekt der Zwangsvollstreckung.[458]

Der Gläubiger ist überdies für die Zeit zwischen der Nachfrage beim Schuldner und dem Pfändungsbeschluss schutzlos. In dieser Zeit hat der Urheber die Möglichkeit, einem Dritten ein ausschließliches Nutzungsrecht an seinem Werk einzuräumen.[459] Zudem kann das Nichtbeachten dieses Grundsatzes nicht dadurch kompensiert werden, dass man dem Gläubiger dann die Pfändung der Vergütungsansprüche aus der Nutzungseinräumung belässt.[460] Schließlich steht gar nicht fest, dass die Einräumung des Nutzungsrechts entgeltlich vorgenommen bzw. ein marktgerechter Verwertungserlös vereinbart wurde.[461]

III. Das Prinzip des freien Vollstreckungszugriffs

Einen weiteren Grundsatz des geltenden Zwangsvollstreckungsrechts stellt das Prinzip des freien Vollstreckungszugriffs dar.[462] Unter diesem Prinzip werden zwei eng miteinander verbundene Ausprägungen verstanden. Zunächst einmal bezieht sich das Prinzip auf die freie Wahl des Vollstreckungs*gegenstandes*.[463] Da das gesamte Vermögen dem Zugriff des Vollstreckungsgläubigers zur Verfügung steht, könne dieser auch frei wählen, mit welchem Gegenstand er die Befriedigung seines Anspruches versucht.[464] Weiterhin bezieht sich das Prinzip auf die freie Wahl der Vollstreckungs*reihenfolge*.[465] Dem Gläubiger wird folglich keine starre Reihenfolge bezüglich der Vollstreckungsgegenstände vorgegeben.[466] Vielmehr soll er selbst wählen können, mit welchem Vollstreckungsgegenstand er die zwangsweise Befriedigung beginnt.

457 So soll etwa auch nicht der Gerichtsvollzieher vor der Pfändung im Sinne des § 808 ZPO den Schuldner oder einen Dritten hören. Hingegen bestehen keine Bedenken, den Schuldner gegebenenfalls vor der Verwertung zu hören wie dies etwa § 844 Abs. 2 ZPO vorsieht.
458 *Baur/Stürner/Bruns,* Zwangsvollstreckungsrecht, Rn. 7.30: Das Vollstreckungsverfahren kann effektiver gestaltet werden, wenn der konkrete Vollstreckungszugriff nicht vorheriger Erörterung, sondern nur nachträglicher Kontrolle unterliegt.
459 Das ausschließliche Nutzungsrecht würde selbst dem durch die zwangsweise Verwertung eingeräumten Nutzungsrecht vorgehen, vgl. § 33 UrhG.
460 Pfändung der Vergütungsansprüche gemäß §§ 829 ff. ZPO.
461 Wurde schon keine Vergütung vereinbart, würde diese Pfändung des Vollstreckungsgläubigers ins Leere gehen.
462 *Götte,* ZZP (100) 1987, 412, 412; *Gaul* in: Rosenberg/Gaul/Schilken, § 5 II 3; *Gaul,* JZ 1974, 279, 283.
463 *Gregoritza,* Kommerzialisierung von Persönlichkeitsrechten Verstorbener, S. 188.
464 Dazu, dass das gesamte Vermögen des Schuldners dem Gläubiger für die Zwangsvollstreckung zur Verfügung steht *Sosnitza,* JZ 2004, 992, 997; *Münzberg* in: Stein/Jonas, § 765a Rn. 1; *Hartmann* in: Baumbach/Lauterbach, § 857 Rn. 2; *Kahmann,* Zwangsvollstreckung im Urheberrecht, S. 41; *Wallner,* Die Insolvenz des Urhebers, S. 13.
465 *Gaul* in: Rosenberg/Gaul/Schilken, § 5 II 3
466 *Gregoritza,* Kommerzialisierung von Persönlichkeitsrechten Verstorbener, S. 188.

Das Prinzip des freien Vollstreckungszugriffs ist vom Grundsatz des *beschränkten* Vollstreckungszugriffs zu unterscheiden. Letzterer besagt, dass der Gläubiger auf das Vermögen seines Schuldners nicht unbeschränkt zugreifen kann, sein Zugriff vielmehr von einem ausreichenden Rechtsschutzinteresse getragen sein muss.[467] Dem Schuldner wird überdies ein Minimum an Lebensgütern belassen, die für ihn existenznotwendig sind.[468] Dieser Grundsatz ist etwa in § 803 Abs. 2 ZPO ausgeformt und auch im materiellen Zivilrecht durch §§ 226, 242 BGB in ähnlicher Form bekannt.

1. Anerkennung des Prinzips im Schrifttum

Das Prinzip, dem Vollstreckungsgläubiger die freie Wahl des Vollstreckungsgegenstandes und der Vollstreckungsreihenfolge zu belassen, wird vom überwiegenden Teil des Schrifttums anerkannt.[469] Vereinzelt wird nur die zweite Ausprägung des Prinzips, die freie Wahl der Vollstreckungsreihenfolge, in Frage gestellt. So wird auf den verfassungsrechtlichen Verhältnismäßigkeitsgrundsatz gestützt versucht, wieder eine Reihenfolge einzuführen, wie es das gemeine Recht mit dem sogenannten gradus executionis kannte.[470] Das überwiegende Schrifttum stellt aber darauf ab, dass die Zivilprozessordnung bewusst keine Rangfolgenregelung übernommen hat,[471] vielmehr einzelne Stellen wie etwa § 866 Abs. 2 ZPO ausdrücklich das Wahlrecht beim Gläubiger lassen und diesem sogar erlauben, mehrere Vollstreckungsarten kumulativ zu betreiben.[472] Vergleicht man das Zwangsvollstreckungsrecht mit dem Verwaltungsvollstreckungsrecht, stellt man fest, dass auch das Verwaltungsvollstreckungsrecht keine verbindliche Vollstreckungsreihenfolge kennt.[473]

Gaul argumentiert rechtspolitisch, dass eine starre Reihenfolge die Energie der Zwangsvollstreckung erheblich schwächen würde.[474] Nach *Paulus* solle das Unsicherheitsmoment den Schuldner doch noch zur Zahlung bewegen.[475] Schließlich könne der Schuldner beispielsweise jederzeit anstelle seiner Immobilie eine bewegliche Sache oder ein Recht freigeben.[476]

---

467 *Stürner*, ZZP (99) 1986, 291, 320; *Baur/Stürner/Bruns*, Zwangsvollstreckungsrecht, Rn. 6.66.
468 *Baur/Stürner/Bruns*, Zwangsvollstreckungsrecht, Rn. 6.66; *Stürner*, ZZP (99) 1986, 291, 320.
469 *Heßler* in: MünchKommZPO, § 765a Rn. 35; *Götte*, ZZP (100) 1987, 412, 412; *Gaul* in: Rosenberg/Gaul/Schilken, § 5 II 3.
470 Auslösend war das Sondervotum des Verfassungsrichters Böhmer, BVerfG 49, 220, 228. Ausführlich dazu *Götte*, ZZP (100) 1987, 412, 412. Ablehnend in dem Sinne, dass der Verhältnismäßigkeitsgrundsatz dem freien Wahlrecht des Vollstreckungsgläubigers nicht entgegensteht, *Gaul* in: Rosenberg/Gaul/Schilken, § 5 II 3; *Paulus* in: Wieczorek/Schütze, § 704 Vorbemerkung Rn. 22.
471 *Gaul* in: Rosenberg/Gaul/Schilken, § 5 II 3.
472 *Gaul* in: Rosenberg/Gaul/Schilken, § 5 II 3.
473 *Stamm*, Prinzipien und Grundstrukturen des Zwangsvollstreckungsrechts, S. 95.
474 *Gaul* in: Rosenberg/Gaul/Schilken, § 5 II 3; *Gaul*, JZ 1973, 473, 481.
475 *Paulus* in: Wieczorek/Schütze, § 704 Vorbemerkung Rn. 23.
476 *Stürner*, ZZP (99) 1986, 291, 305.

Tatsächlich sollte an diesem Prinzip festgehalten werden. Eine Reihenfolge "Rechte, Mobilien, Immobilien" könnte ihrerseits für den Schuldner zu einer Härte führen.[477] Die freie Wahlmöglichkeit verliert der Gläubiger erst durch die Insolvenz des Schuldners. Erst hier haben die Gläubiger in einer Verlustgemeinschaft untereinander Rücksicht zu nehmen und können nur nach einem fest vorgegebenen Verfahren teilnehmen.[478]

2. Beachtung des Prinzips im Urheberrechtsgesetz?

Zu untersuchen ist, ob bei der Zwangsvollstreckung in das Urheberrecht das freie Wahlrecht des Vollstreckungsgläubigers beachtet wird.

Festzustellen ist, dass die urheberrechtlichen Nutzungsrechte als Vollstreckungsgegenstände jedenfalls dem unmittelbaren Zugriff des Gläubigers entzogen werden, so dass er zwischen den denkbaren Vollstreckungsgegenständen nicht mehr frei wählen kann.[479]

---

477 So schon *Paulus* in: Wieczorek/Schütze, § 704 Vorbemerkung Rn. 22. Kann ein Schuldner beispielsweise neben dem mit seinem Eigenheim bebauten Grundstück noch ein unbebautes Grundstück sein Eigen nennen, wird ihn eine Rechts- oder Sachpfändung womöglich viel härter treffen als die Immobiliarvollstreckung durch Versteigerung seines zweiten, unbebauten Grundstückes.

478 § 89 InsO verbietet den Insolvenzgläubigern während der Dauer des Insolvenzverfahrens jede Vollstreckung gegen den Schuldner. Zur Verlustgemeinschaft *Hefermehl* in: Münchner Kommentar InsO, § 208 Rn. 61; zum Verlust der Auswahlfreiheit in der Insolvenz *Paulus* in: Wieczorek/Schütze, § 704 Vorbemerkung Rn. 23.

479 Dabei kann nicht eingewandt werden, auch andere Vermögensgegenstände, etwa die des § 811 ZPO, unterlägen nicht der Zwangsvollstreckung, ohne dass jemand bezüglich § 811 ZPO einen Verstoß gegen das Prinzip des freien Vollstreckungszugriffs behaupten würde. § 811 ZPO ist mit § 113 UrhG nicht vergleichbar, *Paulus* in: Wieczorek/Schütze, § 704 Vorbemerkung Rn. 15. Vielmehr ist § 811 ZPO eine Ausformung des Grundsatzes des beschränkten Vollstreckungszugriffs. Dieser Grundsatz ist aber wie dargelegt vom Prinzip des freien Vollstreckungszugriffs zu unterscheiden. Bei § 811 ZPO handelt es sich um den Schutz der lebens- und existenznotwendigen beweglichen Sachen. Hingegen wird mit § 113 UrhG ein Vermögensrecht, ein Wirtschaftsgut des Rechtsverkehrs geschützt. Weiterhin ist zu berücksichtigen, dass § 811 ZPO anders als § 113 UrhG auch den Schutz der öffentlichen Interessen vor Augen hat. Die Allgemeinheit soll den kahl gepfändeten Schuldner nicht tragen müssen, vgl. *Lüke* in: Wieczorek/Schütze, § 811 Rn. 1; *Putzo* in: Thomas/Putzo, § 811 Rn. 1. Überdies verhindert § 811 ZPO nicht, das in gewisse Sachen um ihrer selbst willen nicht vollstreckt werden kann. Beispielsweise unterliegt ein Kühlschrank durchaus der Sachpfändung, sofern er nicht der einzige beim Schuldner ist und dieser für die persönliche Lebensführung verwendet wird. Anders ist dies beim urheberrechtlichen Nutzungsrecht. Dieses unterliegt schon um seiner selbst willen nicht der Pfändung, sofern der Urheber nicht einwilligt. Schließlich würde ein solcher Einwand unberücksichtigt lassen, dass der Schutz des § 811 ZPO nicht disponibel ist (herrschende Meinung, siehe etwa *Schilken* in: Rosenberg/Gaul/Schilken, § 811 Rn. 7), während der Urheber auf den Schutz des § 113 UrhG durch seine erteilte Einwilligung verzichten kann.

Auf diese Weise wird eine mittelbare Vollstreckungsreihenfolge eingeführt. Damit der Vollstreckungsgläubiger nämlich eine Vollstreckungsreihenfolge wählen kann, muss er zunächst auch etwas zur Wahl haben. Kann der Gläubiger aufgrund des § 113 UrhG aber schon nicht frei auf die Nutzungsrechte zugreifen, erübrigt sich seine Wahl jedenfalls insoweit, als dass er vorrangig alle anderen Vollstreckungsarten versuchen wird, bevor er eine Rechtspfändung in das urheberrechtliche Nutzungsrecht unternimmt. Durch § 113 UrhG wird faktisch die Rechtspfändung nach § 857 ZPO ausgeschlossen und an das Ende der auswählbaren Vollstreckungsarten gestellt. Dadurch wird die Vollstreckungsreihenfolge konkret modifiziert. Erst an letzter Stelle wird der Gläubiger deshalb eine Rechtspfändung in das urheberrechtliche Nutzungsrecht erwägen.

3. Zwischenergebnis

Die Normen zur Zwangsvollstreckung im Urheberrechtsgesetz beeinflussen die freie Wahl des Vollstreckungsgegenstandes, da durch sie gerade nicht das gesamte Vermögen des Schuldners dem Zugriff des Gläubigers unterliegt. Sie legen zwar nicht ausdrücklich eine Vollstreckungsreihenfolge fest. Wohl aber führt das Einwilligungserfordernis dazu, dass die Wahlmöglichkeit des Gläubigers eingeschränkt wird und die Rechtspfändung – weil praktisch ausgeschlossen[480] – in der Vollstreckungsreihenfolge an das Ende verschoben wird.

IV. Das Formalisierungsprinzip

Die Zivilprozessordnung nimmt eine organisatorische Trennung zwischen dem Erkenntnisverfahren und dem Vollstreckungsverfahren vor.[481] Während das Erkenntnisverfahren meist[482] ein Verfahren mit wechselseitiger Anhörung und Aufklärung ist,[483] in dem alle Mittel der Sachverhaltsaufklärung zur Verfügung stehen, ist das Vollstreckungsverfahren streng formalisiert.[484] Für die Vollstreckungsorgane bedeutet dies, dass das Ergebnis des Erkenntnisverfahrens hinzunehmen ist.[485] Ihre Prüfungskompetenz beschränkt sich auf formale Aspekte. Materiell-rechtliche Fragen

---

480 *Berger*, NJW 2003, 853, 853.
481 *Gaul* in: Rosenberg/Gaul/Schilken, § 5 IV; *Brox/Walker*, Zwangsvollstreckungsrecht, Rn. 5.
482 Etwa dem Versäumnisurteil geht keine Anhörung der säumigen Partei voraus. Das ist mit dem Anspruch auf rechtliches Gehör vereinbar, da die Partei die Möglichkeit hatte, ihre Rechte im Verfahren zu verfolgen beziehungsweise gegen das Versäumnisurteil ggfs. einen Einspruch einlegen kann, *Gottwald* in: Rosenberg/Schwab/Gottwald, § 104 Rn. 2.
483 *Stamm*, Prinzipien und Grundstrukturen des Zwangsvollstreckungsrechts, S. 54.
484 *Baur/Stürner/Bruns*, Zwangsvollstreckungsrecht, Rn. 6.53; *Gaul*, ZZP 1997, 3, 4.
485 *Gaul* in: Rosenberg/Gaul/Schilken, § 5 IV; *Baur/Stürner/Bruns*, Zwangsvollstreckungsrecht, Rn. 6.53.

sind somit aus dem Vollstreckungsverfahren herauszuhalten;[486] insbesondere die Prüfung des Vollstreckungstitels ist den Vollstreckungsorganen verwehrt.[487] Begründen lässt sich die Formalisierung nicht etwa mit der unzureichenden Kompetenz der Vollstreckungsorgane,[488] sondern vornehmlich damit, dass das Vollstreckungsverfahren um der Effektivität willen auf Einfachheit bedacht ist.[489]

Das Formalisierungsprinzip lässt sich nach neuerer Ansicht mit einem dreistufigen Formalisierungsmodell beschreiben.[490] Nach diesem Modell sind auf der ersten Stufe die Erklärungen der Beteiligten zu berücksichtigen.[491] Da die Vollstreckungsorgane die materiell-rechtlichen Prüfungen nicht vornehmen, werden diese von der Rechtsprechung durchgeführt.[492] Auf der zweiten Stufe sind demnach die abschließenden Entscheidungen des Gerichts anzusiedeln. Auf der dritten Stufe stehen Vermutungstatbestände, die zur Effektivität der Zwangsvollstreckung beitragen.[493]

1. Die Ausgangslage nach den §§ 113 f. UrhG

Ein Einwilligungserfordernis sieht sowohl § 113 UrhG als auch § 114 UrhG vor.[494] In beiden Regelungen finden sich aber keine weiteren Informationen, wie und von wem die Darlegung und Prüfung der Einwilligung vorzunehmen ist. Bemüht man sich, die §§ 113 f. UrhG so auszulegen, dass das Formalisierungsprinzip gewahrt wird, wird man die schlüssige Behauptung des Gläubigers ausreichen lassen müssen, wonach das Urheberrecht bestehe und der Urheber zur Pfändung des Nutzungsrechts seine Einwilligung erteilt habe.[495] Vergleichbar der Forderungspfändung wird der

---

486 *Lackmann,* Zwangsvollstreckungsrecht, Rn. 6; „Vollstreckungssystem (...), das bewusst von der materiellrechtlichen Begründetheit des Gläubigerrechts absieht", *Gaul,* ZZP 1997, 3, 4.

487 *Gaul* in: Rosenberg/Gaul/Schilken, § 5 IV und VI 4d.

488 Denn etwa die Gerichtsvollzieher sind Beamte, die das Vollstreckungsverfahren perfekt beherrschen, *Stamm,* Prinzipien und Grundstrukturen des Zwangsvollstreckungsrechts, S. 60.

489 *Gaul* in: Rosenberg/Gaul/Schilken, § 5 IV; *Gaul,* ZZP 1997, 3, 5.

490 *Stamm,* Prinzipien und Grundstrukturen des Zwangsvollstreckungsrechts, S. 52 ff.

491 Als Beispiel aus dem Kernvollstreckungsrecht sei etwa der Vergleich gemäß § 794 Abs. 1 Nr. 1 ZPO genannt.

492 Einen immer wieder diskutierten Problemfall stellt etwa § 765a ZPO dar. Hier entscheidet der Rechtspfleger über den Vollstreckungsschutz. Ob sich dieser Rechtsprechungsakt mit Art. 92 GG vereinbaren lässt, ist zweifelhaft. So auch *Baur/Stürner/Bruns,* Zwangsvollstreckungsrecht, Rn. 8.31.

493 Hier sei beispielsweise § 808 ZPO erwähnt, wonach der Gerichtsvollzieher bei Vorliegen von Gewahrsam des Schuldners an einer Sache vermuten darf, dass diese Sache als schuldnereigene Sache der Pfändung zugänglich ist, vgl. *Stamm,* Prinzipien und Grundstrukturen des Zwangsvollstreckungsrechts, S. 59.

494 Zwar erwähnt auch § 115 UrhG das Einwilligungserfordernis, behandelt dabei aber nur den Sonderfall der Rechtsnachfolge.

495 *Baur/Stürner/Bruns,* Zwangsvollstreckungsrecht, Rn. 6.22 lässt die bloße Plausibilität eines Sachverhalts genügen. Der Gläubiger habe bloß die Existenz des Rechts zu behaupten. Zur Schlüssigkeitsprüfung auch *Brox/Walker,* Zwangsvollstreckungsrecht, Rn. 603. Nicht anders

Rechtspfleger im Pfändungsbeschluss die Pfändung des Nutzungsrechts am angeblichen Urheberrecht aufgrund der angeblichen Einwilligung erlassen.[496] Denn die Einwilligung des Urhebers stellt eine Erklärung der Beteiligten dar und ist auf der ersten Stufe des Formalisierungsmodells anzusiedeln.

2. Erweiterte Prüfung durch das Vollstreckungsorgan?

Nun hat sich bereits oben gezeigt, dass die Einwilligung auf bestimmte Nutzungsarten beschränkt und gar vollständig widerrufen werden kann.[497] Die sich daran anschließenden materiell-rechtlichen Fragestellungen könnten sich durchaus mit dem Formalisierungsprinzip vereinbaren lassen, wäre da nicht eine Ansicht im Schrifttum, die den Vollstreckungsorganen materiell-rechtliche Prüfungen auftragen möchte,[498] statt sie beim Richter im Rahmen des Rechtsbehelfs bzw. Erkenntnisverfahrens zu belassen.[499]

So nimmt *Kefferpütz* an, dass etwa ein erklärter Widerruf zur Pfändung des Nutzungsrechts vom Vollstreckungsgericht, demnach gemäß § 20 Nr. 17 RPflG vom Rechtspfleger zu prüfen sei.[500] Dies hätte aber zur Folge, dass der Rechtspfleger zunächst einmal den Streit kennen müsste, ob eine einmal erteilte Einwilligung überhaupt widerruflich ist. Sodann hätte er sich mit der Frage zu beschäftigen, ob der Widerruf noch in den zeitlichen Grenzen des § 183 S. 1 BGB erfolgte und ob ausnahmsweise ein Rechtsverhältnis vorliegt, aus dem sich der Ausschluss der Widerruflichkeit im Sinne des § 183 S. 1 aE BGB ergibt.

Eine derartige Prüfung des Vollstreckungsorgans erscheint aber zweifelhaft, was insbesondere der Vergleich mit der Pfändung schuldnerfremder Sachen nach § 808 ZPO zeigt. Auch bei der Sachpfändung treten Situationen auf, in denen ein Dritter – meist der Eigentümer der Sache – der Pfändung gegenüber dem Gerichtsvollzieher widerspricht.[501] Dennoch wird nicht verlangt, dass der Gerichtsvollzieher den Widerspruch untersucht, mithin eine sachenrechtliche Eigentumsprüfung vornimmt. In diesen Fällen ist nach allgemeiner Meinung ein solcher Widerspruch für den Gerichtsvollzieher unbeachtlich.[502] Er hat den widersprechenden Dritten vielmehr auf

      wird dies im Rahmen des § 852 ZPO angenommen, *Walker* in: Schuschke/Walker, § 852 Rn. 5.

496 So auch *Walker* in: Schuschke/Walker, § 857 Rn. 4; *Stöber,* Forderungspfändung, Rn. 1758. Zur ähnlichen Situation bei der Forderungspfändung *Brox/Walker,* Zwangsvollstreckungsrecht, Rn. 603 und 510 und *Baur/Stürner/Bruns,* Zwangsvollstreckungsrecht, Rn. 30.11 Fn. 37, die das auch auf den Formalisierungsgrundsatz zurückführen.

497 Etwa *Wild* in: Schricker, § 113 Rn. 3 und 4 und ausführlicher 2. Kapitel B II und III.

498 So nämlich *Kefferpütz* in: Wandtke/Bullinger, § 113 Rn. 11.

499 *Baur/Stürner/Bruns,* Zwangsvollstreckungsrecht, Rn. 6.22.

500 *Kefferpütz* in: Wandtke/Bullinger, § 113 Rn. 11.

501 *Putzo* in: Thomas/Putzo, § 808 Rn. 9.

502 BGHZ 80, 296, 299; *Gruber* in: MünchKommZPO, § 808 Rn. 21.

die Rechtsbehelfe zu verweisen,[503] etwa auf die Drittwiderspruchsklage nach § 771 ZPO.[504] Erst mit diesem Rechtsbehelf wird die wahre Rechtslage geprüft.[505]

Somit kann der zum Teil vertretenen Erweiterung der Prüfungskompetenz der Vollstreckungsorgane nicht zugestimmt werden. Fragestellungen zur Beschränkung und zum Widerruf einer Einwilligung haben die Vollstreckungsorgane von sich zu weisen[506] und die Prüfung dem Richter im Rechtsbehelfs- bzw. Erkenntnisverfahren vorzubehalten.[507] Denn in der Vollstreckungssituation hat das Vollstreckungsorgan gerade nicht die dem Gericht mögliche wechselseitige Anhörung der Parteien zur Verfügung und kann nicht die Mittel des Zivilprozesses zur Sachverhaltsaufklärung ausschöpfen.[508] Eine derartige Erweiterung der Prüfungskompetenz lässt sich mit dem Formalisierungsprinzip nicht vereinbaren.[509]

Ebenso bedenklich erscheinen die Lösungsansätze im Schrifttum zur Frage, ob das Einwilligungserfordernis gegebenenfalls entbehrlich ist. Denn diese Lösungsansätze bürden den Vollstreckungsorganen schwierige und weitreichende materiell-rechtliche Fragestellungen auf.[510]

Zu untersuchen ist, welche Rechtsfolgen sich aus der von einem Teil der Literatur vorgenommenen Erweiterung der Prüfungskompetenzen und damit einer Unvereinbarkeit mit dem Formalisierungsprinzip ergeben würden.

3. Folgen eines Verstoßes gegen das Formalisierungsprinzip

Dasjenige Vollstreckungsorgan, welches die aufgebürdeten materiell-rechtlichen Fragen und Streitigkeiten selbst prüfen würde und daraufhin eine Pfändung vornimmt, würde in den Kompetenzbereich des Richters eingreifen und den Parteien die abschließende Entscheidung des Gerichts auf der 2. Stufe des Formalisierungsmodells vorenthalten. Ein so erlassender Vollstreckungsakt wäre mit dem formalisierten Vollstreckungsverfahren nicht vereinbar. Fehlerhafte Vollstreckungsakte sind in der Regel aber nicht nichtig, sondern rechtswidrig und anfechtbar.[511] Der Vollstreckungsschuldner beziehungsweise der Vollstreckungsgläubiger kann die

---

503 *Lackmann,* Zwangsvollstreckungsrecht, Rn. 6.
504 *Münzberg* in: Stein/Jonas, § 771 Rn. 3; *Gruber* in: MünchKommZPO, § 808 Rn. 21.
505 *Baur/Stürner/Bruns,* Zwangsvollstreckungsrecht, Rn. 6.22, dann auch mit den Regeln des zivilprozessualen Erkenntnisverfahrens.
506 Der Gerichtsvollzieher hat nicht mehr zu prüfen als das Vorhandensein von Titel und Klausel, nicht aber weitere materiell-rechtliche Fragen, vgl. *Baur/Stürner/Bruns,* Zwangsvollstreckungsrecht, Rn. 13.1.
507 Vgl. *Gaul* in: Rosenberg/Gaul/Schilken, § 5 VI 4d.
508 Vgl. *Stamm,* Prinzipien und Grundstrukturen des Zwangsvollstreckungsrechts, S. 352.
509 Im Ergebnis übereinstimmend mit *Freudenberg,* Zwangsvollstreckung in Persönlichkeitsrechte, S. 88.
510 So soll das Vollstreckungsorgan entscheiden, ob eine Einwilligung entbehrlich ist, weil der Urheber das Werk mit "Kommerzialisierungsabsicht" herstellte oder das Werk zu weniger geschützten Werkarten gehören könnte; dazu ausführlich 2. Kapitel F VI.
511 BGH NJW 1979, 2045, 2046; *Baur/Stürner/Bruns,* Zwangsvollstreckungsrecht, Rn. 11.2.

rechtswidrige Vollstreckungsmaßnahme mit der Erinnerung nach § 766 ZPO angreifen. Wurde oben festgestellt, dass die Vollstreckungsmaßnahme beim völligen Fehlen der Einwilligung rechtswidrig und anfechtbar ist,[512] ist dies ebenfalls anzunehmen, wenn die Maßnahme unter Verstoß gegen das formalisierte Verfahren ergangen ist.[513]

Unter der anfechtbaren Vollstreckungsmaßnahme ist allerdings allein die Verstrickung zu verstehen. Ein Pfändungspfandrecht wurde bei einer Pfändungsmaßnahme, die gegen das Formalisierungsprinzip verstoßen hat, schon nicht begründet.[514]

4. Zwischenergebnis

Während die §§ 113 f. UrhG selbst keine Aussage über die Handhabung der mit der Einwilligung verbundenen materiell-rechtlichen Fragen treffen, lassen sich einige Ansätze im Schrifttum finden, die mit dem Formalisierungsprinzip nicht zu vereinbaren sind. Originär richterliche Aufgaben werden nach diesen Ansätzen vom Rechtspfleger oder Gerichtsvollzieher abverlangt. Die Rechtsfolge dieser Ansätze wäre aber die Rechtswidrigkeit und Anfechtbarkeit der unter Verstoß gegen das Formalisierungsprinzip ergangenen Vollstreckungsakte.

V. Das Prioritätsprinzip

Das Prioritätsprinzip ist sowohl im materiellen Recht, als auch im Vollstreckungsrecht an zahlreichen Stellen verankert.[515]

---

512 Siehe 2. Kapitel B V 4.

513 Im Ergebnis wohl übereinstimmend mit *Eickmann* in: MünchKommZPO, § 865 Rn. 61.

514 So auch *Baur/Stürner/Bruns,* Zwangsvollstreckungsrecht, Rn. 11.6, die dies zwar nicht für das Formalisierungsprinzip erwähnen, aber darauf abstellen, dass ein Pfändungspfandrecht nur dann entstehen konnte, wenn sich der Verstoß lediglich auf eine bloße Ordnungsvorschrift bezog. Weder § 113 UrhG noch das Prinzip des formalisierten Verfahrens wird man aber als bloße Ordnungsvorschrift qualifizieren können. So auch *Zimmermann*, Immaterialgüterrechte und ihre Zwangsvollstreckung, S. 186.

515 So auch *Baur/Stürner/Bruns,* Zwangsvollstreckungsrecht, Rn. 6.40; *Gaul* in: Rosenberg/Gaul/Schilken, § 5 VI 5. Es gilt schon seit weit mehr als einhundert Jahren, vgl. *Welbers,* Prioritätsprinzip, S. 2. So kann etwa im Zessionsrecht der Zedent eine Forderung nach § 398 BGB nur einmal übertragen, da er sie danach schlicht nicht mehr hat. Alle nachfolgenden Zessionare gehen leer aus. Auch aus § 408 BGB lässt sich das Prioritätsprinzip entnehmen, wonach im Falle mehrfacher Abtretungen der ahnungslose Schuldner geschützt wird, wenn er an den zweiten Zessionar leistet, der die Forderung gerade nicht erworben hatte. Nicht anders ist dies mit einer Verfügung nach § 929 S. 1 BGB. Auch hier kann das Eigentum nur einmal übertragen werden. Einem zweiten Erwerber kann der ursprüngliche Eigentümer kein Eigentum mehr verschaffen, da er keine zweite Übergabe vornehmen kann. Für den Bereich der Rechte an Grundstücken sieht auch § 879 BGB eine das Prioritätsprinzip enthaltene Regelung vor, wonach sich das Rangverhältnis mehrerer Rechte nach der Reihen-

Im Vollstreckungsrecht ist das Prioritätsprinzip in § 804 Abs. 3 ZPO angelegt. Auch beim Pfändungspfandrecht geht das durch frühere Pfändung begründete Pfandrecht demjenigen vor, das durch eine spätere Pfändung begründet wird.[516] Für die Zwangsvollstreckung in das unbewegliche Vermögen findet sich das Prioritätsprinzip in § 11 Abs. 2 ZVG wieder. Auch hier geht derjenige Anspruch in der fünften Klasse einem anderen Anspruch vor, für den die Beschlagnahme früher erfolgt ist.[517]

All diese Normen verbindet, dass Handlungen der Beteiligten hinsichtlich ihrer zeitlichen Abfolge unterschiedlich berücksichtigt werden. Das Prioritätsprinzip ist demnach ein Verteilungsprinzip, wonach der zeitlich vorrangige Gläubiger auch vorrangig berücksichtigt wird.[518]

1. Stellungnahme zur Kritik am Prioritätsprinzip

Trotz der hier aufgezeigten Verwurzelung ist das Prioritätsprinzip nicht unumstritten. Im Schrifttum wird vereinzelt versucht, stattdessen die Idee einer Verlustgemeinschaft zu etablieren. Hier sind die verschiedensten Konstruktionen vorgebracht worden. Etwa nach Schweizer Vorbild solle eine gleichmäßige Befriedigung der jeweils in einer bestimmten Zeit pfändenden Gläubiger erreicht werden.[519] Dass solche Vorschläge zu zufälligen Ergebnissen führen, da es vom Zufall abhängt, ob weitere Gläubiger vom ersten Pfändungsakt Kenntnis erlangen, liegt auf der Hand. Überdies haben die Vorschläge zur Etablierung einer Verlustgemeinschaft auch schon in der Einzelzwangsvollstreckung verfahrenstechnische Folgen. So wird überzeugend festgestellt, dass damit eine zentrale Vollstreckungsbehörde von Nöten wäre, die für sämtliche Vollstreckungsarten zuständig sein müsste.[520]

Weiter werden gegen das Prioritätsprinzip von *Schlosser* sogar verfassungsrechtliche Bedenken geäußert.[521] So wird kritisiert, dass der zu spät kommende Gläubiger das Nachsehen habe, obwohl Art. 3 Abs. 1 GG einen verfassungsrechtlichen Gleichheitssatz beinhalte. Vielmehr sei Art. 3 Abs. 1 GG heranzuziehen, um dem nachran-

---

folge der Eintragungen bestimmt. Schließlich ist die tiefe Verwurzelung auch in § 1209 BGB zu erkennen, wonach für den Rang des Pfandrechts die Zeit der Bestellung maßgebend ist.

516 Und dies gilt sowohl für die Zwangsvollstreckung wegen Geldforderungen in das bewegliche Vermögen als auch in Forderungen, vgl. *Welbers*, Prioritätsprinzip, S. 13; *Siebert*, Prioritätsprinzip, S. 25.

517 Vgl. dazu *Stöber* in: Zeller/Stöber - Zwangsversteigerungsgesetz, § 11 Rn. 4.

518 Vgl. zum Verteilungsprinzip *Gaul* in: Rosenberg/Gaul/Schilken, § 5 VI 5. Das Prioritätsprinzip ist folglich auch das maßgebliche Unterscheidungskriterium, um die Einzelzwangsvollstreckung von der Gesamtzwangsvollstreckung, der Insolvenz, abzugrenzen. Anders formuliert ist das Gegenmodell zur par conditio creditorium das Prioritätsprinzip, *Baur/Stürner/Bruns*, Zwangsvollstreckungsrecht, Rn. 6.37.

519 Vergleiche die Erörterung und Kritik dazu bei *Gaul* in: Rosenberg/Gaul/Schilken, § 5 VI 5.

520 Dazu *Stamm*, Prinzipien und Grundstrukturen des Zwangsvollstreckungsrechts, S. 178.

521 Zur Verfassungswidrigkeit *Schlosser*, ZZP 1984, 121, 130.

gigen Gläubiger einen Anspruch auf Teilnahme am schuldnerischen Vermögen zu gewähren.

Es erscheint bedenklich, den Gleichheitssatz aus Art. 3 Abs. 1 GG mit dem Prioritätsprinzip in Verbindung zu bringen. Denn aus Art. 3 GG sind regelmäßig keine originären Leistungsansprüche zu konstruieren.[522] Damit die Grundrechte nicht als Allheilmittel verwendet werden, sollte ihre Aufgabe die Abwehrfunktion im Verhältnis Bürger- Staat sein und bleiben.[523] Es ist vielmehr so, dass Art. 3 Abs. 1 GG jedem Gläubiger die gleiche Chance gibt, als Erster auf die nicht freiwillige Leistung seines Schuldners zu reagieren und deshalb eine Sicherung an einem Vermögensgegenstand des Schuldners zu erlangen.[524] Aus Art. 3 GG lässt sich nicht entnehmen, dass ursprünglich Ungleiches gleich behandelt, nämlich der schwerfällige mit dem schnell reagierenden Gläubiger gleichgestellt werden müsse.[525] Jedenfalls wenn den Gläubigern neben der Einzelzwangsvollstreckung mit ihrem Prioritätsprinzip auch noch das Gesamtvollstreckungsverfahren mit seinem Gleichrangprinzip zur Verfügung steht, ist kein Verstoß gegen Art. 3 Abs. 1 GG zu erkennen.[526] Der so spät reagierende Gläubiger behält so immerhin die Möglichkeit, gemäß § 14 InsO selbst einen Insolvenzantrag zu stellen[527] und die absolute Unwirksamkeit von Vollstreckungsmaßnahmen im letzten Monat vor dem Antrag zu erreichen, § 88 InsO.[528]

Die vorgebrachte Kritik und deren alternative Lösungsvorschläge vermögen nicht zu überzeugen. Am Prioritätsprinzip sollte uneingeschränkt[529] festgehalten werden. Die historisch ältere Zivilprozessordnung von 1877 legt in § 804 Abs. 2 ZPO den Grundstein für die Verknüpfung des Prioritätsprinzips im Vollstreckungsrecht mit dem materiellen Zivilrecht.[530] In beiden Rechtsgebieten hat sich dieses Prinzip bewährt und stellt eines der wichtigsten Grundsätze dar. Es belohnt den aufmerksamen

---

522 *Pieroth/Schlink,* Grundrechte, Rn. 60, 62 und 92. Vgl. auch die Entscheidungsübersicht des Bundesverfassungsgerichts bei *Kannengießer* in: Schmidth-Bleibtreu/Hofmann/Hopfauf, Grundgesetz, S. 97 (2d) Vorb. von Art. 1.

523 *Kannengießer* in: Schmidth-Bleibtreu/Hofmann/Hopfauf, Grundgesetz, S. 97 (2c) Vorb. von Art. 1; kritisch auch *Stamm,* Prinzipien und Grundstrukturen des Zwangsvollstreckungsrechts, S. 175.

524 So auch *Gaul* in: Rosenberg/Gaul/Schilken, § 5 VI 5.

525 Überzeugend deshalb *Siebert,* Prioritätsprinzip, S. 197.

526 *Baur/Stürner/Bruns,* Zwangsvollstreckungsrecht, Rn. 6.43.

527 Vorausgesetzt es besteht auch ein Eröffnungsgrund im Sinne der §§ 16 ff. InsO.

528 Ob darüber hinaus Vollstreckungsmaßnahmen als inkongruente Deckung im Sinne des § 131 Abs. 1 InsO gesehen werden sollten, ist aber streitig. Es wird die mittlerweile gefestigte Rechtsprechung des BGH zur inkongruenten Deckung bei Sicherungen, die im Wege der Zwangsvollstreckung erreicht wurden, von einigen Autoren als Fehlentwicklung gesehen, vgl. zu den Urteilen *Kreft* in: Heidelberger Kommentar InsO, § 131 Rn. 15. Siehe auch das Urteil des AG Kerpen, ZIP 2005, 2327, welches die Rechtsprechung des Bundesgerichtshofs für verfassungswidrig hält.

529 Die unverständliche Regelung in § 168 GVGA ist zutreffend als gesetzeswidrige Ausnahme erkannt worden und bedarf einer Anpassung, *Gaul* in: Rosenberg/Gaul/Schilken, § 5 VI 5; *Siebert,* Prioritätsprinzip, S. 197. Ausführlich zu dieser contra legem Regelung *Knoche/Biersack,* NJW 2003, 476, 476.

530 *Gaul* in: Rosenberg/Gaul/Schilken, § 5 VI 5.

Gläubiger, der mit seinem Schuldner in engem Kontakt bleibt und im Falle der Zahlungseinstellung ohne schuldhaftes Zögern die Pfändung einleitet. Dass damit der schnelle Gläubiger vor dem langsamen Gläubiger privilegiert wird, stößt auf keine Bedenken.[531] Es ist vielmehr eine Folge des auch ansonsten so hoch gehaltenen Prinzips der Privatautonomie, welches dem einzelnen Gläubiger die Durchsetzung seiner Ansprüche eigenverantwortlich belässt.[532] Überdies muss der betreibende Gläubiger anders als der Gläubiger im Insolvenzverfahren nicht lange auf die Befriedigung warten. Das Prioritätsprinzip dient also auch der verzögerungsarmen Zwangsvollstreckung.[533]

Somit kann das Prioritätsprinzip auch für die vorliegende Untersuchung als Prüfungsmaßstab herangezogen werden. Es wird zu untersuchen sein, ob die urheberrechtlichen Vollstreckungsnormen dieses elementare[534] vollstreckungsrechtliche Prinzip beachten.

2. Beachtung des Prioritätsprinzips im Urheberrechtsgesetz?

Das Prioritätsprinzip wird bei der Pfändung urheberrechtlicher Nutzungsrechte im Idealfall beachtet, dann nämlich, wenn der erstbetreibende Gläubiger vom Urheber die Einwilligung zur Zwangsvollstreckung erhält und somit ein Pfändungspfandrecht erwirken kann. Beispielsweise erlangt der erste Gläubiger ein ausschließliches Nutzungsrecht, ein Werk aufzuführen. Ein nachfolgend betreibender Gläubiger, der auch die Einwilligung erhält, könnte kein Pfändungspfandrecht mehr an dieser speziellen Nutzungsart erlangen, da diesbezüglich bereits ein ausschließliches Nutzungsrecht erteilt wurde. Folglich würde in dieser Fallkonstellation das Prioritätsprinzip gewahrt werden.

Ganz anders sieht es aber aus, wenn der Urheber dem zuerst betreibenden Gläubiger die Einwilligung verweigert, dann aber einem späteren Gläubiger die Einwilligung zur Zwangsvollstreckung erteilt, beziehungsweise dem späteren Gläubiger Befriedigung gewährt, indem er sich mit diesem außerhalb der Zwangsvollstreckung einigt, dem Gläubiger also freiwillig ein Nutzungsrecht an seinem Werk einräumt.[535]

Dem zuerst betreibenden Gläubiger bliebe nur übrig, zuzusehen, wie der langsamere und später tätig werdende Gläubiger, ihm, dem wachsamen und aufmerksamen Gläubiger, die Sicherungsmöglichkeit nimmt.

531 Ähnlich auch *Baur/Stürner/Bruns,* Zwangsvollstreckungsrecht, Rn. 6.42; *Stamm,* Prinzipien und Grundstrukturen des Zwangsvollstreckungsrechts, S. 174.
532 *Stamm,* Prinzipien und Grundstrukturen des Zwangsvollstreckungsrechts, S. 174.
533 So schon *Siebert,* Prioritätsprinzip, S. 194.
534 *Gaul* in: Rosenberg/Gaul/Schilken, § 5 VI 5.
535 Das freiwillige Einräumen eines Nutzungsrechts ist mit Wirkung an Erfüllungs statt und erfüllungshalber denkbar, vgl. § 364 BGB.

3. Korrektur durch Anwendung des Anfechtungsgesetzes?

Fraglich ist, ob die Einwilligung, die der Urheber an einen später betreibenden Gläubiger erteilt, vom zuerst betreibenden Gläubiger, dem die Einwilligung aber verweigert wurde, angefochten werden kann. Zu untersuchen ist, ob eine Korrektur durch das Anfechtungsgesetz möglich ist.

Zunächst einmal ist zu prüfen, ob das Erteilen der Einwilligung im Sinne der §§ 113 f. UrhG eine taugliche Rechtshandlung gemäß § 1 Abs. 1 AnfG darstellt.[536] Unter den Begriff der Rechtshandlung fallen alle Handlungen mit rechtlicher Wirkung, gleich ob diese gewollt oder nicht gewollt sind.[537] In der Rechtsprechung und im Schrifttum ist sei langem anerkannt, dass die Handlung des Schuldners, einzelne Gläubiger zu begünstigen, indem er die Voraussetzungen für dessen Vollstreckungshandlung mit schafft, als Rechtshandlung im Sinne des § 1 Abs. 1 AnfG anzusehen ist.[538]

Da das Erteilen der Einwilligung im Sinne der §§ 113 f. UrhG die Voraussetzung für die Vollstreckungshandlung des Gläubigers ist, liegt eine Rechtshandlung nach dem Anfechtungsgesetz vor. So führt etwa *Huber* auch ausdrücklich an, dass Verfügungen über das Urheberrecht der Anfechtung zugänglich seien.[539]

Weitere Voraussetzung für eine Anfechtung ist die objektive Gläubigerbenachteiligung. Während diese Voraussetzung beim Anfechtungsgesetz a. F. noch streitig war, folgt dies nun unmittelbar aus § 1 Abs. 1 AnfG.[540] Der fragliche Gegenstand darf dazu nicht völlig wertlos oder unpfändbar sein.[541] Da § 112 UrhG aber gerade davon ausgeht, dass urheberrechtliche Nutzungsrechte grundsätzlich pfändbar sind,[542] ist durch die Einwilligung in die Pfändung eines Nutzungsrechts die Befriedigungsmöglichkeit des erstbetreibenden Gläubigers beeinträchtigt.[543]

---

536 Überdies könnte man erwägen an die unterlassene Erteilung einer Einwilligung anzuknüpfen. Denn ein Unterlassen steht gemäß § 1 AnfG einer Rechtshandlung gleich. Stellt man aber darauf ab, dass die §§ 113 f. UrhG dem Urheber gerade die Möglichkeit geben, die Einwilligung zu verweigern, ist es zweifelhaft, de lege lata eine unterlassene Erteilung als anfechtbare Rechtshandlung im Sinne des Anfechtungsgesetzes aufzufassen.

537 *Huber,* Anfechtungsgesetz, § 1 Rn. 5; *Nerlich/Niehus,* Anfechtungsgesetz, § 1 Rn. 24.

538 BGH JZ 1965, 139; *Huber,* Anfechtungsgesetz, § 1 unter II 1, ausführlich noch in der 8. Auflage; ähnlich *Nerlich/Niehus,* Anfechtungsgesetz, § 1 Rn. 25 und 37.

539 *Huber,* Anfechtungsgesetz, § 1 Rn. 24.

540 *Huber,* Anfechtungsgesetz, § 1 Rn. 32.

541 *Nerlich/Niehus,* Anfechtungsgesetz, § 1 Rn. 43; *Huber,* Anfechtungsgesetz, § 1 Rn. 36.

542 Ausdrücklich *Vinck* in: Fromm/Nordemann, § 112 Rn. 2.

543 Dieses Tatbestandsmerkmal bietet einen Ansatzpunkt zur vertieften Diskussion. So wird insbesondere im Insolvenzrecht diskutiert, ob urheberrechtliche Nutzungsrechte in die Insolvenzmasse fallen, bevor der Urheber im Sinne des § 113 UrhG eingewilligt hat. Während *Lütje* in: Möhring/Nicolini, § 112 Rn. 10 dies bejaht, sprechen sich *Henckel* in: Jaeger, InsO, § 35 Rn. 44 und *Eickmann* in: Heidelberger Kommentar InsO, § 36 Rn. 37 dagegen aus. Überdies wird vertreten, dass auch ohne erteilte Einwilligung die Nutzungsrechte zur Insolvenzmasse gehören, hat der Urheber nur seine Verwertungsabsicht kundgetan, *Henckel* in: Jaeger, InsO, § 35 Rn. 51, *Lwowski* in: Münchener Kommentar InsO, § 35 Rn. 161. Damit liegt die Parallele zum Anfechtungsgesetz nahe, so dass eine Gläubigerbenachteiligung bejaht

Während die einzelnen Anfechtungstatbestände in den §§ 3 bis 6 AnfG Tatfrage sind, lässt sich die Rechtsfolge einer Anfechtung abstrakt erörtern. Nach § 11 Abs. 1 S. 1 AnfG ist das, was durch die anfechtbare Rechtshandlung aus dem Vermögen des Schuldners veräußert, weggegeben oder aufgegeben ist, dem Gläubiger zur Verfügung zu stellen, soweit es zu dessen Befriedigung erforderlich ist. Damit wird deutlich, dass das Ziel einer Anfechtung nicht ist, den Gegenstand in das Schuldnervermögen zurückzuführen.[544] Vielmehr soll die Zugriffslage für den Gläubiger wiederhergestellt werden.[545] Der Gläubiger soll auf den Gegenstand zugreifen können wie wenn er sich noch bei seinem Schuldner befände.[546] Der Anfechtungsanspruch richtet sich also gegen den konkurrierenden Gläubiger und nicht gegen den Schuldner und ist auf Duldung der Zwangsvollstreckung gerichtet.[547] Allerdings ist der Gläubiger nun erneut von der Einwilligung des Urhebers abhängig. Es ist nämlich nicht etwa so, dass der Gläubiger nun das urheberrechtliche Nutzungsrecht beim konkurrierenden Gläubiger ohne weitere Einschränkung pfänden lassen kann. Durch die Anfechtung nach dem Anfechtungsgesetz soll der Gläubiger nicht besser gestellt werden, sondern nur so wie er ohne die anfechtbare Rechtshandlung stehen würde.

Somit kann mit einer Anfechtung nach dem Anfechtungsgesetz keine Korrektur der vorherigen Ergebnisse erzielt werden.

4. Zwischenergebnis

Die Einwilligung wird also zum entscheidenden Zünglein an der Waage, ob das Prioritätsprinzip gewahrt wird oder nicht. Immer dann, wenn der Urheber einmal seine Einwilligung verweigert hat, diese aber einem anderen, später betreibenden Gläubiger erteilt, bleibt das Prioritätsprinzip unbeachtet. Der Gläubiger, der das Nachsehen hat, kann sich auch nicht für ihn erfolgreich mit einer Anfechtung nach dem Anfechtungsgesetz wehren.

---

werden kann. Unklar in diesem Zusammenhang *Kirchhof* in: Münchner Kommentar InsO, § 129 Rn. 98, der schreibt: „Da die Pfändung zudem der Einwilligung des Urhebers bedarf, ist sogar die Einräumung oder Veränderung eines Nutzungsrechts durch ihn nur mit jener Einwilligung, also praktisch kaum je anfechtbar". Denn gerade die erteilte Einwilligung ist der Ansatz für eine anfechtbare Rechtshandlung.

544   *Huber,* Anfechtungsgesetz, § 11 Rn. 1. Anders aber die Insolvenzanfechtung nach den §§ 129 ff. InsO, die dazu dient, die Insolvenzmasse wieder anzureichern.

545   *Nerlich/Niehus,* Anfechtungsgesetz, § 11 Rn. 1 und 8.

546   *Huber,* Anfechtungsgesetz, § 11 Rn. 1.

547   *Kindl,* NJW 1998, 321, 322; *Huber,* Anfechtungsgesetz, § 11 Rn. 17; *Hess,* Insolvenzrecht, Rn. 26; *Nerlich/Niehus,* Anfechtungsgesetz, § 11 Rn. 9.

VI. Ergebnis

Das Einwilligungserfordernis des § 113 UrhG fügt sich nicht in das Zwangsvollstreckungsrecht ein. Mit *Freudenberg* kann man sagen, dass es einen Fremdkörper darstellt.[548] Während die Untersuchung ergab, dass das Prinzip der Erzwingbarkeit von Ansprüchen, der Grundsatz des einseitigen Verfahrens und das Prioritätsprinzip nicht beachtet werden, kommt zudem durch die von Teilen der Literatur vorgenommene Auslegung des § 113 UrhG der Verstoß gegen den Grundsatz der Formalisierung hinzu. Schließlich wird auch das Prinzip des freien Vollstreckungszugriffs mittelbar eingeschränkt.

E. Rechtfertigung der Unvereinbarkeit?

Es drängt sich die Frage auf, ob die festgestellte Unvereinbarkeit des § 113 UrhG mit den Maximen des Zwangsvollstreckungsrechts gerechtfertigt werden kann. Das Außerachtlassen der Grundsätze des Vollstreckungsrechts ist dem Gesetzgeber zwar grundsätzlich möglich,[549] wie bereits oben dargestellt erscheint es aber geboten, zu einem bestehenden Rechtsgebiet hinzutretende Normen an den Maximen dieses Rechtsgebiets auszurichten.[550] Hinzutretende Sondertatbestände zur Zwangsvollstreckung wie die des Urheberrechtsgesetzes, die mit den erörterten Grundsätzen meist nicht vereinbar sind, könnten dann auf Verständnis stoßen, wenn rechtfertigende Gründe eine Sonderbehandlung im Urheberrecht erlauben.

Im Schrifttum wird diese Sonderbehandlung im Urheberrecht regelmäßig damit versucht zu rechtfertigen, dass den persönlichkeitsrechtlichen Beziehungen des Urhebers zu seinem Werk der Vorrang vor den Vermögensinteressen des Gläubigers eingeräumt werden müsse.[551] Ein ausführlicherer oder weiterer Versuch der Rechtfertigung wird regelmäßig nicht unternommen. Die Abwägung der Persönlichkeits- und Vermögensinteressen kann aber nur *ein* Teil der denkbaren Interessenabwägung sein.[552]

---

548 *Freudenberg,* Zwangsvollstreckung in Persönlichkeitsrechte, S. 84.
549 Zumal es sich beim Urheberrechtsgesetz wie bei der Zivilprozessordnung um auf gleicher Stufe stehende Bundesgesetze handelt. Dennoch erscheint es nicht überzeugend, darauf zu verweisen, dass das Urheberrechtsgesetz das jüngere Gesetz ist und somit der älteren ZPO vorgeht (lex posterior derogat legi priori; dazu *Rüthers,* Rechtstheorie, Rn. 772). Welchen Wert sollten sonst Maximen eines Rechtsgebiets haben, wenn diese durch jedes spätere Gesetz überholt würden.
550 Siehe schon 2. Kapitel D.
551 Vgl. *Lütje* in: Möhring/Nicolini, § 112 Rn. 3; *Wild* in: Schricker, § 112 Rn. 1; *Kirchmaier* in: Mestmäcker/Schulze, § 112 Rn. 1; *Paulus* in: Wieczorek/Schütze, § 704 Vorbemerkung Rn. 15.
552 Hier ist *Kahmann,* Zwangsvollstreckung im Urheberrecht, S. 38 ff. zu nennen, der soweit ersichtlich als einziger eine ausführlichere Interessenabwägung vorgenommen hat. Überdies ist auf *Sosnitza,* JZ 2004, 992, 997 zu verweisen, der die Zwangsvollstreckung in Persönlichkeitsrechte jeweils nach einer umfassenden Interessenabwägung entscheiden möchte.

I. Gläubigerinteresse und Schuldnerinteresse

Zunächst einmal steht dem Schuldnerinteresse das Gläubigerinteresse gegenüber. Während der Schuldner möglichst Hab und Gut bewahren möchte und versucht, dem Zugriff des Gläubigers zu entrinnen,[553] versucht der Gläubiger einen im Erkenntnisverfahren festgestellten materiell-rechtlichen Anspruch nun endlich auch gegen den Willen des Schuldners durchzusetzen.[554] Der Gläubiger hat einen meist seit Monaten, gar Jahren bestehenden Anspruch, den er nicht erfüllt bekommt. Der Schuldner hat in dieser Zeit auf Kosten des Gläubigers gelebt und damit die Regeln des sozialen Zusammenlebens und den Rechtsfrieden gestört.[555] Der Gläubiger drängt folglich darauf, den Rechtsfrieden wiederherzustellen und beantragt dazu beim Staat, mit dessen Gewaltmonopol die notwendigen Eingriffe beim Schuldner vorzunehmen.[556] Der Gläubiger hat ein Recht darauf, dass sein Anspruch durch den Staat nun zwangsweise durchgesetzt wird.[557] Für das Schuldnerinteresse trägt *Sosnitza* vor, dass dem Urheber-Schuldner ein Selbstbestimmungsrecht zustände, selbst darüber entscheiden zu können, ob und wie sein Werk verwertet wird.[558] Dagegen kann eingewandt werden, dass ein solches Selbstbestimmungsrecht ein jeder Rechtsträger innehat, er es dann aber verliert, wenn er nur noch mittels staatlichen Zwanges zur Wiederherstellung des Rechtsfriedens gelenkt werden kann. Überdies kann der Urheber durch die freiwillige Verwertung seines Rechts bis zuletzt sein Selbstbestimmungsrecht bewahren.

Es lässt sich somit ein Vorrang des Gläubigerinteresses gegenüber dem Schuldnerinteresse feststellen.[559]

II. Einzelinteresse und Allgemeininteresse

Im zweiten Ansatz soll das Interesse des Gläubigers als Einzelperson dem Interesse der Allgemeinheit gegenübergestellt werden. Zu untersuchen ist, ob das Allgemeininteresse das Einzelinteresse des Gläubigers überwiegt.[560]

---

553 Überaus deutlich zu Urheber-Schuldner im Schweizer Schrifttum etwa *Lutz*, Schranken des Urheberrechts, S. 123: „Sollen diese asozialen Elemente nicht zu Schädlingen an der Gemeinschaft werden, so muss sie das Gesetz zur Ordnung zwingen und ihnen mit Gewalt diejenigen Beschränkungen ihres Persönlichkeitsrechts auferlegen, die sie nicht freiwillig auf sich nehmen wollen".

554 Ähnlich *Sosnitza*, JZ 2004, 992, 997.

555 *Kahmann*, Zwangsvollstreckung im Urheberrecht, S. 39; *Lutz*, Schranken des Urheberrechts, S. 125. Den Gedanken des "Rechtsfriedens" trägt auch *Zeller*, Offene Kreditlinien, S. 162 vor, der diesen als öffentliches Interesse einordnet.

556 Ähnlich *Baur/Stürner/Bruns*, Zwangsvollstreckungsrecht, Rn. 1.1.

557 *Sosnitza*, JZ 2004, 992, 997.

558 Vgl. *Sosnitza*, JZ 2004, 992, 997.

559 So auch *Freudenberg*, Zwangsvollstreckung in Persönlichkeitsrechte, S. 13; *Stamm*, Prinzipien und Grundstrukturen des Zwangsvollstreckungsrechts, S. 105 und 642; *Münzberg* in: Stein/Jonas, § 765a Rn. 5; *Zeller*, Offene Kreditlinien, S. 161.

Der Gläubiger als einzelne Person drängt auf Befriedigung seines Anspruchs. Hingegen könnte die Allgemeinheit den Schutz des Urhebers vor Augen haben, da dieser dazu beiträgt, die Allgemeinheit mit kulturellen Gütern anzureichern.[561] Eine Gesellschaft bzw. ein Volk hat in der Kulturgeschichte immer dann ein hohes Ansehen genossen, wenn es aus sich heraus bedeutende Künstler hervorgebracht hat. Es kann deshalb durchaus das Interesse der Allgemeinheit sein, das kulturelle Schaffen zu erhalten und fortzuentwickeln.[562] Der vollstreckende Gläubiger würde mit seinem Interesse womöglich kontraproduktiv wirken.[563] Andererseits ist der Gläubiger genauso Teil der Allgemeinheit. Die Allgemeinheit verfolgt wie der Gläubiger natürlich auch das Ziel, dass Ansprüche werthaltig bleiben und somit durchsetzbar sein müssen.[564]

Würde man das Allgemeininteresse dem Einzelinteresse vorgehen lassen, würde sich das paradoxe Ergebnis ergeben, dass sich der Urheber bedenkenlos verschulden könnte, da ein Zugriff auf sein womöglich einziges Wirtschaftsgut, sein Werk, von der Allgemeinheit nicht zugelassen werden würde, insoweit sich verschuldensfreudige Urheber unter dem Deckmantel des Kulturschutzes verstecken könnten.[565]

Dem Ansatz, das Allgemeininteresse gehe dem Einzelinteresse vor, kann man überdies das Fundament entziehen, stellt man darauf ab, dass der betreibende Gläubiger ein gepfändetes Nutzungsrecht regelmäßig verwerten lassen wird. Im Rahmen der Verwertung wird die Nutzung am Werk nun der Allgemeinheit gegen Vergütung zur Verfügung gestellt. Das Interesse der Allgemeinheit an kulturellen Gütern wird also auch durch eine Zwangsvollstreckung nicht beeinträchtigt.

Schließlich kann ein Gedanke angeführt werden, der sich aus der zeitlichen Begrenzung des Urheberrechts ergibt.[566] Nach § 64 UrhG erlischt das Urheberrecht siebzig Jahre nach dem Tode des Urhebers. Das wird damit begründet, dass der Urheber aus allgemeinen Quellen schöpfe und seine Schöpfung nach einer gewissen Zeit auch wieder der Allgemeinheit zur Verfügung stehen müsse, um selbst Quelle für spätere Urheber zu sein.[567] Das faktische Ablehnen eines zwangsweisen Zugriffs

560 Auch *Wallner*, Die Insolvenz des Urhebers, S. 67 erwähnt die Allgemeininteressen, erörtert aber nicht, was er darunter versteht.
561 Deutlich BT-Drucksache 14/6433, S. 7 und *Ohly*, JZ 2003, 545, 548. In diese Richtung auch *Thoms*, Schutz der kleinen Münze, S. 260, der die Aufgabe des urheberrechtlichen Schutzes in der Erhaltung der vorhandenen Kultur sieht. Ähnlich auch *Kahmann*, Zwangsvollstreckung im Urheberrecht, S. 39.
562 So auch *Schack*, Urheber- und Urhebervertragsrecht, Rn. 17 f. und *Thoms*, Schutz der kleinen Münze, S. 260. Ähnlich *Reinbothe* in: Schricker, vor §§ 1 ff. WahrnG Rn. 11 aE.
563 Ähnlich *Kahmann*, Zwangsvollstreckung im Urheberrecht, S. 40; *Baur/Stürner/Bruns*, Zwangsvollstreckungsrecht, Rn. 1.1.
564 *Brox/Walker*, Zwangsvollstreckungsrecht, Rn. 2.
565 Siehe aber zu etwaigen strafrechtlichen Konsequenzen, etwa einem Betrug nach § 263 StGB, *Fischer* in: Tröndle/Fischer, § 263 Rn 26.
566 Dazu noch 4. Kapitel B.
567 *Bappert*, Wege zum Urheberrecht, S. 248; *Schack*, Urheber- und Urhebervertragsrecht, Rn. 321; *Kahmann*, Zwangsvollstreckung im Urheberrecht, S. 39. Siehe zu diesem hoch strei-

auf das Urheberrecht führt aber zu der absurden Situation, dass der Urheber, der aus den allgemeinen Quellen geschöpft hat, nun sein geschöpftes Werk der Allgemeinheit vorenthalten kann, obwohl sowohl der Gläubiger einen Anspruch auf Befriedigung, als auch die Allgemeinheit in einem Rechtsstaat den Anspruch auf Wiederherstellung des Rechtsfriedens hat.

Folglich kann auch durch die Berücksichtigung der Allgemeininteressen keine Rechtfertigung erreicht werden.[568]

III. Persönlichkeitsrechtliches und vermögensrechtliches Interesse

Schließlich soll die oftmals vorgebrachte Interessenabwägung zwischen Persönlichkeits- und Vermögensinteressen als Rechtfertigung untersucht werden. Der Gesetzgeber hat das Urheberrecht neben der vermögensrechtlichen mit einer persönlichkeitsrechtlichen Komponente ausgestaltet.[569] Das führt in der Zwangsvollstreckung dazu, dass in persönlichkeitsrechtliche Interessen des Urhebers allein deshalb eingegriffen wird, weil das vermögensrechtliche Interesse des Gläubigers auf Befriedigung durchgesetzt werden soll. Nach *Hubmann* bewerte die heutige Kulturauffassung persönlichkeitsrechtliche Interessen höher als Vermögensinteressen, so dass das Vermögensinteresse des Gläubigers dem persönlichkeitsrechtlichen Interesse des Urhebers weichen müsse.[570] Bemüht man sich, diese Wertung nachzuvollziehen, dann bleibt dennoch unklar, was diese Stimmen unter einem "persönlichkeitsrechtlichen Interesse" verstehen. Offenkundig beeinträchtigt jeden Schuldner der zwangsweise Zugriff auf eine Rechtsposition seines Vermögens. Warum die Rechtsposition im Falle der zwangsweisen Einräumung eines urheberrechtlichen Nutzungsrechts in erhöhtem Maße die "persönlichkeitsrechtlichen Interessen" beeinträchtigen soll, bleibt bei Durchsicht des Schrifttums unklar.

Die Grundsatzentscheidung, das Vermögensinteresse des Gläubigers hintenan zu stellen, erscheint in einer solchen Pauschalität sehr zweifelhaft.[571] Schon *Hubmann*[572] und *Kahmann*[573] nennen aus dem Einzel- wie auch Gesamtvollstreckungsrecht einige Gegenbeispiele, die verdeutlichen, dass durchaus auch einmal das Per-

---

tigen Problem ausführlicher die Monographien von *Jean-Richard-Dit-Bressel,* Ewiges Urheberrecht, S. 29 ff. und *Leinemann,* Sozialbindung, S. 117 ff.

568 Im Ergebnis übereinstimmend mit *Kahmann,* Zwangsvollstreckung im Urheberrecht, S. 40.

569 Siehe auch 1. Kapitel C II. Die ausführliche und hinterfragende Untersuchung bleibt aber dem 4. Kapitel zur Rechtsnatur des Urheberrechts vorbehalten.

570 *Hubmann,* Die Zwangsvollstreckung in Persönlichkeits- und Immaterialgüterrechte, S. 812, 814. Im Ergebnis übereinstimmend mit *Lütje* in: Möhring/Nicolini, § 112 Rn. 3; *Wild* in: Schricker, § 112 Rn. 1; *Kirchmaier* in: Mestmäcker/Schulze, § 112 Rn. 1.

571 Auch *Wallner,* Die Insolvenz des Urhebers, S. 59 stellt fest, dass es sich um eine „pauschale Interessenabwägung" handelt. Ebenso *Freudenberg,* Zwangsvollstreckung in Persönlichkeitsrechte, S. 83: „vom Rechtsgefühl befremdend".

572 *Hubmann,* Die Zwangsvollstreckung in Persönlichkeits- und Immaterialgüterrechte, S. 812, 814 f.

573 *Kahmann,* Zwangsvollstreckung im Urheberrecht, S. 44.

sönlichkeitsinteresse des Schuldners hinter dem Vermögensinteresse des Gläubigers anzustellen ist.[574]

So kennt die Zwangsvollstreckung zur Erwirkung einer nicht vertretbaren Handlung gemäß § 888 Abs. 1 S. 1 ZPO neben dem Zwangsgeld auch die Zwangshaft, um den Willen des Schuldners zu brechen und diesen zur Erwirkung seiner Handlung zu zwingen.[575] Zur Abgabe der eidesstattlichen Versicherung kennt auch § 901 ZPO die Haft und somit die Eingriffsmöglichkeit in Art. 2 Abs. 2 S. 2 GG[576], sollte der Schuldner zum Termin zur Abgabe der eidesstattlichen Versicherung nicht erschienen sein oder die Abgabe ohne Grund verweigert haben.[577]

Eine massive Beeinträchtigung der persönlichkeitsrechtlichen Interessen kennt auch das Gesamtvollstreckungsrecht. So kann das Insolvenzgericht als Sicherungsmaßnahme nach § 21 Abs. 2 Nr. 4 InsO eine vorläufige Postsperre anordnen und nach Abs. 3 nach Anhörung des Schuldners die Inhaftierung vornehmen.[578] Ein Eingriff in Art. 10 Abs. 1 GG[579] ist zwar nur unter Berücksichtigung des Verhältnismäßigkeitsgrundsatzes rechtmäßig,[580] grundsätzlich ist aber auch durch diese Maßnahmen der Eingriff in die Persönlichkeitsinteressen denkbar.

Ein ähnlicher Eingriff in die Persönlichkeitsinteressen ist die mögliche Gewaltanwendung gegen die Person des Schuldners oder seiner Sachen nach § 758 Abs. 1, Abs. 3 ZPO, die in Art. 2 Abs. 2 S. 1 und Art. 14 Abs. 1 GG eingreifen kann.

Dass der postulierte Vorrang der persönlichkeitsrechtlichen Interessen vor den Vermögensinteressen in dieser Pauschalität nicht zutrifft, zeigen die Rechtsprechung und das Schrifttum selbst an anderer Stelle. So war bis zum 1. Juli 1990 ein Schmerzensgeldanspruch gemäß § 847 Abs. 1 S. 2 BGB alter Fassung nicht übertragbar und damit auch nicht pfändbar.[581] Die Einschränkung wurde mit der höchstpersönlichen Natur des Anspruchs begründet.[582] Der Schmerzensgeldanspruch sei mit der Person des Verletzten in besonderer Weise verbunden.[583] Mit der höchstpersönlichen Natur des Schmerzensgeldes sei es nicht vereinbar, es zur Abtragung von Schulden zu verwenden.[584] Nach Streichung des § 847 Abs. 1 S. 2 BGB änderte sich die herr-

---

574 Zu den Eingriffen in die persönliche Freiheit *Gaul* in: Rosenberg/Gaul/Schilken, § 3 I.

575 So führt schon *Blomeyer*, Zwangsvollstreckung, S. 2 diese Art der Vollstreckung als Beispiel für den Zwang gegen die Person des Schuldners an.

576 BVerfG NJW 1983, 559 hält § 901 ZPO für mit der Verfassung vereinbar.

577 So schon *Hubmann*, Die Zwangsvollstreckung in Persönlichkeits- und Immaterialgüterrechte, S. 812, 814 und *Kahmann*, Zwangsvollstreckung im Urheberrecht, S. 44.

578 So schon zur Konkursordnung *Hubmann*, Die Zwangsvollstreckung in Persönlichkeits- und Immaterialgüterrechte, S. 812, 814 f. und *Kahmann*, Zwangsvollstreckung im Urheberrecht, S. 44.

579 *Kirchhof* in: Münchner Kommentar InsO, § 21 Rn. 12.

580 Zu den weiteren Voraussetzungen vgl. *Eickmann* in: Heidelberger Kommentar InsO, § 99 Rn. 5.

581 *Schäfer* in: Staudinger (12. Auflage), § 847 Rn. 111; *Schiemann* in: Staudinger, § 253 Rn. 48.

582 *Münzel*, NJW 1961, 1558, 1560; vorsichtiger *Ahrens*, Verwertung persönlichkeitsrechtlicher Positionen, S. 107.

583 *Münzel*, NJW 1961, 1558, 1560.

584 *Münzel*, NJW 1961, 1558, 1560.

schende Meinung, so dass heute von der freien Übertragbarkeit und Pfändbarkeit, von einer Flexibilisierung[585] des Schmerzensgeldanspruchs ausgegangen wird.[586] Mit diesem Beispiel zeigt sich, dass die persönlichkeitsrechtlichen Interessen, hier des Verletzten etwa in Form der Genugtuungsfunktion,[587] durchaus zugunsten der Vermögensinteressen des Gläubigers weichen müssen.

Folglich vermag eine grundsätzliche Übergewichtung der persönlichkeitsrechtlichen Interessen des Urhebers vor den Vermögensinteressen des Gläubigers nicht zu überzeugen. Dies verkennt nämlich, dass die Persönlichkeitsinteressen an vielen anderen Stellen zugunsten der Vermögensinteressen hintenan gestellt werden. Geboten wäre vielmehr eine sorgfältige Abwägung der Beweggründe der Beteiligten für jeden Einzelfall.[588]

In den letzten Jahrzehnten haben Verwertungsgesellschaften deutlich an Marktherrschaft gewonnen.[589] Heute sind folglich nahezu alle Urheber bei einer Verwertungsgesellschaft unter Vertrag.[590] Aus dieser Entwicklung heraus lässt sich ein weiteres finales Argument herleiten. Wenn ein Urheber seine Rechte, insbesondere gem. § 1 WahrG seine Einwilligungsrechte, an eine Verwertungsgesellschaft übertragen hat, dann hat ein vollstreckender Gläubiger die Einwilligung im Sinne des § 113 UrhG nicht mehr beim Urheber, sondern bei der Verwertungsgesellschaft einzuholen.[591] Dann kann das Einwilligungserfordernis zur Zwangsvollstreckung aber nicht mehr mit der persönlichen Bindung des Urhebers an sein Werk gerechtfertigt werden, da die die Einwilligung erteilende oder verweigernde Verwertungs-

585 *Ahrens*, Verwertung persönlichkeitsrechtlicher Positionen, S. 109.
586 BGH NJW 1995, 783; bereits in der Begründung in BT-Drucksache 11/4415, S. 4; *Schiemann* in: Staudinger, § 253 Rn. 48; *Heinrichs* in: Palandt, § 253 Rn. 26; *Nieder*, Testamentsgestaltung, § 1 Rn. 79; *Schulze* in: Hk-BGB, § 253 Rn. 22; *Schack*, Urheber- und Urhebervertragsrecht, Rn. 695. § 847 BGB a.F. wurde mit Wirkung vom 1. August 2002 ersatzlos gestrichen.
587 Seit BGHZ 18, 149 auch höchstrichterlich anerkannt; *Schiemann* in: Staudinger, § 253 Rn. 29; *Medicus* in: PWW, § 253 Rn. 24; *Ahrens*, Verwertung persönlichkeitsrechtlicher Positionen, S. 107 überdies zur Präventivfunktion.
588 *Freudenberg*, Zwangsvollstreckung in Persönlichkeitsrechte, S. 83 ist diesbezüglich nichts mehr hinzuzufügen: „Vom Rechtsgefühl befremde es, im Kollisionsfall zwischen Urheberpersönlichkeitsrecht und wirtschaftlichen Interessen des Werkverwerters a priori und unter allen Umständen ersterem den Vorrang einzuräumen, etwa dahingehend, dass der Urheber selbst zu entscheiden habe, ob er im Einzelfall seinem wirklichen oder, was auch vorkommt, vermeintlichen ideellen Interessen den Vorrang vor den wirtschaftlichen Auswirkungen seiner Handlungsweise gibt. Zwar müsse man zunächst von einer natürlichen Präponderanz des Urheberpersönlichkeitsrechts ausgehen, aber mit offenem Blick für die Wirklichkeit und die Beweggründe der Beteiligten sorgfältig die Gesichtspunkte abwägen, die vom Standpunkt des Urhebers, des Gläubigers und der Allgemeinheit eine gerechte Entscheidung zu tragen vermögen".
589 Dazu *Schack*, Urheber- und Urhebervertragsrecht, Rn. 1156 und 1193 ff.
590 Das liegt nicht zu letzt daran, dass die Verwertungsgesellschaften gem. § 6 WahrG einem Kontrahierungszwang unterliegen, vgl. *Reinbothe* in: Schricker, vor §§ 1 ff. WahrnG Rn. 1.
591 Obwohl es sich bei dem Einwilligungserfordernis um eine Befugnis handelt, die aus dem Urheberpersönlichkeitsrecht resultieren soll, soll eine Verwertungsgesellschaft diese Befugnis ausüben können, siehe *Schulze* in: Dreier/Schulze, § 1 UrhWG Rn. 8.

gesellschaft diese Entscheidung nicht nach persönlichkeitsrechtlichen, sondern rein vermögensrechtlichen Gründen trifft. Es steht somit dem Vermögensinteresse des betreibenden Gläubigers nur noch das Vermögensinteresse der Wahrnehmungsgesellschaft gegenüber.[592]

IV. Ergebnis

Eine Rechtfertigung konnte weder durch das Überwiegen des Schuldnerinteresses über das Gläubigerinteresse, noch durch das Vorherrschen des Allgemeininteresses über das Einzelinteresse, noch durch die pauschale Privilegierung der persönlichkeitsrechtlichen vor den vermögensrechtlichen Interessen festgestellt werden. Somit lässt sich die Unvereinbarkeit des § 113 UrhG mit den Maximen des Zwangsvollstreckungsrechts nicht rechtfertigen.

Dabei verwundert, dass in der Rechtsprechung und Lehre keine differenziertere Interessenabwägung vorgenommen wird. So enthält das Urheberrecht nicht nur persönlichkeitsrechtliche, sondern auch vermögensrechtliche Elemente.[593] Eine differenzierte Abwägung würde aber feststellen, dass eine Vollstreckung in *vermögensrechtliche* Elemente – nämlich in die Nutzungsrechte – zu einem völlig anderen Ergebnis der Interessenabwägung käme.[594] Dann nämlich würden sich sowohl auf der Gläubiger- als auch auf der Schuldnerseite beides Mal Vermögensinteressen gegenüberstehen.[595] Insbesondere für diesen Fall ist der nicht differenzierende Weg des Gesetzgebers in § 113 UrhG nicht verständlich.

F. Ansätze des Schrifttums zur Überwindung des Einwilligungserfordernisses

Während das überwiegende Schrifttum am Einwilligungserfordernis festhält,[596] ist diese besondere Vollstreckungsvoraussetzung bei einigen Stimmen auf Kritik gesto-

---

592 Da die Verwertungsgesellschaften gemäß § 11 Abs. 1 WahrnG zudem verpflichtet sind, „jedermann auf Verlangen zu angemessenen Bedingungen Nutzungsrechte einzuräumen", sollte das erst recht für den betreibenden Gläubiger gelten.

593 Statt aller *Schack,* Urheber- und Urhebervertragsrecht, Rn. 554; ausführlicher 1. Kapitel C II und 4. Kapitel.

594 So bemängelt auch *Kahmann,* Zwangsvollstreckung im Urheberrecht, S. 45, dass alle dem Urheberrecht eigentümlichen Rechte „in einen Topf geworfen" würden. Er fordert ebenfalls, dass sich die Mühe gemacht wird, die einzelnen in Frage kommenden Urheberrechte einer individuellen Interessenabwägung zu unterziehen.

595 Die herrschende Meinung würde vermutlich aber darauf verweisen, dass die Nutzungsrechte zwar Vermögensrechte sind, der Urheber dennoch auch an ihnen ideelle Interessen hat (dazu etwa *Schulze* in: Dreier/Schulze, § 34 Rn. 1). Daran ist richtig, dass an Nutzungsrechten ideelle Interesse bestehen können, jedoch nicht mehr und nicht weniger als an anderen Vermögensgegenständen auch. Siehe dazu aber noch das 4. Kapitel.

596 *Kotthoff* in: Heidelberger Kommentar UrhG, § 113 Rn. 4; *Vinck* in: Fromm/Nordemann, § 113 Rn. 1 ff.; vgl. auch *Kefferpütz* in: Wandtke/Bullinger, § 113 Rn. 15.

ßen.[597] Im Zuge dieser Kritik wurden unterschiedliche Ansätze zur Überwindung des Einwilligungserfordernisses entwickelt.[598] Dabei lässt sich feststellen, dass die verschiedenen Ansätze im bisherigen Schrifttum meist in einem Zuge diskutiert werden, ohne die jeweiligen Ansätze getrennt zu betrachten und in ihrer Tiefe zu erörtern.[599] Insoweit vermisst man eine die unterschiedlichen Lösungsansätze ordnende Gesamtdarstellung.[600]

Nachfolgend soll versucht werden, die einzelnen Vorschläge zu separieren und dann dazu Stellung zu nehmen.

I. Ulmer: Vollständiger Ausschluss der Vollstreckung

Den radikalsten Vorschlag unterbreitet *Ulmer*, der sich für den vollständigen Ausschluss der Zwangsvollstreckung in das Urheberrecht ausspricht.[601] Ist der Urheber damit einverstanden, dass die Erträge aus der Verwertung seines Werkes zur Abdeckung seiner Verbindlichkeiten verwendet werden, könne er sich mit dem Gläubiger in anderer, besser geeigneter Weise verständigen.[602] Eines Einwilligungserfordernisses bedürfte es dann nicht. So sei etwa eine Vereinbarung denkbar, wonach der Urheber selber die Art der Verwertung wählt und dazu die notwenigen Nutzungsverträge abschließt.[603] In diesen Verträgen könne sichergestellt werden, dass die Vergütungen bis zur Tilgung seiner Schulden an den Gläubiger auszuzahlen sind.[604]

Ulmer ist in mehreren Punkten zuzustimmen. Zunächst einmal verursacht eine Übereinkunft zwischen Gläubiger und Urheber keine weiteren Kosten. Regelmäßig führt eine solche Vereinbarung beim Schuldner bis zur Befriedigung des Gläubigers auch zu geringeren Eingriffen. Es ist zudem nicht von der Hand zu weisen, dass eine Verwertung des Werkes meist ertragsreicher möglich ist, wenn sie der Urheber und nicht der Vollstreckungsgläubiger forciert. Schließlich kann sich *Ulmer* auf einige europäische Nachbarn stützen, beispielsweise etwa auf das österreichische Vorbild in § 25 öUrhG,[605] wonach die Verwertungsrechte der Exekution wegen Geldforde-

---

597   Zur „Untauglichkeit der Einwilligung" – nicht nur im Urheberrecht – siehe *Ahrens*, Verwertung persönlichkeitsrechtlicher Positionen, S. 476.

598   Die Ansätze sind derart verschieden, dass manch Autor sogar vertritt, das Einwilligungserfordernis des § 113 UrhG analog auf die Zwangsvollstreckung in alle sonstigen Persönlichkeitsrechte anzuwenden, *Freudenberg*, Zwangsvollstreckung in Persönlichkeitsrechte, S. 90.

599   Exemplarisch bei *Zimmermann*, Immaterialgüterrechte und ihre Zwangsvollstreckung, S. 193.

600   Womöglich hat die Literatur mit ihrer Kritik deshalb beim Gesetzgeber noch wenig Gehör gefunden.

601   *Ulmer*, Urheber- und Verlagsrecht, § 135 II 5.

602   *Ulmer*, Urheber- und Verlagsrecht, § 135 II 5.

603   *Ulmer*, Urheber- und Verlagsrecht, § 135 II 5.

604   *Ulmer*, Urheber- und Verlagsrecht, § 135 II 5.

605   § 25 Abs. 1 öUrhG lautet: „Verwertungsrechte sind der Exekution wegen Geldforderungen entzogen".

rungen entzogen sind oder auch auf Art. 111 des italienischen Urheberrechts, welches ebenso verfährt.[606]

Allerdings muss sich *Ulmer* auch vorhalten lassen, für den unwilligen Urheber, der keine Übereinkunft mit dem Gläubiger erzielen will, keinen in der Praxis tauglichen Weg vorzustellen. Der von *Ulmer* geprägte, eher idealistische Ansatz hilft in der praktischen Rechtsanwendung nicht weiter, wenn der Urheber seine Mitwirkung verweigert. Gegenwärtig soll aber gerade ein Lösungsansatz gefunden werden, der eine an den Maximen des Zwangsvollstreckungsrechts orientierte Vollstreckung in die Nutzungsrechte ermöglicht. Somit vermag dieser Ansatz nicht zur Lösung des Problems beizutragen.

II. Breidenbach: konkludente Einwilligung

Nach *Breidenbach* sei das Einwilligungserfordernis des § 113 UrhG zwar zu beachten. Eine Einwilligung könne aber dem betreibenden Gläubiger auch konkludent erteilt werden.[607] Eine konkludent erteilte Einwilligung sei jedenfalls dann anzunehmen, wenn der Urheber seine Verwertungsabsicht erkennbar gemacht habe.[608] *Breidenbach* versucht eine vergleichbare Situation aus dem Arbeitsrecht aufzuzeigen. Hier würde der Arbeitnehmer, der Werke innerhalb des Arbeitsverhältnisses erschaffe, durch Abschluss eines Arbeitsvertrages ebenso konkludent seine Zustimmung zur späteren Verwertung der geschaffenen Werke erteilen. Die Beweislast, dass der Urheber die Absicht hatte, sein Werk zu verwerten, will er dem Gläubiger aufbürden. Dem Urheber hingegen verbliebe im Vollstreckungsverfahren die Möglichkeit mittels der Vollstreckungserinnerung nach § 766 ZPO geltend zu machen, dass eine Einwilligung gerade nicht vorgelegen habe.[609]

Der Vorschlag von *Breidenbach* stößt auf Bedenken.[610] Zunächst einmal bestehen schon Zweifel, worin eine solche konkludente Einwilligung gesehen werden kann.[611] Es ist zwar richtig, dass Einwilligungen formfrei und eben auch konkludent erklärt werden können.[612] Allerdings lässt das ganz überwiegende Schrifttum ein

---

606 Art. 111 des Legge 22 aprile 1941, n. 633 lautet: „I diritti di pubblicazione dell'opera dell'ingegno e di utilizzazione dell'opera pubblicata non possono formare oggetto di pegno, pignoramento es sequestro né per atto contrattuale, né per via di esecuzione forzata, finchè spettano personalmente all'autore."

607 *Breidenbach,* CR 1989, 971, 973 unter b).

608 *Breidenbach,* CR 1989, 971, 973 unter a).

609 *Breidenbach,* CR 1989, 971, 973 unter b).

610 Ablehnend auch *Bleta,* Software in der Zwangsvollstreckung, S. 99, der das aber nicht begründet, und *Freudenberg,* Zwangsvollstreckung in Persönlichkeitsrechte, S. 121.

611 Energisch ablehnend auch *Freudenberg,* Zwangsvollstreckung in Persönlichkeitsrechte, S. 87, der das aber nicht begründet.

612 Siehe bereits oben (II 3) und *Lütje* in: Möhring/Nicolini, § 113 Rn. 13; *Kotthoff* in: Heidelberger Kommentar UrhG, § 113 Rn. 4.

bloßes Schweigen nicht ausreichen.[613] Während es noch überzeugend ist, beim Abschluss eines Arbeitsvertrages eine konkludente Zustimmung zur späteren wirtschaftlichen Verwertung der geschaffenen Werke anzunehmen, liegt eine vergleichbare schlüssige Erklärung des Urhebers gegenüber dem Gläubiger bei der Zwangsvollstreckung wohl nicht vor. Hier fehlt es schon an einer Grundlage wie dem Arbeitsvertrag, in den dann eine konkludente Erklärung hineininterpretiert werden könnte. Der Zwangsvollstreckung geht gerade keine derartige Grundlage voraus.

Weiterhin ist zweifelhaft, ob *Breidenbachs* Ansatz zu pragmatischen Ergebnissen führt. Wie etwa soll der Gläubiger zuverlässig darlegen können, dass der Urheber die Absicht hat, sein Werk zu verwerten. Es ist vielmehr so, dass der Gläubiger nicht wissen kann, welche Absichten der Urheber hegt und regelmäßig erst von einer "realisierten Absicht" erfährt, nämlich vom Abschluss eines (meist umfassenden) Lizenzvertrages. Sollte der Urheber sein Werk mit einem umfassenden Lizenzvertrag bereits verwertet haben, erübrigt sich größtenteils die hier diskutierte Problematik, denn der Gläubiger wird dann mit weniger Hindernissen[614] in die Vergütungsansprüche vollstrecken können.[615]

Breidenbachs Ansatz zu Ende gedacht, führt dazu, dass sich jeder Urheber der Vollstreckungserinnerung bedienen und mit dieser das Nichtvorliegen einer konkludenten Einwilligung geltend machen wird. Damit wäre eine unnötige Belastung der Vollstreckungsgerichte angelegt.[616]

III. Hubmann: Korrektiv des wichtigen Grundes

Nach § 28 Abs. 1 S. 2 a.F. VerlG kann der Verleger seine Rechte durch einen Vertrag nicht ohne die Zustimmung des Verfassers übertragen. Allerdings kann gemäß § 28 Abs. 1 S. 3 a. F. VerlG die Zustimmung durch den Verfasser nur verweigert

---

613 *Zimmermann,* Immaterialgüterrechte und ihre Zwangsvollstreckung, S. 191; *Wild* in: Schricker, § 113 Rn. 3.

614 *Kahmann,* Zwangsvollstreckung im Urheberrecht, S. 15 sieht bei einer solchen Forderungspfändung keine weiteren Probleme. Zu berücksichtigen ist aber, dass allein die Pfändung ohne weitere Hindernisse möglich ist. Die Verwertung wird aber nach weit verbreiteter Ansicht um das Zustimmungserfordernis gem. § 34 Abs. 1 UrhG angereichert und somit erschwert, so auch *Breidenbach,* CR 1989, 971, 974. Dagegen aber die vorliegende Arbeit, siehe 2. Kapitel C VI 3.

615 Nur dann, wenn der Urheber sein Werk nur teilweise verwertet hat, kommt die Zwangsvollstreckung in die Nutzungsrechte weiter in Betracht. In der Praxis werden den sog. Verwertungsgesellschaften meist aber umfassende Rechte eingeräumt. Dazu und auch zum Wahrnehmungsgesetz *Schack,* Urheber- und Urhebervertragsrecht, Rn. 1156 ff.

616 Eine Belastung der Vollstreckungsgerichte durch eingelegte Erinnerungen kommt zwar bereits nach geltendem Recht in Betracht. Allerdings wird der Gläubiger normalerweise das Vorliegen der Einwilligung nur behaupten, wenn diese tatsächlich vorliegt, denn das Täuschen des Rechtspflegers kann den Tatbestand eines Betruges verwirklichen. Siehe zum Dreiecksbetrug gegenüber einem Rechtspflegeorgan *Cramer/Perron* in: Schönke/Schröder, § 263 Rn. 68 ff.

werden, wenn ein "wichtiger Grund" vorliegt. *Hubmann* nimmt den Rechtsgedanken des § 28 Abs. 1 S. 3 a. F. VerlG zum Ausgangspunkt, den wichtigen Grund auch bei der Verweigerung der Einwilligung im Urheberrecht zu fordern.[617] Nach ihm gelte diese Regelung grundsätzlich auch für alle anderen Urheberrechtsübertragungen und Verpfändungen.[618]

Der Ansatz von *Hubmann* von 1956 stammt aus einer Zeit, in der es in den Urheberrechtsgesetzen noch keine dem § 28 VerlG entsprechende Regelung gab. Durch die Urheberrechtsreform 1965 wurde im Urheberrechtsgesetz mit § 34 UrhG eine in einigen Teilen vergleichbare Vorschrift aufgenommen.[619] Dadurch entfachte der Streit um das Verhältnis dieser beiden Normen.[620] Durch das Gesetz zur Stärkung der vertraglichen Stellung von Urhebern und ausübenden Künstlern vom 22. März 2002 hat der Gesetzgeber § 28 VerlG ersatzlos gestrichen.[621] Nach der Kommentierung von *Schricker* wird gegenwärtig noch über das Verhältnis beider Normen gestritten[622] und § 28 VerlG unter Umständen noch für Sachverhalte vor 2002 herangezogen,[623] so dass der Ansatz von *Hubmann* möglicherweise auch heute noch Anhänger hat. Nach der hier vertretenen Auffassung ist dem Ansatz von *Hubmann* aber seit 2002 das Fundament entzogen, so dass auf den Streit nur noch in der Fußnote eingegangen wird.[624]

---

617 *Hubmann*, Die Zwangsvollstreckung in Persönlichkeits- und Immaterialgüterrechte, S. 812, 830.

618 *Hubmann*, Die Zwangsvollstreckung in Persönlichkeits- und Immaterialgüterrechte, S. 812, 830.

619 *Schulze* in: Dreier/Schulze, § 34 Rn. 3.

620 Statt aller *Schricker* in: Kommentar zum Verlagsrecht, § 28 Rn. 1.

621 Zur Streichung ausführlich *Schricker* in: Schricker, § 34 Rn. 4b.

622 *Schricker* in: Schricker, § 34 Rn. 4b.

623 Für § 28 VerlG sieht nämlich § 132 Abs. 3 UrhG keine Übergangsregelung vor. Nach *Wandtke/Grunert* in: Wandtke/Bullinger, § 34 Rn. 44 dürfte § 28 VerlG auch für Altsachverhalte nicht mehr gelten, sondern allein § 34 UrhG in seiner alten Fassung.

624 Zunächst einmal äußert sich *Hubmann* nicht, wer nach seinem Ansatz über das Vorliegen eines wichtigen Grundes entscheiden soll. Bereits oben wurde erörtert, dass eine Erweiterung der Prüfungskompetenz der Vollstreckungsorgane nicht möglich ist. Es darf dem Rechtspfleger bzw. bei der Sachpfändung dem Gerichtsvollzieher keine weitere materiell-rechtliche Prüfung auferlegt werden. Die Prüfung eines Korrektivs des wichtigen Grundes wäre aber gerade eine solche materiell-rechtliche Aufgabe und mit dem Formalisierungsprinzip nicht vereinbar. Eine derartige Überprüfung des wichtigen Grundes bliebe dem Richter vorbehalten. Wie dies in der praktischen Rechtsanwendung gelöst werden soll, bleibt bei *Hubmann* unklar. *Hubmann* vertritt, dass § 28 Abs. 1 S. 3 VerlG auch auf die Zwangsvollstreckung im Urheberrecht übertragbar ist. Seit 1965 beinhaltete das Urheberrecht durch § 34 UrhG allerdings ein ähnliches Korrektiv. Nach § 34 Abs. 1 S. 2 UrhG darf der Urheber seine Zustimmung nicht wider Treu und Glauben verweigern. Das Schrifttum war sich einig, dass die Ausdrücke "nicht wider Treu und Glauben" aus § 34 UrhG und der "wichtige Grund" aus § 28 VerlG inhaltsgleich zu verstehen sind, *Schricker* in: Kommentar zum Verlagsrecht, § 28 Rn. 1; *Samson,* Urheberrecht, S. 139 oben. Da somit zwei Normen eine inhaltlich identische Regelung trafen, konnte *Hubmanns* Ansatz nur dann weiter verfolgt werden, wenn § 28 VerlG mit dem Korrektiv des wichtigen Grundes trotz der Regelung des § 34 Abs. 1 S. 2 UrhG weiter anwendbar blieb. Das Verhältnis von § 28 VerlG zu § 34 UrhG war demnach im Schrifttum

IV. Die Analogie zu § 34 Abs. 1 S. 2 UrhG

Es liegt nahe, dass ein Teil der Literatur zwar nicht das Korrektiv aus § 28 VerlG heranziehen möchte, wohl aber das inhaltsgleiche aus § 34 Abs. 1 S. 2 UrhG, erlaubt dieser schließlich eine vergleichbare Einschränkung. Der Ansatz ist folglich, kein Urheber dürfe willkürlich seine Einwilligung verweigern. Denn eine Rechtsausübung, die nur willkürlicherweise erfolge, lasse sich nicht mit Treu und Glauben vereinbaren.[625] Vielmehr würde eine solche Rechtsausübung einen Rechtsmissbrauch darstellen.

Nach *Lütje* wäre die Versagung der Einwilligung dann missbräuchlich, wenn die persönlichen Interessen des Urhebers seine bereits manifestierten kommerziellen Interessen nicht aufwiegen können.[626] Folglich sei ein Rechtsmissbrauch dann anzunehmen, wenn keine persönlichen Interessen die Verweigerung rechtfertigen können.[627]

Sosnitza nimmt das selbstbestimmte Vorverhalten des Schuldners als Maßstab.[628] Was der Schuldner für sich selbst akzeptiert habe, könne er dem Gläubiger billiger-

---

viele Jahre streitig. Nach Ansicht der überwiegenden Literatur sollte § 28 VerlG jedenfalls im Verlagsrecht neben § 34 UrhG bestehen bleiben (etwa *Schricker* in: Kommentar zum Verlagsrecht, § 28 Rn. 1 mit weiteren Nachweisen). Die Gegenauffassung vertrat, dass der aus dem Jahre 1901 stammende § 28 VerlG durch § 34 UrhG von 1965 verdrängt wurde und § 28 VerlG deshalb gegenstandslos geworden sei, *Hertin* in: Fromm/Nordemann, § 34 Rn. 3; *Held,* GRUR 1983, 161, S. 166. Das war überzeugend, da der 1965 geschaffene § 34 UrhG einen deutlich weiteren Anwendungsbereich als § 28 VerlG erhalten hatte. So bezog sich § 28 VerlG nach seinem Abs. 2 allein auf bestimmte Rechte, namentlich auf das Vervielfältigungs- und Verbreitungsrecht (§§ 16 und 17 UrhG) und überdies nur auf die schuldrechtliche Seite, *Hertin* in: Fromm/Nordemann, § 34 Rn. 3. § 34 UrhG hingegen erfasst sämtliche Übertragungen von Nutzungsrechten zu allen Verwertungsarten und erfasst auch die dingliche Seite, *Schricker* in: Schricker, § 34 Rn. 5. Überdies wollte der Gesetzgeber mit Einführung des § 34 UrhG die Rechtsstellung des Urhebers verbessern und hat ihn deshalb von der Beweislast des § 28 VerlG befreien wollen, indem im Rahmen des § 34 UrhG nun der Gläubiger den Verstoß wider Treu und Glauben beweisen muss, *Held,* GRUR 1983, 161, 164. Folgt man der zweiten Auffassung, der sich auch der Gesetzgeber 2002 angeschlossen hat, kommt das Korrektiv des wichtigen Grundes aus § 28 VerlG nicht in Betracht, da die Norm durch § 34 UrhG gegenstandslos geworden ist.

625 *Kirchmaier* in: Mestmäcker/Schulze, § 113 Rn. 11; *Klauze,* Urheberrechtliche Nutzungsrechte, S. 215, der § 34 Abs. 1 S. 2 UrhG auch als „Willkürkontrolle" versteht, darüber hinaus die Norm aber „zurückhaltend" anwenden will; inhaltlich übereinstimmend auch mit *Breidenbach,* CR 1989, 971, 972.

626 *Lütje* in: Möhring/Nicolini, § 113 Rn. 22.

627 Anders aber *Zimmermann,* Immaterialgüterrechte und ihre Zwangsvollstreckung, S. 193, die erst bei seltenen Ausnahmefällen ins Zweifeln kommt. Eindeutig ablehnend *Kefferpütz* in: Wandtke/Bullinger, § 113 Rn. 15, der auch bei Verstoß gegen Treu und Glauben von keiner Verpflichtung zur Einwilligung ausgeht. Es überrascht, wenn *Kefferpütz* dann aber von einem das gesamte Zivilrecht überlagernden Grundsatz von Treu und Glauben schreibt und bei einer willkürlichen Verweigerung nun doch eine Verpflichtung zur Erteilung der Einwilligung annehmen will (Rn. 18). Jedenfalls will *Kefferpütz* keine Analogie zu § 34 UrhG erlauben, sondern den allgemeinen Treu und Glauben Grundsatz ohne Normstütze anwenden.

628 *Sosnitza,* JZ 2004, 992, 1000.

weise nicht verweigern. Nach ihm beruht dieser Rechtsgedanke auf dem Verbot des widersprüchlichen Verhaltens.[629]

Noch weiter geht *Becker*, der davon ausgeht, eine Verweigerung der Einwilligung sei regelmäßig treuwidrig.[630]

Im Falle des Rechtsmissbrauchs soll nun der Gläubiger die Möglichkeit haben, auf Erteilung der Einwilligung zu klagen und diesen Titel nach § 894 Abs. 1 S. 1 ZPO durchzusetzen.[631] Sobald das Urteil Rechtskraft erlange, würde die Einwilligung als erklärt gelten.[632]

Der Lösungsansatz über § 34 UrhG kann einige Vorzüge aufweisen. Zunächst einmal wird der Wertung des Gesetzgebers gefolgt, eine Pfändung nur dann zu erlauben, wenn der Urheber eingewilligt hat. Allerdings soll eine Einwilligung erzwingbar sein, wenn sie der Urheber rechtsmissbräuchlich wider Treu und Glauben verweigert. Dabei beachtet dieser Ansatz von den hier erörterten Vorschlägen erstmalig das Formalisierungsprinzip, denn es wird nicht etwa dem Rechtspfleger oder dem Gerichtsvollzieher die Aufgabe zugeteilt, über die materiell-rechtliche Frage des Rechtsmissbrauches zu entscheiden. Vielmehr wird der Gläubiger auf ein neues Erkenntnisverfahren verwiesen, mit dessen Abschluss durch ein rechtskräftig gewordenes Urteil nun die Einwilligung als erteilt gilt.

Genau darin offenbart sich allerdings auch die Schwäche dieser Ansicht. Regelmäßig ist das Durchführen eines Erkenntnisverfahrens sehr zeitaufwendig. Der Gläubiger hat mitunter lange auf seinen Titel zu warten, bis er in den Genuss der Fiktionswirkung des § 894 Abs. 1 S. 1 ZPO gelangt.[633] Dem Urheber ist es nicht verwehrt, in der Zwischenzeit sein Recht zu verwerten, indem er Dritten ausschließliche Nutzungsrechte einräumt oder sogar anderen betreibenden Gläubigern die Zwangsvollstreckung erlaubt. Eine solche Verwertung seines Rechts schließt die bloße Rechtshängigkeit im Sinne des § 261 ZPO nicht aus. Vielmehr kann die streitbefangene Sache gemäß § 265 ZPO weiterhin veräußert oder abgetreten werden.[634]

---

629 *Sosnitza*, JZ 2004, 992, 1000. Als Beispiel gibt er etwa den Urheber an, der sein Werk noch nie für Werbung hergegeben hat und dies deshalb auch nicht im Rahmen der Zwangsvollstreckung hinnehmen muss. Anders derjenige Urheber, der sein Werk regelmäßig werbetechnisch vermarktet. Einem solchen Urheber sei dann auch in der Zwangsvollstreckung eine Werbung zumutbar.

630 *Becker* in: Musielak, § 857 Rn. 11. Damit im deutlichen Gegensatz etwa zu *Schulze* in: Dreier/Schulze, § 34 Rn. 18.

631 *Kefferpütz* in: Wandtke/Bullinger, § 113 Rn. 19; *Lütje* in: Möhring/Nicolini, § 113 Rn. 22; *Freudenberg*, Zwangsvollstreckung in Persönlichkeitsrechte, S. 153; *Sosnitza*, JZ 2004, 992, 1000. Die Technik ist vergleichbar der Durchsetzung der verweigerten Zustimmung im Sinne des § 34 UrhG. Hier geht *Schulze* in: Dreier/Schulze, § 34 Rn. 20 ebenfalls davon aus, dass der Veräußerer den Urheber „auf Zustimmung verklagen" müsse.

632 Sog. Fiktionswirkung *Schilken* in: Rosenberg/Gaul/Schilken, § 894 Rn. 8.

633 Von einem Genuss kann man tatsächlich sprechen, kämen doch ansonsten Beugemaßnahmen durch Festsetzung von Zwangsmitteln in Betracht. So auch *Schilken* in: Rosenberg/Gaul/Schilken, § 894 Rn. 1.

634 Unter der Streitsache ist jeder Gegenstand zu verstehen, mithin nicht nur körperliche Gegenstände, sondern auch Rechte, *Reichold* in: Thomas/Putzo, § 265 Rn. 2. Die Veräußerung er-

Überdies kann es keinem Gläubiger zugemutet werden, ein Erkenntnisverfahren zur Titelerlangung bezüglich seiner Geldforderung, dann das Vollstreckungsverfahren und schließlich ein weiteres Erkenntnisverfahren mit dem Ziel der Ersetzung der verweigerten Einwilligung durchzuführen. Es wird deutlich, dass jeder Gläubiger statt eines solchen mühsamen Weges lieber freiwillig auf seine Forderung verzichtet oder andere Wege fernab des staatlichen Gewaltmonopols zu gehen versuchen wird.[635]

Somit vermag dieser für die praktische Rechtsanwendung fragwürdige Ansatz zur Überwindung des Einwilligungserfordernisses in seiner aufwendigen Konzeption nicht zu überzeugen.[636]

V. Die teleologische Reduktion des § 113 UrhG mit dem Ansatz der Werkart

Im Schrifttum hat im Vergleich zu den anderen Ansätzen der Vorschlag einer teleologischen Reduktion des § 113 UrhG die meiste Beachtung gefunden.[637] Anfänglich wurde die These für eine spezielle Werkart, die Computerprogramme, entwickelt.[638] Derartige Werke dürften keinen Urheberrechtsschutz erhalten. Es seien Werke, die als Wirtschaftsgüter von Anfang an mit einer Verwertungs- und Kommerzialisierungsabsicht geschaffen wurden.[639]

Bei diesem Vorschlag handelt es sich eigentlich um die Kombination zweier Ansätze, die auseinander gehalten werden sollten. Der erste Ansatz versucht, bestimmte *Werkarten*, mit denen gewisse Eigenschaften und Entwicklungen verbunden werden, aus dem Urheberschutz herauszunehmen. Der zweite Ansatz versucht Werke herauszunehmen, die in einer bestimmten *Absicht* geschaffen werden, wobei auch hier der Urheberschutz aberkannt werden soll, wenn das Werk in einer sehr wirtschaftlich geprägten Absicht hergestellt wurde.

---

fasst auch die Einräumung oder Übertragung eines Nutzungsrechts, *Hartmann* in: Baumbach/Lauterbach, § 265 Rn. 4; *Reichold* in: Thomas/Putzo, § 265 Rn. 7.

635 Genau darin liegt die Gefahr eines nicht ausreichend effektiven Zwangsvollstreckungsrechts. Eine zu aufwendige oder ineffektive Zwangsvollstreckung drängt den Gläubiger in die eigentlich verbotene Selbsthilfe. Verbot der Selbsthilfe ohne effektiven staatlichen Rechtsschutz bedeutet dann aber Rechtlosigkeit, so auch *Baur/Stürner/Bruns*, Zwangsvollstreckungsrecht, Rn. 1.1. Es überrascht deshalb auch nicht, wenn *Rehbinder*, Schweizerisches Urheberrecht, S. 137 feststellt, dass in der Schweiz eine Zwangsvollstreckung in Urheberrechte nicht vorkomme.

636 Einem weiteren Erkenntnisverfahren steht auch *Schulze* in: Dreier/Schulze, § 113 Rn. 15 kritisch gegenüber.

637 Geradezu selbstverständlich lässt etwa *Becker* in: Musielak, § 857 Rn. 11 die Einwilligung entbehrlich sein.

638 Siehe *Lehmann*, CR 1986, 374, 374; zur Zwangsvollstreckung dann *Breidenbach*, CR 1989, 971, 972.

639 *Roy/Palm*, NJW 1995, 690, 692; dazu im Detail noch unter 6. Die Vorschläge untersuchend auch *Wallner*, Die Insolvenz des Urhebers, S. 80.

1. Computerprogramme als Werkart

Der erste Ansatz ist ursprünglich auf *Breidenbach* zurückzuführen.[640] Nach ihm soll den Computerprogrammen die notwendige Werkhöhe fehlen, um einen Urheberrechtsschutz zu rechtfertigen.[641] Es seien Produkte einer technischen Entwicklung, denen kein künstlerischer Einschlag zukomme.[642] Einen solchen künstlerischen Einschlag setze das Urheberrechtsgesetz aber voraus.

Er vergleicht die im Urheberrechtsgesetz nach § 2 Abs. 1 Nr. 1 UrhG geschützte Software mit der Behandlung der Software im Patentrecht.[643] Sollte die Software nämlich zum Patent angemeldet werden, wäre eine Pfändung möglich.[644] *Breidenbach* zeichnet die rechtshistorische Entwicklung der Zwangsvollstreckung im Patentrecht nach, wonach anfänglich zweifelhaft war, ob die patentierte Erfindung überhaupt als möglicher Vollstreckungsgegenstand in Betracht kommt[645] und sich dann ein Meinungsstreit entwickelte, ob wenigstens die zum Patent angemeldete Erfindung pfändbar sei. Nunmehr wird die Pfändung des Anspruchs auf Erteilung des Patents und das Recht aus dem Patent ganz überwiegend für zulässig erachtet.[646] Der nächste folgerichtige Schritt sei es, diese Entwicklung auch im Urheberrecht zu vollziehen, mithin die freie Pfändbarkeit bei der Werkart der Computerprogramme anzunehmen.[647] Dies solle durch eine teleologische Reduktion des § 113 UrhG ermöglicht werden. Es sei für den Gläubiger ansonsten eine nicht nachvollziehbare Ungleichbehandlung, zwischen nicht pfändbaren urheberrechtlich geschützten Werken und Werken, die ausnahmsweise die Anforderung an ein Patent erfüllen und als patentiertes Werk dann pfändbar sind.[648]

Schließlich führt *Breidenbach* die europäischen Richtlinien[649] an, die allesamt zum Ziel hätten, die Software als Wirtschaftsgut möglichst ökonomisch verwerten zu können. Die deutschen Normen zur Zwangsvollstreckung im Urheberrechtsgesetz seien aber zur europäischen Zielsetzung kontraproduktiv, da durch diese die Software als Wirtschaftsgut wieder ausgenommen werde.

Breidenbach hat mit seinem Ansatz der teleologischen Reduktion für die Werkart der Computerprogramme im Schrifttum Zuspruch erhalten.[650] So scheint für Teile der Literatur eine teleologische Reduktion des Einwilligungserfordernisses dann

---

640 *Breidenbach*, CR 1989, 873, 873 und *Breidenbach*, CR 1989, 971, 971.
641 *Breidenbach*, CR 1989, 971, 972 unter 2.
642 *Breidenbach*, CR 1989, 971, 972 unter 2.
643 *Breidenbach*, CR 1989, 971, 972 unter 3.
644 Mittlerweile höchstrichterlich anerkannt, vgl. BGH JZ 1994, 1012 ff.
645 *Pinzger*, ZZP (60) 1937, 415, 417.
646 *Breidenbach*, CR 1989, 971, 972 unter 3; Vgl. die Leitsätze aus BGH JZ 1994, 1012.
647 Vgl. *Breidenbach*, CR 1989, 971, 972.
648 *Breidenbach*, CR 1989, 971, 973 unter 4.
649 Richtlinie 91/250/EWG, ABl. Nr. L 122 (abgedruckt in GRUR Int. 1991, 545).
650 Etwa *Brehm* in: Stein/Jonas, § 857 Rn. 23; *Roy/Palm*, NJW 1995, 690, 692; sympathisierend auch *Freudenberg*, Zwangsvollstreckung in Persönlichkeitsrechte, S. 86, der im Ergebnis aber einen anderen Weg verfolgt (S. 153).

vorstellbar, wenn es sich um bestimmte Werkarten handelt, die nicht zu den klassischen Werken des Urheberrechts gehören. So schreibt etwa *Brehm*, dass mit dem Einwilligungserfordernis die Urheberpersönlichkeitsrechte gesichert werden sollen, diese aber bei Softwareentwicklungen keine Rolle spielen, so dass für diese Werke eine Einwilligung nicht erforderlich sei.[651]

2. Fortführung für andere Werkarten?

Denkt man *Breidenbachs* Ansatz weiter, dann könnte man beim Urheberrecht grundsätzlich die Frage aufwerfen, welche Werke den Schutz des Urheberrechts erlangen sollen, welche Werke aber auch nicht. Der Ansatz, ausgerechnet für Computerprogramme eine teleologische Reduktion durchzuführen, ist mit Blick auf die wirtschaftliche Bedeutung und die zunehmend technologisch geprägtere Ausrichtung des Urheberrechts verständlich.[652] Software ist unstreitig ein seit Jahrzehnten hochgehandeltes Wirtschaftsgut.[653] Die rechtswissenschaftliche und rechtspolitische Entwicklung vollzieht sich dementsprechend schneller in Gebieten, die in der Praxis besondere Relevanz aufweisen.

Jedoch stellt sich die Frage, ob nicht auch weitere Werkarten zur Diskussion gestellt werden können.[654] Man kann dies genauso gut für Filmwerke erwägen oder auch für Werke, die an der untersten Grenze des Urheberrechtsschutzes liegen. Angesprochen sind Werke der sogenannten "kleinen Münze".[655] Darunter sind Gegenstände zu verstehen, die überwiegend Gebrauchszwecken dienen und nicht der reinen Kunst, sondern dem gewerblichen Bereich zuzurechnen sind.[656] Im Schrifttum wird seit langem immer wieder versucht, Werke der kleinen Münze aus dem Schutzbereich des Urheberrechts zu nehmen.[657] Derartige Werke seien nicht der Literatur, Wissenschaft und Kunst zuzurechnen, wie es § 1 UrhG fordere.[658] Sowohl bei dem Vorstoß von *Breidenbach* für die Software als Werkart als auch für Werke der kleinen Münze lässt sich feststellen, dass die Grundlage des Ansatzes ein traditionelles Verständnis des Urheberrechts ist. Die Autoren versuchen das Urheberrecht der reinen Kunst und gehobenen Literatur vorzubehalten.[659] Das Bild von großen Soft-

---

651 *Brehm* in: Stein/Jonas, § 857 Rn. 23.
652 Vgl. *Sosnitza*, JZ 2004, 992, 998.
653 Zur wirtschaftlichen Bedeutung *Schack*, Urheber- und Urhebervertragsrecht, Rn. 30.
654 *Freudenberg*, Zwangsvollstreckung in Persönlichkeitsrechte, S. 86 zeigt, dass dieser Ansatz auch für Datenbankwerke im Sinne des § 4 Abs. 2 UrhG erwägt wird.
655 Zu diesem Begriff ausführlich *Schack*, Urheber- und Urhebervertragsrecht, Rn. 260 ff.
656 Vgl. *Loewenheim*, GRUR 1987, 761, 764.
657 Für das Entfernen der kleinen Münze aus dem Urheberrechtsschutz vehement *Thoms*, Schutz der kleinen Münze, S. 262; *Schack*, ZUM 1990, 59, 62; *Schack*, Urheber- und Urhebervertragsrecht, Rn. 265.
658 *Schulze*, Abgrenzungsproblematik bei den Werkarten, S. 7; *Schulze*, GRUR 1987, 769, 772.
659 Dies stellen auch *Loewenheim*, GRUR 1987, 761, 765 und *Hunziger*, UFITA (101) 1985, 49 fest.

warehäusern lässt sich mit der traditionellen Vorstellung des einzelnen Schöpfers im stillen Kämmerlein nun einmal nicht vereinbaren.

Zweiter Ansatzpunkt ist die Annahme, Computerprogramme wie auch Werke der kleinen Münze seien keine persönlichen geistigen Schöpfungen im Sinne des § 2 Abs. 2 UrhG.[660] So soll von einer schöpferischen Leistung erst dann ausgegangen werden können, wenn die im Werk zu Tage tretende Individualität ein gewisses Mindestmaß, eine gewisse Schöpfungshöhe erreicht.[661] Der diesen Ansatz verfolgende Teil der Literatur kann sich zur Bekräftigung auf zwei Grundsatzurteile des Bundesgerichtshofs stützen. In der Entscheidung "Inkassoprogramm" forderte der BGH als Voraussetzung für den Erwerb des urheberrechtlichen Schutzes, dass das Können des Durchschnittsprogrammierers deutlich überragt werden müsse.[662] Später betonte der BGH in der Entscheidung "Betriebssystem" noch einmal seine Forderung nach einer besonderen Gestaltungshöhe.[663]

Der Lösungsvorschlag, § 113 UrhG für bestimmte Werkarten teleologisch zu reduzieren, hat sich herausbilden können, weil das Urheberrechtsgesetz selbst keine Konkretisierung des Merkmals der persönlichen geistigen Schöpfung vornimmt. Der offene Werkbegriff führt dazu, dass seit Jahren diskutiert wird, für welche Werke urheberrechtliche Schutzinstrumente in Betracht kommen.

3. Kritik an der teleologischen Reduktion anhand der Werkart

Es erscheint zutreffend, dass die urheberpersönlichkeitsrechtlichen Interessen je nach Werkart unterschiedlich stark sein können. Jedoch ist dies nicht nur bei Werken der kleinen Münze und den Computerprogrammen festzustellen, sondern auch bei allen anderen denkbaren Werken. Wollte man nach dem Grad des Persönlichkeitsinteresses differenzieren, müsste man auch unbeachtliche Gelegenheitswerke des traditionell arbeitenden Urhebers aus dem Schutzbereich herausnehmen. Ob eine solche Entwicklung mit dem Urheberrechtsgesetz zu vereinbaren ist, erscheint fraglich.[664]

Gegen eine solche bereichsspezifische Modifikation[665] des § 113 UrhG spricht bereits § 2 UrhG, der die geschützten Werke aufzählt, ohne eine unterschiedliche Behandlung nach der Schöpfungs- und Gestaltungshöhe vorzunehmen.[666] Das Urhe-

---

660 *Schulze*, GRUR 1987, 769, 772.
661 *Schulze*, GRUR 1987, 769, 772; kritisch dazu *Loewenheim*, GRUR 1987, 761, 766.
662 BGH in CR 1985, 22 = GRUR 1985, 1041; besprochen bei *Haberstumpf* in: Mestmäcker/Schulze, §§ 69a ff. Vorbemerkung Rn. 3.
663 BGH in GRUR 1991, 449 ff.
664 So hat der Gesetzgeber in der Begründung ausdrücklich erwähnt, dass Werke der "kleinen Münze" weiterhin geschützt sein sollen, BT-Drucksache IV/270, S. 38.
665 *Sosnitza*, JZ 2004, 992, 999.
666 Ähnlich *Metzger*, Rechtsgeschäfte über das Droit moral, S. 126; siehe auch *Bleta*, Software in der Zwangsvollstreckung, S. 100.

berrechtsgesetz ist vielmehr von seiner Konzeption wertneutral.[667] Es ist deshalb nicht zu beanstanden, dass das Urheberrechtsgesetz auch Romane eines Durchschnittsautors und Kompositionen eines Durchschnittsmusikers schützt.[668] Es ist *Brehm* beizupflichten, dass die Urheberpersönlichkeit bei Computerprogrammen wohl weniger zu Tage tritt. Allerdings muss die Individualität das Werk nicht in dem Maße prägen, dass sein Schöpfer für jedermann als Urheber erkenntlich wird, das Werk, wie *Loewenheim* es formuliert, den „Stempel der Persönlichkeit"[669] trägt.[670]

Der Gesetzgeber hat die Computerprogramme als besondere Werkart im Urheberrechtsgesetz in einem eigenen Abschnitt geregelt. Allein dadurch wird aber nicht etwa die Anwendung der Normen der anderen Abschnitte – etwa des 3. Abschnittes über die Zwangsvollstreckung – für die Computerprogramme ausgeschlossen.[671] Es handelt sich lediglich um eine Umsetzung der europarechtlichen Richtlinien, die aufgrund ihrer zahlreichen Bestimmungen ebenso zahlreicher Kodifikationen bedurften und deshalb der Ordnung halber in einem eigenen Abschnitt gebündelt wurden.[672] Dass für die Schutzvoraussetzungen von Computerprogrammen keine anderen Anforderungen gelten sollen als für andere Werke, zeigt auch der 1993 in das Urheberrechtsgesetz eingefügte § 69a Abs. 3 S. 1, wonach auch für Computerprogramme die gleichen Schutzvoraussetzungen gelten und keine anderen, insbesondere keine anderen qualitativen oder ästhetischen Kriterien anzuwenden sind.[673] § 69a Abs. 3 UrhG, der durch die wortwörtliche Umsetzung der Softwarerichtlinie in das Urheberrechtsgesetz Einzug fand, kann als Reaktion der Kommission auf die beiden Entscheidungen des Bundesgerichtshofs verstanden werden.[674]

Gegen die genannte Ansicht kann weiter eingewendet werden, dass der Urheberrechtsschutz für Computerprogramme auch nicht etwa systemfremd ist. Zwar waren bei der Konzeption des Urheberrechtsgesetzes digitale Werke noch weniger verbreitet, doch trägt die zunehmende Anpassung des Gesetzes damit nur der Wirklichkeit Rechnung.[675] Jedenfalls ermöglicht das Urheberrechtsgesetz nicht ausschließlich den Schutz rein emotionaler Beziehungen des Urhebers zu seinem Werk, sondern

---

667 *Lütje* in: Möhring/Nicolini, § 113 Rn. 22.
668 *Loewenheim,* GRUR 1987, 761, 766.
669 *Loewenheim,* GRUR 1987, 761, 766.
670 Ähnlich auch *Metzger,* Rechtsgeschäfte über das Droit moral, S. 126, der ebenfalls keine eigenpersönliche Prägung fordert.
671 *Lütje* in: Möhring/Nicolini, § 113 Rn. 21.
672 Zur Umsetzung der Computerrechts-Richtlinie *Haberstumpf* in: Mestmäcker/Schulze, §§ 69 ff. Vorbemerkung Rn. 4.
673 Zur einheitlichen Handhabung des Schöpfungsbegriffes *Haberstumpf* in: Mestmäcker/Schulze, § 69a Rn. 23.
674 *Dreier* in: Dreier/Schulze, § 69a Rn. 25.
675 Es bleibt zu erwarten, dass die in § 2 UrhG aufgezählten klassischen Werke im Laufe der Zeit an praktischer Relevanz verlieren und überwiegend digitale Werke den Schutz des Urheberrechtsgesetzes beanspruchen.

schützt auch einzigartige, persönliche Schöpfungen, die aufgrund besonderen Wissens und besonderer Fähigkeiten entstanden sind.[676]

Die Vertreter der genannten Ansicht vermögen ebenfalls keinen Ansatz vorzulegen, der sich mit dem formalisierten Vollstreckungsverfahren vereinbaren lässt. Möchte man die Pfändung durch teleologische Reduktion des Einwilligungserfordernisses ermöglichen, bürdet man dem Vollstreckungsorgan weitreichende Prüfungen auf. So soll dieses darüber entscheiden, ob ein Werk im Sinne des § 2 Abs. 2 UrhG eine persönliche geistige Schöpfung darstellt und im Sinne der höchstrichterlichen Rechtsprechung eine gewisse Werk- und Schöpfungshöhe aufweist.[677] Eine derartige materiell-rechtliche Prüfung ist im formalisierten Zwangsvollstreckungsverfahren aber nicht denkbar.[678]

Folglich ist eine teleologische Reduktion des § 113 UrhG für bestimmte Werkarten abzulehnen.[679]

VI. Die teleologische Reduktion des § 113 UrhG mit dem Ansatz der Kommerzialisierungsabsicht

Im zweiten Ansatz geht es um die Frage, ob das Einwilligungserfordernis aus § 113 UrhG teleologisch zu reduzieren ist, wenn der Urheber das Werk in einer bestimmten Absicht, der sogenannten Kommerzialisierungsabsicht herstellt, was zur Folge haben soll, dass dann ausnahmsweise die Einwilligung entbehrlich sei.[680] Anders als beim vorherigen Ansatz ist nun nicht die Werkart, sondern die Einstellung des Urhebers zur Verwertung seines Werkes entscheidend.

1. Vergleich mit dem Patentrecht: Kundgabe der inneren Einstellung zum Werk

Auch *Paulus* bemüht für seine Argumentation den Vergleich zum Patentrecht, wonach im Patentrecht der Erfinder eine Pfändung dulden müsse, wenn er seine Kommerzialisierungsabsicht geäußert habe.[681] Der produzierende Urheber, der die

---

676 *Lütje* in: Möhring/Nicolini, § 113 Rn. 21; übereinstimmend auch mit *Bleta,* Software in der Zwangsvollstreckung, S. 99.

677 In beiden Fällen handelt es sich um komplexe materiell-rechtliche Fragestellungen, so auch *Ahlberg* in: Möhring/Nicolini, § 2 Rn. 43.

678 Siehe zur Begründung 2. Kapitel D IV.

679 Im Ergebnis übereinstimmend mit *Lütje* in: Möhring/Nicolini, § 113 Rn. 21. Ebenfalls kritisch *Wallner,* Die Insolvenz des Urhebers, S. 81 ff.

680 Hauptvertreter sind *Roy/Palm,* NJW 1995, 690, 692; *Paulus,* ZIP 1996, 1, 4; *Breidenbach,* CR 1989, 971, 973.

681 *Paulus,* ZIP 1996, 1, 4 linke Spalte; *Paulus,* DGVZ 1990, 151, 151.

Kommerzialisierung seiner Werke vor Augen habe, erhebe nicht den Anspruch, persönliche geistige Schöpfungen, mithin Kunst zu produzieren.[682]

Nach *Breidenbach* trete mit Kundgabe der Verwertungsabsicht am Wirtschaftsmarkt der persönlichkeitsrechtliche Aspekt zurück, so dass in der Zwangsvollstreckung nicht mehr von einem Eingriff in die Persönlichkeit des Urhebers auszugehen sei.[683] Die Produktentwicklung eines Werkes als Wirtschaftsgut führe auch zur Behandlung als Wirtschaftsgut. Dann aber sei eine Einschränkung in der Zwangsvollstreckung befremdlich.[684]

Auch dieser Ansatz ist im Schrifttum auf vermehrte Zustimmung gestoßen.[685] Eine subjektive innere Einstellung, ein Werk in Kommerzialisierungsabsicht erstellt zu haben, ist für die Gläubiger zunächst zwar nicht erkennbar, aber durch Kundgabe dieser Absicht soll der Urheber zugleich sein Urheberpersönlichkeitsrecht hinter die Vermögensinteressen des Gläubigers angestellt haben.[686] Folglich könne eine Zwangsvollstreckung auch nicht mehr als Eingriff in das Urheberpersönlichkeitsrecht gewertet werden, was demnach dazu führen würde, dass die Einwilligung, die ja gerade dem Schutze des Urheberpersönlichkeitsrechts dient, obsolet wäre.[687]

2. Kritik an der teleologischen Reduktion anhand einer Kommerzialisierungsabsicht

Gegen den Ansatz einer teleologischen Reduktion anhand einer Kommerzialisierungsabsicht sprechen bereits Probleme bei der praktischen Durchführung dieser Reduktion.[688] Nach *Breidenbach* soll der Vollstreckungsgläubiger die Beweislast für den Nachweis tragen, dass eine Kommerzialisierungsabsicht vorlag.[689] Wie ihm das gelingen soll, bleibt bei *Breidenbach* unklar. Möglich wird wohl allein der Nachweis des Abschlusses eines Lizenzvertrages sein. Dann aber erübrigt sich meist

---

682 Deshalb sei von einem „protektionistischen overkill" auszugehen, *Paulus*, ZIP 1996, 1, 4; ähnlich *Wallner*, Die Insolvenz des Urhebers, S. 83, der von einem „Regelungsüberschuss" spricht.

683 *Breidenbach*, CR 1989, 971, 973.

684 *Breidenbach*, CR 1989, 971, 972.

685 Da leider der Ansatz bezüglich der Werkart und der Ansatz bezüglich der Kommerzialisierungsabsicht meist in einem Atemzuge diskutiert werden, sind die Befürworter dieser Ansicht regelmäßig dieselben.

686 *Brehm* in: Stein/Jonas, § 857 Rn. 23 schreibt, dass die Urheberpersönlichkeitsrechte mit der kundgetanen Verwertungsabsicht keine Rolle spielen.

687 *Brehm* in: Stein/Jonas, § 857 Rn. 23, der bei Kundgabe der Verwertungsabsicht die Entbehrlichkeit der Einwilligung annimmt; *Zimmermann*, Immaterialgüterrechte und ihre Zwangsvollstreckung, S. 194 f., die bereits mit Kundgabe der Veröffentlichungsabsicht ausschließt, dass die Zwangsvollstreckung persönlichkeitsrechtliche Interessen betrifft; ebenso auch *Roy/Palm*, NJW 1995, 690, 692. Von einer herrschenden Meinung kann aber, wie *Paulus*, ZIP 1996, 1, 4 es behauptet, nicht ausgegangen werden.

688 Kritisch auch *Freudenberg*, Zwangsvollstreckung in Persönlichkeitsrechte, S. 86.

689 *Breidenbach*, CR 1989, 971, 973.

die hier untersuchte Zwangsvollstreckung, da der Gläubiger nun in die Vergütungs-ansprüche vollstrecken kann.[690]

Gegen den genannten Ansatz lässt sich auch einwenden, dass er die rechtshistori-sche Entwicklung des Urheberrechts nicht ausreichend beachtet. Dem Gesetzgeber des Urheberrechtsgesetzes von 1965 war es ein Anliegen, den Urheber in seiner Verwertung zu unterstützen und ihn vor einem wirtschaftlichen Übergewicht der Verwertungsgesellschaften zu schützen.[691] Während zur Zeit des Privilegienwesens die Absicht, ein Werk wirtschaftlich zu nutzen, undenkbar war, vielmehr die Ansicht bestand, für Gottes Lohn zu arbeiten, stellt das Urheberrechtsgesetz heute die wirt-schaftliche Komponente deutlich in den Vordergrund. Es sollte dem Urheber nicht nur erlaubt sein, für sein Schaffen Lohn einzufordern. Vielmehr wurden ihm zahl-reiche Hilfen zur Seite gestellt, sein Werk optimal zu verwerten. So sei nur der so-genannte Fairnessparagraph[692] aus § 32a UrhG oder die Mindestvergütungssätze in der Anlage zu § 54d Abs. 1 UrhG genannt. Die vom Bundestag am 5. Juli 2007 beschlossene Novelle des Urheberrechts verfolgte demnach genau diese wirtschaft-liche Komponente des Urheberrechtsgesetzes und führte zum 1. Januar 2008 ein, Geräte und Speichermedien, die typischerweise für Privatkopien genutzt werden, mit einer Abgabe zu belegen.[693] Es lässt sich somit festhalten, dass sich der Gesetz-geber gerade nicht gegen eine Gewinnerzielungsabsicht[694] ausgesprochen hat und der Schutz der ökonomischen Verwertung Sinn und Zweck[695] des Urheberrechtsge-setzes ist.[696] Ein in Kommerzialisierungsabsicht handelnder Urheber verliert somit nicht den Schutz des Urheberrechtsgesetzes.

Zudem fügt sich dieser Ansatz nicht in das formalisierte Vollstreckungsverfahren ein, da die Überprüfung einer Kommerzialisierungsabsicht keine Aufgabe des Rechtspflegers bzw. Gerichtsvollziehers darstellt.

Dementsprechend wird hier die teleologische Reduktion aufgrund einer Kommer-zialisierungsabsicht abgelehnt.[697]

---

690 Siehe dazu schon 2. Kapitel F II.
691 Siehe deshalb zu gesetzlichen Vergütungsansprüchen, die den Urhebern eine gewisse Min-destverwertung ermöglichen sollen *Schack,* Urheber- und Urhebervertragsrecht, Rn. 430.
692 Der sog. Bestsellerparagraph § 36 a. F. UrhG wurde 2002 durch den Fairnessparagraphen § 32a UrhG ersetzt. Zu dieser Terminologie siehe *Schulze* in: Dreier/Schulze, § 32a Rn. 1.
693 Zweites Gesetz zur Regelung des Urheberrechts in der Informationsgesellschaft ("Korb 2"); dazu etwa *Spindler,* Reform des Urheberrechts, NJW 2008, 9 ff.
694 So auch *Bleta,* Software in der Zwangsvollstreckung, S. 100.
695 So auch *Lütje* in: Möhring/Nicolini, § 113 Rn. 22.
696 Ausdrücklich auch *Thoms,* Schutz der kleinen Münze, S. 260 und *Freudenberg,* Zwangsvoll-streckung in Persönlichkeitsrechte, S. 87.
697 Im Ergebnis übereinstimmend mit *Kotthoff* in: Heidelberger Kommentar UrhG, § 113 Rn. 4 und *Schulze* in: Dreier/Schulze, § 113 Rn. 3, die als Begründung vortragen, es fehle für eine teleologische Reduktion an einer Gesetzeslücke. Ebenfalls kritisch *Wallner,* Die Insolvenz des Urhebers, S. 81.

VII. Die Voraussetzungen für eine Rechtsfortbildung

Die drei zuletzt vorgestellten Lösungsansätze basieren entweder auf einer Analogie oder einer teleologischen Reduktion. So betrifft § 113 UrhG im Grunde allein die Pfändungsebene,[698] während § 34 UrhG zwar in der Zwangsvollstreckung Anwendung finden soll, aber nur auf der Verwertungsebene.[699] Möchten Teile der Literatur § 34 Abs. 1 S. 2 UrhG aber im Rahmen des § 113 UrhG auf der Pfändungsebene heranziehen,[700] handelt es sich um eine Erweiterung des ursprünglichen Regelungsbereiches und dementsprechend um eine Analogie. Es ist das Anliegen der folgenden Untersuchung zu klären, ob das Problem grundsätzlich überhaupt durch eine Lückenfüllung lösbar ist.[701]

Tatsächlich bestehen Zweifel an der Möglichkeit, § 34 Abs. 1 S. 2 UrhG im Rahmen des § 113 UrhG analog heranzuziehen bzw. § 113 UrhG teleologisch zu reduzieren. Denn das setzt voraus, dass der Gesetzgeber *planwidrig* die hier diskutierten Fälle nicht geregelt hat. Die Vertreter dieser Ansätze haben deshalb darzulegen, dass der Gesetzgeber zwar die Grenzen des Zustimmungserfordernisses im Falle der rechtsgeschäftlichen Übertragung besonders regeln wollte, dies im Falle der Zwangsvollstreckung aber schlicht übersehen hat. Sie haben darzulegen, dass der Gesetzgeber dem Urheber nur eine Einwilligungsbefugnis zusprechen wollte, wenn die Einwilligung auf verständlichen Gründen beruht.[702] Schließlich haben diese Autoren zu zeigen, dass der Gesetzgeber das Einwilligungserfordernis nur für bestimmte Werkarten und überdies nur für Werke regeln wollte, die ohne Kommerzialisierungsabsicht geschaffen wurden.[703]

In Betracht käme hier allein eine wertend feststellbare Lücke.[704] Denn § 113 UrhG ist nach seinem Wortlaut ohne Ergänzung widerspruchsfrei anwendbar.[705] Aus Gründen der Gerechtigkeit, also aufgrund wertender Betrachtung verlangen Teile der Literatur aber nach einer Korrektur.[706]

---

698 *Lütje* in: Möhring/Nicolini, § 113 Rn. 12; *Zimmermann,* Immaterialgüterrechte und ihre Zwangsvollstreckung, S. 184.
699 Siehe aber die eigene Ansicht im 2. Kapitel C VI 3.
700 Siehe 2. Kapitel F IV.
701 Sollte sich herausstellen, dass das Problem durch eine Lückenfüllung nicht zu beheben ist, wäre neuen Vorschlägen in dieser Richtung bereits der Boden entzogen.
702 So nämlich für den Ansatz einer Analogie zu § 34 Abs. 1 S. 2 UrhG (2. Kapitel F IV).
703 So nämlich für die Ansätze einer teleologischen Reduktion des § 113 UrhG bezüglich bestimmten Werken oder aufgrund einer Kommerzialisierungsabsicht (2. Kapitel F V, VI).
704 Vgl. *Röhl,* Allgemeine Rechtslehre, § 77 I; zu Wertungslücken ausführlich auch *Zippelius,* Methodenlehre, § 11 I b.
705 So kann § 113 UrhG sowohl für traditionelle Werke, als auch für Gelegenheitswerke angewandt werden, obwohl manche Stimmen § 113 UrhG für letztere Werke nicht anwenden wollen, vgl. 2. Kapitel F V. Siehe aber zur berichtigenden Auslegung des Tatbestandmerkmals "in das Urheberrecht" 2. Kapitel vor A.
706 Siehe dazu *Zippelius,* Methodenlehre, § 11 I b; *Rüthers,* Rechtstheorie, Rn. 891.

1. Lücke als planwidrige Unvollständigkeit?

Eine Rechtsfortbildung durch eine Analogie oder durch teleologische Reduktion kann aber nur dann erfolgen, wenn tatsächlich eine Lücke vorliegt.[707] Von einer solchen Lücke im Gesetz kann erst dann gesprochen werden, wenn die Gesetzgebung für diesen Bereich eine einigermaßen vollständige Regelung anstrebte,[708] die Gesetzgebung eine spezielle Interessenlage also „übersehen oder vergessen"[709] hat.

Auffallend ist bereits, dass die Zwangsvollstreckung im Urheberrechtsgesetz in einem eigenen Abschnitt zusammengefasst wurde. Der Gesetzgeber hat in den §§ 112 ff. UrhG sehr umfassend verschiedenste Bereiche der Zwangsvollstreckung geregelt.[710] Diesen Willen, die Zwangsvollstreckung im Urheberrecht umfassend zu normieren, dokumentiert auch die ausführliche Gesetzesbegründung.[711] So erörtert der Gesetzgeber nicht nur den Bezug zu den Vorgängergesetzen, sondern erläutert umfassend seinen Willen, den Urheber zu schützen und beschreibt dazu fast ausnahmslos jedes Tatbestandmerkmal der §§ 112 ff. UrhG.[712]

Der Gesetzgeber hatte weit über ein Jahrzehnt die Möglichkeit auf die aufkommende Kritik der Literatur zu reagieren.[713] Dies ist zumindest ein Indiz, dass der Gesetzgeber an seiner Regelung festhalten wollte,[714] sie also auch nicht im Falle der rechtsmissbräuchlichen Anwendung oder im Falle besonderer Werkarten und Verwertungsabsichten korrigieren wollte. Selbstverständlich ist das kein gewichtiges Indiz, hat schließlich die Geschichte gezeigt, dass Änderungen in den Gesetzen häufig nur aufgrund politischer Konstellationen nicht vorgenommen werden.

---

707 Die Diskussion um derartige Lücken sollte stets vor Augen haben, dass unsere Rechtsordnung eigentlich nur wenige Fragmente regelt, insoweit Lücken nicht die Ausnahme, sondern die Regel sind. Deshalb ist der Begriff "Lücke" streng genommen auch irreführend, suggeriert er doch, dass der Gesetzgeber idealerweise alles regeln wollte und nur durch seinen Fehler eine bestimmte Fallgruppe nicht geregelt wurde. Das geht aber an der Wirklichkeit vorbei. Da das Feststellen einer "Lücke als planwidrige Unvollständigkeit" aber als Voraussetzung für eine Analogie allgemein anerkannt ist, ja geradezu zum juristischen Sprachgebrauch wurde, wird die Rechtsfortbildung mit dieser Methode geprüft. Siehe ausführlich *Canaris,* Lücken im Gesetz, S. 173 und 202, der sich gegen das Dogma der Lückenlosigkeit ausspricht. Siehe auch *Pawlowski,* Methodenlehre, Rn. 214a, der sich dagegen ausspricht, die Prüfung mit der Feststellung einer Lücke zu beginnen und dafür eintritt, dass festgestellt werden muss, ob sich das Recht ohne eine ergänzende oder berichtigende Auslegung sonst als widersprüchlich erweisen würde.

708 *Elze,* Luecken im Gesetz, S. 3; *Larenz/Canaris,* Methodenlehre, S. 192.

709 *Rüthers,* Rechtstheorie, Rn. 886.

710 So ist besonders die detaillierte Regelung in den §§ 115-117 UrhG für die Zwangsvollstreckung gegen den Rechtsnachfolger des Urhebers zu erwähnen.

711 BT-Drucksache IV/270 ab § 122 des Entwurfs, S. 109.

712 Besonders auffällig ist die detaillierte Begründung zu § 129 des Entwurfes (entspricht § 119 UrhG), die sogar einige Beispielfälle nennt, S. 111.

713 Selbst die am 5. Juli 2007 vom Bundestag beschlossene Novelle des Urheberrechts (Zweites Gesetz zur Regelung des Urheberrechts in der Informationsgesellschaft) greift die hier diskutierten Probleme nicht auf.

714 Deutlich so *Freudenberg,* Zwangsvollstreckung in Persönlichkeitsrechte, S. 89.

Während die §§ 113 ff. UrhG bezüglich des Einwilligungserfordernisses keine Einschränkung kennen, enthält § 34 Abs. 1 S. 2 UrhG ein solches Korrektiv. Bedenkt man, dass beide Normen gleichzeitig vom selben Gesetzgeber entworfen wurden, wird man im Ergebnis kaum von einer planwidrigen Unvollständigkeit sprechen können.[715] Fordert man mit *Canaris* für die Annahme einer Lücke stets den positiven Nachweis der Planwidrigkeit, so gelingt dieser hier nicht.[716]

2. Rechtspolitischer Fehler?

Derartige Problemfälle sind vielmehr von einem rechtspolitischen Fehler abzugrenzen.[717] Man kann sich deshalb allenfalls fragen, ob das Gesetz an dieser Stelle einer rechtspolitischen Diskussion standhält. Ist die Normierung aber nicht unvollständig, sondern allein rechtspolitisch verfehlt, kommt schon keine Lückenausfüllung durch eine Analogie bzw. teleologische Reduktion in Betracht.[718] Der Rechtsanwender kann dann eine gesetzesübersteigende Rechtsfortbildung rechtspolitisch anregen.[719] Aufgrund des Grundsatzes der Gewaltenteilung aus Art. 20 Abs. 2 S. 2 GG und dem Prinzip der Rechtssicherheit darf der Rechtsanwender aber nicht die Aufgabe der Gesetzgebung wahrnehmen.[720]

3. Vergleichbare Interessenlage und Normzweck

Nimmt man entgegen der hier vertretenen Ansicht eine Lücke durch planwidrige Unvollständigkeit an, so stellen sich zwei weitere Probleme. Während für einen Analogieschluss die gesetzlich geregelte Interessenlage mit der ungeregelten vergleichbar sein muss,[721] erfasst bei der teleologischen Reduktion der Normzweck entgegen des Wortlauts bestimmte Ausnahmefälle gerade nicht.[722]

Die Vertreter, die § 34 Abs. 1 S. 2 UrhG in einer Analogie heranziehen möchten, greifen auf eine Norm zurück, die die Übertragung im Rechtsverkehr regelt. Davon

---

715 Im Ergebnis übereinstimmend mit *Schulze* in: Dreier/Schulze, § 113 Rn. 15; *Kotthoff* in: Heidelberger Kommentar UrhG, § 113 Rn. 4; *Kefferpütz* in: Wandtke/Bullinger, § 113 Rn. 15.

716 *Canaris,* Lücken im Gesetz, S. 198.

717 Wo das geltende Recht eine Regelung nicht fordert, liegt keine Lücke, sondern allenfalls ein rechtspolitischer Fehler vor, *Canaris,* Lücken im Gesetz, S. 197; ebenso *Larenz/Canaris,* Methodenlehre, S. 194 und *Pawlowski,* Methodenlehre, Rn. 214.

718 Die Grenze zur Rechtsfindung contra legem ist stets schwer zu ziehen. Jedenfalls die vorgestellten Ansätze über eine Analogie bzw. teleologische Reduktion überschreiten diese Grenze.

719 *Larenz/Canaris,* Methodenlehre, S. 195.

720 Ähnlich auch *Zippelius,* Methodenlehre, § 11 I c.

721 *Rüthers,* Rechtstheorie, Rn. 889.

722 *Rüthers,* Rechtstheorie, Rn. 903.

ist aber die zwangsweise Einräumung des Nutzungsrechts durch das staatliche Gewaltmonopol im Zuge einer Zwangsvollstreckung zu unterscheiden. Der Rechtsgedanke des § 34 Abs. 1 S. 2 UrhG stammt somit aus der Situation einer Sublizensierung,[723] nachdem der Urheber einem Dritten freiwillig ein Nutzungsrecht eingeräumt hat. Diese Situation ist mit dem meist erstmaligen und zudem zwangsweisen Zugriff auf ein Nutzungsrecht nicht vergleichbar.[724]

Auch bezüglich der teleologischen Reduktion ist ein zweiter Schritt vorzunehmen. Der Normzweck des § 113 UrhG dürfte entgegen des Wortlauts die diskutierten Ausnahmefälle nicht umfassen. Erneut gibt die Gesetzesbegründung Aufschluss über diese Frage. So ist eine teleologische Reduktion aufgrund bestimmter Werkarten schon deshalb nicht möglich, weil der Normzweck nach der Gesetzesbegründung ausdrücklich auch Gelegenheitswerke, Werke der kleinen Münze und besondere Werke wie Computerprogramme umfasst.[725] Auch eine teleologische Reduktion aufgrund der Herstellung des Werkes in Kommerzialisierungsabsicht ist nicht möglich, schützt der Normzweck gerade auch die kommerzielle Verwertung.[726] Der Gesetzgeber wollte ebenso den gewerblichen Urhebern den Schutz des Urheberrechtsgesetzes gewähren.[727]

4. Ergebnis

Somit lässt sich festhalten, dass der Versuch einiger Autoren, von der besonderen Vollstreckungsvoraussetzung im Urheberrechtsgesetz Abstand zu nehmen, grundsätzlich zwar zu begrüßen ist, methodisch aber dieses Ziel weder durch eine Analogie, noch durch eine teleologische Reduktion erreicht werden kann. Dazu fehlt es sowohl an einer planwidrigen Unvollständigkeit wie auch an der vergleichbaren Interessenlage. Es handelt sich bei den vorgestellten Ansätzen um eine Rechtsfindung contra legem.

G. Ein eigener Ansatz de lege ferenda

Das Problem der Unvereinbarkeit der §§ 113 f. UrhG mit den Maximen des Zwangsvollstreckungsrechts ist mit den vorgestellten Ansätzen nicht zu lösen. Die vorliegende Arbeit hat sich daher zum Ziel gesetzt, ein alternatives Konzept zu ent-

---

723 Zur Sublizenz (auch Enkelrechte genannt) *Schack,* Urheber- und Urhebervertragsrecht, Rn. 556; *Lütje* in: Möhring/Nicolini, § 112 Rn. 19.
724 Der Zugriff auf das Nutzungsrecht ist in der Vollstreckung deshalb meist erstmalig, da im Falle der bereits eingeleiteten Verwertung regelmäßig die Pfändung der Vergütungsansprüche gewählt wird.
725 Deutlich BT-Drucksache IV/270 S. 38.
726 Siehe nur § 11 S. 2 UrhG.
727 Siehe BT-Drucksache IV/270 S. 28.

wickeln. Bei diesem Ansatz soll versucht werden, die vollstreckungsrechtliche Dogmatik mit den Interessen des Urheberrechts in Einklang zu bringen.

I. Aufstellen der Hypothese

Die §§ 112 ff. UrhG dienen dem Schutz des Urhebers in der Zwangsvollstreckung.[728] Grund dafür ist die geistige und persönliche Beziehung des Urhebers zu seinem Werk im Sinne des § 11 UrhG.[729] Diese Zielrichtung des Urheberrechtsgesetzes, den Urheber zu schützen, bleibt Grundlage der hier aufzustellenden Hypothese.[730]

Die Zivilprozessordnung von 1877 kannte noch kein Urheberrecht im heutigen Sinne. Dennoch erscheint es so, als könne die Aufgabe, den Urheber zu schützen, vom Zwangsvollstreckungsrecht im 8. Buch der ZPO selbst erfüllt werden und überdies in einer Weise, die die Maximen des Zwangsvollstreckungsrechts wahrt. Deshalb wird folgende Hypothese aufgestellt:

Die Behandlung des Urheberrechts in der Zwangsvollstreckung kann auf das Vollstreckungsrecht der Zivilprozessordnung zurückgeführt werden. Einer besonderen Regelung der Zwangsvollstreckung im Urheberrechtsgesetz bedarf es daher nicht. Die §§ 112 bis 119 UrhG können demzufolge gestrichen werden.

Nachfolgend ist zu untersuchen, wie das Urheberrecht durch die Zivilprozessordnung in der Zwangsvollstreckung behandelt werden kann (II.) und ob die ZPO einen ausreichenden Schutz des Urhebers gewährleistet (III.).

II. Die Vorgehensweise in der Zivilprozessordnung

Die Zivilprozessordnung kennt zweierlei Möglichkeiten in Problemkonstellationen, eine Zwangsvollstreckung einstweilen oder dauerhaft zu verhindern. Auf der einen Seite können Vollstreckungsgegenstände bereits der Pfändung entzogen werden wie dies etwa § 811 ZPO zeigt.[731] Auf der anderen Seite kann auch erst auf der Verwer-

---

728 Die Gesetzesbegründung äußert sich zum 3. Abschnitt des 4. Teils nur wenig. So findet sich allein zu § 122 des Entwurfs der Hinweis, dass es sich um Schutzbestimmungen handle. Dass die §§ 112 ff. UrhG aber dem Schutz des Urhebers dienen, ist die im Schrifttum allgemein anerkannte ratio legis, vgl. *Schulze* in: Dreier/Schulze, § 112 Rn. 2; *Kroitzsch* in: Möhring/Nicolini, § 112 Rn. 3; *Kotthoff* in: Heidelberger Kommentar UrhG, § 112 Rn. 4; *Wild* in: Schricker, § 112 Rn. 1; *Kirchmaier* in: Mestmäcker/Schulze, § 112 Rn. 1.

729 Dazu *Nordemann* in: Fromm/Nordemann, § 11 Rn. 1.

730 Siehe zum Willen des Gesetzgebers, den Urheber zu schützen, die Einleitung zur Begründung der Reform des Urheberrechtsgesetzes in BT-Drucksache IV/270, S. 27. Zur Frage, ob auf den Willen des Gesetzes oder des Gesetzgebers abzustellen ist (objektive bzw. subjektive Theorie) *Rüthers*, Rechtstheorie, Rn. 796 ff.

731 § 811 ZPO gehört zum gesetzlichen Vollstreckungsschutz und setzt bereits auf der Pfändungsebene an, *Gruber* in: MünchKommZPO, § 811 Rn. 1 und 9.

tungsebene Einhalt geboten werden.[732] Fraglich ist, auf welcher Ebene für den Fall des Urheberrechts in der Zwangsvollstreckung eine den Urheber schützende Einschränkung vorgenommen werden könnte.

1. Verlagerung des Problems von der Pfändung auf die Verwertung

Das geltende Recht sieht in den §§ 113 f. UrhG eine Beschränkung auf der Pfändungsebene vor. Für eine Einschränkung erst auf der Verwertungsebene und damit für eine freie Pfändbarkeit lassen sich aber zwei Argumente anführen. Zum einen entspricht es der Art und Weise des Zwangsvollstreckungsrechts, möglichst schnell die Pfändung durchzuführen,[733] um das einzelne Vollstreckungsorgan von der Prüfung aufwendiger materiell-rechtlicher Fragen frei zu halten.[734] So soll beispielsweise der Gerichtsvollzieher bei der Mobiliarvollstreckung gemäß § 808 Abs. 1 ZPO nicht das Eigentum, sondern lediglich den Gewahrsam prüfen.[735] Dahinter steht das oben bereits erörterte Formalisierungsprinzip.[736]

Während eine Pfändung den Schuldner noch nicht vor endgültige Tatsachen stellt, sie den Schuldner also nicht ernsthaft belastet,[737] kann die Pfändung beim Gläubiger hingegen schon zur beanspruchten Sicherung führen.[738] So löst eine Pfändung regelmäßig die öffentlich-rechtliche Verstrickung aus.[739] Dem Schuldner wird die Verfügungsmacht über das Recht entzogen und für die Verwertung zu Gunsten des Gläubigers bereitgestellt.[740]

---

732 Beispielsweise lässt § 817a ZPO die Pfändung unberührt (*Gruber* in: MünchKommZPO, § 817a Rn. 5), blockiert aber die Verwertung, wenn in der Versteigerung nicht das Mindestgebot erreicht wird. Eine ähnliche Vorgehensweise kennt auch die Immobiliarvollstreckung. Nach § 85a ZVG bleibt die Pfändung zwar bestehen, die Verwertung wird aber einstweilen verhindert.

733 So reicht bei der Forderungspfändung bereits, dass der Gläubiger behauptet, der Schuldner sei Inhaber der zu pfändenden Forderung, vgl. *Stamm*, Prinzipien und Grundstrukturen des Zwangsvollstreckungsrechts, S. 51.

734 *Baur/Stürner/Bruns*, Zwangsvollstreckungsrecht, Rn. 12.1; *Stamm*, Prinzipien und Grundstrukturen des Zwangsvollstreckungsrechts, S. 51.

735 Deutlich so *Baur/Stürner/Bruns*, Zwangsvollstreckungsrecht, Rn. 28.8, der sogar von einem Verbot der Prüfung der Vermögenszugehörigkeit spricht. Ähnlich ist dies bei der Immobiliarvollstreckung. Hier wird nur eine formalisierte Prüfung des Eigentums vorgenommen (vgl. § 891 BGB).

736 Etwa *Gruber* in: MünchKommZPO, § 808 Rn. 22.

737 Siehe auch 2. Kapitel B III und *Zimmermann*, Immaterialgüterrechte und ihre Zwangsvollstreckung, S. 192.

738 Endgültige Tatsachen werden schon deshalb nicht hergestellt, da die Pfändung und damit die Verstrickung jederzeit wieder aufgehoben werden können, sog. Entstrickung *Baur/Stürner/Bruns*, Zwangsvollstreckungsrecht, Rn. 27.4.

739 *Gaul* in: Rosenberg/Gaul/Schilken, § 1 IV; Ausnahmen bestehen nur, wenn die Pfändung als Vollstreckungsakt nichtig ist, *Baur/Stürner/Bruns*, Zwangsvollstreckungsrecht, Rn. 27.1.

740 *Baur/Stürner/Bruns*, Zwangsvollstreckungsrecht, Rn. 27.1.

Für diese Vorgehensweise lassen sich zahlreiche Beispiele finden. Exemplarisch sei § 813b ZPO erwähnt, wonach die Verwertung zeitweilig ausgesetzt werden kann, wenn dies unter anderem nach der Persönlichkeit des Schuldners angemessen erscheint. Hier wird nicht etwa die Pfändung, sondern allein die Verwertung eingeschränkt.[741] Denn die Pfändung selbst bleibt bestehen, so dass der Gläubiger seine erlangte Sicherheit nicht verliert.[742]

Nicht anders ist die Vorgehensweise im Bereich der Immobiliarvollstreckung. Beispielsweise kann mit § 30a ZVG die Zwangsvollstreckung blockiert werden. Danach kann das Verfahren einstweilen eingestellt, somit die Verwertung verhindert werden, ohne dass es einer Einschränkung der Pfändung bedürfte. Die Pfändung bzw. Beschlagnahme bleibt mit all ihren Wirkungen auch hier unberührt.[743]

Die Vorgehensweise, das Problem von der Pfändungs- auf die Verwertungsebene zu verlagern, könnte sich zum anderen auf eine ähnliche Situation im Urheberrecht stützen lassen. In den Fällen, in denen der Urheber einem Dritten ein Nutzungsrecht eingeräumt hat und ein Vollstreckungsgläubiger auf das Nutzungsrecht des Dritten zugreifen möchte, vertreten Rechtsprechung und Literatur die Auffassung, dass der Urheber einer solchen Zwangsvollstreckung gegen den Berechtigten des Nutzungsrechts zustimmen müsse.[744] Allerdings sprechen sich Rechtsprechung und Teile der Literatur dafür aus, dass die Zustimmung des Urhebers erst zur Verwertung und nicht schon zur Pfändung erforderlich sei.[745] Das Zustimmungserfordernis wird dabei auf § 34 Abs. 1 S. 1 UrhG gestützt. Danach bedarf die Übertragung des Nutzungsrechts der Zustimmung des Urhebers. Da die Pfändung allein zu einem Verbot der weiteren Verfügung über das Nutzungsrecht, also zu einer Sicherung führe, die Übertragung aber erst durch die Verwertung vorgenommen werde, sei die Zustimmung auch erst zur Verwertung erforderlich.[746] Wäre nämlich die Zustimmung bereits zur Pfändung notwendig und träte wegen fehlender Zustimmung keine Verstrickung und kein Pfändungspfandrecht ein, würde damit der nicht schützenswerte Schuldner unangemessen bevorzugt.[747] Schließlich kann sich diese Auffassung auf eine Äußerung in der Gesetzesbegründung stützen, wonach die Pfändung nach dem Willen des Gesetzgebers unbeschränkt zulässig sein soll, die Verwertung aber durch das Zustimmungserfordernis beschränkt wird.[748]

---

741 Siehe *Münzberg* in: Stein/Jonas, § 813b Rn. 2; *Gruber* in: MünchKommZPO, § 813b Rn. 1.

742 *Gruber* in: MünchKommZPO, § 813b Rn. 17; *Putzo* in: Thomas/Putzo, § 813b Rn. 11.

743 Schließlich soll nur die Versteigerung verhindert werden, *Storz* in: ZVG, § 30a Rn. 6; die Pfändung eines Grundstücks nennt das ZVG "Beschlagnahme", vgl. auch *Schilken* in: Rosenberg/Gaul/Schilken, § 50 III 1a, aa.

744 OLG Hamburg ZUM 1992, 547, 550; *Ahrens,* Verwertung persönlichkeitsrechtlicher Positionen, S. 484 und Fn. 248; *Lütje* in: Möhring/Nicolini, § 112 Rn. 38; *Samson,* Urheberrecht, S. 237.

745 OLG Hamburg ZUM 1992, 547, 550; *Kefferpütz* in: Wandtke/Bullinger, § 112 Rn. 20; *Lütje* in: Möhring/Nicolini, § 112 Rn. 38. Zur Gegenauffassung etwa *Rehbinder,* Urheberrecht, Rn. 961 und *Ulmer,* Urheber- und Verlagsrecht, § 109 II.

746 *Lütje* in: Möhring/Nicolini, § 112 Rn. 38.

747 *Lütje* in: Möhring/Nicolini, § 112 Rn. 38.

748 BT-Drucksache IV/270, S. 109 zu § 122.

Aus diesen Gründen erscheint eine Verlagerung des Problems von der Pfändungs- auf die Verwertungsebene sinnvoll. Eine Einschränkung auf der Verwertungsebene ist somit einer Einschränkung auf der Pfändungsebene vorzuziehen.[749]

2. Pfändung des Nutzungsrechts als in seiner zwangsweisen Verwertbarkeit aufschiebend bedingtes Recht

Weiterhin ist fraglich, in welcher Weise das urheberrechtliche Nutzungsrecht ge- pfändet werden kann. Zu untersuchen ist, ob der Vollstreckungsgläubiger das urhe- berrechtliche Nutzungsrecht als in seiner zwangsweisen Verwertbarkeit aufschie- bend bedingtes Recht pfänden kann.

Bei einer solchen Vorgehensweise würde es sich nicht um eine bedingte Pfän- dung handeln. Vielmehr würde die Pfändung als Staatsakt bedingungslos erfolgen, während allein die getroffene Anordnung bedingt wäre.[750] Die Situation wäre viel- mehr vergleichbar mit der Pfändung aufschiebend bedingter Ansprüche, die allge- mein anerkannt ist.[751] Die §§ 829 ff. ZPO zur Forderungsvollstreckung regeln nicht ausdrücklich den Fall der Vollstreckung eines Anspruchs, der noch nicht fällig, aufschiebend bedingt oder zukünftig ist. Immerhin aber erwähnt § 844 ZPO die bedingten und betagten Forderungen.[752] Rechtsprechung und Schrifttum sind sich demgemäß einig, dass auch solche Ansprüche gepfändet werden können.[753]

Der Vergleich mit der Pfändung aufschiebend bedingter Ansprüche könnte aber Bedenken hervorrufen, wird einmal ein *Anspruch* gepfändet, das andere Mal ein *Recht*.

Bei der Suche nach dem kleinsten gemeinsamen Nenner stellt man aber fest, dass sowohl der Anspruch als auch das Nutzungsrecht subjektive Rechte sind.[754] Denn subjektive Rechte umfassen auf der einen Seite Ansprüche im Sinne des § 194 Abs. 1 BGB, auf der anderen Seite Positionen, die als Quelle verschiedener Ansprü-

---

749 Im Ergebnis diesbezüglich übereinstimmend mit *Baur/Stürner/Bruns,* Zwangsvollstreckungs- recht, Rn. 32.27, die anregen, das Einwilligungserfordernis aus § 113 UrhG nicht als Pfän- dungs- sondern als Verwertungshindernis zu begreifen.

750 So bereits BGH NJW 1993, 2876, 2877 unter b, dd; siehe auch ausführlich unter VII 5; der Pfändungsbeschluss ist unbedingt, *Brehm* in: Stein/Jonas, § 829 Rn. 4.

751 BGHZ 53, 29, 31 (unter 3.); schon 1911 *Seuffert,* Kommentar ZPO (1911), § 857 Nr. 1. Siehe auch *Freudenberg,* Zwangsvollstreckung in Persönlichkeitsrechte, S. 84, der die Pfändung künftiger Rechte am unveröffentlichten Werk erwägt. Ähnlich auch *Hunziger,* UFITA (101) 1985, 49, 54, der den Urheber über ein Werk verfügen lässt, das bei Vertragsschluss noch nicht besteht.

752 Hierauf weist schon *Olzen,* ZZP 1984, 1, 3 hin.

753 BGH NJW 1993, 2876; *Stöber,* Forderungspfändung, Rn. 24 ff.; *Lüke* in: Wieczorek/Schütze, § 829 Rn. 10 ff.; *Münzberg* in: Stein/Jonas, § 829 Rn. 3; *Kuchinke,* NJW 1994, 1769, 1770; *Dieckmann* in: Soergel, § 2317 Rn. 14. Soweit ersichtlich ablehnend allein *Honsell,* JZ 2001, 1143, 1143. Zu dieser Gegenauffassung siehe aber noch 2. Kapitel G VI.

754 Für das urheberrechtliche Nutzungsrecht *Larenz/Wolf,* Allgemeiner Teil BGB, § 15 Rn. 8 und 11.

che in Betracht kommen.[755] Der Anspruch resultiert dabei aus einem Recht als solchem und führt dazu, dass der Berechtigte im Sinne des § 194 Abs. 1 BGB von einem anderen ein Tun oder Unterlassen verlangen kann. Das subjektive Recht zeichnet aus, dass der Rechtsinhaber eine einklagbare Berechtigung bzw. Rechtsposition innehat.[756] Die notwendigen Elemente des subjektiven Rechts sind somit zwei Personen, wobei einer Träger des Rechts und der andere der Verpflichtete ist, sowie die notfalls klageweise durchzusetzende Verhaltensnorm.[757]

Das urheberrechtliche Nutzungsrecht ist gerade eine solche Quelle verschiedener Ansprüche.[758] Notfalls ist es dem Nutzungsberechtigten auch möglich, sein Nutzungsrecht klageweise geltend zu machen. Das Zweipersonenverhältnis entsteht hier entweder zwischen dem Nutzungsberechtigten und dem Urheber oder dem Nutzungsberechtigten und einem Dritten.[759] Die Pfändung des Nutzungsrechts als in seiner zwangsweisen Verwertbarkeit aufschiebend bedingtes Recht ist somit mit der Pfändung aufschiebend bedingter Ansprüche vergleichbar.

a) Bestimmbarkeit des zu pfändenden Rechts

Bei einer solchen Vorgehensweise ist die Bestimmbarkeit des zu pfändenden Rechts besonders zu beachten.[760] Der Vollstreckungsgläubiger hat das zu pfändende Recht nach Art und Inhalt zu bestimmen, also genau anzugeben, welche Verwertungsbefugnisse gepfändet werden sollen.[761] Mitunter kann dies für den Gläubiger erhebli-

---

755 *Röhl*, Allgemeine Rechtslehre, § 44 I 1; er nennt als solche Position, die als Quelle verschiedener Ansprüche in Betracht kommt, etwa das Patent.

756 Vgl. dazu ausführlich *Rüthers*, Rechtstheorie, Rn. 63; ähnlich auch *Larenz/Wolf,* Allgemeiner Teil BGB, § 14 unter 1.

757 *Rüthers*, Rechtstheorie, Rn. 63.

758 Aus dem Nutzungsrecht entspringt etwa der Unterlassungsanspruch des Berechtigten gegen denjenigen, der das Werk unberechtigt nutzt, vgl. § 31 Abs. 3, 97 Abs. 1 S. 1 UrhG.

759 Das hängt maßgeblich davon ab, ob es sich um ein Nutzungsrecht im Sinne des § 31 Abs. 2 oder Abs. 3 UrhG handelt. Beim einfachen Nutzungsrecht im Sinne des Abs. 2 kann der Nutzungsberechtigte gegen den Störer nicht aus eigenem Recht vorgehen und ist auf die Hilfe des Urhebers (etwa in Form einer gewillkürten Prozessstandschaft) angewiesen, *Schulze* in: Dreier/Schulze, § 31 Rn. 51. Zu den schwierigen Situationen im Arbeitsrecht, siehe 3. Kapitel D II.

760 Insoweit kann auf die zur Abtretung einer Forderung entwickelten Regeln zurückgegriffen werden, *Schilken* in: Rosenberg/Gaul/Schilken, § 54 I 1 a.

761 Vgl. *Stöber*, Forderungspfändung, Rn. 1761. § 31 Abs.1 S. 1 UrhG ermöglicht es auch, dass der Gläubiger alle Nutzungsarten erlangt, *Schack*, Urheber- und Urhebervertragsrecht, Rn. 535. Insoweit muss der Gläubiger nicht etwa alle Verwertungsarten im Sinne der §§ 15 ff. UrhG angeben. Überdies hat der Gläubiger bei der Bestimmtheit § 31 Abs. 5 UrhG zu beachten, wonach sich die Einräumung nach dem zugrunde gelegten Vertragszweck bestimmt.

chen Aufwand bedeuten, muss er Erkundungen einholen, ob und gegebenenfalls in welcher Art und Weise ein Werk bereits verwertet wurde.[762]

b) Voraussetzung der Verwertung

Pfändet man das urheberrechtliche Nutzungsrecht als in seiner zwangsweisen Verwertbarkeit aufschiebend bedingtes Recht, bleibt fraglich, welche Voraussetzung eintreten muss, damit das vollwertige Pfändungspfandrecht entstehen kann und der Gläubiger das Nutzungsrecht zwangsweise verwerten darf.[763] Die gesuchte Verwertungsvoraussetzung sollte zugleich für den Urheber als Vollstreckungsschuldner ein Schutzinstrument darstellen.

Eine Einwilligung durch den Urheber kommt als Verwertungsvoraussetzung indessen nicht in Betracht, da damit die Probleme bezüglich der vollstreckungsrechtlichen Prinzipien fortbestünden.[764] Die Verwertungsvoraussetzung gibt vielmehr das

762 Hat der Urheber beispielsweise sein Werk bezüglich einer bestimmten Verwertungsart durch ein ausschließliches Nutzungsrecht verwertet, kann der Vollstreckungsgläubiger kein identisches Nutzungsrecht pfänden lassen.

763 Siehe zur Terminologie "vollwertiges Pfandrecht", welche der BGH in den Entscheidungen zu § 852 ZPO gebraucht, noch unter 5.

764 Nach wie vor hätte es der Urheber in der Hand, zu entscheiden, welchem Gläubiger er die Verwertung gewährt. Das Prinzip der Erzwingbarkeit von Ansprüchen würde also unbeachtet bleiben. Nicht anders würde es sich mit dem Formalisierungsprinzip verhalten, wurde oben doch festgestellt, dass das Schrifttum gegenwärtig materiell-rechtliche Prüfungen bezüglich der Einwilligung, insbesondere seiner Besonderheiten wie der Beschränkung oder des Widerrufs, vom Rechtspfleger bzw. Gerichtsvollzieher statt dem Vollstreckungsrichter vornehmen lassen. Aufgrund der Regelungen in den §§ 808 Abs. 1, 828 Abs. 1 ZPO, 20 Nr. 17 RPflG würde über die Rechtsfragen bezüglich der Einwilligung als Verwertungsvoraussetzung der Rechtspfleger bzw. der Gerichtsvollzieher entscheiden. Ob überdies das Prioritätsprinzip gewahrt würde, sieht man die Einwilligung des Urhebers als Verwertungsvoraussetzung, bedarf einiger Gedankenschritte mehr. Als Situation kann man sich einen ersten Gläubiger vorstellen, der ein Nutzungsrecht pfändet und auf die Einwilligung als Verwertungsvoraussetzung hofft. Ein zweiter Gläubiger pfändet nun ebenfalls das Nutzungsrecht. Anders als dem ersten Gläubiger erteilt der Urheber dem zweiten die Einwilligung. Man ist geneigt, hier eine Verletzung des Prioritätsprinzips anzunehmen, konnte der erste Gläubiger doch kein Pfändungspfandrecht erwerben. Mit der Pfändung entsteht aber die öffentlich-rechtliche Verstrickung, die zu einem behördlichen Veräußerungsverbot im Sinne der §§ 136, 135 Abs. 1 BGB führt. Erteilt der Urheber nun dem zweiten Gläubiger die Einwilligung, könnte darin eine gemäß §§ 857 Abs. 1, 829 Abs. 1 S. 2 ZPO verbotene Verfügung zu sehen sein. Eine Verfügung im Sinne des § 829 Abs.1 ZPO ist eine solche, die das gepfändete Recht des Gläubigers beeinträchtigt, vgl. *Brehm* in: Stein/Jonas, § 829 Rn. 90. Da mit der erteilten Einwilligung der zweite Gläubiger das gepfändete Nutzungsrecht verwerten könnte, wird man eine solche Einwilligung wohl als verbotene Verfügung ansehen können. Diese Verfügung allerdings wäre dem ersten Gläubiger gegenüber gemäß §§ 136, 135 Abs. 1 BGB relativ unwirksam. Die Situation lässt sich somit als "Pattsituation" bezeichnen. Keiner der Gläubiger vermag es, Befriedigung zu erlangen. So erlangt der erste Gläubiger schon gar keine Einwilligung, während der zweite Gläubiger dem ersten Gläubiger gegenüber keine wirksame erhält. Damit würde zwar das Prioritätsprinzip gewahrt werden. Ein sinnvolles Ergebnis würde da-

Urheberrechtsgesetz in § 12 Abs. 1 selbst vor. Nach § 12 Abs. 1 UrhG hat der Urheber das Recht zu bestimmen, ob und wie sein Werk zu veröffentlichen ist. Das Veröffentlichungsrecht als Teil des Urheberpersönlichkeitsrechts gehört nach allgemeiner Ansicht zu den bedeutendsten Rechten des Urhebers.[765] Die Grundvoraussetzung, dass ein Werk freiwillig oder zwangsweise im Rechtsverkehr verwendet werden kann, ist somit dessen Veröffentlichung im Sinne des § 6 Abs. 1 UrhG.[766] Dazu muss das Werk mit Zustimmung des Berechtigten, also des Urhebers oder seines Rechtsnachfolgers, der Öffentlichkeit zugänglich gemacht worden sein.[767] Das Zustimmungserfordernis des § 6 Abs. 1 UrhG ist dabei vom Einwilligungserfordernis des § 113 UrhG scharf zu trennen. Denn das Zustimmungserfordernis des § 6 Abs. 1 UrhG bezweckt gerade nicht, unmittelbar die Zwangsvollstreckung zu verhindern. Dem Urheber wird vielmehr die Möglichkeit gelassen, ein Werk der gesamten Öffentlichkeit vorzuenthalten.[768] Dies hat dann nur mittelbar Auswirkungen auf den vollstreckenden Gläubiger, da gerade die Veröffentlichung die Verwertungsvoraussetzung ist.

Im Zuge der Veröffentlichung eines Werkes offenbart der Urheber seine Anschauungen und setzt sich als Person der öffentlichen Kenntnisnahme und Kritik aus.[769] Mit seiner Zustimmung entlässt er willentlich sein Werk aus der Privatsphäre.[770] Überwiegend anerkannt ist mit der Veröffentlichung das Recht der Allgemeinheit zu einer Nutzung des Werkes.[771] Insoweit sei nach Veröffentlichung das Recht des Urhebers verbraucht, sein Werk der Allgemeinheit vorzubehalten.[772]

Dann aber erscheint es arg. a maiore ad minus folgerichtig, dass nach der Veröffentlichung nicht nur die Allgemeinheit das Werk nutzen kann, sondern insbesondere auch der betreibende Gläubiger, in dessen Schuld der Urheber steht. Warum sollte sonst ein Werk nach der Veröffentlichung zwar nicht mehr der Allgemeinheit vor-

---

mit aber nicht erreicht. Somit sollte *Baur/Stürner/Bruns,* Zwangsvollstreckungsrecht, Rn. 32.27, die das Einwilligungserfordernis auf Verwertungsebene befürworten, nicht gefolgt werden.

765 *Chroziel,* Gewerblicher Rechtsschutz und Urheberrecht, Rn. 374. Der Zeitpunkt der Veröffentlichung ist etwa für die Schutzdauer entscheidend, vgl. nur §§ 66 Abs. 1, 67 und 129 Abs. 2 UrhG. Überdies werden durch die Veröffentlichung Verwertungsmöglichkeiten ausgelöst, vgl. etwa § 49 Abs. 2 und § 51 Nr. 2 UrhG, *Marquardt* in: Wandtke/Bullinger, § 6 Rn. 2; *Ahlberg* in: Möhring/Nicolini, § 6 Rn. 1.

766 So 1907 bereits *Kohler,* Urheberrecht, S. 17 unter 4. Siehe auch *Schack,* Urheber- und Urhebervertragsrecht, Rn. 326: „Erst mit der Entscheidung für eine Veröffentlichung macht der Urheber sein Werk zum Gegenstand des Rechtsverkehrs".

767 Zum Begriff des Berechtigten *Dreier* in: Dreier/Schulze, § 6 Rn. 9.

768 So hat die Veröffentlichung auch Einfluss auf die Zitier- und Wiedergabemöglichkeit durch Dritte, siehe etwa § 46 Abs. 1 UrhG und ausführlich *Dreier* in: Dreier/Schulze, § 6 Rn. 2.

769 *Ahlberg* in: Möhring/Nicolini, § 6 Rn. 1. Nach *Kohler,* Urheberrecht, S. 17 unter 4 „erlischt das Persönlichkeitsrecht auf Geheimhaltung, so daß nur noch das Autorrecht als Vermögensrecht übrig bleibt".

770 *Marquardt* in: Wandtke/Bullinger, § 6 Rn. 3; *Ahlberg* in: Möhring/Nicolini, § 6 Rn. 6.

771 *Ahlberg* in: Möhring/Nicolini, § 6 Rn. 38 und 1; *Hertin* in: Fromm/Nordemann, § 12 Rn. 14.

772 *Ahlberg* in: Möhring/Nicolini, § 6 Rn. 38.

enthalten werden können, wohl aber dem Gläubiger des Urhebers, der genauso Teil der Allgemeinheit ist.

Zu untersuchen ist, ob der hier vorgeschlagene Ansatz, die Voraussetzung zur zwangsweisen Verwertung in der Veröffentlichung des Werkes zu sehen, im Schrifttum Anklang findet. Bereits vor dem Urheberrechtsgesetz von 1965 wurde die Veröffentlichung als derart entscheidend angesehen, dass mit ihr eine Zwangsvollstreckung stehen und fallen sollte. So vertraten schon 1888 *Daude*[773] und 1898 *Mitteis*[774], dass die Verwertung eines unveröffentlichten Werkes niemals im Wege der Zwangsvollstreckung erzwungen werden könne. Nach *Runge* soll sich die Lage aber dann ändern, wenn der Urheber mit der Vervielfältigung begonnen hat, nachdem er das Werk für veröffentlichungsreif erklärt hat.[775] Dann nämlich sei davon auszugehen, dass diese Werke unbeschränkt der Zwangsvollstreckung unterliegen.[776] Grund dafür sei, dass sich das Werk mit Übergabe an die Öffentlichkeit von der Person des Schöpfers löse.[777] Nach *Gierke* und *Hubmann* habe damit der Urheber selbst auf die ausschließliche Herrschaft über seine Gedankenwelt verzichtet und es zum Gemeingut gemacht, welches jedermann nun benutzen könne.[778] *Gierke* betont insbesondere, dass es jetzt unmöglich sei, ein Werk für sich zu behalten, was er allen mitteilen wollte.[779] Selbst *Kohler*, auf den die heutige Konstruktion des Urheberrechts zurückgeht, sprach sich dafür aus, dass ein Werk ab der Veröffentlichung der Vollstreckung unterliegt.[780]

Schließlich finden sich auch Stimmen aus dem Schrifttum nach Bekanntmachung des Urheberrechtsgesetzes von 1965, die die Voraussetzung zur Verwertung in der Veröffentlichung sehen beziehungsweise noch früher ansetzen. So gewährt etwa *Freudenberg* dem Persönlichkeitsrecht des Urhebers allein vor der Veröffentlichung des Werkes den Vorrang.[781] *Breidenbach* hingegen lässt die Persönlichkeitsinteressen bereits zurücktreten, wenn der Urheber nur seine Verwertungsabsicht am Markt kundgetan hat und spricht sich dann mangels Eingriffs in die Persönlichkeit des Urhebers für die Möglichkeit einer Zwangsvollstreckung aus.[782] Dem folgt mit ähn-

---

773 *Daude,* Urheberrecht (1888), S. 36.
774 *Mitteis*, Zur Kenntnis des literarisch-artistischen Urheberrechts, S. 93, 97.
775 *Runge,* Urheber- und Verlagsrecht, S. 394.
776 *Runge,* Urheber- und Verlagsrecht, S. 395.
777 *Gierke,* Deutsches Privatrecht, S. 764 und 767.
778 Nach *Hubmann*, Die Zwangsvollstreckung in Persönlichkeits- und Immaterialgüterrechte, S. 812, 816 und 821 können Werke in der Zwangsvollstreckung erfasst werden, sobald sie in Verkehr gebracht, bekannt gemacht oder sonst allgemein zugänglich gemacht wurden; *Gierke,* Deutsches Privatrecht, S. 767.
779 *Gierke,* Deutsches Privatrecht, S. 767.
780 Ausdrücklich *Kohler*, Urheberrecht, S. 18, der das damit begründet, dass mit der Veröffentlichung nur noch ein Vermögensrecht übrig bleibe.
781 „[…], was allerdings eine Pfändung künftiger Rechte am Werk nicht ausschließt", *Freudenberg*, Zwangsvollstreckung in Persönlichkeitsrechte, S. 8.
782 *Breidenbach,* CR 1989, 971, 973, vgl. aber schon unter VI 2 die vorgebrachte Kritik zur fehlenden Praxistauglichkeit dieses Ansatzes, da der Gläubiger nur schwerlich den Beweis einer Verwertungsabsicht führen können wird.

lichen Ansätzen *Müller* für das österreichische Recht, wonach mit der Zwangsvollstreckung nicht bis zur öffentlichen Bekanntgabe des Werkes gewartet werden müsse. Vielmehr erlösche die Veröffentlichungsbefugnis bereits dann, wenn sich der Urheber zur öffentlichen Bekanntgabe des Werkes entschließt.[783] Habe sich der Urheber aber zur Preisgabe des Werkes entschlossen, so stehe die mit der Zwangsvollstreckung verbundene Veröffentlichung des Werkes dem ursprünglichen Geheimhaltungsinteresse des Urhebers nicht mehr entgegen.[784]

Die von *Breidenbach* und *Müller* vorgeschlagenen Zeitpunkte gehen wohl über das Ziel hinaus und sind im Urheberrechtsgesetz so nicht angelegt. Sieht man aber die Veröffentlichung im Sinne der §§ 12 und 6 Abs. 1 UrhG als Verwertungsvoraussetzung, wird dem Urheber gerade die vom Gesetzgeber gewollte Entscheidungsfreiheit gelassen. Will der Urheber nämlich verhindern, dass auf sein Werk – insbesondere zwangsweise – zugegriffen wird, so verhindert er das bereits dadurch, dass er sein Werk für sich behält. Anders als die von *Breidenbach* und *Müller* vorgeschlagene Verwertungs*absicht* lässt sich die objektive Veröffentlichung auch im Streitfalle besser beweisen und nachprüfen.

Die Verwertungsvoraussetzung in der Veröffentlichung des Werkes zu sehen, ist auch in anderen Rechtsordnungen bereits bekannt. So sieht etwa Art. 18 des Schweizer Urheberrechtsgesetzes vor, dass Teile des Urheberrechts als Vollstreckungsgegenstand nur dann erfasst werden können, „soweit der Urheber oder die Urheberin sie bereits ausgeübt hat und das Werk mit der Zustimmung des Urhebers oder der Urheberin bereits veröffentlicht worden ist".

c) Rechtsfolge

Die Rechtsfolge einer solchen Pfändung würde sich wie folgt darstellen. Die Pfändung ist bereits als bewirkt anzusehen, wenn dem Schuldner das Inhibitorium zugestellt wurde, also das Gebot im Sinne des § 857 Abs. 2, sich jeder Verfügung über das Recht zu enthalten.[785] Mit dem Pfändungsakt, der Beschlagnahme, entsteht die Verstrickung des Nutzungsrechts.[786] Die Pfändung führt allerdings noch nicht zu

---

783 *Müller,* Zwangsvollstreckung in Immaterialgüter, S. 85.
784 *Müller,* Zwangsvollstreckung in Immaterialgüter, S. 85.
785 Siehe *Schilken* in: Rosenberg/Gaul/Schilken, § 50 III 1; *Lüke* in: Wieczorek/Schütze, § 829 Rn. 66; *Kemper* in: Hk-ZPO, § 857 Rn. 12; insbesondere bezüglich Urheberrechten *Smid* in: MünchKommZPO, § 857 Rn. 6. *Freudenberg,* Zwangsvollstreckung in Persönlichkeitsrechte, S. 137 wendet nicht § 857 Abs. 2 ZPO, sondern § 829 Abs. 1 S. 2 ZPO an. Inhaltlich kommt er damit zwar zum gleichen Ergebnis, zieht aber nicht die speziellere Regelung heran.
786 *Baur/Stürner/Bruns,* Zwangsvollstreckungsrecht, Rn. 27.2; *Leupold,* Zwangsverwaltung, S. 29; und damit der Schutz durch die §§ 135, 136 BGB, *Freudenberg,* Zwangsvollstreckung in Persönlichkeitsrechte, S. 137; siehe für den ähnlichen Fall bezüglich § 852 ZPO *Becker* in: Musielak, § 852 Rn. 3.

einem Pfändungspfandrecht.[787] Dieses entsteht erst, wenn die aufschiebende Bedingung zur Verwertung des Rechts, die Veröffentlichung, eingetreten ist.[788] Dann aber bestimmt sich der Rang des Pfändungspfandrechts nach dem Zeitpunkt der Pfändung.[789]

Die begrenzte Wirkung wurzelt im Inhalt des Rechts selbst: ist das Urheberrecht in Form von Nutzungsrechten mangels Veröffentlichung noch nicht verwertbar, so kann eine zugelassene Pfändung keine darüber hinausgehende Wirkung haben.[790]

III. Schutz des Urhebers über die vollstreckungsrechtlichen Rechtsbehelfe?

Bedenkt man, dass es dem Gesetzgeber in den §§ 112 ff. UrhG vornehmlich um einen ausgeprägten Schutz des Urhebers ging, wird es nachfolgend entscheidend darauf ankommen, ob der Urheber auch nach der hier aufgestellten Hypothese, also allein durch das Zwangsvollstreckungsrecht der Zivilprozessordnung, einen ausreichenden Schutz erfährt.

Zunächst gewährleistet die hier untersuchte Vorgehensweise bereits dadurch einen Schutz, dass der Urheber ein Werk vollständig von einer zwangsweisen Verwertung fernhalten kann, sofern er das Werk nicht veröffentlicht, es mithin für sich behält. Ohnedies kommen nur diejenigen Werke als Vollstreckungsgegenstände in Betracht, die im Sinne des § 6 Abs. 1 UrhG mit Zustimmung des Urhebers veröffentlicht wurden.

Weiterhin ist nun aber zu untersuchen, ob das Zwangsvollstreckungsrecht auch für die urheberspezifischen Situationen adäquate Schutzinstrumente zur Verfügung stellt. Die Eigenart der urheberrechtlichen Interessenlage ergibt sich aus dem Widerstreit der Persönlichkeitsinteressen des Urhebers und der Vermögensinteressen des Gläubigers.

Schon an früherer Stelle wurde auf die Interessenabwägung eingegangen.[791] Dabei wurde festgestellt, dass die ganz herrschende Meinung vorträgt, das Vermögensinteresse des Gläubigers müsse hinter den persönlichkeitsrechtlichen Interessen des Urhebers zurücktreten.[792] Zwar vermag ein solch pauschales Voranstellen der Persönlichkeitsinteressen des Schuldners nicht zu überzeugen,[793] jedoch stellt sich die Frage, ob der Urheber in Extremsituationen die Abwägung seiner Persönlichkeitsin-

---

787 BGH NJW 1993, 2876, 2877 unter bb; *Walker* in: Schuschke/Walker, § 852 Rn. 5; das Pfändungspfandrecht entsteht erst später, *Lüke* in: Wieczorek/Schütze, § 829 Rn. 11. Ferner *Stöber*, Forderungspfändung, Rn. 271.
788 Vgl. *Stöber*, Forderungspfändung, Rn. 30.
789 BGH NJW 1993, 2876, 2878 unter c; *Lüke* in: Wieczorek/Schütze, § 829 Rn. 11; *Greve*, ZIP 1996, 699, 700; *Becker* in: Musielak, § 852 Rn. 3.
790 Siehe *Kuchinke*, NJW 1994, 1769, 1770 für den ähnlichen Fall im Rahmen des § 852 ZPO.
791 Siehe 2. Kapitel E.
792 Siehe 2. Kapitel E und exemplarisch *Lütje* in: Möhring/Nicolini, § 112 Rn. 3; *Wild* in: Schricker, § 112 Rn. 1; *Kirchmaier* in: Mestmäcker/Schulze, § 112 Rn. 1.
793 Siehe 2. Kapitel E III.

teressen gegen das Vermögensinteresse des Gläubigers vornehmen lassen kann. Eine solche Abwägung könnte mit Hilfe eines Rechtsbehelfs durch das Vollstreckungsgericht vorgenommen werden.

1. Der Vollstreckungsschutz nach § 765a ZPO

Der für die urheberspezifischen Situationen geeignete Rechtsbehelf könnte § 765a ZPO sein.[794] Nach § 765a Abs. 1 S. 1 ZPO kann das Vollstreckungsgericht auf Antrag des Schuldners eine Maßnahme der Zwangsvollstreckung ganz oder teilweise aufheben, untersagen oder einstweilen einstellen, wenn die Maßnahme unter voller Würdigung des Schutzbedürfnisses des Gläubigers wegen ganz besonderer Umstände eine Härte bedeutet, die mit den guten Sitten nicht vereinbar ist.

Zunächst einmal wäre der Ansatz, den Schutz des Urhebers über einen Rechtsbehelf zu gewährleisten, im Vergleich zur bisherigen Regelung in den §§ 113 f. UrhG ein völlig anderer. Während der Urheber im Falle der §§ 113 f. UrhG bereits durch bloßes Nichtstun oder das Verweigern der Einwilligung geschützt wird, käme ein Schutz über § 765a ZPO nur dann in Betracht, wenn der Schuldner selbst aktiv wird und dem Gericht mit seinem Antrag[795] seine Schutzbedürftigkeit anzeigt.[796] Gegen dieses Aktivwerden des Urhebers bestehen keine Bedenken. So geht das Schrifttum im Rahmen des § 119 UrhG ebenfalls davon aus, dass es "Aufgabe des Schuldners" sei, sich im Bedarfsfalle mit einem Rechtsbehelf zu wehren.[797]

a) Der öffentlich-rechtliche Grundsatz der Verhältnismäßigkeit im Dreipersonenverhältnis

Fraglich ist, ob die Abwägung der Persönlichkeitsinteressen des Urhebers mit den Vermögensinteressen des Gläubigers im Rahmen des § 765a ZPO vorgenommen werden kann.[798] Nach der Rechtsprechung des Bundesverfassungsgerichts und Teilen der Literatur ist die Generalklausel des § 765a ZPO als Konkretisierung des

---

794 Dafür etwa *Schricker* in: Schricker, § 113 Rn. 6. Auch *Walker* in: Schuschke/Walker, § 857 Rn. 36 spricht sich für diesen Rechtsbehelf aus, allerdings für eine etwas anders gelagerte Situation. Wird gegen den Rechtsnachfolger des Urhebers vollstreckt und ist die Einwilligung aufgrund der Veröffentlichung des Werks nicht mehr notwendig (§ 115 S. 2 UrhG), soll dennoch ein Einzelfall über § 765a ZPO Schutz erlangt werden können.

795 BVerfGE 52, 214 (= BVerfG NJW 1979, 2607); *Stamm,* Prinzipien und Grundstrukturen des Zwangsvollstreckungsrechts, S. 649; *Gaul* in: Rosenberg/Gaul/Schilken, § 43 I 5; *Hartmann* in: Baumbach/Lauterbach, § 765a Rn. 1.

796 Zum Antragserfordernis *Münzberg* in: Stein/Jonas, § 765a Rn. 19. Dazu, dass bei § 113 UrhG für den Schutz bereits bloßes Nichtstun ausreicht *Schulze* in: Dreier/Schulze, § 113 Rn. 10 und *Wild* in: Schricker, § 113 Rn. 3.

797 *Kefferpütz* in: Wandtke/Bullinger, § 119 Rn. 10.

798 So nämlich ausdrücklich *Gaul* in: Rosenberg/Gaul/Schilken, § 3 III 5 e.

öffentlich-rechtlichen Verhältnismäßigkeitsgrundsatzes zu verstehen.[799] Der Verhältnismäßigkeitsgrundsatz besagt im Rahmen des § 765a ZPO, dass zur Vermeidung unzulässiger Grundrechtsbeeinträchtigungen eines Schuldners die Vollstreckung aus einem rechtskräftigen Titel für einen, auch längeren Zeitraum eingestellt werden kann.[800] Das Gericht hat dabei eine Abwägung zwischen den Gläubiger- und Schuldnerinteressen vorzunehmen.[801]

Die Anwendung des öffentlich-rechtlichen Verhältnismäßigkeitsgrundsatzes im Rahmen einer Norm aus der Zivilprozessordnung stößt dann auf keine Bedenken, wenn das Zwangsvollstreckungsverfahren nach der Zivilprozessordnung dem öffentlichen Recht zuzuordnen ist.[802] Genau dies wurde bereits oben erörtert.[803] Da die Zwangsvollstreckung statt zu einem Gleichordnungsverhältnis zwischen Vollstreckungsgläubiger und –schuldner zu einem staatlichen Eingriffsverhältnis führt, stellt sich die Zwangsvollstreckung als öffentliches Recht dar.[804] Deshalb normiert § 765a ZPO eigentlich das, was jeder staatliche Hoheitsträger kraft seiner Eigenschaft als staatlicher Hoheitsträger ohnehin zu beachten hat, nämlich den öffentlich-rechtlichen Verhältnismäßigkeitsgrundsatz.[805]

Fraglich ist aber, in welchem Rechtsverhältnis der Grundsatz der Verhältnismäßigkeit herangezogen werden kann. Der Verhältnismäßigkeitsgrundsatz lässt sich aus den Grundrechten und dem Rechtsstaatsprinzip herleiten.[806] Damit wird deutlich, dass der Adressat des Verhältnismäßigkeitsgrundsatzes der Träger hoheitlicher Gewalt ist.[807] Da der Staat sowohl dem Gläubiger als auch dem Schuldner gegen-

---

799 BVerfGE 52, 214 (= BVerfG NJW 1979, 2607); *Lackmann*, Zwangsvollstreckungsrecht, Rn. 475; *Stamm*, Prinzipien und Grundstrukturen des Zwangsvollstreckungsrechts, S. 649; *Gaul* in: Rosenberg/Gaul/Schilken, § 43 I 5; *Hartmann* in: Baumbach/Lauterbach, § 765a Rn. 1.

800 BVerfG NJW 1979, 2607

801 *Gaul* in: Rosenberg/Gaul/Schilken, § 43 III 1; *Lackmann*, Zwangsvollstreckungsrecht, Rn. 478; *Münzberg* in: Stein/Jonas, § 765a Rn. 5; „Hinter dem Prinzip stehen letztlich Postulate der Gerechtigkeit, der Güterabwägung", *Stern*, Staatsrecht Bd. 1, § 20 IV 7 c.

802 *Heßler* in: MünchKommZPO, § 765a Rn. 4 spricht sich für eine eher zurückhaltende Anwendung des öffentlich-rechtlichen Verhältnismäßigkeitsgrundsatzes in der zivilprozessualen Vollstreckung aus.

803 Siehe 2. Kapitel B VI 1.

804 Vgl. *Stamm*, Prinzipien und Grundstrukturen des Zwangsvollstreckungsrechts, S. 642; „Die Zwangsvollstreckung gehört zwar zum öffentlichen Recht, sie weist aber in der Zielsetzung eine Sachnähe zum Privatrecht auf", *Gaul* in: Rosenberg/Gaul/Schilken, § 3 III 3. *Götte*, ZZP 1987, 412, 433 stellt fest, dass nicht gelöste Probleme im geltenden Zwangsvollstreckungsrecht in den letzten Jahren tendenziell versucht wurden, mit verfassungsrechtlichen Prinzipien und den Grundrechten, also mit dem öffentlichen Recht in den Griff zu bekommen.

805 Zu dieser Prüfung von Amts wegen *Gaul* in: Rosenberg/Gaul/Schilken, § 3 III 5 c; vgl. auch *Stamm*, Prinzipien und Grundstrukturen des Zwangsvollstreckungsrechts, S. 640, der sich unter anderem deshalb für eine Entbehrlichkeit des § 765a ZPO ausspricht.

806 „Konkretisierung der materiellen Rechtsstaatskomponente", *Katz*, Staatsrecht, Rn. 205; *Stern*, Staatsrecht Bd. 1, § 20 IV 7 c; *Stamm*, Prinzipien und Grundstrukturen des Zwangsvollstreckungsrechts, S. 647.

807 *Stern*, Staatsrecht Bd. 1, § 20 IV 7 d; *Stein/Frank*, Staatsrecht, § 30 V; ähnlich auch *Stamm*, Prinzipien und Grundstrukturen des Zwangsvollstreckungsrechts, S. 647.

über zur Einhaltung des Grundsatzes der Verhältnismäßigkeit verpflichtet ist, wird klar, dass der Verhältnismäßigkeitsgrundsatz im Dreipersonenverhältnis angewandt wird.[808]

Ob die oben angeführte Interessenabwägung zwischen den Persönlichkeitsinteressen des Urhebers als Schuldner und den Vermögensinteressen des Gläubigers aber hier durchgeführt werden kann, ist fraglich. Denn diese Interessenabwägung findet im Rechtsverhältnis zwischen Vollstreckungsgläubiger und –schuldner statt, mithin in einem Zweipersonenverhältnis.

Fraglich ist deshalb, ob im Rahmen des Vollstreckungsschutzes nach § 765a ZPO der Verhältnismäßigkeitsgrundsatz auch auf privatrechtlicher Ebene herangezogen werden kann.

b) Der öffentlich-rechtliche Grundsatz der Verhältnismäßigkeit auf privatrechtlicher Ebene im Zweipersonenverhältnis?

Der Verhältnismäßigkeitsgrundsatz ist im Staats- und Verwaltungsrecht entwickelt worden und steht dort nicht zur Disposition der Beteiligten.[809] So kann der Vollstreckungsschuldner gegenüber dem Vollstreckungsorgan nicht auf die Beachtung des Verhältnismäßigkeitsgrundsatzes verzichten.[810] Anders ist dies im Privatrecht. Hier gibt es zumindest keinen allgemeinen Rechtsgrundsatz, wonach die Rechtsfolgen einer Pflichtverletzung in einem angemessen Verhältnis zu deren Schwere stehen müssen.[811] Vielmehr erlaubt es die Privatautonomie zu vereinbaren, dass auf geringe Pflichtverletzungen drakonische Strafen folgen.[812]

Es ist deshalb zweifelhaft, ob der Verhältnismäßigkeitsgrundsatz in seiner öffentlich-rechtlichen Ausprägung so auf das privatrechtliche Zweipersonenverhältnis übertragbar ist.[813]

---

808 *Stamm*, Prinzipien und Grundstrukturen des Zwangsvollstreckungsrechts, S. 641 bezeichnet es als Dreiecksverhältnis.

809 Der Grundsatz *ist* zu beachten, *Stein/Frank*, Staatsrecht, § 30 V.

810 Genauso wenig wie der Schuldner vorher auf den Schutz des § 765a ZPO – und damit den Verhältnismäßigkeitsgrundsatz – verzichten kann, *Münzberg* in: Stein/Jonas, § 765a Rn. 4 unter 4; *Heßler* in: MünchKommZPO, § 765a Rn. 97; *Paulus* in: Wieczorek/Schütze, § 704 Vorbemerkung Rn. 24.

811 *Heinrichs* in: Palandt, § 242 Rn. 54; *Stamm*, Prinzipien und Grundstrukturen des Zwangsvollstreckungsrechts, S. 647; ähnlich auch *Schmidt-Kessel* in: PWW, § 242 Rn. 42.

812 Mit dem Instrument der Vertragsstrafe in den §§ 339 ff. BGB können solche drakonischen Strafen vereinbart werden. Die herrschende Meinung erlaubt sogar, dass die Festlegung der Strafhöhe dem Gläubiger überlassen werden kann, *Janoscheck* in: Bamberger/Roth, § 339 Rn. 2.

813 Vgl. auch *Gaul* in: Rosenberg/Gaul/Schilken, § 3 III 5a „Der Grundsatz der Verhältnismäßigkeit hat seinen angestammten Platz im klassischen Verwaltungsrecht, im vertikalen Eingriffsverhältnis Staat-Bürger". Zum Streit, ob ein Verhältnismäßigkeitsgrundsatz grundsätzlich im Zivilrecht anwendbar ist, siehe BVerfGE 81, 256; BGHZ 109, 312 (= NJW 1990, 911, 912); *Schulze* in: Hk-BGB, § 242 Rn. 33.

Nach der insbesondere von *Gaul* vertretenen Auffassung ist dies möglich. So wird vertreten, dass die zivilrechtliche Ausformung in § 765a ZPO selbständig neben der öffentlich-rechtlichen Ausformung steht.[814] § 765a ZPO wird nach dieser Ansicht als vollstreckungsrechtliche Konkretisierung der zivilrechtlichen Vorschriften über die unzulässige Rechtsausübung verstanden.[815] Dabei stützt sich diese Ansicht insbesondere auf den Wortlaut, da dieser die "guten Sitten" erwähnt, also eine Formulierung, die auch in den zivilrechtlichen Vorschriften der §§ 138, 817, 819, 826 BGB enthalten ist.

Gegen diese Auffassung kann vorgetragen werden, dass eine zivilrechtliche Ausformung des § 765a ZPO jedenfalls nicht näher liegt als eine öffentlich-rechtliche. So kann der Wortlaut des § 765a Abs. 1 ZPO durchaus als Anlehnung an das öffentliche Recht herangezogen werden, da die Tatbestandsmerkmale "Schutzbedürftigkeit des Gläubigers", "besondere Umstände" und "Härte" für den öffentlich-rechtlichen Verhältnismäßigkeitsgrundsatz typische Klauseln sind.[816] Überdies würde diese Auffassung dazu führen, dass der Vollstreckungsschutz nach § 765a ZPO eine Zwitterstellung einnimmt.[817] Die Prüfungsebene im Dreiecksverhältnis würde mit der Prüfungsebene im privatrechtlichen Rechtsverhältnis verwischt.

Der Grundsatz der Verhältnismäßigkeit besagt, dass zwischen dem zu erreichenden Zweck und dem zur Erreichung eingesetzten Mittel ein angemessenes Verhältnis bestehen muss.[818] Dabei muss das zur Erreichung des Zwecks geeignete Mittel das relativ mildeste unter mehreren zur Auswahl stehenden sein.[819] Die Rolle des Staates in diesem Rechtsverhältnis kann aber der Vollstreckungsgläubiger nicht einnehmen.[820] Er greift schon nicht in die Grundrechte ein, da diese nicht unmittelbar im privatrechtlichen Rechtsverhältnis wirken.[821] Während der Verhältnismäßigkeitsgrundsatz dazu führt, dass der Staat die Rechte des Bürgers nur soweit beschränken darf, als es zum Schutz *öffentlicher* Interessen unerlässlich ist,[822] kann der Vollstreckungsgläubiger die Rechte des Schuldners bereits beschränken, obwohl es nur um den Schutz des *privaten* Interesses geht. Es ist vielmehr so, dass der Vollstreckungsgläubiger beispielsweise bei der Auswahl der Vollstreckungsarten durch-

---

814 Siehe *Gaul* in: Rosenberg/Gaul/Schilken, § 43 I 4 und 5.

815 *Heßler* in: MünchKommZPO, § 765a Rn. 1; *Gaul* in: Rosenberg/Gaul/Schilken, § 43 I 4.

816 Beispielsweise deutlich zu sehen in BVerfG NJW 1977, 1525, 1533 "unverhältnismäßige Härten" und "besondere Umstände"; *Lackmann*, Zwangsvollstreckungsrecht, Rn. 475; *Stamm*, Prinzipien und Grundstrukturen des Zwangsvollstreckungsrechts, S. 640.

817 So *Stamm*, Prinzipien und Grundstrukturen des Zwangsvollstreckungsrechts, S. 648.

818 Vgl. *Katz*, Staatsrecht, Rn. 205 und 207; zur größtmöglichen Schonung auch *Stern*, Staatsrecht Bd. 1, § 20 IV 7 b.

819 Siehe *Jarass* in: Jarass/Pieroth GG, Art. 20 Rn. 83.

820 Denn der Grundsatz bindet anerkanntermaßen nur die staatliche Gewalt, *Jarass* in: Jarass/Pieroth GG, Art. 20 Rn. 81.

821 *Beuthien*, ZUM 2003, 261, 261. Deshalb wird nach überwiegender Meinung nur eine mittelbare Drittwirkung angenommen, so etwa *Dörner* in: Hk-BGB, § 138 Rn. 3. Anders früher insbesondere das BAG, etwa in BAGE 1, 185; aus dem Schrifttum etwa *Enneccerus/Nipperdey*, BGB AT, § 15 II 4c „absolute Wirkung der Grundrechte".

822 *Stern*, Staatsrecht Bd. 1, § 20 IV 7 d.

aus die weniger schonende Immobiliarvollstreckung der womöglich genauso geeigneten Mobiliarvollstreckung vorziehen darf.[823] Der Verhältnismäßigkeitsgrundsatz in seiner öffentlich-rechtlichen Ausprägung ist folglich im privatrechtlichen Zweipersonenverhältnis zwischen Vollstreckungsschuldner und Vollstreckungsgläubiger nicht anwendbar.

Die wenigen Ausnahmefälle einer Unverhältnismäßigkeit werden von einigen Stimmen im Schrifttum als Fallgruppe der "unzulässigen Rechtsausübung" im Rahmen des § 242 BGB diskutiert.[824] Diese Autoren ordnen deshalb den "privatrechtlichen Verhältnismäßigkeitsgrundsatz" als materiell-rechtliche Einrede im Sinne des § 242 BGB ein.[825] Mit dieser Einrede werden nach überwiegender Auffassung die Grundrechte in das Zivilrecht gezogen.[826] Den Grundrechten kommt folglich eine mittelbare Drittwirkung zu.[827] Nach dieser Auffassung entfällt aber die Notwendigkeit einer mittelbaren Grundrechtswirkung, wenn die Grundrechte bereits auf anderem Wege *unmittelbare* Geltung beanspruchen können.[828] Genau diese unmittelbare Geltung erfahren die Grundrechte bereits durch den öffentlich-rechtlichen Verhältnismäßigkeitsgrundsatz im Dreiecksverhältnis im Rahmen des § 765a ZPO. § 765a ZPO beinhaltet deshalb allein den öffentlich-rechtlichen Verhältnismäßigkeitsgrundsatz im Dreiecksverhältnis zwischen Vollstreckungsorgan, Gläubiger und Schuldner.

Der zweite hier vorgestellte Ansatz erscheint vorzugswürdig. Er ist nämlich die Konsequenz aus der vorausgehenden Annahme, das Zwangsvollstreckungsrecht dem öffentlichen Recht zuzuordnen. Der Urheber als Schuldner kann in diesem öffentlich-rechtlichen Eingriffsverhältnis seine Persönlichkeitsinteressen nicht mit den Vermögensinteressen des Gläubigers abwägen lassen, sondern allenfalls eine Grundrechtsverletzung seines allgemeinen oder besonderen Persönlichkeitsrechts durch ein Vollstreckungsorgan des Staates bei der Ausführung des Vollstreckungsauftrages geltend machen.[829]

---

823 Sich deutlich für das Recht des Gläubigers auf freien Vollstreckungszugriff als Grundprinzip des geltenden Zwangsvollstreckungsrechts aussprechend, *Gaul* in: Rosenberg/Gaul/Schilken, § 3 III 5b und § 5 II 3; ebenso *Stürner,* ZZP (99) 1986, 291, 305; siehe zum gradus executionis bereits unter 2. Kapitel D III 1.

824 So betont *Roth* in: MünchKommBGB, § 242 Rn. 371 und 380 aber, dass nicht etwa jedes Interessenungleichgewicht zu einer Beschränkung der mit den minder schutzwürdigen Interessen verbundenen Rechte führen kann; *Grüneberg/Sutschet* in: Bamberger/Roth, § 242 Rn. 57; *Schulze* in: Hk-BGB, § 242 Rn. 33.

825 *Götte,* ZZP (100) 1987, 412, 418 und 420; *Stamm,* Prinzipien und Grundstrukturen des Zwangsvollstreckungsrechts, S. 647.

826 Etwa *Looschelders/Olzen* in: Staudinger, § 242 Rn. 146; *Larenz/Wolf,* Allgemeiner Teil BGB, § 4 Rn. 64 ff.; *Heßler* in: MünchKommZPO, § 765a Rn. 2; *Schulze* in: Hk-BGB, § 242 Rn. 13.

827 *Rüthers,* Rechtstheorie, Rn. 65; *Jarass,* NJW 1989, 857, 858.

828 Etwa *Stamm,* Prinzipien und Grundstrukturen des Zwangsvollstreckungsrechts, S. 648.

829 Das besondere Persönlichkeitsrecht, das Urheberpersönlichkeitsrecht, wird durch das allgemeine Persönlichkeitsrecht ergänzt, um Lücken der urheberrechtlichen Regelung zu schließen, *Rehbinder,* Urheberrecht, Rn. 137.

Versteht man § 765a ZPO aber allein als Ausprägung des öffentlich-rechtlichen Verhältnismäßigkeitsgrundsatzes,[830] ist § 765a ZPO somit für das vorliegende Problem nicht einschlägig.

Überdies fällt der Vollstreckungsschutz nach § 765a ZPO gemäß § 20 Nr. 17 RPflG in die Kompetenz des Rechtspflegers.[831] Materiell-rechtliche Prüfungen sollen aber vom Richter vorgenommen werden.[832] Auch aus diesem Grund kann die hier fragliche materiell-rechtliche Einrede schon nicht im Rahmen des § 765a ZPO vorgenommen werden. Es stellt sich nun die Frage, ob der Urheber eine unverhältnismäßige Vollstreckung, mithin eine Interessenabwägung durch einen anderen Rechtsbehelf vornehmen lassen kann.

2. Die Prüfung materiell-rechtlicher Einreden gemäß § 767 ZPO oder § 766 ZPO?

Ordnet man den privatrechtlichen Verhältnismäßigkeitsgrundsatz als materiell-rechtliche Einrede ein, stellt sich die Frage, wie der Schuldner diese geltend machen kann, folglich, wie der Urheber Schutz erfahren kann.

Für die Prüfung materiell-rechtlicher Fragen bedarf es eines Rechtsbehelfs, der ein neues Erkenntnisverfahren eröffnet, da in diesem sodann die materiell-rechtliche Einrede, mithin eine Unverhältnismäßigkeit der Vollstreckungsmaßnahme mit Hilfe der gerichtlichen Sachverhaltsaufklärung erörtert werden kann.[833]

Fraglich ist, ob für diese materiell-rechtlichen Fragen die Zivilprozessordnung mit der Vollstreckungsabwehrklage nach § 767 ZPO einen einschlägigen Rechtsbehelf zur Verfügung stellt.[834] Dem ist aber nicht so. Mit der Vollstreckungsabwehrklage erreicht der Schuldner zwar ein neues Erkenntnisverfahren.[835] Doch besteht das Ziel nicht darin, die Zwangsvollstreckung aus dem Vollstreckungstitel ganz oder

---

830 *Stamm*, Prinzipien und Grundstrukturen des Zwangsvollstreckungsrechts, S. 649.

831 *Putzo* in: Thomas/Putzo, § 765a Rn. 13; *Hartmann* in: Baumbach/Lauterbach, § 765a Rn. 37. Dazu kritisch *Baur/Stürner/Bruns*, Zwangsvollstreckungsrecht, Rn. 8.31, die überzeugend darauf abstellen, dass es sich im Grunde um einen echten Rechtsprechungsakt handelt und die Tätigkeit des Rechtspflegers aufgrund Art. 92 GG verfassungsrechtlich problematisch ist.

832 Siehe *Baur/Stürner/Bruns*, Zwangsvollstreckungsrecht, Rn. 12.1; *Stamm*, Prinzipien und Grundstrukturen des Zwangsvollstreckungsrechts, S. 54. Das lässt sich schließlich auf Art. 92 GG 1. Halbsatz zurückführen, da es sich nicht um eine Tätigkeit der Verwaltung, sondern um Rechtspflege handelt.

833 *Baur/Stürner/Bruns*, Zwangsvollstreckungsrecht, Rn. 12.1.

834 In neuster Zeit wurde vorgeschlagen, die Vollstreckungsgegenklage als allgemeine Feststellungsklage zu deuten. Ausführlich dazu *Stamm*, Prinzipien und Grundstrukturen des Zwangsvollstreckungsrechts, S. 585.

835 *Stamm*, Prinzipien und Grundstrukturen des Zwangsvollstreckungsrechts, S. 649; *Putzo* in: Thomas/Putzo, § 767 Rn. 1, die Vorschriften des 1. bis 4. Buches sind anzuwenden. Somit insbesondere die Vorschriften über die Beweisführung aus dem 2. Buch.

teilweise für unzulässig zu erklären.[836] Dem Vollstreckungsgläubiger muss es belassen bleiben, seinen Titel für eine anderweitige Zwangsvollstreckung zu verwenden.[837] Vielmehr wehrt sich der Schuldner gegen eine konkrete Vollstreckungsmaßnahme. Da mit der Vollstreckungsabwehrklage aber nur die Vollstreckbarkeit des Titels beseitigt werden kann,[838] Einwendungen somit den Anspruch selbst betreffen müssen[839] und mit ihr keine einzelne Vollstreckungsmaßnahme angegriffen werden kann,[840] ist § 767 ZPO für den hier fraglichen Fall nicht einschlägig.

Überdies kommt für die materiell-rechtliche Einrede auch nicht die Vollstreckungserinnerung nach § 766 ZPO in Betracht, werden mit ihr allein "formelle Mängel"[841], also die Art und Weise der Zwangsvollstreckung gerügt. Die Erinnerung richtet sich gegen das Verfahren eines Vollstreckungsorgans.[842] Das Vollstreckungsorgan müsste für geltende Vorschriften nicht beachtet haben.[843] Pfändet der Rechtspfleger aber ein urheberrechtliches Nutzungsrecht, obgleich ausnahmsweise der Urheber geltend machen kann, dass sein Persönlichkeitsinteresse das Vermögensinteresse des Gläubigers überwiegt, dann ist dem Rechtspfleger gleichwohl kein Verfahrensfehler unterlaufen.[844] Somit ist für diesen Sonderfall die Vollstreckungserinnerung nach § 766 ZPO nicht einschlägig.[845]

---

836 Siehe *Gaul* in: Rosenberg/Gaul/Schilken, § 40 II 1; *Brox/Walker*, Zwangsvollstreckungsrecht, Rn. 1330. Überdies geht es nicht um die Aufhebung des Urteils, *Münzberg* in: Stein/Jonas, § 767 Rn. 7; auch *Hartmann* in: Baumbach/Lauterbach, § 767 Rn. 49.

837 So bestehen keine Einwende dagegen, dass der Vollstreckungsgläubiger die Zwangsvollstreckung in körperliche Sachen, in Forderungen des Urhebers oder in das unbewegliche Vermögen betreibt. Der Titel kann nur nicht für die Pfändung dieses urheberrechtlichen Nutzungsrechts verwendet werden.

838 *Brox/Walker*, Zwangsvollstreckungsrecht, Rn. 1312.

839 *Baur/Stürner/Bruns*, Zwangsvollstreckungsrecht, Rn. 45.4.

840 *Gaul* in: Rosenberg/Gaul/Schilken, § 40 II 1; *Brox/Walker*, Zwangsvollstreckungsrecht, Rn. 1312; *Baur/Stürner/Bruns*, Zwangsvollstreckungsrecht, Rn. 45.4.

841 *Gaul* in: Rosenberg/Gaul/Schilken, § 37 III 1; *Baur/Stürner/Bruns*, Zwangsvollstreckungsrecht, Rn. 42.1.

842 *Brox/Walker*, Zwangsvollstreckungsrecht, Rn. 1173; *Baur/Stürner/Bruns*, Zwangsvollstreckungsrecht, Rn. 43.2.

843 *Baur/Stürner/Bruns*, Zwangsvollstreckungsrecht, Rn. 43.3.

844 Ist aber keine zu prüfende Voraussetzung oder Vorschrift verletzt, ist die Erinnerung auch nicht statthaft, vgl. *Lackmann*, Zwangsvollstreckungsrecht, Rn. 210 und 198.

845 Nichts anderes gilt für die sofortige Beschwerde gemäß §§ 11 RPflG, 793 ZPO, die bereits deshalb nicht gegeben ist, weil die bloße Pfändung des Nutzungsrechts keine Entscheidung im Sinne des § 793 ZPO darstellt. Siehe dazu und zur zweifelhaften Abgrenzung über das ungeschriebene Tatbestandsmerkmal der Anhörung Kapitel C IV 6. Selbst wenn man der herrschenden Meinung folgt und eine "Entscheidung" annimmt, wenn dem Antrag auf Erlass des Pfändungsbeschlusses nach Anhörung des Schuldners stattgegeben worden ist (so *Lackmann*, Zwangsvollstreckungsrecht, Rn. 317), kommt hier dennoch keine sofortige Beschwerde in Betracht. Im 2. Kapitel D II wurde zwar festgestellt, dass das Einholen der Einwilligung beim Urheber zu einer Anhörung führt, doch wird das Einwilligungserfordernis und damit die Anhörung in der hier aufgestellten Hypothese gerade nicht weiter verfolgt. Überdies wäre auch eine Anhörung vor dem Vollstreckungsgericht und nicht allein vor dem Vollstreckungsgläubiger notwendig.

3. Die Prüfung materiell-rechtlicher Einreden gemäß § 256 ZPO

Das Zwangsvollstreckungsrecht hält für den Fall, dass sich der Vollstreckungs-schuldner aufgrund einer materiell-rechtlichen Einrede gegen eine konkrete Voll-streckungsmaßnahme wehren möchte, keinen Rechtsbehelf bereit. Es wird daher vorgeschlagen, auf die allgemeine Feststellungsklage gemäß § 256 ZPO zurückzu-greifen.[846]

Mit der Feststellungsklage kann der Urheber seine materiell-rechtliche Einrede, mithin die unzulässige Rechtsausübung des Vollstreckungsgläubigers in einem Er-kenntnisverfahren überprüfen lassen.[847] Dabei besteht das feststellungsfähige Rechtsverhältnis zwischen dem Vollstreckungsgläubiger und dem Vollstreckungs-schuldner.[848] Letzterer hat ein rechtliches Interesse an baldiger Feststellung, dass eine konkrete Vollstreckungsmaßnahme, nämlich die Pfändung eines urheberrechtli-chen Nutzungsrechts für unzulässig zu erklären ist.[849] Da für dieses Begehren kein einfacherer Weg besteht,[850] kann der Urheber schließlich das notwendige Rechts-schutzinteresse aufweisen.[851]

4. Verbleibende Fallkonstellationen

Abgesehen von der soeben untersuchten Interessenabwägung können Fallkonstella-tionen auftreten, in denen der Urheber zwar nicht die Unzulässigkeit einer konkreten

---

846 Man könnte erwägen, die Vollstreckungsabwehrklage gemäß §§ 785, 767 ZPO analog heran-zuziehen, da sie auch angewandt wird, um die Vollstreckung in ein Sondervermögen, das nicht zur Befriedigung des Anspruchs dienen soll, abzuwenden. Das Urheberrecht könnte ein solch vergleichbares Sondervermögen sein. Dagegen lässt sich jedoch einwenden, dass es für die Ausweitung der Vollstreckungsabwehrklage an einer Regelungslücke fehlt, wird das hier fragliche Problem bereits durch die allgemeine Feststellungsklage erfasst. Vergleiche zur Vollstreckung in ein Sondervermögen, *Blomeyer,* AcP (165) 1965, 481, 495. Denkbar wäre es auch, die Drittwiderspruchsklage nach § 771 ZPO entsprechend heranzuziehen. Das liegt besonders nahe, da die Drittwiderspruchsklage von einigen Stimmen als Feststellungsklage verstanden wird (*Schmidt,* ZZP (17) 1892, 401, 416; *Kayser,* AcP (70) 1886, 455, 458 Fn. 15). Außerdem kann mit diesem Rechtsbehelf eine konkrete Vollstreckungsmaßnahme angegriffen werden (*Putzo* in: Thomas/Putzo, § 771 Rn. 7). Solange aber die allgemeine Fest-stellungsklage den hier zu prüfenden Fall erfasst, bedarf es keiner analogen Anwendung des § 771 ZPO.
847 So auch *Schilken,* Zivilprozessrecht, Rn. 184.
848 Zum feststellungsfähigen Rechtsverhältnis *Gottwald* in: Rosenberg/Schwab/Gottwald, § 90 Rn. 6.
849 Zum rechtlichen Interesse *Gottwald* in: Rosenberg/Schwab/Gottwald, § 90 Rn. 19.
850 Dazu *Gottwald* in: Rosenberg/Schwab/Gottwald, § 90 Rn. 24.
851 Da die allgemeine Feststellungsklage in diesem konkreten Fall die vollstreckungsrechtlichen Rechtsbehelfe ergänzt, finden auf sie auch die vollstreckungsrechtlichen Vorschriften zur Zu-ständigkeit und zur einstweiligen Anordnung entsprechende Anwendung. So ist für die Fest-stellungsklage das Vollstreckungsgericht gemäß §§ 764, 802 ZPO ausschließlich zuständig. Auf Antrag kann das Gericht überdies eine einstweilige Anordnung treffen.

Vollstreckungsmaßnahme aufgrund einer materiell-rechtlichen Einrede geltend macht, sich aber gegen die Art und Weise der Zwangsvollstreckung wehren möchte. Ist etwa der Urheber der Ansicht, dass das fragliche Werk noch nicht im Sinne des § 6 Abs. 1 UrhG veröffentlicht wurde, kann die fehlende Verwertungsvoraussetzung im Wege der Erinnerung gem. § 766 ZPO gerügt werden.[852] Über die Erinnerung entscheidet nicht der Rechtspfleger, sondern gemäß § 20 Nr. 17 S. 2 RPflG der Richter.[853]

5. Zusammenfassung

Der Urheber kann durch staatlichen Rechtsschutz ein etwaiges Überwiegen seiner Persönlichkeitsinteressen gegenüber den Vermögensinteressen des Gläubigers geltend machen. Dabei ist nicht der Vollstreckungsschutz nach § 765a ZPO einschlägig, da dieser die Interessenabwägung im Zweipersonenverhältnis nicht erfasst und ebenso wenig die Vollstreckungsabwehrklage nach § 767 ZPO, da der Urheber keine Einrede gegen den Anspruch selbst hat, sondern nur gegen die konkrete Vollstreckungsmaßnahme. Überdies ist auch die Vollstreckungserinnerung nach § 766 ZPO nicht einschlägig, weil den Vollstreckungsorganen keine Verfahrensfehler unterlaufen sind.[854] Der Urheber kann aber gemäß § 256 ZPO auf Feststellung klagen, dass der Pfändung des urheberrechtlichen Nutzungsrechts eine materiell-rechtliche Einrede entgegensteht und deshalb die Pfändung unzulässig ist. Somit stellt die Zivilprozessordnung für den Urheber einen geeigneten Schutz zur Verfügung.

Mit dieser Untersuchung wird zugleich klar, dass die hinter den §§ 113 ff. UrhG stehende Interessenabwägung an fragwürdiger Stelle vorgenommen wird. Die ganz herrschende Meinung wägt die Persönlichkeitsinteressen des Urhebers mit den Vermögensinteressen des Gläubigers ab, führt diese Interessenabwägung aber im Rahmen des Vollstreckungsverfahrens aus. Davon abgesehen, dass die postulierte

---

852 Für den ähnlichen Fall im Rahmen des § 852 Abs. 1 ZPO (dazu unter 5.) siehe *Smid* in: MünchKommZPO, § 852 Rn. 7, der ebenfalls die Erinnerung für einschlägig hält, wenn die Verwertungsvoraussetzung nicht vorliegt. In neuster Zeit ist wieder vermehrt diskutiert worden, ob die Vollstreckungserinnerung ein kontradiktorisches Verfahren darstellt. So wird vorgeschlagen, das Vollstreckungsorgan als Erinnerungsgegner einzuführen und die gegnerische Vollstreckungspartei gemäß § 65 Abs. 2 VwGO beizuladen, *Stamm*, Prinzipien und Grundstrukturen des Zwangsvollstreckungsrechts, S. 532.

853 Die Entscheidung durch einen Richter spricht für die Erinnerung und gegen den Vollstreckungsschutz nach § 765a ZPO, bei dem der Rechtspfleger entscheidet. Ebenso *Stamm*, Prinzipien und Grundstrukturen des Zwangsvollstreckungsrechts, S. 646 und 650. Tatsächlich ist es befremdlich, dass der Rechtspfleger im Rahmen des § 765a ZPO echte Rechtsprechungsaufgaben wahrnimmt, so auch *Gaul* in: Rosenberg/Gaul/Schilken, § 43 VI 1.

854 Denkbarer Sonderfall ist das Verwerten des gepfändeten Nutzungsrechts, obwohl die Verwertungsvoraussetzung noch nicht eingetreten ist. Für diesen Fall ist dann § 766 ZPO einschlägig.

Interessenabwägung in ihrer Pauschalität schon nicht zu überzeugen vermag,[855] ist dafür der richtige Ort ein zweites Erkenntnisverfahren.[856]

IV. Wahrung der vollstreckungsrechtlichen Maximen?

Das erklärte Ziel der aufgestellten Hypothese – die Rückführung auf das Vollstreckungsrecht der ZPO – ist es, sich bei dieser Vorgehensweise im Einklang mit den Maximen des Zwangsvollstreckungsrechts zu befinden. Ob das erreicht werden kann, soll nachfolgend untersucht werden.

1. Wahrung des Prinzips der Erzwingbarkeit von Ansprüchen?

Lässt man die Pfändung des Nutzungsrechts als in seiner zwangsweisen Verwertbarkeit aufschiebend bedingtes Recht zu, erreicht der Gläubiger jedenfalls die Verstrickung des Rechts und damit eine Sicherheit. Da bereits die Veröffentlichung die Bedingung zur Verwertung eintreten lässt, wird der Gläubiger in der Praxis meist versuchen können, seinen titulierten Anspruch durch die zwangsweise Verwertung der Nutzungsrechte zu befriedigen.

In den Fällen, in denen die Verwertungsvoraussetzung nicht eintritt, weil der Urheber sein Werk nicht veröffentlicht, erlangt der Gläubiger zwar eine Sicherheit, aber keine Befriedigung. Allerdings kann das Werk dann auch von keinem Dritten, insbesondere keinem anderen Gläubiger verwertet werden. Der seltene Fall der nicht eintretenden Verwertungsvoraussetzung stellt keine Schwäche der hier aufgestellten Hypothese dar. Vielmehr zeigt sich hier eindrücklich die Berücksichtigung der urheberrechtlichen Interessenlage an in der Entstehung befindlichen Werken.

2. Wahrung des Prinzips des freien Vollstreckungszugriffs?

Die Normen zur Zwangsvollstreckung im Urheberrechtsgesetz nehmen zwar nicht ausdrücklich die urheberrechtlichen Nutzungsrechte als Gegenstand von der Vollstreckung aus und legen auch nicht ausdrücklich eine Vollstreckungsreihenfolge fest,[857] wohl aber führt das Einwilligungserfordernis dazu, dass die Wahlmöglichkeit des Gläubigers hinsichtlich des Vollstreckungsgegenstandes faktisch eingeschränkt

---

855 Im 2. Kapitel E III wurde gezeigt, dass die Persönlichkeitsinteressen auch sonst im Einzel- und Gesamtvollstreckungsrecht den Vermögensinteressen an zahlreichen Stellen weichen müssen. Siehe nur *Baur/Stürner/Bruns,* Zwangsvollstreckungsrecht, Rn. 22.1, wonach Gegenstand der Zwangsvollstreckung das Vermögen *und die Person* ist.

856 „Das formalisierte Zwangsvollstreckungsverfahren jedenfalls eignet sich nicht als Ort einer Streitbeilegung", *Freudenberg,* Zwangsvollstreckung in Persönlichkeitsrechte, S. 88.

857 Ausführlicher 2. Kapitel D III.

und die Rechtspfändung – weil praktisch ausgeschlossen[858] – in der Vollstreckungs-reihenfolge an das Ende verschoben wird.

Hingegen beachtet die hier vorgeschlagene Vorgehensweise das Prinzip des frei-en Vollstreckungszugriffes dadurch, dass das Nutzungsrecht ohne weitere Hürde gepfändet werden kann, der Gläubiger somit eine Sicherung erlangt. Vollstre-ckungsgläubiger können dann tatsächlich frei zwischen den Vollstreckungsgegens-tänden wählen.

3. Wahrung des Grundsatzes des einseitigen Verfahrens und aufgeschobenen Gehörs?

Ist bereits der Antrag des Gläubigers ausreichend, die Pfändung des Nutzungsrechts zu erreichen, stellt sich diese Pfändung als einseitiges Verfahren dar. Vor der Voll-streckungsmaßnahme wird der Urheber nicht gehört. Allerdings wird ihm das recht-liche Gehör gegebenenfalls im Rahmen der Feststellungsklage nachträglich gewährt. Durch diese Vorgehensweise kann der Urheber keine Vorkehrungen gegen die Pfändung treffen. Die Zwangsvollstreckung ist damit effektiver.[859]

4. Wahrung des Formalisierungsprinzips?

Die unter Umständen auftretenden Rechtsfragen werden vom Richter erörtert. Macht der Urheber geltend, dass ihn eine Zwangsvollstreckungsmaßnahme unverhältnis-mäßig in seinem Persönlichkeitsrecht trifft, kann er eine allgemeine Feststellungs-klage nach § 256 ZPO erheben. Für Probleme, die das Verfahren betreffen, kann er die Vollstreckungserinnerung gemäß § 766 ZPO einlegen. In beiden Fällen ent-scheidet über materiell-rechtliche Fragen nicht mehr der Rechtspfleger oder Ge-richtsvollzieher, sondern der Richter auf der 2. Stufe des Formalisierungsmodells.[860]

Den Vollstreckungsorganen verbleibt die Prüfung der Verwertungsvorausset-zung.[861] Bevor der Rechtspfleger die Verwertungsmöglichkeiten nach § 857 Abs. 4 ZPO[862] anordnen bzw. bevor der Gerichtsvollzieher gemäß § 814 ZPO analog[863] das Werk versteigern darf, muss die Verwertungsvoraussetzung vom Gläubiger darge-

---

858 Siehe schon 2. Kapitel D III 2 und *Müller,* Zwangsvollstreckung in Immaterialgüter, S. 82.
859 Und die Effektivität ist gerade ein erklärtes Ziel der Zwangsvollstreckung, siehe *Gaul,* ZZP 1997, 3, 7.
860 Im Falle des § 113 UrhG entscheidet der Rechtspfleger, im Falle des § 114 UrhG der Ge-richtsvollzieher, da es sich um eine Sachpfändung handelt, vgl. *Kefferpütz* in: Wandt-ke/Bullinger, § 113 Rn. 19.
861 Siehe für den ähnlichen Fall bezüglich § 852 ZPO *Walker* in: Schuschke/Walker, § 852 Rn. 5.
862 Zur einschlägigen Verwertungsart siehe 2. Kapitel C.
863 LG Essen, NJW 1957, 108; *Schack,* Urheber- und Urhebervertragsrecht, Rn. 771; *Schuschke* in: Schuschke/Walker, § 844 Rn. 4.

legt werden.[864] Dazu muss der Gläubiger lediglich schlüssig vortragen, dass das Werk im Sinne des § 6 Abs. 1 UrhG mit Zustimmung des Berechtigten der Öffentlichkeit zugänglich gemacht worden ist.[865] Die Darlegung bezieht sich dabei sowohl auf die Tatsachenfrage[866] des Zugänglichmachens als auch die Rechtsfrage[867] der Zustimmung. Die Veröffentlichung muss der Gläubiger erst dann beweisen, wenn der Urheber die Veröffentlichung bestreitet.[868] Diese zu beurteilende Vorabentscheidung des Vollstreckungsorgans wird, um dem Formalisierungsprinzip Folge zu leisten, auf der 3. Stufe des Formalisierungsmodells vorgenommen.[869] Hingegen wird die abschließende Entscheidung im Falle des Bestreitens auf der 2. Stufe allein dem Richter im Rahmen der Vollstreckungserinnerung nach § 766 ZPO vorbehalten.[870]

5. Wahrung des Prioritätsprinzips?

Bei Eintritt der Verwertungsvoraussetzungen erwirbt der Gläubiger ein vollwertiges Pfandrecht, dessen Rang sich nach dem Zeitpunkt der Pfändung bestimmt.[871] Anders als bei der geltenden Gesetzeslage im Sinne der §§ 113 f. UrhG ist es dann nicht mehr entscheidend, welcher Gläubiger durch die erteilte Einwilligung die Gunst des Urhebers erhält. Vielmehr ist nun entscheidend, welcher Gläubiger zuerst die Pfändung des Nutzungsrechts erreicht, da sich nach dieser gemäß § 804 Abs. 3 ZPO der Rang bestimmt.[872] Der Wortlaut des § 804 Abs. 3 ZPO, wonach das durch eine frühere Pfändung begründete Pfandrecht demjenigen vorgeht, das durch eine spätere Pfändung begründet wird, steht dem nicht entgegen. Denn das Pfandrecht ist auch dann durch die Pfändung "begründet", wenn das Pfandrecht erst nach der Pfändung entsteht.[873]

§ 804 Abs. 3 ZPO umfasst nach allgemeiner Meinung im Schrifttum überdies den Fall, dass bei mehrfacher Pfändung eines künftigen Rechts die Pfandrechte einen unterschiedlichen Rang nach der Reihenfolge der Pfändungsakte erhalten können,

---

864 Insoweit unterscheidet sich die Frage nach der Beweislast nicht von § 852 ZPO, *Smid* in: MünchKommZPO, § 852 Rn. 5.
865 Zur schlüssigen Darlegung der Verwertungsvoraussetzung im ähnlichen Fall in § 852 ZPO *Walker* in: Schuschke/Walker, § 852 Rn. 5.
866 *Ahlberg* in: Möhring/Nicolini, § 6 Rn. 12.
867 *Ahlberg* in: Möhring/Nicolini, § 6 Rn. 12.
868 Zur ähnlichen Situation bezüglich § 852 ZPO, siehe *Smid* in: MünchKommZPO, § 852 Rn. 5.
869 Siehe zum Formalisierungsmodell bereits 2. Kapitel D IV und *Stamm*, Prinzipien und Grundstrukturen des Zwangsvollstreckungsrechts, S. 59.
870 Das sehen *Walker* in: Schuschke/Walker, § 852 Rn. 6 und *Musielak* in: Münchener Kommentar BGB, § 852 Rn. 3 so für die ähnliche Situation bei § 852 ZPO.
871 Der Rang bestimmt sich also nicht nach dem Zeitpunkt der Entstehung der Forderung, sondern nach dem Zeitpunkt der Pfändung, *Lüke* in: Wieczorek/Schütze, § 829 Rn. 11.
872 Zweifelhaft deshalb die Formulierung bei *Münzberg*, JZ 1989, 253, 253 der meint, der Rang bestimme sich nach der Entstehung des Pfandrechts am Recht.
873 *Brehm* in: Stein/Jonas, § 829 Rn. 5.

obwohl die Pfandrechte alle im gleichen Zeitpunkt entstehen.[874] Für die mehrfache Pfändung des Nutzungsrechts an einem unveröffentlichten Werk kann dann nichts anderes gelten.

6. Zusammenfassung

Es konnte gezeigt werden, dass sich eine Zwangsvollstreckung in die urheberrechtlichen Nutzungsrechte im Sinne der hier aufgestellten Hypothese mit dem bestehenden Vollstreckungsrecht harmonisieren lässt. Die Ausrichtung der aufgestellten Hypothese an den Maximen des Vollstreckungsrechts ist die Basis, um dem Gebot der Gerechtigkeit Folge leisten zu können, ohne dabei den Schutzgedanken für den Urheber aus den Augen zu verlieren.

V. Vergleichbare Vorgehensweise bei § 852 ZPO

Der hier gemachte Vorschlag, das Nutzungsrecht als in seiner zwangsweisen Verwertbarkeit aufschiebend bedingtes Recht zu pfänden und damit der Vorschlag, das Problem von der Pfändungs- auf die Verwertungsebene zu verlagern, könnte sich auf einen ähnlichen Rechtsgedanken stützen lassen, nämlich der Pfändung des Pflichtteilsanspruchs nach § 852 Abs. 1 ZPO.

Nach § 852 Abs. 1 ZPO ist der Pflichtteilsanspruch der Pfändung nur unterworfen, wenn er durch Vertrag anerkannt oder rechtshängig geworden ist. Bis 1993 lehnten Rechtsprechung[875] und Literatur[876] deshalb das Gesuch des Vollstreckungsgläubigers ab, den Pflichtteilsanspruch bereits vor den Voraussetzungen aus § 852 Abs. 1 ZPO zu pfänden, da hierin eine bedingte Pfändung zu sehen sei. Diese sei wie grundsätzlich jeder bedingte Staatsakt nicht zulässig.[877]

Der Bundesgerichtshof hat 1993 mit seinem Grundsatzurteil zur Pfändung des Pflichtteilsanspruchs maßgeblich zur Auslegung des § 852 ZPO beigetragen. So könne ein Pflichtteilsanspruch bereits vor vertraglicher Anerkennung oder Rechtshängigkeit als in seiner zwangsweisen Verwertbarkeit aufschiebend bedingter Anspruch gepfändet werden.[878] Nach dem Bundesgerichtshof erwerbe der Pfändungsgläubiger bei einer derart eingeschränkten Pfändung bei Eintritt der Verwertungs-

---

874 *Münzberg,* JZ 1989, 253, 253 rechte Spalte; *Brehm* in: Stein/Jonas, § 829 Rn. 5; *Stöber,* Forderungspfändung, Rn. 30.
875 LG Berlin, in: Der Deutsche Rechtspfleger, 1935, 443, 444.
876 Noch in der 1. Auflage *Frank,* Münchner Kommentar, § 2317 Rn. 16; noch in der 2. Auflage *Wieczorek* in: Wieczorek/Schütze, § 852 Anm. C; noch in der 11. Auflage *Ferid,* in: Staudinger, § 2317 Rn. 16; noch in der 51. Auflage *Hartmann* in: Baumbach/Lauterbach, § 852 Rn. 1; noch in der 3. Auflage *Lange/Kuchinke,* Erbrecht, S. 724 Fn. 266.
877 *Kuchinke,* NJW 1994, 1769, 1770.
878 BGHZ 123, 183 (1. Leitsatz) = BGH NJW 1993, 2876; bestätigt von BGH NJW 1997, 2384.

voraussetzungen ein vollwertiges Pfandrecht, dessen Rang sich nach dem Zeitpunkt der Pfändung bestimmt.[879] Mit der Formulierung „vollwertiges Pfandrecht" deutet der Bundesgerichtshof an, dass trotz unbedingter Pfändung die Verwertung bis zum Eintritt der aufschiebenden Bedingung ausgeschlossen ist.[880]

Nach dem Bundesgerichtshof habe § 852 Abs. 1 ZPO nicht zum Ziel, den Pflichtteilsanspruch des Berechtigten den Gläubigern zu entziehen, sondern allein die Entscheidung mit Rücksicht auf die familiäre Verbundenheit von Erblasser und Pflichtteilsberechtigtem bei letzterem zu belassen.[881] Deshalb verbiete der Schutzzweck der Vorschrift lediglich eine Pfändung, die ein umfassendes Pfandrecht an dem Pflichtteilsanspruch begründe, durch das die Entscheidungsfreiheit des Berechtigten ausgeschaltet werde.[882] Einer Pfändung, die diese Entscheidungsfreiheit wahrt, indem sie ein vollwertiges Pfandrecht nur für den Fall begründet, dass die in § 852 Abs. 1 ZPO vorgeschriebenen Voraussetzungen für einen umfassenden Zugriff erfüllt werden, stehe dieser Zweck nicht entgegen.[883]

Schließlich stützt der Bundesgerichtshof seine Auslegung auf die Überlegung, dass eine Pfändung, die erst nach voller Verwertbarkeit des Anspruchs zugelassen würde, dem Berechtigten aufgrund der in § 2317 Abs. 2 BGB unbeschränkten Übertragbarkeit des Pflichtteilsanspruchs die Möglichkeit eröffne, bestimmte Gläubiger durch die Einräumung vertraglicher Pfandrechte zu bevorzugen. Eine derartige Benachteiligung der Gläubiger des Pflichtteilsberechtigten sei weder vom Gesetzeszweck gefordert noch zu rechtfertigen.[884]

Der Bundesgerichtshof betont, dass nur mit einer solchen Vorgehensweise bei der Pfändung das vollstreckungsrechtliche Prioritätsprinzip gewahrt werde. Dieses Prinzip gelte auch für die Pfändung bedingter Ansprüche.[885]

Der Auslegung des Bundesgerichtshofs ist heute nahezu das gesamte Schrifttum gefolgt.[886] Es ist deshalb fraglich, warum diese Vorgehensweise nicht im Urheberrecht Anklang gefunden hat. Diese Frage kommt insbesondere deshalb auf, weil der Bundesgerichtshof bei der Pfändung des Pflichtteilsanspruchs die Gefahr der Benachteiligung der Gläubiger des Pflichtteilsberechtigten gesehen und die Umgehung des Prioritätsprinzips erkannt hat.

---

879 BGHZ 123, 183 (2. Leitsatz) = BGH NJW 1993, 2876, 2877 unter c.
880 So versteht den BGH auch *Kuchinke,* NJW 1994, 1769, 1770.
881 BGH NJW 1993, 2876, 2877 unter b, aa; bestätigt von BGH NJW 1997, 2384.
882 BGH NJW 1993, 2876, 2877 unter b, bb.
883 BGH NJW 1993, 2876, 2877 unter b, bb.
884 BGH NJW 1993, 2876, 2878 unter b, ff.
885 BGH NJW 1993, 2876, 2877 unter c; im Schrifttum etwa *Damrau* in: MünchKommBGB, § 1209 Rn. 5; *Bassenge* in: Palandt, § 1209 Rn. 2.
886 So einschätzend auch *Baur/Stürner/Bruns,* Zwangsvollstreckungsrecht, Rn. 30.3 Fn. 1; beispielsweise *Lange* in: MünchKommBGB, § 2317 Rn. 16; *Lüke* in: Wieczorek/Schütze, § 852 Rn. 8; *Brehm* in: Stein/Jonas, § 852 Rn. 4; *Stöber,* Forderungspfändung, Rn. 271; *Walker* in: Schuschke/Walker, § 852 Rn. 5; *Becker* in: Musielak, § 852 Rn. 3; *Mayer* in: Bamberger/Roth, § 2317 Rn. 9; *Dieckmann* in: Soergel, § 2317 Rn. 14; *Greve,* ZIP (16) 1996, 699, 700; kritisch zur Argumentation des BGH, wohl ihm im Ergebnis aber folgend *Hartmann* in: Baumbach/Lauterbach, § 852 Rn. 3. Insgesamt kritisch *Kuchinke,* NJW 1994, 1769, 1771.

Die ähnliche und anerkannte Vorgehensweise im Rahmen der Pfändung des Pflichtteilsanspruchs könnte für die hier vorgeschlagene Vorgehensweise dann als Untermauerung herangezogen werden, wenn zwischen beiden Vollstreckungsgegenständen keine wesentlichen Unterschiede bestünden, sie also vergleichbar sind.

1. Vergleichbarer Vollstreckungsgegenstand

Der Vergleich der Pfändung des Pflichtteilsanspruchs mit der Pfändung des urheberrechtlichen Nutzungsrechts erscheint besonders aufschlussreich, weil das Schrifttum auch beim Pflichtteilsanspruch davon ausgeht, dass dieser – wie das Urheberrecht – eine „rechtliche Zwitterstellung"[887] einnimmt. Einerseits sei er als vermögensrechtlicher[888] Anspruch zu sehen, gelte aber andererseits wegen seiner Verwurzelung in familienrechtlichen Beziehungen als höchstpersönliches Recht.[889]

Vergleichbar dazu enthält das Urheberrecht in der Form der urheberrechtlichen Nutzungsrechte eine vermögensrechtliche Ausprägung,[890] obgleich es aufgrund der Beziehung des Urhebers zu seinem Werk als Persönlichkeitsrecht angesehen wird.

2. Vergleichbare Schutzrichtung des § 852 ZPO und der §§ 113 f. UrhG

Der BGH sieht das Anliegen des § 852 ZPO darin, mit Rücksicht auf die familiäre Verbundenheit von Erblasser und Pflichtteilsberechtigtem allein letzterem die Entscheidung zu überlassen, ob der Anspruch gegen den Erben durchgesetzt werden soll.[891] Die Gläubiger des Berechtigten sollen dessen "Entscheidungsfreiheit"[892] nicht ausschalten können. *Smid* formuliert es so, dass es den Gläubigern untersagt sei, auf einen bestimmten Teil des Vermögens ohne den Willen des Berechtigten, den Wert dieses Vermögens zu realisieren, zuzugreifen.[893]

Nicht anders erweist sich die Schutzrichtung der §§ 113 f. UrhG. Mit Rücksicht auf die Verbundenheit des Urhebers zu seinem Werk gemäß § 11 S. 1 UrhG soll allein dem Urheber die Entscheidung überlassen werden, ob der Vollstreckungs-

---

887 *Klumpp,* ZEV (4) 1998, 123, 123 bereits in der Einleitung.
888 *Kuchinke,* NJW 1994, 1769, 1769; „gewöhnliche Geldforderung" *Mayer* in: Bamberger/Roth, § 2317 Rn. 1.
889 *Klumpp,* ZEV (4) 1998, 123, 123 bereits in der Einleitung; bezüglich der vermögensrechtlichen Seite des Pflichtteilsanspruchs siehe etwa *Kuchinke,* NJW 1994, 1769, 1769.
890 *Schulze* in: Dreier/Schulze, § 112 Rn. 1; Nutzungsrechte als Vermögensgegenstände, *Schack,* Urheber- und Urhebervertragsrecht, Rn. 307; *Lütje* in: Möhring/Nicolini, § 112 Rn. 9
891 BGH NJW 1993, 2876, 2877 unter b, aa; bestätigend BGH NJW 1997, 2384.
892 BGH NJW 1993, 2876, 2877 unter b, bb; im Schrifttum etwa *Smid* in: MünchKommZPO, § 852 Rn. 6; *Kuchinke,* NJW 1994, 1769, 1769 „Entschließungsfreiheit".
893 *Smid* in: MünchKommZPO, § 852 Rn. 6.

gläubiger seine Nutzungsrechte erlangen kann.[894] Diese Entscheidungsfreiheit[895] zeigt sich gerade in dem Einwilligungserfordernis. *Smids* zu § 852 ZPO ergangene Formulierung kann auch für das Urheberrecht herangezogen werden: auch hier ist es den Gläubigern untersagt, auf einen bestimmten Teil des Vermögens ohne den Willen des Berechtigten, den Wert dieses Vermögens zu realisieren, zuzugreifen.[896] Stellt man bezüglich des hier gemachten Vorschlags auf die Veröffentlichung als Verwertungsvoraussetzung ab, hängt es weiterhin vom Willen des Urhebers ab, den Wert seines Werkes zu realisieren.

3. Vergleichbare höchstpersönliche Entscheidung

Des Weiteren lässt sich auch nicht sagen, die hier vorgeschlagene Vorgehensweise über eine eingeschränkte Pfändung berücksichtige nicht, dass es im Urheberrecht um eine höchstpersönliche[897] Entscheidung gehe, denn das Schrifttum geht bei der Entscheidung über den Pflichtteilsanspruch ebenfalls von einer höchstpersönlichen Entscheidung aus.

4. Vergleichbare Übertragbarkeit

Auch die Übertragbarkeit des Pflichtteilsanspruchs und des Nutzungsrechts könnte vergleichbar sein. Eine Vergleichbarkeit wäre deshalb besonders bedeutsam, da die Pfändbarkeit und Übertragbarkeit in einem wechselseitigen Zusammenhang[898] bzw. in einem Gleichlauf[899] steht.

Der Pflichtteilsanspruch ist nach § 2317 Abs. 2 BGB übertragbar und kann somit an einen Dritten abgetreten werden.[900] Die Übertragbarkeit des Pflichtteilsanspruchs ist dabei keine Selbstverständlichkeit, da § 400 BGB vorsieht, dass nur pfändbare Ansprüche auch übertragbar sind. Genau das ist aber eigentlich nicht der Fall: der Pflichtteilsanspruch ist ohne das Hinzutreten weiterer Voraussetzungen, nämlich der

---

894 Zur Verbundenheit vgl. *Schack,* Urheber- und Urhebervertragsrecht, Rn. 41; *Kroitzsch* in: Möhring/Nicolini, § 11 Rn. 3; *Kirchmaier* in: Mestmäcker/Schulze, § 112 Rn. 1.

895 *Schack,* Urheber- und Urhebervertragsrecht, Rn. 758.

896 *Smid* in: MünchKommZPO, § 852 Rn. 6.

897 *Schack,* Urheber- und Urhebervertragsrecht, Rn. 758: „höchstpersönliche Entscheidung"; *Kirchmaier* in: Mestmäcker/Schulze, § 113 Rn. 1: „höchstpersönlicher Charakter des Bestimmungsrechts des Urhebers"; *Rehbinder,* Urheberrecht, Rn. 464.

898 *Roth* in: MünchKommBGB, § 400 Rn. 1.

899 *Dieckmann* in: Soergel, § 2317 Rn. 10.

900 Zur unbeschränkten Abtretbarkeit trotz Pfändungsbeschränkung *Dieckmann* in: Soergel, § 2317 Rn. 10. Die Abtretung (sog. Zession) bezeichnet den Vertrag zwischen Altgläubiger (sog. Zedent) und Neugläubiger (Zessionar), der unmittelbar die Übertragung des Rechtes zur Folge hat, vgl. *Roth* in: MünchKommBGB, § 398 Rn. 13.

des § 852 Abs. 1 ZPO, gerade nicht pfändbar.[901] Es bedurfte folglich einer eigenen Regelung, wonach der Pflichtteilsanspruch ausnahmsweise doch übertragbar ist. Diese Regel, die die allgemeine Vorschrift in § 400 BGB außer Kraft setzt, findet sich in § 2317 Abs. 2 BGB.[902]

Tatsächlich aber besteht auch im Urheberrecht eine vergleichbare Ausnahmeregelung. Die Nutzungsrechte sind nach geltender Gesetzeslage ohne das Hinzutreten weiterer Voraussetzungen, nämlich der Einwilligung des Urhebers nach § 113 UrhG, nicht pfändbar.[903] Nach der allgemeinen Regel in § 400 BGB würde das dazu führen, dass die Nutzungsrechte mangels Pfändbarkeit auch nicht übertragbar sind. Es bedurfte folglich auch im Urheberrecht einer eigenen Regelung, wonach die Nutzungsrechte übertragbar sind.[904] Diese Regelung findet sich in den §§ 29 Abs. 2, 31 Abs. 1 und 34 Abs. 1 UrhG.[905]

5. Zusammenfassung

Der hier gemachte Vorschlag, das Nutzungsrecht als in seiner zwangsweisen Verwertbarkeit aufschiebend bedingtes Recht zu pfänden und damit der Vorschlag, das Problem von der Pfändungs- auf die Verwertungsebene zu verlagern, lässt sich mit der Pfändung des Pflichtteilsanspruchs vergleichen, da insbesondere die Schutzrichtung des § 852 Abs. 1 ZPO und die Vollstreckungsgegenstände ähnlich sind. Insoweit kann der Rechtsgedanke des § 852 ZPO entsprechend herangezogen werden. Damit konnte gezeigt werden, dass der hier vorgeschlagene Weg bereits an anderer Stelle gegangen wird.

VI. Vergleichbare Vorgehensweise bei der Pfändung in offene Kreditlinien

Als zweites, die Vorgehensweise der Hypothese stützendes Beispiel kann die Pfändung eines Dispositionskredits[906], einer sogenannten offenen Kreditlinie, angeführt

---

901 Von einem Pfändungsverbot spricht *Klumpp*, ZEV (4) 1998, 123, 124; *Lange* in: Münch-KommBGB, § 2317 Rn. 13: „Von dem Grundsatz, dass abtretbare Forderungen auch pfändbar sind (§ 400 BGB; §§ 851, 829 ZPO), macht § 852 Abs. 1 ZPO eine Ausnahme"; vgl. auch die Ausführung dazu bei *Kuchinke*, NJW 1994, 1769, 1770; *Dieckmann* in: Soergel, § 2317 Rn. 14.

902 Ähnlich *Klumpp,* ZEV (4) 1998, 123, 124 unter 2.1.

903 § 113 stellt also eine besondere Zulässigkeitsvoraussetzung dar, *Kirchmaier* in: Mestmäcker/Schulze, § 113 Rn. 7.

904 Der Urheber "räumt" einem Dritten ein Nutzungsrecht ein, während der Dritte das eingeräumte Nutzungsrecht "übertragen" kann. Zur Terminologie ausführlicher auch 2. Kapitel C VI 3.

905 *Ahlberg* in: Möhring/Nicolini, Einleitung Rn. 82; *Rehbinder*, Urheberrecht, Rn. 299 und 314.

906 Der Überziehungskredit ist für den Bereich der Zwangsvollstreckung ohne Bedeutung, hat doch der Schuldner hierauf keinen Anspruch, so dass keine pfändbare Forderung vorliegt,

werden. Es geht um diejenigen Fälle, in denen ein Kreditinstitut dem Kunden die Möglichkeit einräumt, sein Konto bis zu einer vertraglich bestimmten Höhe (sogenannte Kreditlinie) zu überziehen. Ob und in welcher Höhe es zur Inanspruchnahme des Kredits und damit zu einem Zahlungsanspruch des Kunden gegen die Bank kommt, hängt vom Willen des Kunden ab.[907] Die Pfändung dieses Zahlungsanspruchs ist im Schrifttum seit Jahrzehnten lebhaft umstritten.[908]

In einigen Entscheidungen der Rechtsprechung[909] wurde und von Teilen der Literatur[910] wird vertreten, dass ein Dispositionskredit unpfändbar sei. Dazu haben sich im Laufe der Jahre zahlreiche Argumentationsschienen entwickelt. So soll etwa die Entscheidung, den Kredit in Anspruch zu nehmen, höchstpersönlicher Natur sein und deshalb allein dem Schuldner zustehen.[911] *Honsell* meint, dass ein Anspruch auf Valutierung eines Dispositionskredits schon keinen Vermögenswert darstelle, somit nicht gepfändet werden könne.[912] Jedenfalls komme eine Pfändung der offenen Kreditlinie einer Kontosperre gleich.[913] Ähnlich hat schon *Olzen* argumentiert, wonach dem Inhaber eines Dispositionskredits lediglich ein Kapitalnutzungsanspruch zustehe, der Gegenstand des Kredits also nur vorübergehend im Vermögen des Kreditnehmers verbleibe.[914] Andere Stimmen wiederum vertreten, dass der Kredit stets zweckgebunden sei und damit das Kriterium der Übertragbarkeit im Sinne des § 851 Abs. 1 ZPO fehle.[915]

Olzen, ZZP 1984, 1, 2; *Stöber,* Forderungspfändung, Rn. 119; *Brox/Walker,* Zwangsvollstreckungsrecht, Rn. 529.

907 *Brox/Walker,* Zwangsvollstreckungsrecht, Rn. 529.

908 *Lackmann,* Zwangsvollstreckungsrecht, Rn. 370. Zur lebhaften Diskussion schon 1985, *Grunsky,* JZ 1985, 490, 490.

909 Gegen die Pfändbarkeit etwa RGZ 51, 115, 120; OLG Schleswig WM 1992, 751; LG Dortmund NJW 1986, 997. Für die Pfändbarkeit aber OLG Köln ZIP 1983, 810; LG Hamburg NJW 1986, 998.

910 *Olzen,* ZZP 1984, 1, 31; *Baur/Stürner/Bruns,* Zwangsvollstreckungsrecht, Rn. 30.7 meinen, dass viel für die Unpfändbarkeit spreche; *Schmidt,* JZ 1976, 756, 762.

911 RGZ 51, 115, 120; OLG Schleswig WM 1992, 751; LG Dortmund NJW 1986, 997; *Smid* in: MünchKommZPO, § 851 Rn. 12; *Honsell,* JZ 2001, 1143, 1143. Gegen eine Höchstpersönlichkeit bereits *Grunsky,* JZ 1985, 490, 491. Das Abrufrecht selbst sehen weitaus mehr Autoren als höchstpersönlich an, etwa *Olzen,* ZZP 1984, 1, 13; *Zeller,* Offene Kreditlinien, S. 345.

912 Nach ihm gehöre die Möglichkeit eines Kredits nicht zum Vermögen, *Honsell,* JZ 2001, 1143, 1143. Das ist fraglich, da an anderer Stelle auch konkrete Möglichkeiten, sogenannte Vermögensexpektanzen zum Vermögen gezählt werden, *Cramer* in: Schönke/Schröder, § 263 Rn. 87. Zur Kontosperre siehe *Honsell* aaO S. 1144.

913 *Honsell,* JZ 2001, 1143, 1143.

914 *Olzen,* ZZP 1984, 1, 7 und 9. Anders als *Honsell* nimmt *Olzen* aber an, dass ein Kapitalnutzungsanspruch den Erfordernissen des § 829 ZPO genüge. Jedoch habe der Vollstreckungsgläubiger (!) nach Ablauf der Laufzeit des Kredites die Kreditsumme an den Kreditgeber zurückzuzahlen (S. 9). Dagegen wiederum der Bundesgerichtshof (BGHZ 147, 193, 196), der darauf abstellt, dass der Darlehensbetrag als solcher erfasst werde, nicht aber nur die zeitweilige Nutzung des Kapitals.

915 *Grunsky,* JZ 1985, 490, 491. Dagegen aber *Stöber,* Forderungspfändung, Rn. 117; differenzierend auch *Brox/Walker,* Zwangsvollstreckungsrecht, Rn. 529.

Der Bundesgerichtshof hat in seiner Entscheidung vom 29.03.2001[916] zur Frage der Pfändbarkeit der offenen Kreditlinie dahingehend Stellung genommen, dass der Anspruch des Bankkunden gegen das Kreditinstitut aus einem vereinbarten Dispositionskredit, soweit der Kunde den Kredit in Anspruch nimmt, grundsätzlich pfändbar sei.[917] Dieser Ansicht ist die überwiegende Lehre gefolgt.[918] Erneut stellt der BGH darauf ab, dass bei Erlass des Pfändungsbeschlusses der Anspruch auf Einräumung des Kredits zwar noch nicht bestand, er aber als zukünftige Forderung pfändbar sei, während allein die Verwertung aufschiebend bedingt sei.[919] Solange und soweit der Schuldner den eingeräumten Kredit nicht abruft, stehe dem Gläubiger kein verwertbares Pfandrecht zur Verfügung.[920] Das ändert sich dann, wenn der Schuldner den Kredit in Anspruch nimmt.[921] Der nun auszuzahlende Darlehensbetrag wird von der Pfändung umfasst und kann mittels Überweisungsbeschluss verwertet werden.[922]

Unschwer ist die zur aufgestellten Hypothese ähnliche Vorgehensweise zu erkennen. Der Bundesgerichtshof setzt erneut nicht bei der Pfändung, sondern erst bei der Verwertung an. Ohne weitere Erschwernisse soll der Gläubiger die ihn sichernde Pfändung durchführen können, zeitgleich aber soll dem Schuldner die Entscheidung belassen werden, ob es zur Verwertung kommen kann.[923] In der Terminologie der Entscheidung des Bundesgerichtshofs von 1993 zur Pfändung des Pflichtteilsanspruchs kann man es so formulieren, dass es um die Pfändung des Dispositionskredits als in seiner zwangsweisen Verwertbarkeit aufschiebend bedingten Anspruch geht.

---

916 BGHZ 147, 193 = BGH ZIP 2001, 825 = BGH JZ 2001, 1140 = BGH NJW 2001, 1937; bestätigt durch BGH NJW 2004, 1444, 1445.

917 *Brox/Walker,* Zwangsvollstreckungsrecht, Rn. 529 meint, dass nun die Probleme weitgehend geklärt seien; zu weiteren offenen Fragen aber *Zeller,* Offene Kreditlinien, S. 2.

918 Dass die herrschende Lehre dem BGH folgt, sehen auch *Honsell,* JZ 2001, 1143, 1143 und *Zeller,* Offene Kreditlinien, S. 2 so, der überdies die offene Kreditlinie ebenfalls für pfändbar hält (S. 345); weiter *Hartmann* in: Baumbach/Lauterbach, § 704 Grundsatz Rn. 89; *Lüke* in: Wieczorek/Schütze, § 829 Rn. 25; *Grunsky,* JZ 1985, 490, 491; *Stöber,* Forderungspfändung, Rn. 117. Anderer Ansicht ist *Lackmann,* Zwangsvollstreckungsrecht, Rn. 370.

919 Siehe BGHZ 147, 193, 195. Dagegen insbesondere *Honsell,* JZ 2001, 1143, der meint, künftige Forderungen gehören noch nicht zum Vermögen und seien deshalb nicht pfändbar. Schließlich könne die Zwangsvollstreckung gemäß § 803 Abs. 1 S. 1 ZPO nur in das "Vermögen" erfolgen.

920 Deutlich so in der Nachfolgeentscheidung BGH NJW 2004, 1444, 1445. Ebenfalls *Stöber,* Forderungspfändung, Rn. 117; *Zeller,* Offene Kreditlinien, S. 345. *Grunsky,* JZ 1985, 490, 491 folgte dieser Einschränkung durch einen Abruf seitens des Schuldners nicht. Er meint, dass die Dispositionsfreiheit des Schuldners in der Zwangsvollstreckung auch sonst nicht geschützt wird.

921 Ab der Inanspruchnahme besteht eine Pflicht des Kreditinstituts zur Auszahlung, *Stöber,* Forderungspfändung, Rn. 117.

922 So auch *Stöber,* Forderungspfändung, Rn. 118; *Brox/Walker,* Zwangsvollstreckungsrecht, Rn. 529.

923 Vgl. BGHZ 137, 193, 198.

Es ist *Zeller* beizupflichten, dass die überwiegend erzielte Einigkeit zur Frage der Pfändung des Dispositionskredits nicht verdecken kann, dass diesbezüglich noch heute weitere ungelöste Probleme bestehen.[924] Hier ist aber nicht der Ort, abschließend zu diesem Problemkreis Stellung zu nehmen. Völlig ausreichend ist bereits, dass die Vorgehensweise der aufgestellten Hypothese an einer weiteren Stelle in der Rechtsprechung und bei Teilen des Schrifttums nachgewiesen werden konnte.

VII. Die Sonderfälle in den §§ 114-119 UrhG

Möchte man die Behandlung des Urheberrechts in der Zwangsvollstreckung auf das Zwangsvollstreckungsrecht der Zivilprozessordnung zurückführen, so dass die diesbezüglichen Regelungen im Urheberrechtsgesetz nicht mehr von Nöten sind, so ist zu untersuchen, ob dies neben § 113 UrhG auch für die weiteren Regelungen gelten kann. Die §§ 114-119 UrhG haben bislang nur am Rande Erwähnung gefunden. Es verbleibt deshalb die Frage, ob die Zivilprozessordnung auch die hier geregelten Sonderfälle bewältigen kann.

1. Die Werkoriginale nach § 114 UrhG

§ 114 UrhG regelt die Pfändung der Werkoriginale und ist dem § 113 UrhG insoweit vergleichbar, als die Zwangsvollstreckung auch hier von der Einwilligung des Urhebers abhängt. Hinter dieser Regelung steht der Gedanke, dass zwischen dem Urheber und seinem Werkoriginal ein persönlichkeitsrechtlich geprägter Bezug besteht.[925] Der Gesetzgeber wollte insbesondere verhindern, dass durch eine Zwangsvollstreckung nach § 808 ZPO in ein nicht veröffentlichtes Werk eine faktische Veröffentlichung eintritt.[926] Das Schutzbedürfnis entfällt aber, wenn das Werk veröffentlicht oder das Werkoriginal veräußert wurde, da der Urheber das Werk dann aus seiner Privatsphäre entlassen hat, vgl. § 114 Abs. 2 S. 1 Nr. 3 UrhG.[927]

Folgt man der hier vorgestellten Vorgehensweise und sieht damit die Verwertungsvoraussetzung in der Veröffentlichung, werden auch die Werkoriginale hinreichend geschützt. Der Gläubiger kann das Werkoriginal durch den Gerichtsvollzieher nach § 808 ZPO zwar pfänden lassen. Die Verwertung des unveröffentlichten Werkes kann er aber nicht verlangen.[928] Somit kommt eine ungewollte faktische Veröffentlichung durch die Zwangsvollstreckung schon nicht in Betracht.

924 Siehe *Zeller*, Offene Kreditlinien, S. 2.
925 *Kefferpütz* in: Wandtke/Bullinger, § 114 Rn. 1.
926 BT-Drucksache IV/270 S. 110, zu § 124.
927 BT-Drucksache IV/270 S. 110, zu § 124. Siehe auch *Schack,* Urheber- und Urhebervertragsrecht, Rn. 763.
928 Beachte nämlich § 12 UrhG.

Werkoriginale, die zur Fortsetzung der schöpfenden Tätigkeit erforderlich sind, können überdies den Schutz des § 811 Abs. 1 Nr. 5 ZPO erfahren.[929] Denkbar ist etwa der Fall, dass der Künstler mit einer selbst entwickelten Technik ein Bild malt, welches im Anschluss als Vorlage für weitere Werke dient, mithin zur Fortsetzung seiner geistigen Arbeit erforderlich ist.

Für Werkoriginale, die zwar nicht zur Arbeitsleistung erforderlich sind, an denen aber Persönlichkeitsrechte bestehen, soll nach verbreiteter Ansicht § 811 Abs. 1 Nr. 11 ZPO analog Schutz bieten.[930]

2. Zwangsvollstreckung gegen den Rechtsnachfolger nach den §§ 115-117 UrhG

Die §§ 115-117 UrhG regeln die Zwangsvollstreckung gegen den Rechtsnachfolger des Urhebers. Auch diese Regelungen könnten entbehrlich sein. Ist nach der Hypothese schon die Pfändung gegen den Urheber möglich, dann gilt dies erst recht für die Pfändung gegen den Rechtsnachfolger. Denn die geschützte persönliche Beziehung des Urhebers zu seinem Werk nimmt beim Rechtsnachfolger ab,[931] sie ist insofern schwächer.[932] Hat der Rechtsnachfolger ein Urheberrecht an einem unveröffentlichten Werk erhalten, ist auch hier die Veröffentlichung die Voraussetzung zur Verwertung. Nach Ansicht des Schrifttums kann auch der Rechtsnachfolger die Veröffentlichung eines Werkes unterbinden und damit die zwangsweise Verwertung verhindern.[933]

Der hier gemachte Vorschlag ist bereits in § 115 S. 2 UrhG angelegt. Nach dieser Regelung ist eine Zwangsvollstreckung gegen den Rechtsnachfolger auch ohne Einwilligung möglich, wenn das Werk veröffentlicht ist.[934]

3. Sonderregelungen §§ 118 und 119 UrhG

Schließlich regelt § 118 UrhG die entsprechende Anwendung des Einwilligungserfordernisses zur Zwangsvollstreckung für die nicht urheberrechtlich geschützten[935]

---

929 Der Anwendungsbereich ist insbesondere für Künstler und freie Berufe eröffnet, *Putzo* in: Thomas/Putzo, § 811 Rn. 20.

930 *Lütje* in: Möhring/Nicolini, § 119 Rn. 4; *Rehbinder,* Urheberrecht, Rn. 967; *Wild* in: Schricker, § 119 Rn. 6.

931 *Lütje* in: Möhring/Nicolini, § 115 Rn. 9; *Schulze* in: Dreier/Schulze, § 115 Rn. 5 geht überdies davon aus, dass beim Rechtsnachfolger gar keine persönlichkeitsrechtlichen Interessen mehr bestehen, wenn das Werk erschienen ist.

932 *Schack,* Urheber- und Urhebervertragsrecht, Rn. 764.

933 *Schack,* Urheber- und Urhebervertragsrecht, Rn. 575 und 759; *Kefferpütz* in: Wandtke/Bullinger, § 115 Rn. 9.

934 § 115 S. 2 UrhG geht von der qualifizierten Veröffentlichung im Sinne des § 6 Abs. 2 UrhG aus.

935 *Kroitzsch* in: Möhring/Nicolini, § 70 Rn. 1.

wissenschaftlichen Ausgaben im Sinne des § 70 UrhG und die Lichtbilder im Sinne des § 72 UrhG. Hält man das Einwilligungserfordernis bei der Pfändung des urheberrechtlichen Nutzungsrechts für entbehrlich, gilt dies erst recht für die nicht eigenschöpferischen Leistungen, auf die der § 118 UrhG verweist.[936] Diese Werke sind schon keine schöpferische Leistung im Sinne von § 2 UrhG.[937]

Im letzten Unterabschnitt des Abschnitts über die Zwangsvollstreckung findet sich endlich mit § 119 UrhG eine Regelung, die als Annex zu § 113 UrhG aufgefasst werden kann. Danach können bestimmte Vorrichtungen nur dann gepfändet werden, soweit der Gläubiger zur Nutzung des Werkes mittels dieser Vorrichtungen berechtigt ist. Auch diese Regelung könnte sich auf die Zivilprozessordnung zurückführen lassen, betrachtet man den hinter ihr stehenden Zweck: bestimmte Vorrichtungen lassen sich isoliert nicht wirtschaftlich verwerten.[938] Sie sind lediglich Zubehör der Nutzungsrechte, die ihren wirtschaftlichen Wert nur in Verbindung mit dem Nutzungsrecht haben.[939] Eine solche Schutzvorschrift findet sich bereits in § 803 Abs. 2 ZPO. Pfändungen, die wirtschaftlich nutz- bzw. zwecklos sind, haben zu unterbleiben.[940] Pfändet ein Gläubiger derartiges Zubehör kann der Urheber mit der Vollstreckungserinnerung die wirtschaftlich zwecklose Pfändung angreifen.[941]

4. Zusammenfassung

Somit lässt sich feststellen, dass hinter den §§ 113 ff. UrhG geltenden Rechts ein einheitlicher Rechtsgedanke steht und die Regelungen zu den Werkoriginalen, zum Rechtsnachfolger, den besonderen Werkarten und Vorrichtungen lediglich diesen gemeinsamen Rechtsgedanken weiter konkretisierende Sonderfälle enthalten. Diese Sonderfälle lassen sich ebenfalls mit einer eingeschränkten Pfändung und aufschiebend bedingten Verwertung lösen. Überdies greift für einige Fälle bereits der Schutz aus § 811 Abs. 1 und § 803 Abs. 2 ZPO ein.

936 Zur fehlenden eigenschöpferischen Leistung *Thum* in: Wandtke/Bullinger, § 70 Rn. 1. Der reduzierte Schutz ist etwa an der mit 25 Jahren deutlich geringeren Schutzdauer zu erkennen (§ 70 Abs. 3 UrhG).

937 *Kroitzsch* in: Möhring/Nicolini, § 70 Rn. 1; *Schulze* in: Dreier/Schulze, § 70 Rn. 1 und § 72 Rn. 1.

938 *Wild* in: Schricker, § 119 Rn. 2 betont die „Verhinderung unwirtschaftlicher Verwertungsmaßnahmen".

939 Die amtliche Begründung weist darauf hin, dass bestimmte Vorrichtungen Zubehör des Nutzungsrechts sind und ohne die Rechtspfändung des Nutzungsrechts in der Verwertung nur auf den Wert des Stoffes angesetzt werden können und damit in der Verwertung unwirtschaftlich sind, BT-Drucksache IV/270 S. 111, zu § 129. So auch *Lütje* in: Möhring/Nicolini, § 119 Rn. 2.

940 *Gruber* in: MünchKommZPO, § 803 Rn. 69; *Putzo* in: Thomas/Putzo, § 803 Rn. 17.

941 *Hartmann* in: Baumbach/Lauterbach, § 803 Rn. 11; *Brox/Walker,* Zwangsvollstreckungsrecht, Rn. 357.

VIII. Ergebnis und Übersicht

Die Zwangsvollstreckung in problematische Vollstreckungsgegenstände wie das urheberrechtliche Nutzungsrecht könnte in einer Weise gelingen, die sich mit dem Vollstreckungsrecht harmonisieren lässt. Dazu darf nicht schon die Pfändung, sondern erst die Verwertung eingeschränkt werden. Pfändet man das vom urheberrechtlichen Verwertungsrecht abgespaltene Nutzungsrecht als in seiner zwangsweisen Verwertbarkeit aufschiebend bedingtes Recht und sieht man in der Veröffentlichung des Werks die Verwertungsvoraussetzung, gewährt man sowohl dem Gläubiger als auch dem Urheber als Schuldner den notwendigen Schutz. Während der Gläubiger bereits durch die eingeschränkte Pfändung eine Sicherung erlangt, erhält der Urheber schon dadurch einen Schutz, dass er sein Werk für sich behält, es mithin nicht veröffentlicht und somit den Eintritt der Verwertungsvoraussetzung verhindert. Ab der Veröffentlichung kann der Urheber durch die allgemeine Feststellungsklage Rechtsschutz erlangen, wenn er geltend machen kann, dass sein Persönlichkeitsinteresse das Vermögensinteresse des Gläubigers überwiegt, mithin die konkrete Vollstreckungsmaßnahme ihn unverhältnismäßig belastet. Für die Prüfung einer solchen materiell-rechtlichen Einrede ist der Vollstreckungsschutzantrag nach § 765a ZPO ebenso wenig einschlägig wie die Vollstreckungsgegenklage nach § 767 ZPO und die Vollstreckungserinnerung nach § 766 ZPO.

Die hier vorgestellte Vorgehensweise ist zudem mit der Vorgehensweise der Rechtsprechung und des Schrifttums an anderer Stelle vergleichbar. Die Zwangsvollstreckung in Pflichtteilsansprüche und in die offene Kreditlinie ist der Zwangsvollstreckung in urheberrechtliche Nutzungsrechte wird ähnlich vorgenommen. Folglich ist die hier aufgestellte Hypothese zwar für das Urheberrecht neu, für das Vollstreckungsrecht aber nach weit über einem Jahrzehnt seit der Grundsatzentscheidung des Bundesgerichtshofs zur Auslegung des § 852 ZPO eine längst bekannte Vorgehensweise.

Kann aber bereits das Vollstreckungsrecht der Zivilprozessordnung das Urheberrecht in der Zwangsvollstreckung umfassend behandeln, bedarf es einer besonderen Regelung zur Zwangsvollstreckung durch die §§ 112 bis 119 UrhG nicht. Die §§ 112 bis 119 UrhG können demzufolge gestrichen werden.

3. Kapitel: Die Unübertragbarkeit des Urheberrechts als Vollstreckungsschranke

Folgt man der im vorherigen Kapitel aufgestellten Hypothese, besteht die Hoffnung, dass damit für die Zwangsvollstreckung im Urheberrecht im Vergleich zum geltenden Recht ein einfacherer und praxistauglicherer Weg gefunden wurde. Dennoch handelt es sich bei den zwangsweise einzuräumenden Nutzungsrechten nur um einen kleinen Ausschnitt aus dem umfänglichen Urheberrecht. Eine weitergehende Zwangsvollstreckung in das gesamte Recht kann seit den eingangs erörterten Marlene-Dietrich-Entscheidungen[942] des Bundesgerichtshofs, wonach auch bei Persönlichkeitsrechten eine vermögensrechtliche Komponente anerkannt wird, zwar nicht mehr ohne weiteres mit dem Argument abgelehnt werden, es handele sich beim Urheberpersönlichkeitsrecht um kein Vermögensrecht im Sinne des § 857 Abs. 1 ZPO.[943] Eine weitergehende Zwangsvollstreckung scheitert aber an der fehlenden Übertragbarkeit des Urheberrechts.[944] Da somit das Kriterium der Übertragbarkeit für die Frage einer umfassenden Pfändung an Bedeutung gewonnen hat, widmet sich das nun folgende Kapitel diesem Grundsatz.

A. Zwangsvollstreckung trotz Unübertragbarkeit aufgrund § 857 Abs. 3 ZPO?

Wie eingangs festgestellt, ist es aufgrund der Regelung des § 29 Abs. 1 UrhG grundsätzlich nicht möglich, das Urheberrecht zu übertragen. Da die §§ 857 Abs. 1, 851 Abs. 1 ZPO die Übertragbarkeit aber voraussetzen, kommt eine Zwangsvollstreckung in das Urheberrecht als Ganzes allein deshalb schon nicht in Betracht.[945]

Anders wäre es aber, wenn das Problem der Unübertragbarkeit mit § 857 Abs. 3 ZPO überwunden werden könnte. Nach § 857 Abs. 3 ZPO ist ein unveräußerliches Recht in Ermangelung besonderer Vorschriften der Pfändung insoweit unterworfen, als die Ausübung einem anderen überlassen werden kann. Kann man trotz der Unübertragbarkeit des Urheberrechts als Ganzes aufgrund von § 857 Abs. 3 ZPO doch das gesamte Urheberrecht pfänden?[946]

---

942 BGHZ 143, 214. Dazu und zum Schrifttum, welches dem BGH gefolgt ist 1. Kapitel C II.
943 Dazu 1. Kapitel C II.
944 Siehe auch 1. Kapitel D. Zur Frage, ob zwischen der Übertragbarkeit des Urheberrechts und seiner Pfändbarkeit ein Gleichlauf besteht, siehe 3. Kapitel C VI.
945 Etwa *Wallner,* Die Insolvenz des Urhebers, S. 41 und ausführlicher 1. Kapitel D.
946 Schon *Wallner,* Die Insolvenz des Urhebers, S. 41 wirft diese Frage auf.

Ob § 857 Abs. 3 ZPO für die Zwangsvollstreckung in das gesamte Urheberrecht anwendbar ist, wurde in der Kommentarliteratur noch nicht erörtert.[947] Das weitere Schrifttum ist sich diesbezüglich uneinig.

Nach *Kahmann*[948] und *Bleta* sei die Pfändung durch Anwendung des § 857 Abs. 3 ZPO möglich, wobei *Bleta* sogar annimmt, die Anwendung von § 857 Abs. 3 ZPO sei „einhellige Meinung".[949].[950] Deshalb bräuchten Fragen zur Unübertragbarkeit des Urheberrechts nicht entschieden zu werden.[951] Die bloße Rechtsausübung sei zwar ein Weniger gegenüber der vollen Rechtsübertragung, doch reiche bereits die Ausübung für eine Befriedigung des Gläubigers.[952]

Diese Auffassung soll nachfolgend anhand der einzelnen Tatbestandsmerkmale des § 857 Abs. 3 ZPO näher betrachtet werden.

I. In Ermangelung besonderer Vorschriften

§ 857 Abs. 3 ZPO kann nur in Ermangelung besonderer Vorschriften zur Anwendung kommen. Folglich ist § 857 Abs. 3 lex generalis gegenüber spezielleren Regelungen und nimmt eine Auffangfunktion wahr.[953]

Nach *Zimmermann* ist eine Pfändung gemäß § 857 Abs. 3 ZPO nicht möglich, da bereits ein Spezialgesetz die Vollstreckung in das unübertragbare Urheberrecht abschließend regle.[954] Sie nimmt an, die §§ 112 ff. UrhG würden eine solche abschließende Regelung treffen.[955]

Das setzt aber voraus, dass die §§ 112 ff. UrhG überhaupt die Zwangsvollstreckung in das Urheberrecht als Ganzes erfassen.

---

947 Vgl. *Smid* in: MünchKommZPO, § 857 Rn. 14, der den Abs. 3 zwar mit wenigen Zeilen erwähnt, aber weder das Urheberrecht noch allgemein die Immaterialgüterrechte damit in Verbindung bringt; siehe auch *Becker* in: Musielak, § 857, Rn. 4, der zwar die Nutzungsrechte anspricht, dann aber keine Parallele zum Urheberrecht zieht; vgl. weiter *Lüke* in: Wieczorek/Schütze, § 857 Rn. 24, der Abs. 3 allein auf Grundstücksrechte anwendet; *Brehm* in: Stein/Jonas, § 857 Rn. 15 und *Putzo* in: Thomas/Putzo, § 857 Rn. 1.

948 *Kahmann*, Zwangsvollstreckung im Urheberrecht, S. 35.

949 *Bleta*, Software in der Zwangsvollstreckung, S. 92. Dass dies sicher nicht einhellige Meinung ist, zeigt schon der Nachweis der Kommentarliteratur, die § 857 Abs. 3 ZPO in diesem Zusammenhang gar nicht erörtern. Überdies sind seinerseits die Nachweise bei *Bleta* auf *Heidland*, KTS 1990, 191, 191 und *Breidenbach*, CR 1989, 971, 974 nicht zutreffend. Beide Autoren nehmen zu § 857 Abs. 3 ZPO keine Stellung.

950 Sympathisierend auch *Gregoritza*, Kommerzialisierung von Persönlichkeitsrechten Verstorbener, S. 190.

951 *Kahmann*, Zwangsvollstreckung im Urheberrecht, S. 35.

952 *Kahmann*, Zwangsvollstreckung im Urheberrecht, S. 35.

953 Vgl. zur Auffangfunktion bereits oben und *Lüke* in: Wieczorek/Schütze, § 857 Rn. 1.

954 *Zimmermann*, Immaterialgüterrechte und ihre Zwangsvollstreckung, S. 169.

955 *Zimmermann*, Immaterialgüterrechte und ihre Zwangsvollstreckung, S. 169. Es ist unklar, ob dies auch *Maaz*, Zwangsvollstreckung in Vermögensrechte, S. 167 so sieht. Er spricht § 857 Abs. 3 ZPO an, zitiert auch die §§ 112 ff. UrhG als „abweichende Sonderregelungen", lässt diese Untersuchung dann aber ausdrücklich aus seiner Arbeit außen vor.

Nach § 113 S. 1 UrhG ist die Zwangsvollstreckung gegen den Urheber wegen Geldforderungen "in das Urheberrecht" nur mit seiner Einwilligung zulässig. Nach dem Wortlaut scheint sich § 113 S. 1 UrhG tatsächlich auf die Zwangsvollstreckung in das Urheberrecht als Ganzes zu beziehen.

Die Formulierung des § 113 S. 1 UrhG ist aber, wie bereits erörtert, missverständlich und hat im Schrifttum zu gegenseitigen Korrekturen unter den Autoren geführt.[956]

Nach allgemeiner Meinung regelt § 113 UrhG weder die Vollstreckung in das Urheberrecht als Ganzes noch die Vollstreckung in das Urheberpersönlichkeitsrecht und die Vollstreckung in das umfassende Verwertungsrecht.[957] § 113 UrhG regelt allein den kleinen Teil der Vollstreckung in vom Verwertungsrecht abgespaltene, zwangsweise einzuräumende Nutzungsrechte.[958]

Wenn aber die §§ 112 ff. UrhG schon keine abschließende Regelung treffen, mithin nur einen Bruchteil des gesamten Urheberrechts erfassen, kann § 857 Abs. 3 ZPO als lex generalis auch von keinen spezielleren Normen verdrängt werden.[959] Folglich ist § 857 Abs. 3 ZPO für die Zwangsvollstreckung in das Urheberrecht als Ganzes durchaus weiter in Erwägung zu ziehen.

II. Unveräußerliches Recht

Weiterhin ist der Anwendungsbereich nur eröffnet, wenn es sich um ein unveräußerliches Recht handelt. Wie im Kapitel über die Verwertung bereits erörtert,[960] handelt es sich bei den Begriffen der "Übertragbarkeit" in § 851 Abs. 1 ZPO und der "Veräußerlichkeit" nach § 857 Abs. 3 ZPO lediglich um terminologische Alternativen.[961]

---

956 Siehe 2. Kapitel vor A. Ausführlich zu den terminologischen Fragen *Strömholm,* GRUR Int. 1973, 350, 350. Vgl. auch OLG Hamburg in ZUM 1992, 547 und *Heidland,* KTS 1990, 191, 191 Fn. 27, der *Paulus* korrigiert; siehe auch *Sieber,* BB 1983, 977, 981 f.; *Lütje* in: Möhring/Nicolini, § 113, Rn 9.

957 Siehe etwa *Lütje* in: Möhring/Nicolini, § 112 Rn. 4; *Wild* in: Schricker, § 112 Rn. 9.

958 Treffend ist deshalb die Formulierung bei *Wild* in: Schricker, § 112 Rn. 8, wonach die §§ 113 ff. UrhG nur einen „kleinen, wenn auch für die Urheber [...] wichtigen Ausschnitt aus dem Komplex der Zwangsvollstreckung" betreffen. In diesem Sinne auch deutlich *Lütje* in: Möhring/Nicolini, §§ 112 ff. UrhG Vorbemerkungen; siehe auch *Schulze* in: Dreier/Schulze, § 112 Rn. 2: „Die §§ 112 ff. regeln nicht schlechthin die Zwangsvollstreckung im Urheberrecht". Vgl. auch 2. Kapitel vor A.

959 Die §§ 112 ff. UrhG treffen keine Aussage über eine über die Nutzungsrechte hinausgehende Vollstreckung, da eine solche aufgrund der Unübertragbarkeit gemäß § 29 UrhG schon nicht in Betracht kommt.

960 Siehe 2. Kapitel C IV.

961 Siehe nur *Becker* in: Musielak, § 857, Rn. 4; *Hartmann* in: Baumbach/Lauterbach, § 857 Rn. 14.

Beim Urheberrecht handelt es sich also um ein unveräußerliches Recht im Sinne des § 857 Abs. 3 ZPO.[962] Allein die Nutzungsrechte sind veräußerliche Teile des Urheberrechts.[963]

III. Die Ausübung einem anderen überlassen

Schließlich muss das unveräußerliche Recht einem anderen zur Ausübung überlassen werden können.[964] Möglich ist es jedenfalls, Dritten einzelne Befugnisse in Form von Nutzungsrechten einzuräumen, insoweit also bestimmte Teile des Urheberrechts einem anderen zur Ausübung zu überlassen.[965] Fraglich ist aber, ob eine Ausübung des Urheberrechts als Ganzes von einer vom Urheber verschiedenen Person möglich ist.[966] Denn nur dann wäre eine vollumfängliche Vollstreckung in das Urheberrecht aufgrund § 857 Abs. 3 ZPO möglich und es käme auf die Übertragbarkeit des Rechts nicht mehr an.

Besonders fraglich erscheint die Ausübung des Urheberpersönlichkeitsrechts durch einen anderen als den Urheber.[967] Das Urheberpersönlichkeitsrecht ist in den §§ 12-14 UrhG geregelt. Nach § 12 UrhG hat der Urheber das Recht zu bestimmen, ob und wie sein Werk zu veröffentlichen ist. Der Wortlaut in § 12 Abs. 1 UrhG erlaubt es also allein dem Urheber, das Veröffentlichungsrecht auszuüben. Auch nach dem Wortlaut des Abs. 2 wird das Recht der öffentlichen Mitteilung allein dem

---

962 Zweifelhaft deshalb *Wallner*, Die Insolvenz des Urhebers, S. 41, der behauptet, das Urheberrecht sei gerade kein unveräußerliches Recht: „Die beschränkte Pfändbarkeit des Urheberrechtes rechtfertigt es damit nicht, das Urheberrecht als unveräußerliches Recht einzustufen und den Anwendungsbereich des § 857 Abs. 3 ZPO zu eröffnen". Fragwürdig ist auch die Annahme, das Urheberrecht sei ein Vermögensrecht und weitgehend übertragbar. Wie im 1. Kapitel unter D erörtert, beschränkt sich die Übertragbarkeit allein auf die Nutzungsrechte, die natürlich extensiv ausgestaltet sein können. Das Recht als Ganzes ist aber nach § 29 UrhG unveräußerlich.

963 Siehe schon 1. Kapitel D.

964 Zu dieser Prüfung kommt *Zimmermann*, Immaterialgüterrechte und ihre Zwangsvollstreckung, S. 169 Fn. 512 nicht mehr: „Beim Urheberrecht entfällt damit die Prüfung, ob dieses Recht der Ausübung nach einem Dritten überlassen werden kann und somit der Pfändung nach § 857 Abs. 3 ZPO unterfällt." Solch ein unveräußerliches Recht kann das Gebrauchsrecht des Mieters sein, wenn der Vermieter dem Mieter erlaubt, die Mietsache einem anderen zu überlassen, § 540 Abs. 1 S. 1 BGB. Beispiel nach *Smid* in: MünchKommZPO, § 857 Rn. 14 und *Brox/Walker*, Zwangsvollstreckungsrecht, Rn. 725.

965 Deutlich so *Schulze* in: Dreier/Schulze, § 12 Vorbemerkung Rn. 12. Siehe aber auch 2. Kapitel C IV.

966 Dieses Problem wird noch einmal im 3. Kapitel D II aus einer anderen Sicht aufgeworfen. Besonders im Arbeitsrecht wird regelmäßig versucht, das Urheberrecht des Arbeitnehmers vollständig vom Arbeitgeber ausüben zu lassen.

967 Tatsächlich sieht das Urheberrechtsgesetz auch die Ausübung des Urheberpersönlichkeitsrechts durch einen anderen vor, nämlich durch einen Testamentsvollstrecker gemäß § 28 Abs. 2 S. 1 UrhG. Allerdings kommt diese Ausübung nur nach dem Tode des Urhebers in Betracht und überdies nur in den engen Grenzen der Testamentsvollstreckung; vgl. *Schricker* in: Schricker, § 28 Rn. 12.

Urheber vorbehalten.[968] Ebenso deutlich ist § 13 UrhG, wonach allein der Urheber das Recht auf Anerkennung der Urheberschaft hat.

Das umfassende Verwertungsrecht ist in den §§ 15 ff. UrhG geregelt. Nach § 15 UrhG hat der Urheber das ausschließliche Recht, sein Werk in körperlicher Form zu verwerten. Auch hier ist nach dem Wortlaut die umfassende Verwertung dem Urheber vorbehalten.

Schließlich ist das Urheberrecht als Ganzes auch nicht von einem Dritten ausübbar. Wenngleich es diesbezüglich an einer ausdrücklichen Normierung fehlt, ergibt sich das aus folgender Überlegung (arg. a minore ad maius): wenn schon die einzelnen Teile des Urheberrechts nicht von einem Dritten ausgeübt werden können, dann erst recht nicht das Urheberrecht als Ganzes.

Man könnte allerdings einwenden, das Urheberpersönlichkeitsrecht und das umfassende Verwertungsrecht werden in den meisten Fällen nicht vom Urheber, sondern von Verwertungsgesellschaften wahrgenommen.[969] Dieser Einwand geht aber fehl. Urheber sind zwar auf die schlagkräftige Organisation[970] der Verwertungsgesellschaften angewiesen und werden ihnen deshalb und aufgrund deren Machtstellung umfassende Rechte einräumen. Bei diesen Rechten handelt es sich aber auch bei Verwertungsgesellschaften nur um Nutzungsrechte im Sinne des § 31 UrhG.[971] § 1 Urheberrechtswahrnehmungsgesetz geht nämlich davon aus, dass die Gesellschaften allein Nutzungsrechte, Einwilligungsrechte und Vergütungsansprüche wahrnehmen können.[972] Das Schrifttum geht davon aus, dass die Rechte der Verwertungsgesellschaft vom Urheber allein treuhänderisch eingeräumt werden.[973] Soweit von den Verwertungsgesellschaften urheberpersönlichkeitsrechtliche Befugnisse ausgeübt werden, handelt es sich um eine Mitausübung im Zuge der Einräumung von Nutzungsrechten.[974] Es handelt sich also um eine Annexkompetenz und nicht um eine isolierte Überlassung der Ausübung des Urheberrechts. Vielmehr käme die

---

968 So kommt auch *Kroitzsch* in: Möhring/Nicolini, § 12 Rn. 23 zu dem Ergebnis, dass das Veröffentlichungsrecht keinem Dritten überlassen werden kann.

969 So schreibt etwa *Schulze* in: Dreier/Schulze, § 12 Vorbemerkung Rn. 14 ausdrücklich: „Wahrnehmung des Urheberpersönlichkeitsrechts durch Verwertungsgesellschaften". Damit ist aber das Mitausüben im Zuge des Nutzungsrechts gemeint. Siehe ausführlich zu den Verwertungsgesellschaften *Schack*, Urheber- und Urhebervertragsrecht, Rn. 1153 ff.

970 *Schack*, Urheber- und Urhebervertragsrecht, Rn. 1156.

971 Deutlich *Spautz* in: Möhring/Nicolini, § 29 Rn. 7.

972 Unstreitig üben die Verwertungsgesellschaften in der Praxis mehr Rechte aus als rechtstechnisch möglich ist. Dennoch handelt es sich um keine Ausübung des Urheberrechts im Sinne des § 857 Abs. 3 ZPO.

973 *Reinbothe* in: Schricker, § 1 WahrnG Rn. 4; *Schack*, Urheber- und Urhebervertragsrecht, Rn. 1156; *Schulze* in: Dreier/Schulze, § 1 UrhWG Rn. 10.

974 *Schulze* in: Dreier/Schulze, § 12 Vorbemerkung Rn. 12. Siehe auch *Jänich*, Geistiges Eigentum, S. 262. Da natürlich faktisch die Verwertungsgesellschaften zahlreiche Befugnisse des Urhebers ausüben, bleiben in der Rechtspraxis urheberpersönlichkeitsrechtliche Interessen auf der Strecke, so *Schack*, Urheber- und Urhebervertragsrecht, Rn. 1194. Klarzustellen ist aber, dass das Einbringen der Rechte in eine Verwertungsgesellschaft nicht das Ende des Urheberpersönlichkeitsrechts bedeutet und die Wahrnehmung durch derartige Gesellschaften kein Freibrief für eine „Denaturierung des Urheberrechts" ist, so *Schack* (aaO Rn. 1196).

Überlassung der Ausübung des Urheberrechts als Ganzes einem Verzicht auf die Rechtsstellung gleich. Ein solcher Verzicht des Urheberpersönlichkeitsrechts ist aber nach allgemeiner Meinung nicht möglich.[975]

Schließlich erkennt man durch den erst 1993 eingefügten § 69b UrhG, in dem der Gesetzgeber die Ausübung durch einen Dritten regelt, dass sich dieser nur auf vermögensrechtliche Bereiche bezieht. So ist der Arbeitgeber nach dem Wortlaut des § 69b UrhG nur zur Ausübung aller "vermögensrechtlichen Befugnisse" berechtigt.[976] Damit kann das Urheberrecht als Ganzes zur Ausübung keinem anderen, auch nicht einer Verwertungsgesellschaft, überlassen werden.[977]

IV. Ergebnis

Es hat sich gezeigt, dass § 857 Abs. 3 ZPO nicht durch besondere Vorschriften verdrängt wird. Jedoch ist § 857 Abs. 3 ZPO deshalb nicht anwendbar, weil das unveräußerliche Urheberrecht als Ganzes keinem anderen zur Ausübung überlassen werden kann. Somit kann das Problem der Unübertragbarkeit entgegen einigen Stimmen im Schrifttum durch § 857 Abs. 3 ZPO nicht umgangen werden. In das Urheberrecht als Ganzes kann nach geltendem Recht nicht vollstreckt werden.

B. Die Entwicklung des Grundsatzes der Unübertragbarkeit

Die Unübertragbarkeit des Urheberpersönlichkeitsrechts und des Urheberrechts als Ganzes ist ein Grundsatz, der in das deutsche Urheberrecht erst zum 1. Januar 1966 Eingang gefunden hat.[978] Die Literatur hat diese Veränderung fast ausnahmslos angenommen, so dass man heute von einem nahezu unbestrittenen Grundsatz sprechen kann.[979] Da die Vorläufergesetze noch von der Übertragbarkeit ausgingen,[980] fragt man sich aus heutiger Sicht, warum der Gesetzgeber nach vielen Jahrzehnten

---

975 *Jänich,* Geistiges Eigentum, S. 260; *Schricker* in: Schricker, § 29 Rn. 16; *Spautz* in: Möhring/Nicolini, § 29 Rn. 7; *Schulze* in: Dreier/Schulze, § 12 Vorbemerkung Rn. 12.

976 So stellt auch *Loewenheim* in: Schricker, § 69b Rn. 13 klar, dass die „urheberpersönlichkeitsrechtlichen Befugnisse" beim Arbeitnehmer verbleiben.

977 Im Ergebnis wohl übereinstimmend mit *Smid* in: MünchKommZPO, § 857 Rn. 16, der schreibt, die Rechte aus den §§ 12-14 UrhG könnten keinem anderen eingeräumt werden. Anderer Meinung ist *Rehbinder,* Urheberrecht, Rn. 544. Er will eine Überlassung des Urheberrechts als Ganzes nicht ausschließen. Allerdings äußert er sich zur Ausübung im Allgemeinen und nicht zur Ausübung im Sinne des § 857 Abs. 3 ZPO.

978 *Kotthoff* in: Heidelberger Kommentar UrhG, § 29 Rn. 3.

979 *Kotthoff* in: Heidelberger Kommentar UrhG, § 29 Rn. 5, für den die Unübertragbarkeit in der Natur der Sache liegt. *Scholz* in: Mestmäcker/Schulze, § 29 Rn. 1; *Spautz* in: Möhring/Nicolini, § 29 Rn. 1; *Block* in: Wandtke/Bullinger, § 29 Rn. 1.

980 *Nordemann* in: Fromm/Nordemann, § 28 Vorbem. Rn. 1; aus der damaligen Literatur siehe *Dernburg,* Preußisches Privatrecht, S. 738; *Kaerger,* Zwangsrechte, S. 167.

der Überzeugung, das Urheberrecht sei übertragbar, 1965 seine Ansicht geändert hat. Diese Entwicklung soll nachfolgend nachgezeichnet werden, um beurteilen zu können, ob diese Änderung von Vorteil war.

I. Streit der dualistischen und monistischen Theorie vor 1965

Bereits im ersten Kapitel wurde erörtert, dass das Urheberrecht aus verschiedenen Teilen besteht. Es wurde dargestellt, dass sich das Urheberrecht aus persönlichkeits- und verwertungsrechtlichen Bestandteilen zusammensetzt und die verwertungsrechtliche Seite vermögensrechtlicher Natur ist. Besteht ein Recht aus zwei Teilrechten, stellt sich die Frage, in welchem Verhältnis diese beiden Teile zueinander stehen.[981]

Vor der nachfolgenden Untersuchung ist darauf hinzuweisen, dass die Dichotomie zwischen Persönlichkeits- und Vermögensrecht terminologisch ungenau ist.[982] Es ist *Götting* beizupflichten, dass hier die Begriffe "Immaterialgüterrecht" und "Vermögensrecht" vermengt werden.[983] Terminologisch treffender hingegen ist das Begriffspaar "Persönlichkeitsrecht und Immaterialgüterrecht".[984] Während die Persönlichkeitsrechte zu den Nichtvermögensrechten gehören, sind die Immaterialgüterrechte den Vermögensrechten zuzuordnen.[985]

1. Dualistische Theorie

Nach der dualistischen Theorie, die ursprünglich von *Kohler*[986] begründet wurde, sind die persönlichkeitsrechtlichen Teile eines Rechts von den vermögensrechtlichen trennbar.[987] Durch den Schöpfungsakt des Urhebers entstehe kein einheitliches Recht, sondern ein Doppelrecht.[988] Die dualistische Theorie kann somit beide Teile des Urheberrechts in die herkömmliche Einteilung in Vermögensrechte bzw. Persön-

---

981 Auch *Schack,* Urheber- und Urhebervertragsrecht, Rn. 306 sieht in der Frage des Verhältnisses die große dogmatische wie praktische Bedeutung.

982 Zur Aufteilung der absoluten Rechte in Persönlichkeitsrechte und Vermögensrechte aber *Schwab/Löhnig,* Zivilrecht, Rn. 277 und *Schleup,* Rechtstheorie, Rn. 605.

983 *Götting,* Persönlichkeitsrechte als Vermögensrechte, S. 9.

984 *Götting,* Persönlichkeitsrechte als Vermögensrechte, S. 9.

985 *Larenz/Wolf,* Allgemeiner Teil BGB, § 15 Rn. 18; *Rüthers,* Rechtstheorie, Rn. 64. Erneut ist aber auf den durch die Marlene-Dietrich-Entscheidung entfachten Streit hinzuweisen, wonach teilweise selbst einem Persönlichkeitsrecht eine vermögensrechtliche Komponente zugesprochen wird. Siehe dazu 1. Kapitel C II.

986 *Kohler,* AcP (82) 1894, 141, 191; *Kohler,* Urheberrecht, S. 17; *Kohler,* Archiv für bürgerliches Recht 1895, 241, 263.

987 Die dualistische Theorie ist auf *Kohler* zurückzuführen, *Schack,* Urheber- und Urhebervertragsrecht, Rn. 306. Seine Theorie wird im 4. Kapitel B noch ausführlicher erörtert.

988 Dargestellt bei *Rehbinder,* Urheberrecht, § 3 VI und *Gregoritza,* Kommerzialisierung von Persönlichkeitsrechten Verstorbener, S. 31.

lichkeitsrechte vornehmen.[989] Nach der dualistischen Theorie können zumindest[990] die vermögensrechtlichen Teile übertragen werden.[991]

2. Monistische Theorie

Auch die monistische Theorie geht davon aus, dass das Urheberrecht persönlichkeitsrechtliche und vermögensrechtliche Teile enthalte.[992] Sie verweist aber darauf, dass sich beide Teile nicht trennen lassen, vielmehr das Urheberrecht ein einheitliches Recht ist.[993] Die bereits im ersten Kapitel erwähnte Baumtheorie von *Ulmer* erklärt dies damit, dass die Wurzeln des Urheberrechts das Persönlichkeitsrecht und das Vermögensrecht seien und diese Wurzeln in einen einheitlichen Stamm fließen.[994] Nach der monistischen Theorie kann das Urheberrecht deshalb nicht übertragen werden, da damit stets versucht würde, den persönlichkeitsrechtlichen Teil zu übertragen.[995]

II. Die Vorgängergesetze

Die Vorgängergesetze des Urheberrechtsgesetzes von 1965 sind das Gesetz für das Urheberrecht an Werken der Literatur und der Tonkunst (LUG) vom 19. Juni 1901, sowie das Gesetz für das Urheberrecht an Werken der bildenden Künste und der Photographie (KUG) vom 9. Januar 1907. Bei beiden Kodifikationen folgte der Gesetzgeber der dualistischen Theorie.[996]

Nach § 8 LUG bestand die Möglichkeit, das Urheberrecht auf einen Dritten zu übertragen. § 8 Abs. 1 LUG regelte die Übertragung im Erbgange, Abs. 2 die

---

989 Dargestellt bei *Ulmer*, Urheber- und Verlagsrecht, § 17 II 1. Siehe aber zur Gruppe der Immaterialgüterrechte, die *Kohler* geschaffen hatte, das 4. Kapitel unter B.

990 Die Vorgängergesetze des Urheberrechtsgesetzes gingen davon aus, dass ausnahmsweise auch die persönlichkeitsrechtlichen Befugnisse übertragen werden können. Siehe dazu die Darstellung der Vorgängergesetze unter II 2.

991 *Ulmer*, Urheber- und Verlagsrecht, § 80 II 2.

992 Schon 1932 *Elster*, Rabels ZAuslIPR 1932, 903, 916; *Ulmer*, Urheber- und Verlagsrecht, § 17 II 2.

993 *Eisenmann/Jautz*, Gewerblicher Rechtsschutz und Urheberrecht, Rn. 16; *Gregoritza*, Kommerzialisierung von Persönlichkeitsrechten Verstorbener, S. 32; siehe auch *Elster*, Rabels ZAuslIPR 1932, 903, 916.

994 *Ulmer*, Urheber- und Verlagsrecht, § 18 II 4; *Rehbinder*, Urheberrecht, § 3 VII; *Samson*, Urheberrecht, S. 61.

995 Dass ein Persönlichkeitsrecht nicht übertragen werden kann, ist einhellige Meinung, vgl. nur *Larenz/Wolf*, Allgemeiner Teil BGB, § 15 Rn. 21; vgl. auch *Schack*, Urheber- und Urhebervertragsrecht, Rn. 307, der darin den großen Vorteil der monistischen Theorie sieht: das Urheberrecht verbleibt in einer Hand.

996 *Ulmer*, Urheber- und Verlagsrecht, § 17 II 1 und § 80 II 2.

rechtsgeschäftliche Übertragung.[997] Nach dessen 2. Halbsatz bestand auch die Möglichkeit, die Übertragung auf ein bestimmtes Verwertungsgebiet zu beschränken.

§ 9 LUG schränkte die Übertragbarkeit dergestalt ein, dass der Erwerber im Falle der "Übertragung des Urheberrechts" nicht das Recht erhalten sollte, an der Bezeichnung des Werkes oder an der Bezeichnung des Urhebers Änderungen vornehmen zu dürfen. Eine ähnliche Einschränkung sah § 14 LUG vor. Im Falle der Übertragung sollten dem Urheber seine ausschließlichen, in § 14 LUG enumerativ aufgezählten Befugnisse verbleiben.

Beide Normen sahen aber die Möglichkeit vor, durch eine ausdrückliche Vereinbarung von diesen Einschränkungen abweichen zu können.[998] Somit war es durchaus möglich, diese nur im Regelfall beim Urheber verbleibenden Rechte auf einen Dritten zu übertragen,[999] was auch die Ansicht der damaligen herrschenden Lehre war.[1000]

Auch das KUG sah in § 10 KUG die Übertragbarkeit auf andere vor. Der systematische Aufbau des § 10 KUG wurde dem des § 8 LUG nachgebildet.[1001] § 12 KUG enthielt eine dem LUG vergleichbare Einschränkung, wonach auch bei einer vollständigen Übertragung des Urheberrechts einige persönlichkeitsrechtliche Teile im Zweifel beim Urheber verblieben. Durch ausdrückliche Vereinbarung konnten aber auch diese Teile übertragen werden.[1002]

III. Frühere Rechtsprechung und Schrifttum

Die Entwicklung des Grundsatzes der Unübertragbarkeit lässt sich neben der Betrachtung der Vorgängergesetze mit der Untersuchung der einschlägigen Rechtsprechung nachverfolgen. Die Schwierigkeiten mit der praktischen Anwendung der dualistischen Theorie lassen sich anhand von drei höchstrichterlichen Entscheidungen verdeutlichen.

---

997 Der Gesetzgeber von 1965 hat diese Wertung des Gesetzgebers des LUG übernommen, indem er in § 28 UrhG auch zunächst die Übertragung durch den Erbgang regelte. § 28 UrhG hat deshalb nicht nur klarstellende Funktion, vgl. *Block* in: Wandtke/Bullinger, § 29 Rn. 2. Es entspricht vielmehr der Wertung des Gesetzgebers, der primär nur von einer Übertragung kraft Gesetz ausging.

998 Siehe den Wortlaut der §§ 9, 14 LUG: „soweit nicht ein anderes vereinbart ist".

999 *Schricker* in: Schricker, § 28 Rn. 1.

1000 *Marwitz/Möhring* in: Kommentar zum LUG, § 10 LUG Nr. 1 und 13.

1001 Zusätzlich stellte der Gesetzgeber in § 10 Abs. 3 KUG klar, dass nicht allein die Übertragung des Eigentums an einem Werkstück dem Erwerber auch zugleich das Urheberrecht verschaffe. Die Rechtsübertragung musste vielmehr ausdrücklich vereinbart werden.

1002 *Osterrieth/Marwitz* in: Kommentar zum KUG, § 14 KUG Nr. 1 kommentiert, das „Urheberrecht als vermögensrechtliches Verfügungsrecht ist übertragbar, pfändbar und unterliegt daher auch der Zwangsvollstreckung".

1. Das Reichsgericht im Fall "Wilhelm Busch" (RGZ 123, 312)

Im Fall "Wilhelm Busch" hatte der gleichnamige Kläger zu Lebzeiten nahezu alle seine Werke bei einem Verlag veröffentlicht, dem die „unbeschränkten dinglichen Urheberrechte an sämtlichen bei ihm erschienen Werken übertragen" worden waren. Nach der Übertragung stellte sich für den Urheber bzw. dessen Rechtsnachfolger heraus, dass die Verwertung des Werkes wesentlich ergiebiger hätte sein können.

Das Reichsgericht nahm wie auch die Vorinstanzen an, dass mit dem Verlagsvertrag zwischen den Parteien eine uneingeschränkte Übertragung des Urheberrechts vereinbart wurde. Eine solch uneingeschränkte Übertragung sei auch grundsätzlich möglich. Das Reichsgericht sah es aber als seltenen Ausnahmefall an. Der Regelfall sei eine Übertragung, die genau die Teilrechte überträgt, die zur Erfüllung des Vertragszweckes benötigt werden.[1003]

Selbst eine im Vertrag ausdrücklich vereinbarte „unbeschränkte Übertragung" dürfe „nicht ausnahmslos" so verstanden werden, dass nichts beim veräußernden Urheber verbliebe.[1004] Vielmehr behalte der Urheber in jedem Fall ein „unveräußerliches Persönlichkeitsrecht", welches der Vertrag unberührt lasse, auch wenn der Vertragspartner die unbeschränkt dinglichen Urheberrechte erwerbe.[1005]

Das Reichsgericht setzte sich im vorliegenden Fall somit über den ursprünglichen Willen der Vertragsparteien hinweg und dies, obwohl die gewollte unbeschränkte Übertragbarkeit nach der damaligen Gesetzeslage möglich gewesen war. Die weite Formulierung, auch eine ausdrücklich unbeschränkte Übertragung dürfe nicht "ausnahmslos" so verstanden werden, als verbliebe nichts beim veräußernden Urheber, eröffnete Gerichten den Freiraum, unabhängig von der ausdrücklichen Vereinbarung der Parteien über den Umfang der Übertragung selbst entscheiden zu können.

2. Das Reichsgericht im Fall "Übersetzung" (RGZ 151, 50)

Das Reichsgericht hatte rund sieben Jahre später zu entscheiden, ob bei einer vollständigen Übertragung des Urheberrechts durch den Urheber auch das Änderungsrecht erfasst werde. Es musste prüfen, ob dem Erwerber spätere eigene Übersetzungen des Werkes möglich waren.

In dieser Entscheidung sprach sich das Reichsgericht dafür aus, dass das Recht, Veränderungen vornehmen und somit Veränderungen durch andere verbieten lassen

---

1003 Damit knüpfte das Reichsgericht an die von *Goldbaum* entwickelte Zweckübertragungslehre an. Nach dieser sei in Zweifelsfällen anzunehmen, dass auch bei Verträgen über die Veräußerung von Urheberrechten eine gewisse Befugnis beim Urheber verbleiben müsse, vgl. *Runge, Urheber- und Verlagsrecht*, S. 223. Was unter der „gewissen Befugnis" zu verstehen ist, wird von *Goldbaum* nicht abschließend festgelegt.
1004 RGZ 123, 312, 320.
1005 RGZ 123, 312, 320.

zu können, alleine der Urheber innehaben könne. Das Reichsgericht bezeichnete dieses Recht damals bereits als „Ausfluß des Urheberpersönlichkeitsrechts"[1006].

Obwohl das Reichsgericht das Änderungsrecht als Teil des Urheberpersönlichkeitsrechts erachtete, ging es in dieser Entscheidung von der grundsätzlichen Übertragbarkeit und Abdingbarkeit des Änderungsrechts aus.[1007] Das überrascht insoweit, als das Reichsgericht in der vorigen Entscheidung noch die Unübertragbarkeit der persönlichkeitsrechtlichen Teile des Urheberrechts betonte.[1008]

In beiden Entscheidungen findet sich das Problem wieder, dass sich eine ursprünglich uneingeschränkte Übertragung des Urheberrechts im Nachhinein als unbilliges Ergebnis erweist. In beiden Fällen betont das Reichsgericht zwar die grundsätzliche Möglichkeit der vollständigen Übertragung des Urheberrechts, macht davon aber im Bedarfsfalle zugunsten des Urhebers Ausnahmen.[1009] *Ahrens* bezeichnet die Rechtsprechung als „korrigierende Auslegung"[1010] der Regelungen zur Übertragbarkeit des Urheberrechts aus den Vorgängergesetzen.

Es hat sich jedenfalls gezeigt, dass die Eingruppierung eines Rechts als Persönlichkeitsrecht noch keine Rückschlüsse auf die Übertragbarkeit zulässt.

3. Der Bundesgerichtshof im Fall "Tagebücher Cosima Wagners"
(BGH JZ 1955, 211)

Der Bundesgerichtshof entschied in diesem Fall, dass der Urheber bereits unter Lebenden das Urheberpersönlichkeitsrecht, insbesondere das Veröffentlichungsrecht, übertragen könne.[1011] Das Veröffentlichungsrecht bestehe zwar sowohl aus persönlichkeitsrechtlichen wie vermögensrechtlichen Teilen, doch trotz des starken

---

1006 RGZ 151, 50, 52. Die Terminologie "Urheberpersönlichkeitsrecht" fand erst mit dem UrhG von 1965 Einzug in das Gesetz.

1007 RGZ 151, 50, 53.

1008 RGZ 123, 312, 320. Gerade das Änderungsrecht (neben dem Veröffentlichungsrecht) ist ein Teil des Urheberpersönlichkeitsrechts, das auch Teile der Literatur übertragen lassen wollen, vgl. Nachweise bei *Kahmann*, Zwangsvollstreckung im Urheberrecht, S. 28. Zum Streitstand, welche Teile des Urheberpersönlichkeitsrechts übertragbar sein sollen, vgl. auch *Block* in: Wandtke/Bullinger, § 29 Rn. 6.

1009 „[...] im Falle der Urheberrechtsübertragung [spreche] gegen die Mitübertragung des Änderungsrechts eine Vermutung, die nur durch besondere Umstände widerlegt werden könne", RGZ 151, 50, 53.

1010 *Ahrens*, Verwertung persönlichkeitsrechtlicher Positionen, S. 89.

1011 BGH JZ 1955, 211 ff.; erörtert in diesem Sinne auch bei *Kahmann*, Zwangsvollstreckung im Urheberrecht, S. 28. Dem noch zu Zeiten des LUG zu entscheidenden Fall lagen Tagebücher der Cosima Wagner, der Ehefrau von Richard Wagner, zugrunde, die diese ihrer Tochter übergab, woraufhin die Tochter das Eigentum und bestimmte Rechte an einen Dritten übertrug. Die Klägerin, eine Erbin von Cosima Wagner, wehrte sich gegen diese Übertragung und meinte, insbesondere das Veröffentlichungsrecht sei nicht übertragen worden.

persönlichkeitsrechtlichen Einschlags des Veröffentlichungsrechts sei seine Übertragung unter Lebenden nicht ausgeschlossen.[1012]

Bemerkenswert an dieser Entscheidung ist die neue Vorgehensweise, in Frage stehende Rechte in ein Vermögens- und Persönlichkeitsrecht aufzuteilen.[1013] Damit wurde es möglich, aus Sicht der Richter interessengerechte Ergebnisse zu erzielen. Denn, die je nach Sachverhalt gewünschte Betonung mal des vermögensrechtlichen, mal des persönlichkeitsrechtlichen Teils führt mal zu einer Übertragbarkeit, mal zu einer Unübertragbarkeit.[1014]

Auch in dieser Entscheidung finden sich schwer nachzuvollziehende Formulierungen. So spricht der Bundesgerichtshof an einer Stelle davon, es gebe einen stets beim Urheber zurückbleibenden „Kernbestandteil des Urheberpersönlichkeitsrechts"[1015], während er an anderer Stelle annimmt, nicht jede „Verfügung unter Lebenden über persönlichkeitsrechtliche Bestandteile" sei ausgeschlossen.[1016] Damit bleibt letztlich unklar, ob das Urheberrecht als Ganzes oder in Teilen übertragbar ist. Nach dem Bundesgerichtshof gehörte rund ein Jahrzehnt vor Einführung des Urheberrechtsgesetzes jedenfalls das Veröffentlichungsrecht nicht zum unveräußerlichen Kernbestandteil.[1017]

4. Die Entwicklung im Schrifttum

Das überwiegende Schrifttum ging zur Zeit der Vorgängergesetze von der vollständigen Übertragbarkeit des Urheberrechts aus, was damit begründet wurde, dass es „der Hauptsache nach vermögensrechtlicher Natur"[1018] sei.[1019] Ein vererbliches Recht wie das Urheberrecht sei kein höchstpersönliches Recht, weil der Erbüber-

---

1012 BGH JZ 1955, 211, 213. Der BGH betonte, dass seine Entscheidung im Einklang mit dem überwiegenden Teil des Schrifttums stehe (aaO S. 214).

1013 BGH JZ 1955, 211, 213.

1014 Deshalb stößt es auf Bedenken, wenn auch heute noch *Freudenberg*, Zwangsvollstreckung in Persönlichkeitsrechte, S. 43 dafür eintritt, die Gegensätze "Persönlichkeitsrecht und Vermögensrecht" gleichberechtigt nebeneinander stehen zu lassen, „ohne den Schwerpunkt der Betrachtung nach der einen oder anderen Seite zu verlagern". In der Rechtsanwendung ist es – wie dargestellt – wohl nicht möglich, auf eine einzelfallbezogene Schwerpunktsetzung zu verzichten.

1015 BGH JZ 1955, 211, 214.

1016 Die beiden Aussagen stellt *Ulmer*, JZ 1955, 211, 215 in der Anmerkung zum Urteil zusammen.

1017 Nach dem heutigen Urheberrechtsgesetz ist dies anders. § 12 UrhG nennt das Veröffentlichungsrecht als Teil des Urheberpersönlichkeitsrechts.

1018 *Dernburg*, Urheberrecht u.a., S. 48.

1019 Siehe *Gierke*, Deutsches Privatrecht, S. 805; *Göttlich*, MDR 1957, 11, 13; *Beseler*, Privatrecht, S. 326; *Dernburg*, Urheberrecht u.a., S. 48.

gang gerade einen Übertragungsvorgang darstelle und damit das persönliche Band zwischen Schöpfer und Werk trenne.[1020]

Etwa ab der Romkonferenz 1928,[1021] die maßgeblich die Entwicklung eines persönlichkeitsrechtlichen Kerns auf internationaler Ebene angetrieben hatte, bemängelten Teile der Literatur vermehrt, die Übertragbarkeit führe zu einer "Entpersönlichung" des Werkes im Verhältnis zu seinem Urheber.[1022]

Allen voran ist *Gierke* zu nennen, der sich früh gegen die herrschende Meinung stellte und als Gründer der Gegenströmung angesehen wird. Er nahm beim Urheberrecht seiner Substanz nach eine Unübertragbarkeit, seiner Ausübung nach aber eine Übertragbarkeit an.[1023] Diese Substanz – er nannte sie schon 1895 den „personenrechtlichen Kern[1024] des Urheberrechts"[1025] – bleibe stets beim Urheber zurück.[1026]

1020 *Runge*, Urheber- und Verlagsrecht, S. 222; vgl. *Kahmann*, Zwangsvollstreckung im Urheberrecht, S. 27. Dieses Argument überrascht, wird es doch später ab 1965 keine Beachtung mehr finden. Siehe zu diesem Schluss, vererbliche Persönlichkeitsrechte könnten keine Persönlichkeitsrechte sein, *Götting*, NJW 2001, 585, 585 unter II. Siehe aber noch 3. Kapitel D. Zur Kritik an dieser idealistisch geprägten Formulierung des „Bandes zwischen Urheber und seinem Werk" vgl. *Stieger*, Urheberrecht: Bald ein "gewöhnliches" gewerbliches Schutzrecht?, S. 21, 28. Die Formulierung "Band" findet sich in der Literatur in ähnlicher Form schon vor Schaffung der ersten Urheberrechtsgesetze, vgl. nur *Mitteis*, Zur Kenntnis des literarisch-artistischen Urheberrechts, S. 93, 98, der von einer „elastischen Schnur" spricht, die niemals abreißen könne.

1021 Die genaue Bestimmung, ab wann die Gegenstimmen in der Literatur auftraten, ist unter den Rechtshistorikern umstritten. Während es *Runge* an der Romkonferenz festmacht, finden sich besonders bei *Dahn* schon frühere Ansätze.

1022 Vgl. *Runge*, Urheber- und Verlagsrecht, S. 222. Bereits vor der Romkonferenz vertritt 1884 *Dahn*, Privatrechtliche Studien, S. 83, „daß diese Übertragung der Ausübung einzelner oder auch aller Urheberrechte nicht das Urheberrecht selbst in der Person des Urhebers aufhebt oder einen Beweis gegen die persönliche Natur dieses Rechtes enthält".

1023 Vgl. *Bappert*, Wege zum Urheberrecht, S. 248; *Gierke*, Deutsches Privatrecht, S. 805. *Gierke* greift damit einen Ansatz von *Dahn* auf, der bereits 1884 formulierte, das höchstpersönliche Recht könne nicht einmal mit Willen des Autors auf einen anderen übertragen oder an einen Dritten veräußert werden. Nur die Ausübung einzelner oder aller in diesem Recht enthaltenen Befugnisse könne durch den Willen des Urhebers oder durch Gesetz auf andere Personen übertragen werden, vgl. *Dahn*, Privatrechtliche Studien, S. 76.

1024 Gelegentlich findet man deshalb den Ausdruck der "Kerntheorie", siehe etwa *Metzger*, - GRURInt 2003, 9, 13 und ausführlicher *ders.*, Rechtsgeschäfte über das Droit moral, S. 51. Allerdings besteht der Verdacht, dass damit außer einem griffigen Schlagwort nichts gewonnen ist. So kann weder die Rechtsprechung noch Literatur bis heute definieren, was zu diesem "Kern" gehören soll. *Metzger* (aaO S. 16) jedenfalls spricht sich für eine Verabschiedung dieser Kerntheorie aus und hält Rechtsgeschäfte über den "Kernbereich" des Urheberrechts nicht für aus der Natur der Sache unwirksam.

1025 *Gierke*, Deutsches Privatrecht, S. 812.

1026 *Gierke*, Deutsches Privatrecht, S. 809. Letztendlich übernimmt *Gierke* die Ansätze derjenigen Autoren der Lehre vom geistigen Eigentum, die die Tragweite des Verlagsvertragsabschlusses untersuchten. So stellt *Feder*, Das Eigentum des Bücherverlags, bereits fest, dass der mittels Verlagsvertragsabschluss zwischen Verleger und Verfasser vollzogene Rechtsübergang nur einen bestimmten Teil des dem Urheber eigenen Rechts betreffe, während die nicht veräußerten Befugnisse seiner Eigentümerschaft weiterhin zur freien Verfügung des Werkschöpfers stünden. Obwohl *Feder* zu dieser Ansicht zeitlich deutlich vor der Persönlichkeitsrechts-

Folglich könne der Urheber sein Urheberrecht durch keinen Vertrag an allen künftigen Werken übertragen.[1027]

Während *Gierke* aber auf der einen Seite annimmt, es bleibe beim Urheber stets ein Kern des Urheberrechts zurück, nimmt er auf der anderen Seite an, dass die Veräußerung des „ganzen Inhalt[s] des Urheberrechtes einschließlich der Verfügung über den inneren Bestand des Geisteswerkes"[1028] möglich sei. Dafür führt er als Beispiel an, „der Urheber [kann] z.B. eine Handschrift einem Verleger zu beliebigem Gebrauche einhändigen, so daß dieser sie vernichten oder veröffentlichen und im letzteren Falle nach eigenem Ermessen kürzen oder verändern darf"[1029].

Zusammenfassend lässt sich feststellen, dass auch im Schrifttum keine einheitliche Auffassung zur Übertragbarkeit des Urheberrechts bestand. Insbesondere bei der von *Gierke* begründeten Gegenauffassung blieben zahlreiche Abgrenzungsfragen offen. So konnte auch *Gierke* nicht widerspruchsfrei begründen, warum Teile des Urheberrechts der Übertragung zugänglich und andere wiederum beim Schöpfer verbleiben sollen.

IV. Durchsetzung der monistischen Theorie

Die nicht einheitliche Rechtsprechung und Literatur zur Zeit der Vorgängergesetze, demnach die Schwierigkeiten bei der praktischen Anwendung der dualistischen Theorie, veranlasste den Gesetzgeber des Urheberrechtsgesetzes von 1965 zu weitreichenden Reformen. Ziel war es, weder die vermögensrechtliche, noch persönlichkeitsrechtliche Komponente des Urheberrechts zu korrigieren. Vielmehr sollte das Verhältnis beider Komponenten zueinander gesetzlich geklärt werden.

Der Gesetzgeber hat sich 1965 deshalb der monistischen Theorie angeschlossen.[1030] Wie oben erörtert nimmt die monistische Theorie an, beide Teile des Urheberrechts nicht trennen zu können, so dass nicht von einem Doppelrecht, sondern von einem einheitlichen Recht auszugehen sei.[1031] Die Änderung der bisherigen Rechtslage begründet der Entwurf des Urheberrechtsgesetzes wie folgt: „Wegen der engen Verbundenheit des Urheberpersönlichkeitsrechts mit den Verwertungsrechten haben sich bei der Abgrenzung der dem Urheber verbleibenden Befugnisse von den übertragbaren Bestandteilen des Urheberrechts Schwierigkeiten ergeben. Der Entwurf schlägt deshalb eine vom geltenden Recht abweichende Regelung vor: Das

---

lehre kam (nämlich bereits 1780), beruht *Feders* Ansatz doch schon auf einer Vermengung der Ansätze aus der Lehre vom geistigen Eigentum und der Lehre vom Persönlichkeitsrecht.
1027 Vgl. dazu soeben den Fall "Wilhelm Busch" vom Reichsgericht.
1028 *Gierke,* Deutsches Privatrecht, S. 806.
1029 *Gierke,* Deutsches Privatrecht, S. 806 Fn. 8.
1030 BT-Drucksache IV/270, S. 43; *Hilty,* Urhebervertragsrecht: Schweiz im Zugzwang?, S. 87, 100; *Jänich,* Geistiges Eigentum, S. 259.
1031 *Kroitzsch* in: Möhring/Nicolini, § 11 Rn. 5 und 3. Kapitel B I 2.

Urheberrecht soll grundsätzlich weder als Ganzes noch in seinen Teilen (z.B. Verwertungsrechte) übertragbar sein [...]"[1032].

Das Urheberrecht als einheitliches Recht zu sehen, das zu gleichen Teilen aus einem Persönlichkeitsrecht und einem Vermögensrecht besteht, hat sich in § 11 UrhG niedergeschlagen.[1033] Nach § 11 S. 1 UrhG schützt das Urheberrecht den Urheber in seinen geistigen und persönlichen Beziehungen zum Werk sowie in dessen Nutzung. Zugleich dient es nach S. 2 der Sicherung einer angemessenen Vergütung für die Nutzung des Werkes.[1034]

Die Entwicklung des Grundsatzes der Unübertragbarkeit des Urheberpersönlichkeitsrechts und des Urheberrechts als Ganzes lässt sich folglich damit erklären, dass sich im Laufe der Jahrzehnte die monistische Theorie gegenüber der dualistischen Theorie durchgesetzt hat.[1035]

Dass diese Entwicklung noch lange nicht abgeschlossen ist, lässt sich an der jüngeren Rechtsprechung des Bundesgerichtshofs erkennen, der sich erstmals in der Marlene-Dietrich-Entscheidung wieder einer dualistischen Betrachtung zuwendet.[1036]

C. Die Regelungen der europäischen Nachbarn

Von besonderem Interesse ist die Frage, wie die Übertragbarkeit des Urheberrechts in den Rechtsordnungen unserer europäischen Nachbarn behandelt wird. Denn der Streit um die Vorherrschaft der dualistischen oder monistischen Theorie ist nicht auf Deutschland begrenzt gewesen. Es besteht der Verdacht, dass Rechtsordnungen, die der monistischen Theorie gefolgt sind, die Übertragbarkeit des Urheberrechts und damit dessen Zwangsvollstreckung restriktiver handhaben, während Rechtsordnungen, die der dualistischen Theorie gefolgt sind, vermutlich einer Vollstreckung offener gegenüberstehen. Die Rechtsordnungen der europäischen Nachbarn könnten

---

1032 BT-Drucksache IV/270, S. 55.

1033 *Schulze* in: Dreier/Schulze, § 11 Rn. 2; *Nordemann* in: Fromm/Nordemann, § 11 Rn. 2; *Kroitzsch* in: Möhring/Nicolini, § 11 Rn. 3.

1034 Deshalb zieht *Ahrens,* Verwertung persönlichkeitsrechtlicher Positionen, S. 87 und 91 § 11 UrhG als Beispiel heran, mit dem sich zeigen ließe, dass zwischen einem Persönlichkeitsrecht und einem Vermögensrecht kein Gegensatz, kein Exklusivitätsverhältnis bestehe.

1035 Zu dieser Entwicklung *Schack,* Urheber- und Urhebervertragsrecht, Rn. 306; zu dieser Einschätzung *Kroitzsch* in: Möhring/Nicolini, § 11 Rn. 5. Es ist bislang noch nichts darüber gesagt, ob der monistischen Theorie gefolgt werden sollte. Da dies eine umfassende Untersuchung der Rechtsnatur des Urheberrechts bedingt, darf an dieser Stelle auf das letzte Kapitel verwiesen werden. Als Gegenstimme zur monistischen Theorie sei bereits *Hilty,* Urhebervertragsrecht: Schweiz im Zugzwang?, S. 87, 108 angeführt.

1036 So stellt das auch *Gregoritza,* Kommerzialisierung von Persönlichkeitsrechten Verstorbener, S. 118 und 123 fest, die zudem die Vermischung dualistischer und monistischer Ansätze in der Argumentation des Bundesgerichtshofs kritisiert, sich im Ergebnis aber einer dualistischen Sichtweise anschließt (aaO S. 274). Zum Marlene-Dietrich-Urteil (BGHZ 143, 214) siehe schon 1. Kapitel C II.

somit – behandeln sie die Frage der Übertragbarkeit anders – Impuls für die eigene Rechtsordnung sein. Überdies besteht der Wunsch nach einer Rechtsvereinheitlichung, besonders für diejenigen Rechte, die in erhöhtem Maße Teil des Rechtsverkehrs sind.

I. Österreich

Das österreichische Recht kennt ebenfalls einen eigenen Auffangtatbestand für die Zwangsvollstreckung[1037] in andere Vermögensrechte.[1038] Die Vermögensrechte müssen rechtlich selbstständig und gesetzlich übertragbar sein.[1039] Andernfalls kommen sie als Vollstreckungsobjekte nicht in Betracht. Insoweit ähnelt § 331 Abs. 1 EO den §§ 857 Abs. 1, 851 der deutschen Zivilprozessordnung.

Das österreichische Urheberrechtsgesetz beinhaltet seit 1936 den Grundsatz der Unübertragbarkeit des Urheberrechts.[1040] Nach § 25 öUrhG ist das Urheberrecht hinsichtlich seiner Verwertungsrechte folglich der Zwangsvollstreckung wegen Geldforderungen entzogen.[1041] Auch die herrschende Meinung in der österreichischen Literatur spricht sich seit jeher dafür aus, das Urheberrecht der Exekution vollständig zu entziehen.[1042]

In Österreich wird der Grundsatz der Unübertragbarkeit damit gegründet, dass aus der geistigen Schöpfung das Persönlichkeitsrecht fließe, welches den Bezug zu seinem Schöpfer nicht verlieren könne.[1043] Lediglich ein einzelnes eingeräumtes Nutzungsrecht könne übertragen werden und stehe in der Vollstreckung zur Verfügung.[1044]

Österreich folgt somit der monistischen Theorie. Der seit 1936 kodifizierte Grundsatz der Unübertragbarkeit wurde 1965 für den deutschen Gesetzgeber zur Vorlage.[1045]

1037 In Österreich sogenannte "Exekution".

1038 Siehe § 331 Abs. 1 EO; auch *Holzhammer*, Österreichisches Zwangsvollstreckungsrecht, S. 260.

1039 *Oberhammer* in: Angst, Kommentar zur Exekutionsordnung, § 331 Rn. 4; *Holzhammer*, Österreichisches Zwangsvollstreckungsrecht, S. 252.

1040 *Fromm/Nordemann*, Anhang II, § 23 Abs. 3 UrhG; *Lütje* in: Möhring/Nicolini, § 29 Rn. 1.

1041 § 25 Abs. 1 UrhG: „Verwertungsrechte sind der Exekution wegen Geldforderungen entzogen".

1042 Vgl. *Walker*, Österreichisches Exekutionsrecht, S. 317; *Angst* in: Angst, Kommentar zur Exekutionsordnung, § 331 Rn. 31.

1043 Vgl. *Walker*, Österreichisches Exekutionsrecht, S. 318.

1044 Vgl. *Rintelen*, Urheberrecht und Urhebervertragsrecht, S. 169.

1045 Zur monistischen Theorie in Österreich als Vorbild für Deutschland, *Schack*, Urheber- und Urhebervertragsrecht, Rn. 306; *Lütje* in: Möhring/Nicolini, § 29 Rn. 1.

II. Schweiz

Auch in der Schweiz ist die Zwangsvollstreckung in andere Vermögensrechte möglich. Der Schweizer Gesetzgeber hat nicht nur die Frage der Übertragbarkeit des Urheberrechts, sondern auch die der Zwangsvollstreckung ausführlich geregelt. Nach Art. 16 Abs. 1 URG ist das Urheberrecht übertragbar und vererblich und kommt in der Zwangsvollstreckung damit grundsätzlich in Betracht.[1046]

Die Frage der Übertragbarkeit und damit der Zwangsvollstreckung in das Urheberrecht ist aber nicht so eindeutig zu beantworten wie es das Gesetz nach dem bloßen Wortlaut suggeriert. Vielmehr ist die Auslegung des Art. 16 Abs. 1 URG in der Schweiz zwischen Rechtsprechung und Schrifttum lebhaft umstritten.[1047] Während sich die Rechtsprechung gegen die Pfändbarkeit des Urheberrechts ausspricht und damit begründet, dass das Urheberrecht ein Persönlichkeitsrecht sei,[1048] spricht sich ein Teil der Literatur für das strikte Befolgen des Grundsatzes aus Art. 16 URG aus.[1049] Sehe der Gesetzgeber gerade die freie Übertragbarkeit vor, so müsse das Urheberrecht auch zwangsweise übertragen werden können.[1050] Dieser Teil der Literatur will auch die von Art. 18 URG ausgesparten Rechte der Zwangsvollstreckung zugänglich machen.[1051]

1046 Schweizer Urheberrechtsgesetz vom 9. Oktober 1992 in der Fassung vom 13. Juni 2006.
1047 So auch *Jänich*, Geistiges Eigentum, S. 261. Dazu *Hilty*, Urhebervertragsrecht: Schweiz im Zugzwang?, S. 87, 89.
1048 Obergericht Zürich; besprochen bei *Troller*, Gewerblicher Rechtsschutz, S. 149. Diese Ansicht vertritt auch ein Teil der Literatur, vgl. *Auf der Maur*, UFITA (118) 1992, 87, 105; vgl. *Hilty*, Urhebervertragsrecht: Schweiz im Zugzwang?, S. 87, 89.
1049 *Hilty*, Urhebervertragsrecht: Schweiz im Zugzwang?, S. 87, 90 f. mit weiteren Schweizer Autoren. Siehe deshalb auch das Fazit bei *Hilty* (aaO S. 93): „Festgehalten werden kann [...], dass die weit reichende Formulierung von Art. 16 URG Anlass zur Annahme gibt, die dem Urheber in Art. 9 ff. URG eingeräumten Befugnisse seien umfassend und jedenfalls insoweit übertragbar, als dies von der Natur der Sache her möglich sei". Auch *Troller*, Immaterialgüterrecht Band 2, S. 777 geht diesen Weg und nimmt ausdrücklich das Veröffentlichungsrecht als übertragbar an: „Diese Befugnisse aber gehören zu den Werknutzungsrechten und sind als solche übertragbar".
1050 *Troller*, Gewerblicher Rechtsschutz, S. 148, vgl. bereits die Überschrift.
1051 Überdies könnte man weiter behaupten, dass allein durch die Eingruppierung in ein Urheberpersönlichkeitsrecht noch nichts über die Übertragbarkeit gesagt sei, mithin auch ein Persönlichkeitsrecht grundsätzlich tauglicher Vollstreckungsgegenstand sein könnte (vgl. etwa 1. Kapitel C II und D). Diesen Schluss zieht aber *Hilty*, Urhebervertragsrecht: Schweiz im Zugzwang?, S. 87, 90 nicht, der sich sonst so vehement für eine Übertragbarkeit einsetzt. Bei *Troller*, Immaterialgüterrecht Band 2, S. 777 findet man zwar nicht den gerade aufgezeigten Schluss, aber zumindest ansatzweise die Feststellung, dass die Behandlung eines Rechts als Persönlichkeitsrecht noch nichts über die Übertragbarkeit aussagt: „Wollte man auch die hier zu behandelnden Befugnisse im persönlichkeitsrechtlichen Kreis belassen, so wäre damit über ihre Unübertragbarkeit, über die ihrem Wesen entsprechende unmögliche Trennung vom Berechtigten, trotzdem noch nichts gesagt; man müsste gleichwohl die Untersuchung gesondert von den anderen persönlichkeitsrechtlichen Befugnissen durchführen, so wie es zu tun ist, wenn man das Urheberrecht als Einheit behandelt (monistische Theorie)".

Art. 18 URG regelt positiv die Zwangsvollstreckung in zahlreiche urheberrechtliche Befugnisse.[1052] Von der Zwangsvollstreckung werden nur diejenigen Rechte ausgenommen, die der Schweizer Gesetzgeber dem Urheberpersönlichkeitsrecht zuordnet.[1053] Dazu gehören nach Art. 9 URG das Anerkennungs-, Urheberbezeichnungs-, sowie das Veröffentlichungsrecht.

Überdies findet sich im Schweizer Recht noch eine besondere Vollstreckungsvoraussetzung. Nach Art. 18 2. HS URG können die Rechte aus Art. 10 Abs. 2 und 3 sowie Art. 11 als Vollstreckungsgegenstände nur dann erfasst werden, „soweit der Urheber oder die Urheberin sie bereits ausgeübt hat und das Werk mit der Zustimmung des Urhebers oder der Urheberin bereits veröffentlicht worden ist". Ein bis zum Zeitpunkt der Zwangsvollstreckung weder veröffentlichtes, noch verwertetes Werk kommt folglich in der Zwangsvollstreckung nicht in Betracht.

Somit lässt sich festhalten, dass das Schweizer Urheberrechtsgesetz von einer höheren Verkehrsfähigkeit ausgeht und der Pfändung urheberrechtliche Befugnisse zugänglich macht. Die Reichweite der Übertragbarkeit ist im Schweizer Schrifttum aber nicht endgültig geklärt.

III. Frankreich

Die Übertragbarkeit des Urheberrechts ist im französischen Urheberrechtsgesetz grundlegend anders geregelt, da sich der französische Gesetzgeber für eine Trennung zwischen der persönlichkeitsrechtlichen- und der vermögensrechtlichen Seite entschieden hat und somit der dualistischen Theorie folgt.[1054] Das französische Urhebergesetz von 1992 unterscheidet deshalb in Art. L.111-1 zwischen persönlichkeitsrechtlichen und vermögensrechtlichen Bestandteilen. Das Urheberpersönlichkeitsrecht ist im zweiten Titel in den Art. L.121-1 ff. geregelt, die Vermögensrechte sodann in den Art. L.122-1 ff.[1055]

Das französische Recht geht davon aus, dass die persönlichkeitsrechtlichen Bestandteile, die sogenannten "droits moral", mit der Person des Urhebers verbunden sind und nicht übertragen werden können ("inaliénable").[1056] Inwieweit rechtsgeschäftliche Dispositionen über die droits moral möglich sind, ist im Schrifttum hin-

1052 Siehe zu den Befugnissen Art. 10 Abs. 2, 3 und Art. 11 URG, also etwa die umfassenden Verwertungsbefugnisse als auch das Änderungsrecht.
1053 Das Schweizer Urheberrechtsgesetz enthält aber nicht den Begriff "Urheberpersönlichkeitsrecht". Diese Terminologie hat sich vielmehr erst in der Rechtsprechung und im Schrifttum entwickelt.
1054 *Schack,* Urheber- und Urhebervertragsrecht, Rn. 308. Frankreich ermöglichte seit der Annahme der dualistischen Theorie die Übertragbarkeit der vermögensrechtlichen Teile des Urheberrechts, vgl. auch *Auf der Maur,* UFITA (118) 1992, 87, 93.
1055 Vgl. *Lindner,* UFITA (125) 1994, 9, 12.
1056 Ausführlich zu der Frage, inwieweit Rechtsgeschäfte über das Urheberpersönlichkeitsrecht möglich sind, *Metzger,* GRURInt 2003, 9, 16.

gegen umstritten.[1057] Dagegen sind die Vermögensrechte[1058], zu denen auch das Aufführungs- und Vervielfältigungsrecht gehört, nach Art. L.122-7 und Art. L.131-4 ganz oder teilweise übertragbar.[1059]

Überdies finden sich im französischen Urheberrechtsgesetz in den Art. L.333-1 ff. Regelungen zur Zwangsvollstreckung.[1060] Diese befassen sich allerdings nur mit der Pfändung von Erträgen, die dem Urheber aus der Verwertung zustehen.[1061]

Es lässt sich damit festhalten, dass das Folgen der dualistischen Theorie in Frankreich zu einer weitreichenderen Übertragbarkeit des Urheberrechts führt und überdies selbst die "droits moral" zunehmend mehr der rechtsgeschäftlichen Disposition zugänglich werden.[1062]

IV. Dänemark

Das dänische Urheberrechtsgesetz stammt vom 27. Dezember 1996. Im 3. Kapitel wird der Übergang des Urheberrechts auf andere geregelt. Nach § 53 Abs. 1 ist die teilweise und vollständige Übertragung des Urheberrechts möglich.[1063]

Der Grundsatz der freien Übertragbarkeit wird aber durch einige Regelungen eingeschränkt. Nach § 3 Abs. 1 wird von der Übertragung der Anspruch des Urhebers auf Namensnennung sowie das Recht, Veränderungen zu verbieten (Abs. 2) nicht

---

1057 Etwa *Metzger,* GRURInt 2003, 9, 16 (und ausführlicher in seiner Monographie „Rechtsgeschäfte über das Droit moral im deutschen und französischen Urheberrecht") macht sich für eine Dispositionsfreiheit hinsichtlich der droits moral stark.

1058 Sog. droits patrimoniaux.

1059 So auch die Ansicht des Schrifttums, etwa *Baucks,* Französische Urheberrechtsreform, S. 76. An diese Rechtsübertragung sind strenge Anforderungen gestellt: Jedes einzelne zu übertragende Recht muss bestimmt genug sein, Art. L.131-3 Abs. 1. Folglich ist eine Globalzession der Vermögensrechte nicht möglich, Art. L.131-1.

1060 Folgt eine Rechtsordnung der dualistischen Theorie, so ist allein damit noch nicht die Frage der Übertragbarkeit und damit der Zwangsvollstreckung beantwortet. Von der Unübertragbarkeit des Urheberpersönlichkeitsrechts kann insbesondere nicht mit einem Umkehrschluss darauf geschlossen werden, es sei eine Übertragbarkeit der Vermögensrechte und damit eine Zwangsvollstreckung in diese möglich. Deshalb geht *Hilty,* Urhebervertragsrecht: Schweiz im Zugzwang?, S. 87, 104 auch von einem „trügerischen" Umkehrschluss aus.

1061 Der französische code de procédure civile äußert sich in den Art. 500 ff. zwar zur exécution, nicht aber zur der Frage, ob und wie Immaterialgüterrechte zwangsweise erfasst werden können. Das durch die Reform des französischen Urheberrechts eingeführte loi n° 91-650 vom 9. Juli 1991 regelt aber in Art. 59 die Zwangsvollstreckung in die Immaterialgüterrechte ("saisie des droits incorporels"), *Faget* in: Droit et pratique des voies d'exécution, Rn. 4502 ff. Überwiegend wird Art. 59 aber als Grundlage für die Vollstreckung in Wertpapiere und Anteilsrechte ("saisie des droits d'associé et des valeurs mobilières") herangezogen. Insoweit entspricht Art. 59 dem deutschen § 857 ZPO, *Traichel,* Französisches Zwangsvollstreckungsrecht, S. 175.

1062 Ausführlich *Metzger,* GRURInt 2003, 9, 19 ff.

1063 § 53 Abs. 1: „Der Urheber kann mit den sich aus §§ 3 und 38 ergebenden Einschränkungen ganz oder teilweise seine Rechte nach diesem Gesetz übertragen".

umfasst.[1064] Die Übertragbarkeit wird überdies in § 53 Abs. 3 eingeschränkt, wonach eine Einschränkung, das Werk nur auf eine bestimmte Art oder nur mit bestimmten Mitteln nutzen zu dürfen, trotz Übertragung des Rechts nicht dazu führt, das Werk auf andere Weise oder mit anderen Mitteln nutzen zu dürfen.[1065] Es folgen weitere Bestimmungen, die es dem Erwerber untersagen, das Werk nach der Übertragung zu ändern und die es verbieten, das Werk an Dritte weiter zu übertragen.

Der entscheidende Unterschied zum deutschen Recht liegt aber darin, dass diese gesetzlichen Beschränkungen der Übertragbarkeit vertraglich wieder abbedungen werden können.[1066]

Schließlich finden sich im 3. Kapitel Bestimmungen zur Zwangsvollstreckung. Nach § 62 Abs. 1 kann das Recht des Urhebers, über sein Werk zu verfügen, weder beim Urheber noch bei einem anderen, auf den das Recht infolge Eheschließung oder im Wege der Erbfolge übergegangen ist, zum Gegenstand der Zwangsvollstreckung gemacht werden. Nach § 62 Abs. 2 ist zudem die Vollstreckung in die Werkexemplare unzulässig.

Der Grundsatz der Übertragbarkeit und die Möglichkeit, die Einschränkungen vertraglich abzudingen, führen in Dänemark somit nicht dazu, dass das Urheberrecht auch Gegenstand der Zwangsvollstreckung ist.

V. England

Das "Copyright, Designs and Patent Act" von 1988 im Vereinigten Königreich sieht das Urheberrecht als Eigentumsrecht ("property right") und somit als Vermögensrecht an.[1067] Deshalb ist in England sowie im angloamerikanischen Raum seit jeher eine vollständige Rechtsübertragung möglich.[1068]

1064 Der Anspruch des Urhebers auf Namensnennung ist vergleichbar mit dem Anerkennungsrecht der Urheberschaft (§ 13 deutsches UrhG), das Veränderungsverbot ist vergleichbar mit dem Recht des Urhebers, eine Entstellung zu verbieten (§ 14 deutsches UrhG). Der Vergütungsanspruch im Falle der gewerblichen Weiterveräußerung ist besonders bemerkenswert, entsteht doch durch die Übertragung eine Art fiduziarische Bindung.

1065 Hier klingt die Zweckübertragungslehre an, die im deutschen Urheberrecht in § 31 Abs. 5 UrhG normiert ist.

1066 § 53 Abs. 4: „§§ 54-59 über die Übertragung des Urheberrechts sind vertraglich abdingbar, sofern sich nicht aus den einzelnen Vorschriften anderes ergibt". Nicht abdingbar ist aber der erwähnte § 3 und § 38, also das Recht auf Namensnennung und der Vergütungsanspruch für gewerbliche Weiterveräußerung, vgl. zur Übersetzung *Schiener*, GRUR 1997, 893, 899.

1067 § 1 Abs. 1 CDPA: "Copyright is a property right…".

1068 Der Verzicht hat auch keine weitere Voraussetzung als die schriftliche Unterzeichnung, vgl. § 87 Abs. 2 CDPA „Any of those rights may be waived by instrument in writing signed by the person giving up the right". Das Copyright-System ist neben den USA in Japan, Israel, Kanada, Neuseeland und der Türkei zu finden. All diese Rechtsordnungen kennen die freie Übertragbarkeit, vgl. *Auf der Maur,* UFITA (118) 1992, 87, 127 und *Frey,* UFITA (98) 1984, 53, 63.

Überdies werden im copyright law die sogenannten "moral rights" geregelt. Unter diesem Begriff ist das Anerkennungs- und Nennrecht zu verstehen.[1069] Im copyright law besteht die Möglichkeit, auf die moral rights sowohl in Teilen, als auch im Ganzen zu verzichten.[1070] Mit der Möglichkeit eines Verzichts dieser Rechte ist auch die Möglichkeit der Übertragung verbunden.[1071]

Das angloamerikanische copyright law geht von einer überwiegend ökonomischen Sichtweise des Urheberrechts aus. Vornehmlich sollen die Werke, weniger aber der Urheber selbst geschützt werden.[1072] Das copyright law in den angloamerikanischen Rechtsordnungen kennt deshalb auch kein Urheberpersönlichkeitsrecht.[1073]

Die vollständige Übertragung der Rechte hat sich im angloamerikanischen Rechtsraum durchaus bewährt, da der Schutz des Urhebers statt durch eine starre Gesetzesregelung durch das Vertragsrecht erreicht wird.[1074]

Ungeachtet der Übertragbarkeit des copyrights und seiner vermögensrechtlichen Einordnung wird das Recht als solches der Zwangsvollstreckung seit dem "leading case" *Edwards & Co. v. Picard* aus dem Jahre 1909 aber nicht unterworfen.[1075] Allein die Einkünfte aus der Verwertung unterliegen einer Forderungspfändung ("attachment of debts").[1076] Die Entscheidung ist ursprünglich hinsichtlich der Frage

---

1069 § 77 Abs. 1 CDPA „right to be identified as author or director".

1070 § 87 Abs. 3: "A waiver may relate to a specific work, to works of a specified description or to works generally, and may relate to existing or future works [...]". Damit wird auch dem Schutz über die Zweckübertragungslehre, die in den meisten anderen Rechtsordnungen zu finden ist, nicht gefolgt. Vergleiche zur Kritik an dieser Regelung *Schack*, Urheber- und Urhebervertragsrecht, Rn. 317 Fn. 8.

1071 Zu dieser Koppelung auch *Schulze* in: Dreier/Schulze, § 29 Rn. 10.

1072 *Schack*, Urheber- und Urhebervertragsrecht, Rn. 25.

1073 Vgl. *Schack*, Urheber- und Urhebervertragsrecht, Rn. 25 und 27. Dass dies noch lange nicht zu einer Rechtlosstellung der Urheber führt, wird später noch zu untersuchen sein. Insbesondere ist zu untersuchen, ob das Urhebervertragsrecht, welches als Teil der Vertragsfreiheit im common law eine besondere Bedeutung hat, einen vergleichbaren, ausreichend starken Schutz gewähren kann (4. Kapitel A III). Es sei aber darauf hingewiesen, dass das Visual Artists Rights Act 1999 dem Urheberpersönlichkeitsrecht ähnliche Rechte anerkannte, namentlich das Recht auf Anerkennung ("right of paternity") und das Recht auf Werkintegrität ("right of integrity"), *Harke*, Urheberrecht, S. 59.

1074 Das sieht auch *Hilty*, Urhebervertragsrecht: Schweiz im Zugzwang?, S. 87, 120 Nr. 1 und 2 so, der sich dafür ausspricht, auch in der Schweiz den Schutz allein durch ein „ausgebautes Urhebervertragsrecht" aufzufangen. Einer Lösung über das Vertragsrecht kann man stets vorwerfen, dass sich der wirtschaftlich stärkere Vertragspartner durchsetzen wird, so etwa *Schack*, Urheber- und Urhebervertragsrecht, Rn. 25.

1075 Edwards & Co. v. Picard, (23./30. Juli 1909) L.J.K.B. 1108. Das Bedürfnis für Edwards & Co. nach einer Pfändung der Patente ergab sich deshalb, da Picard im Inland keine sonstigen Vollstreckungsgegenstände aufweisen konnte. Beantragt wurde für die Verwertung die Einsetzung eines Verwalters ("receiver"), der Erträge der Patente an Edwards & Co. abführen sollte ("rents and profits"). Der zwangsweise Zugriff wurde vom Berufungsgericht ("Court of Appeal") abgelehnt, da die Pfändung eines Patents ("incorporeal chattels") der Pfändung von körperlichen Sachen nicht vergleichbar sei.

1076 *Bunge*, Zivilprozeß und Zwangsvollstreckung in England, S. 237.

176

ergangen, ob ein Patent Gegenstand eines Pfändungsbeschlusses sein kann ("patent in execution under a fieri facias"), wird aber auch für die Pfändung des copyrights herangezogen.[1077]

VI. Zusammenfassung

Die Frage der Übertragbarkeit wird in den betrachteten Rechtsordnungen höchst unterschiedlich beantwortet. Grundsätzlich lassen sich die Rechtsordnungen danach unterscheiden, ob sie der monistischen oder der dualistischen Theorie folgen. Selbst die der dualistischen Theorie folgenden Rechtsordnungen müssen aber nicht zwingend einer Zwangsvollstreckung offen gegenüberstehen. Vielmehr hat sich herausgestellt, dass die Frage der Übertragbarkeit unabhängig von der Frage der Zwangsvollstreckung zu beantworten ist, infolgedessen zwischen einer Anerkennung als übertragbares Vermögensrecht und dessen Pfändbarkeit keine Konnexität besteht.[1078] Das gilt insbesondere für den angloamerikanischen Raum, der für die stärkste Verkehrsfähigkeit des Urheberrechts eintritt und dennoch das copyright nicht der Zwangsvollstreckung unterwirft. Somit haben sich die Rechtsordnungen der europäischen Nachbarn nur bedingt als Impuls erwiesen. Eine Rechtsvereinheitlichung ist bei derart verschiedenen Ansätzen gegenwärtig schwer vorstellbar.

Das Problem der Übertragbarkeit wird bereits seit 1886 auch auf völkerrechtlicher Ebene zu lösen versucht.[1079] Der sogenannten Berner Übereinkunft sind seitdem 162 Staaten beigetreten.[1080] Da eine Annäherung der verschiedenen Urheberrechtsgesetze nur mühsam zu erzielen ist, ist es auch erst 1967 gelungen, mit der in Stockholm revidierten Berner Übereinkunft erstmals zur Frage der Übertragbarkeit Stellung zu nehmen.[1081] Nach Art. 6bis Abs. 1 RBÜ verbleibt dem Urheber selbst nach der Abtretung des Urheberrechts das Recht, die Urheberschaft am Werk für sich in Anspruch zu nehmen und ferner sich jeder Entstellung, Verstümmelung oder sonstigen Änderung des Werkes zu widersetzen, die seiner Ehre oder seinem guten Rufe nachteilig sein sollte.

Mit der revidierten Berner Übereinkunft wurde die Frage der Übertragbarkeit des Urheberrechts aber nicht abschließend geregelt.[1082] Dem Urheber werden durch

---

1077 *Bunge*, Das englische Zwangsvollstreckungsrecht, S. 58; *Bunge*, Zivilprozeß und Zwangsvollstreckung in England, S. 237.

1078 Dieser Befund stimmt mit *Sosnitza*, JZ 2004, 992, 996 überein, der ebenfalls keine Konnexität annimmt, dies aber an einer umfassenden Interessenabwägung des jeweiligen Rechts festmacht.

1079 *Ahrens*, Verwertung persönlichkeitsrechtlicher Positionen, S. 43 begründet das Scheitern weiterer Annäherung mit dem Widerstand der in der Copyright-Tradition stehenden USA.

1080 Stand 20. Oktober 2006; Deutschland ist der Übereinkunft am 5. Dezember 1887 beigetreten.

1081 Vgl. *Runge*, Urheber- und Verlagsrecht, S. 223.

1082 *Troller*, Immaterialgüterrecht Bd. 2, S. 815 zieht aber aus Art. 6bis den Schluss, dass ein der Revidierten Berner Übereinkunft beigetretener Staat allein schon mit Rücksicht auf diese Tatsache in seiner internen Gesetzgebung einer Durchbrechung des Schöpferprinzips – etwa im

Art. 6bis Abs. 1 RBÜ jedenfalls einige wenige Rechte zugesichert, die dieser auch nach der Abtretung noch wahrnehmen kann.

D. Kritik an dem Grundsatz der Unübertragbarkeit

Der Grundsatz der Unübertragbarkeit des Urheberrechts ist aufgrund der Regelung in § 29 UrhG geltendes Recht. Dennoch ist seine Überzeugungskraft nachfolgend näher in Augenschein zu nehmen.

Das urheberrechtliche Schrifttum erweckt meist den Anschein, dass das Urheberrecht aufgrund seines persönlichkeitsrechtlichen Charakters aus rechtstechnischen, zwingenden Gründen nicht übertragen werden könne, das Urheberrecht diese Eigenschaft also nicht innehabe.[1083] Mit anderen Worten "kann" das Urheberrecht nicht übertragen werden, selbst wenn man es "wollte".

Bedenkt man aber, dass das eng verwandte[1084] Patentrecht[1085], genauso wie das Marken-,[1086] Geschmacksmuster-,[1087] und Gebrauchsmusterrecht[1088] allesamt übertragbar sind,[1089] überdies für das Urheberrecht bis 1965 nichts anderes galt, kommen Zweifel an dem Grundsatz der Unübertragbarkeit auf.[1090] Denn beim Patentrecht und beim Geschmacksmusterrecht kennt man ebenfalls ein Erfinder- bzw. Urheberpersönlichkeitsrecht.[1091]

Arbeitsrecht (dazu sogleich 3. Kapitel D II) – nicht zustimmen könne. *Frey,* UFITA (98) 1984, 53, 66 wendet dagegen ein, dass die Lösung eines originären Rechtserwerbs durch den Arbeitgeber in der Übereinkunft nie als konventionswidrig beanstandet wurde.

1083 Siehe etwa die Formulierungen bei *Schricker* in: Schricker, §§ 28 ff. Vorbemerkung Rn. 17; *Schack,* Urheber- und Urhebervertragsrecht, Rn. 64; *Schulze* in: Dreier/Schulze, § 28 Rn. 1.

1084 So stellt *Brox/Walker,* Zwangsvollstreckungsrecht, Rn. 841 ff. darauf ab, dass auch die gewerblichen Schutzrechte "Urheberrechte" seien, eben mit den jeweiligen Besonderheiten.

1085 Siehe § 15 Abs. 1 S. 2 PatG.

1086 Siehe § 27 Abs. 1 MarkenG.

1087 Siehe § 29 Abs. 1 GeschMG.

1088 Siehe § 22 Abs. 1 GebMG.

1089 *Schack,* Urheber- und Urhebervertragsrecht, Rn. 64.

1090 *Metzger,* Rechtsgeschäfte über das Droit moral, S. 166, hat kürzlich entgegen der weit verbreiteten Ansicht (etwa BGH GRUR 1971, 269, 271; OLG Hamm GRUR 1967, 260, 262; *Schack,* Urheber- und Urhebervertragsrecht, Rn. 563 und 566) dargelegt, dass Rechtsgeschäfte über das Urheberpersönlichkeitsrecht weder aus der Natur der Sache, noch aufgrund Verstoßes gegen § 138 BGB unwirksam sind. So muss das Urheberpersönlichkeitsrecht nicht unübertragbar sein, um den Urheber in seinen geistigen und persönlichen Beziehungen zum Werk zu schützen (aaO S. 191). Auch passt weder eine der anerkannten Fallgruppen des § 138 BGB auf Rechtsgeschäfte über den Kern des Urheberrechts, noch kann man eine Sittenwidrigkeit auf eine Kulturauffassung stützen, noch sind es Implikationen aus dem Grundgesetz oder dem einfachen Recht (aaO S. 179).

1091 *Mes,* Kommentar PatG/GebrMG, § 6 Rn. 17; *Nirk/Kurtze,* Geschmacksmustergesetz, § 3 Rn. 11. Siehe auch *Jänich,* Geistiges Eigentum, S. 261, der deshalb von „Zweifel an der Richtigkeit der dogmatischen Konzeption des deutschen Urheberrechts" spricht.

Nachfolgend sollen zwei Konstellationen untersucht werden, aus denen hervorgehen könnte, dass das Problem der Unübertragbarkeit nicht auf ein rechtstechnisches Können, sondern allein auf ein rechtspolitisches Wollen zurückzuführen ist. Die erste Konstellation – die Übertragung in Erfüllung einer Verfügung von Todes wegen – gibt das Urheberrechtsgesetz in den §§ 28, 29 UrhG selbst vor; die zweite Konstellation – die Übertragung im Arbeitsrecht – hat sich in den letzten Jahren durch die hohe wirtschaftliche Bedeutung in den Mittelpunkt gedrängt.[1092]

I. Übertragung des Urheberrechts durch letztwillige Verfügung

Wenngleich das Urheberrecht gemäß § 29 Abs. 1 HS 1 UrhG weder als Ganzes noch in Teilen übertragbar ist, so wird nach § 29 Abs. 1 Halbsatz 2 UrhG davon insoweit eine Ausnahme gemacht, als das Urheberrecht „in Erfüllung einer Verfügung von Todes wegen oder an Miterben im Wege der Erbauseinandersetzung übertragen" werden kann. Mit einer solchen Verfügung von Todes wegen soll zwar nicht die Urheberschaft als solche,[1093] wohl aber das gesamte Urheberrecht,[1094] demnach nicht nur die Vermögensrechte, sondern auch das Urheberpersönlichkeitsrecht, übertragen werden können.[1095] Nach überwiegender Auffassung soll das Urheberrecht dabei auch bei mehreren Erben als Ganzes übergehen, da nach der monistischen Theorie ein Aufteilen des Urheberrechts in einzelne Teile nicht möglich ist.[1096]

1. Die Ratio der Unübertragbarkeit im Falle nichtverwandter Erben?

Wie bereits erörtert[1097] wird der Grundsatz der Unübertragbarkeit damit begründet, dass das Urheberpersönlichkeitsrecht sich unter keinen Umständen von der Person

---

1092 Auch *Peifer,* GRUR 2002, 495, 496 stellt fest, dass die Fortentwicklung eines Rechtsgebietes immer dann in Quantensprüngen erfolge, wenn dahinter wirtschaftliche Interessen stehen. So werden rund 80 % der urheberrechtlichen Leistungen nicht mehr von freischaffenden, sondern von angestellten Künstlern erbracht; siehe *Schack,* Urheber- und Urhebervertragsrecht, Rn. 978; *Rehbinder*, Urheberrecht, Rn. 624.
1093 Vgl. *Schulze* in: Dreier/Schulze, § 28 Rn. 3. Dahinter steht der Gedanke des Schöpferprinzips.
1094 *Schricker* in: Schricker, § 28 Rn. 2.
1095 *Spautz* in: Möhring/Nicolini, § 29 Rn. 2; *Schulze* in: Dreier/Schulze, § 28 Rn. 2; *Schack,* Urheber- und Urhebervertragsrecht, Rn. 575.
1096 *Schack,* Urheber- und Urhebervertragsrecht, Rn. 575; *Block* in: Wandtke/Bullinger, § 29 Rn. 29, der sich dafür ausspricht, dass das Urheberrecht zwar nur im Ganzen, jedoch auf mehrere Personen übergehen kann. Nach der Gegenauffassung soll auch eine Übertragung in Teilen möglich sein, *Schricker* in: Schricker, § 29 Rn. 14. Siehe zur Gegenauffassung auch *Samson,* Urheberrecht, S. 132, der davon ausgeht, es sei zulässig einzelne Urheberrechte an verschiedene Erben zu verteilen.
1097 Siehe 3. Kapitel B.

des Urhebers lösen und trennen könne.[1098] Nach der monistischen Theorie steht jeder Übertragung das Persönlichkeitsrecht im Wege.[1099]

Wenn aber Sinn und Zweck der Unübertragbarkeit der Schutz des Persönlichkeitsrechts ist, fragt man sich, warum eine Übertragung im Erbgang an jeden beliebigen Dritten – sogar an juristische Personen[1100] – möglich ist.[1101] Wäre es nicht konsequenter, die Übertragung durch Verfügung von Todes wegen nur an mit der Person des Urhebers verbundene Dritte zu erlauben, mithin die Übertragung auf Angehörige des Erblassers zu beschränken?

So hat sich etwa der italienische Gesetzgeber dafür entschieden, die Ausübung des Urheberpersönlichkeitsrechts den nächsten Angehörigen vorzubehalten.[1102] Nach Art. 23 des italienischen Urheberrechtsgesetzes kann das Urheberrecht nach dem Tod des Urhebers zeitlich unbeschränkt von der Ehegattin bzw. dem Ehegatten und den Kindern oder, falls solche fehlen, von den Eltern und den anderen Vorfahren oder von den direkten Nachkommen geltend gemacht werden, bzw. sofern weder Vorfahren noch Nachkommen vorhanden sind, von den Geschwistern und deren Nachkommen.[1103]

Auch der französische Gesetzgeber ist diesen Weg gegangen. Das französische Urhebergesetz sieht in Art. 19 vor, dass das Veröffentlichungsrecht, wenn der Urheber keinen Testamentsvollstrecker berufen hat, durch die Angehörigen mit Vorrang vor den Erben ausgeübt wird.[1104]

Begründet man den Grundsatz der Unübertragbarkeit mit der persönlichkeitsrechtlichen Rechtsnatur des Urheberrechts,[1105] dann erscheint es konsequenter, die Ausübung des Rechts auch nur in die Hände von mit der Person des Urhebers verbundenen Rechtsnachfolgern zu legen.[1106] Nicht anders ist dies mit den anderen Persönlichkeitsrechten, welche nach dem Tode des Rechtsinhabers nicht von den

---

1098 Vgl. *Ulmer,* Urheber- und Verlagsrecht, § 80 Einleitung.

1099 *Gregoritza,* Kommerzialisierung von Persönlichkeitsrechten Verstorbener, S. 119 und 121; *Schack,* Urheber- und Urhebervertragsrecht, Rn. 529, der die Unübertragbarkeit mit der untrennbaren Verbundenheit der persönlichkeits- und verwertungsrechtlichen Bestandteile begründet.

1100 Das ist besonders unverständlich, kann eine juristische Person originär das Urheberrecht nicht erwerben, wohl aber im Zuge der Vererbung; siehe *Schricker* in: Schricker, § 28 Rn. 4; *Hertin* in: Fromm/Nordemann, § 28 Rn. 1; *Hubmann,* Persönlichkeitsrecht, S. 335.

1101 So aber die heute herrschende Meinung, siehe *Marotzke* in: Staudinger, § 1922 Rn. 268; *Schulze* in: Dreier/Schulze, § 29 Rn. 4.

1102 Zu Italien, aber auch zur Kritik an dieser Regelung, *Schack,* Urheber- und Urhebervertragsrecht, Rn. 576.

1103 Art. 23 lautet: „Dopo la morte dell'autore il diritto previsto nell'art. 20 può essere fatto valere, senza limite di tempo, dal coniuge e dai figli e, in loro mancanza, dai genitore e dagli altri ascendenti e dai discendenti diretti; mancando gli ascendenti ed i discendenti, dai fratelli e dalle sorelle e dai loro discendenti".

1104 Zum Veröffentlichungsrecht (droit de divulgation) auch *Ulmer,* Urheber- und Verlagsrecht, § 82 III 1.

1105 *Dahn,* Privatrechtliche Studien, S. 81.

1106 Ähnlich schon für die Zeit vor dem Urheberrechtsgesetz von 1965 *Runge,* Urheber- und Verlagsrecht, S. 220.

Erben, sondern von den Angehörigen des Erblassers treuhänderisch wahrgenommen werden.[1107]

Gegen diesen Einwand bringt die der monistischen Theorie folgende Literatur vor, dass das Vorbehalten der Ausübung des Urheberrechts von Angehörigen nur zu Behinderungen bei der praktischen Rechtsausübung führe.[1108] *Ulmer* trägt vor, dass auch die in Italien und Frankreich getrennt vererbbaren Vermögensrechte nicht bloß der Sicherung der wirtschaftlichen Nutzung, sondern auch den ideellen Interessen an der Art und Weise der Verwertung des Werkes dienen.[1109] Deshalb solle die Trennung im Erbgang vermieden werden und die Wahrung der Rechte des Urhebers einheitlich den Rechtsnachfolgern anvertraut werden.[1110]

Es ist tatsächlich so, dass sich in Italien und Frankreich der Rechtsnachfolger der vermögensrechtlichen Teile mit dem Rechtsnachfolger des Urheberpersönlichkeitsrechts arrangieren muss. Jedoch behält sich etwa das französische Recht für den Fall der Behinderung bei der Verwertung des Urheberrechts durch Angehörige als Lösung vor, notfalls die Gerichte über die Ausübung des Urheberrechts entscheiden zu lassen.[1111] Die italienische und französische Lösung weisen – indem sie die Ausübung des Urheberpersönlichkeitsrechts den Angehörigen vorbehalten – eine Kontrollinstanz auf, die es beispielsweise in Deutschland nicht gibt. *Ulmer* räumt deshalb ein, dass es in Deutschland an einer Instanz fehle, die zur Überwachung des Rechtsnachfolgers berufen sei.[1112] *Ulmer* spricht schließlich selbst von einem unvollkommenen Rechtsgedanken, der hinter der deutschen Regelung stehe.[1113]

2. Vererbung eines Persönlichkeitsrechts?

Nachdem bereits die Ratio der §§ 28, 29 UrhG in Frage steht, stellt sich weiter die Frage, warum das Urheberrecht, insbesondere das Urheberpersönlichkeitsrecht, vererbbar sein soll. Das Schrifttum begründet nämlich nicht, wie es die Übertragung des Urheberpersönlichkeitsrechts dogmatisch ermöglichen möchte.[1114] Nach § 28

1107 *Gregoritza*, Kommerzialisierung von Persönlichkeitsrechten Verstorbener, S. 122; *Marotzke* in: Staudinger, § 1922 Rn. 131; *Hertin* in: Fromm/Nordemann, § 30 Rn. 1 und zum postmortalen Persönlichkeitsschutz BGHZ 107, 384, 389 ff. und *Beuthien*, ZUM 2003, 261, 261.

1108 So etwa *Schack*, Urheber- und Urhebervertragsrecht, Rn. 576. Noch zur Zeit der dualistischen Theorie spricht sich selbst *Kohler*, Kunstwerkrecht, S. 88 dagegen aus, da es zu großen erbrechtlichen Schwierigkeiten führe.

1109 *Ulmer*, Urheber- und Verlagsrecht, § 82 III 1.

1110 *Ulmer*, Urheber- und Verlagsrecht, § 82 III 1; ähnlich auch *Gregoritza*, Kommerzialisierung von Persönlichkeitsrechten Verstorbener, S. 34.

1111 Art. L.121-3 CPI (Code de la Propriété Intellectuelle) „En cas d'abus notoire dans l'usage ou le non-usage du droit de divulgation de la part des représentants de l'auteur décédé visés à l'article L. 121-2, le tribunal de grande instance peut ordonner toute mesure appropriée“.

1112 *Ulmer*, Urheber- und Verlagsrecht, § 82 III 2.

1113 *Ulmer*, Urheber- und Verlagsrecht, § 82 III 2.

1114 In der Monographie von *Clément*, Urheberrecht und Erbrecht, S. 13, die sich ausschließlich mit diesem Problem befasst, stellt *Clément* lediglich fest, dass das Erbrecht auf die urheber-

Abs. 1 UrhG ist das Urheberrecht zwar vererblich. Im Zuge der Universalsukzession nach § 1922 Abs. 1 BGB geht mit dem Tode einer Person aber nur deren "Vermögen" als Ganzes auf eine oder mehrere andere Personen über.[1115] Nach ganz herrschender Meinung ist das Persönlichkeitsrecht kein Gegenstand der Vererbung.[1116] Im Schrifttum findet man als Begründung häufig den Zirkelschluss, wonach vererbliche Persönlichkeitsrechte keine Persönlichkeitsrechte sind und somit das Persönlichkeitsrecht nicht vererblich ist.[1117] Der Grundsatz der Unvererblichkeit von Persönlichkeitsrechten wurde auch nicht etwa durch die Marlene-Dietrich-Entscheidung verändert.[1118] Denn in dieser Entscheidung sprach sich der Bundesgerichtshof nur für die Vererblichkeit der vermögensrechtlichen Bestandteile des allgemeinen Persönlichkeitsrechts aus.[1119] Im Rahmen der §§ 28, 29 UrhG geht es aber um die Vererbung des Urheberrechts als Ganzes[1120] und somit um die Vererbung des Urheberpersönlichkeitsrechts mit seinen ideellen Bestandteilen.[1121]

Es läge wohl auch näher, die Unübertragbarkeit des Urheberrechts als Indiz für die Unvererbbarkeit zu nehmen.[1122] Nach weit verbreiteter Ansicht soll aber zwischen der Unübertragbarkeit und der Unvererbbarkeit kein zwingender Zusammenhang bestehen.[1123]

    persönlichkeitsrechtlichen Befugnisse „nur schwer" anzuwenden sei, „da es für reine Vermögensrechte konzipiert ist und Persönlichkeitsrechte unvererblich sind".

1115 *Leipold* in: MünchKommBGB, § 1922 Rn. 16. *Gregoritza*, Kommerzialisierung von Persönlichkeitsrechten Verstorbener, S. 33 sieht die Aufgabe des § 28 UrhG darin, das Urheberrecht umfänglich den erbrechtlichen Vorschriften der §§ 1922 ff. BGB zu unterstellen. Siehe zur Erbfolge im nachklassischen Recht auch *Kaser*, Römisches Privatrecht II, § 281 I 1, der herausstellt, dass allein Vermögensrechte übergehen konnten.

1116 *Peifer*, GRUR 2002, 495, 498; *Beuthien*, ZUM 2003, 261, 261; *Schleup*, Rechtstheorie, Rn. 617; *Schricker* in: Schricker, § 28 Rn. 6, wonach lediglich ein begrenzter postmortaler Persönlichkeitsschutz bestehe; *Clément*, Urheberrecht und Erbrecht, S. 13; *Marotzke* in: Staudinger, § 1922 Rn. 131, wobei dieser Grundsatz für alle Persönlichkeitsrechte gilt, eben mit Ausnahme des Urheberpersönlichkeitsrechts. Siehe auch *Spautz* in: Möhring/Nicolini, § 28 Rn. 2, der schreibt, Persönlichkeitsrechte seien „normalerweise nicht vererblich". Vergleiche aber auch die Formulierung bei *Block* in: Wandtke/Bullinger, § 29 Rn. 5, nach dem „das allgemeine Persönlichkeitsrecht nur eingeschränkt vererblich ist".

1117 *Götting*, NJW 2001, 585, 585.

1118 BGH NJW 2000, 2195 ff.; ausführlicher dazu 1. Kapitel C II.

1119 BGH NJW 2000, 2195, 2197. Das zeigt auch *Sosnitza*, JZ 2004, 992, 995.

1120 Diesen Unterschied stellt auch *Rehbinder*, UFITA (125) 1973, 125, 146 deutlich heraus.

1121 *Schricker* in: Schricker, § 28 Rn. 2; *Spautz* in: Möhring/Nicolini, § 29 Rn. 2; *Schulze* in: Dreier/Schulze, § 28 Rn. 2. Interessanterweise soll im Patentrecht das Erfinderpersönlichkeitsrecht von der Vererbung ausgeschlossen sein, *Osterrieth*, Patentrecht, Rn. 414.

1122 So auch ausdrücklich für das Namensrecht *Götting*, Persönlichkeitsrechte als Vermögensrechte, S. 106: „Mit der Unübertragbarkeit korrespondiert die Unvererblichkeit"; *Leipold* in: MünchKommBGB, § 1922 Rn. 19.

1123 Etwa *Leipold* in: MünchKommBGB, § 1922 Rn. 19; *Marotzke* in: Staudinger, § 1922 Rn. 115.

Folglich bleibt nur festzuhalten, dass die Literatur das Urheberrecht als Ausnahme anführt.[1124] Trotz seiner Unübertragbarkeit sei das Urheberpersönlichkeitsrecht vererblich, ohne dass es dadurch die Eigenschaft als Persönlichkeitsrecht einbüße.[1125]

Der Verweis auf eine "Ausnahme" vermag als Argument nicht völlig zu überzeugen. Der Grundsatz aus § 1922 Abs. 1 BGB, wonach ausschließlich das "Vermögen" des Erblassers vererblich ist, bestand bereits vor Einführung des Bürgerlichen Gesetzbuches. Bereits das klassische römische Privatrecht kannte als Gegenstand der Erbfolge allein das Vermögen des Erblassers.[1126] In der nachklassischen Entwicklung finden sich dann Quellen, die meinen, im Erbfall trete der Erbe in die Rechtsstellung des Erblassers ein, so dass Erbe und Erblasser eine persönliche Einheit bilden.[1127] Nach dieser Auffassung wäre es denkbar gewesen, auch personenbezogene Rechte zu vererben.

Diese nachklassische Entwicklung findet sich noch 1899 in den Protokollen zum Entwurf des Bürgerlichen Gesetzbuches. Hier wurde vorgeschlagen, das Erbrecht so zu verstehen, dass der Erbe die Persönlichkeit des Erblassers fortsetze.[1128] Aus den Protokollen lässt sich aber entnehmen, dass diesem Ansatz nicht gefolgt wurde, da sich dieser Gedanke schon nicht mit den Ergebnissen von 1888 vereinbaren ließe. In den Motiven zum Entwurf des Bürgerlichen Gesetzbuches einigte man sich nämlich darauf, dass mit dem Erbgang allein Vermögensrechte übergehen sollen.[1129] Höchstpersönliche Rechte würden „selbstverständlich"[1130] ausscheiden.[1131]

Infolgedessen besteht zumindest für diejenigen Autoren, die das Urheberrecht als höchstpersönliches Recht sehen,[1132] die Begründungspflicht, darzulegen, warum entgegen dem Grundsatz der Unvererbbarkeit von Persönlichkeitsrechten das Urheberpersönlichkeitsrecht doch vererbbar sein soll.

Es bleibt damit festzuhalten, dass im Erbgang letztlich nur Vermögensrechte auf den Erben übergehen, prinzipiell[1133] aber keine Persönlichkeitsrechte. Der Verweis

---

1124 *Spautz* in: Möhring/Nicolini, § 28 Rn. 1; *Marotzke* in: Staudinger, § 1922 Rn. 115 und 268; *Götting,* NJW 2001, 585, 585.

1125 Ähnlich hinterfragend *Götting,* NJW 2001, 585.

1126 *Kaser,* Römisches Privatrecht II, S. 471 unter II.; als nicht vererbliche höchstpersönliche Rechte werden der Nießbrauch (fructus usus) und das Wohnrecht (habitatio) genannt, *Hausmaninger/Selb,* Römisches Privatrecht, S. 415.

1127 Dazu *Kaser,* Römisches Privatrecht II, S. 470 unter I.

1128 *Achilles/Gebhard/Spahn,* Protokolle BGB, Band 5, S. 2.

1129 Motive zu dem Entwurfe eines Bürgerlichen Gesetzbuches für das Deutsche Reich, Band 5, S. 2.

1130 Motive zu dem Entwurfe eines Bürgerlichen Gesetzbuches für das Deutsche Reich, Band 5, S. 2.

1131 So auch schon für das römische Recht *Hausmaninger/Selb,* Römisches Privatrecht, S. 415.

1132 So *Dahn,* Privatrechtliche Studien, S. 81; *Kirchmaier* in: Mestmäcker/Schulze, § 113 Rn. 1 und § 114 Rn. 1; *Bülow,* Recht der Kreditsicherheiten, Rn. 625; *Schack,* ZUM 1990, 59, 61 f.

1133 Vgl. *Leipold* in: MünchKommBGB, § 1922 Rn. 19.

auf eine "Ausnahme" im Urheberrecht erscheint als Begründung nicht ausreichend.[1134]

3. Übertragungsmöglichkeiten in erbrechtlichen Konstellationen aufgrund § 28 UrhG

Zu untersuchen sind nachfolgend Fallkonstellationen, in denen das Urheberrecht erbrechtlich bedingt übertragbar ist. Nun soll dem oben angesprochenen Verdacht, wonach das Urheberrecht rechtstechnisch übertragen werden könnte und § 29 Abs. 1 HS 1 UrhG lediglich ein Verbotsgesetz im Sinne des § 134 BGB darstellt, nachgegangen werden.[1135]

Zunächst einmal erwähnt § 29 Abs. 1 UrhG nur die „Verfügung von Todes wegen". Unter diesem Oberbegriff sind Testamente und Erbverträge zu verstehen.[1136] Der Urheber kann – wie sich aus § 28 Abs. 1 UrhG ergibt[1137] – den zukünftigen Erwerber des Urheberrechts als Erben einsetzen, er braucht es aber nicht. Vielmehr reicht die Zuwendung des Urheberrechts durch ein Vermächtnis im Sinne des § 1939 BGB.[1138]

Wendet der Urheber sein Recht nicht seinem Erben, sondern einem Vermächtnisnehmer zu, folgt nach dem Erbfall eine echte rechtsgeschäftliche Übertragung unter Lebenden zwischen dem Erben und dem Vermächtnisnehmer.[1139] Da der Vermächtnisnehmer selbst nicht Erbe ist, hat er gemäß § 2174 BGB nur einen schuldrechtlichen Anspruch, die Leistung von dem Beschwerten zu fordern. Der Erbe überträgt dann zur Erfüllung des Anspruchs aus § 2174 BGB durch einen rechtsgeschäftlichen Übertragungsakt das Urheberrecht.[1140]

Aus Sicht des Grundsatzes der Unübertragbarkeit erscheinen diejenigen Fälle noch fragwürdiger, in denen der Vermächtnisnehmer später das Urheberrecht auf den Erben zurücküberträgt. *Hertin*[1141] nimmt eine solche Möglichkeit der Rückübertragung an. Da es der freien Vereinbarung des Erben mit dem Vermächtnisnehmer überlassen sei, ob sie die Übertragung überhaupt vornehmen wollen, müsse es ihnen

---

1134 So nämlich *Block* in: Wandtke/Bullinger, § 28 Rn. 5; *Spautz* in: Möhring/Nicolini, § 28 Rn. 2; *Schulze* in: Dreier/Schulze, § 28 Rn. 1; *Scholz* in: Mestmäcker/Schulze, § 28 Rn. 1.

1135 Als Verbotsnorm sieht § 29 UrhG auch *Fromm*, NJW 1966, 1244, 1246 rechte Spalte unten; wohl auch *Samson*, Urheberrecht, S. 132, der bei Verstoß gegen § 29 UrhG von der Nichtigkeit ausgeht.

1136 *Block* in: Wandtke/Bullinger, § 29 Rn. 25; *Hoeren* in: Hk-BGB, § 1937 Rn. 2.

1137 *Schricker* in: Schricker, § 28 Rn. 5.

1138 *Schricker* in: Schricker, § 28 Rn. 9; *Fromm*, NJW 1966, 1244, 1247; *Block* in: Wandtke/Bullinger, § 29 Rn. 25.

1139 Ausdrücklich *Gregoritza*, Kommerzialisierung von Persönlichkeitsrechten Verstorbener, S. 139; *Schricker* in: Schricker, § 29 Rn. 12 und *Block* in: Wandtke/Bullinger, § 29 Rn. 3 und 7; siehe auch *Schack*, Urheber- und Urhebervertragsrecht, Rn. 574.

1140 *Fromm*, NJW 1966, 1244, 1247 linke Spalte; *Block* in: Wandtke/Bullinger, § 29 Rn. 24.

1141 *Hertin* in: Fromm/Nordemann, § 29 Rn. 3.

auch freistehen, im Wege der Vereinbarung die getroffenen Maßnahmen wieder rückgängig zu machen.[1142]

Block[1143] hält eine Rückübertragung von § 29 Abs. 1 UrhG jedenfalls dann gedeckt, wenn sie erforderlich ist, um eine Übertragung rückgängig zu machen, die auf einem – etwa durch Anfechtung nach § 2078 BGB – unwirksamen Kausalgeschäft beruht.[1144] Das aufgrund des nichtigen Vermächtnisses übertragene Urheberrecht sei dann gemäß § 812 Abs. 1 S. 1 Alt. 1 BGB[1145] auf den Erben zurückzuübertragen.[1146]

Eine weitere Übertragbarkeit des Urheberrechts lässt sich in den Fällen feststellen, in denen der Urheber in einem Testament im Sinne des § 2197 BGB die Testamentsvollstreckung angeordnet hat. Der Urheber kann gemäß § 28 Abs. 2 S. 1 UrhG, §§ 2205 S. 2, 2209 S. 1 BGB dem Testamentsvollstrecker die Verwaltung des Nachlasses aufgeben. Ist der Testamentsvollstrecker aber zur Verwaltung des Nachlasses ermächtigt, kann er auch über Nachlassgegenstände verfügen.[1147] Aufgrund dieser Verwaltungsbefugnis kann der Testamentsvollstrecker nun das Urheberrecht an Dritte übertragen.[1148]

Hat der Urheber mehrere Erben eingesetzt, kann es bei den Miterben zur Erbauseinandersetzung im Sinne des § 2042 BGB kommen. § 29 Abs. 1 HS 2 UrhG erlaubt den Vollzug der Auseinandersetzung durch Übertragung auf die einzelnen Miterben, obwohl es sich auch hier um eine Übertragung unter Lebenden handelt.[1149]

Neben der Vererbung kommen also die Weiterübertragung an Vermächtnisnehmer, die Rückübertragung an den Erben, die Übertragung im Rahmen der Erbauseinandersetzung und die Übertragung durch einen Testamentsvollstrecker in Betracht.

4. Übertragung durch vollzogene Schenkung von Todes wegen oder vorweggenommene Erbfolge?

Nachfolgend soll untersucht werden, ob man die ohnehin extensiv gehandhabte Übertragung des Urheberrechts im Zuge des Erbgangs durch eine zu Lebzeiten vollzogene Schenkung von Todes wegen oder durch eine vorweggenommene Erbfolge

---

1142 *Hertin* in: Fromm/Nordemann, § 29 Rn. 3. Unbestritten ist dies aber nicht. Gegen eine Rückübertragung spricht sich *Schricker* in: Schricker, § 29 Rn. 14 aus, da eine Rückübertragung gegen den Willen des Erblassers gehen würde.

1143 *Block* in: Wandtke/Bullinger, § 29 Rn. 31.

1144 *Block* in: Wandtke/Bullinger, § 29 Rn. 31.

1145 Andere Stimmen halten die condictio ob causam finitam (§ 812 Abs. 1 S. 2 Alt. 1 BGB) für einschlägig, siehe *Schulze* in: Hk-BGB, § 812 Rn. 7.

1146 *Block* in: Wandtke/Bullinger, § 29 Rn. 31. Zur Rechtsfolge etwa *Hoeren* in: Hk-BGB, § 2078 Rn. 7.

1147 *Hoeren* in: Hk-BGB, § 2197-2228 Vorbemerkung Rn. 1. Dem Testamentsvollstrecker sind aufgrund § 2205 S. 3 BGB im Allgemeinen lediglich unentgeltliche Verfügungen verwehrt, vgl. *Leipold*, Erbrecht, § 23 Rn. 796.

1148 *Block* in: Wandtke/Bullinger, § 29 Rn. 25; wohl auch *Schulze* in: Dreier/Schulze, § 28 Rn. 9.

1149 So auch das Schrifttum, etwa *Schricker* in: Schricker, § 29 Rn. 13; *Schulze* in: Dreier/Schulze, § 29 Rn. 7.

auf die Spitze treiben kann.[1150] Wäre dem so, könnte der Urheber einem Dritten außerhalb des Erbrechts zwar nicht rechtsgeschäftlich sein Urheberrecht übertragen, wohl aber durch eine Schenkung von Todes wegen oder eine vorweggenommene Erbfolge das gleiche Ergebnis erzielen.

Die Untersuchung dieses Ansatzes ist deshalb von Interesse, weil mit einer solchen erbrechtlichen Gestaltung womöglich der Grundsatz der Unübertragbarkeit des Urheberrechts unter Lebenden umgangen und somit ad absurdum geführt werden könnte.

Eine zu Lebzeiten vollzogene Schenkung von Todes wegen nach § 2301 Abs. 2 BGB lässt sich aber nicht unter die "Verfügung von Todes wegen" im Sinne des § 29 Abs. 1 UrhG subsumieren.[1151] Zwar steht die Schenkung nach § 2301 Abs. 2 BGB den erbrechtlichen Verfügungen sehr nahe und hat durchaus auch Wirkungen auf weitere erbrechtliche Bereiche.[1152] Sie befindet sich mit anderen Worten in einem Grenzbereich zu den erbrechtlichen Verfügungen.[1153] Da aber das vollzogene Schenkungsversprechen von Todes wegen gemäß § 2301 Abs. 2 BGB nach den Vorschriften über die Schenkung unter Lebenden behandelt wird[1154] und das Urheberrecht unter Lebenden nicht verschenkt werden kann,[1155] wird man eine vollzogene Schenkung von Todes wegen nicht unter der "Verfügung von Todes wegen" im Sinne des § 29 Abs. 1 UrhG subsumieren können.

Auch die vorweggenommene Erbfolge an einen als Erben eingesetzten Dritten stellt keine Verfügung von Todes wegen im Sinne des § 29 Abs. 1 UrhG dar.[1156]

1150 Unter der vorweggenommenen Erbfolge werden Rechtsgeschäfte des Erblassers unter Lebenden mit seinen zukünftigen Erben verstanden, die im Vorgriff auf die Erbfolge getätigt werden, *Lange/Kuchinke*, Erbrecht, § 25 XI 1.

1151 Früher hatte man mit einer Gleichbehandlung im Erbschaftssteuerrecht argumentieren können, *Meinecke*, Erbschaftsteuer- und Schenkungssteuergesetz, § 1 Rn. 10 ErbStG. Nach § 1 Abs. 1 ErbStG unterliegen der Erwerb von Todes wegen und die Schenkung unter Lebenden beide der Steuer. Nach § 3 Abs. 1 Nr. 2 ErbStG gilt als Erwerb von Todes wegen der Erwerb durch Schenkung auf den Todesfall im Sinne des § 2301 BGB. Da der Wortlaut des § 3 Abs. 1 Nr. 2 ErbStG nicht zwischen der Schenkung von Todes wegen unterscheidet, die mit dem Erbfall eintritt und derjenigen Schenkung, die zu Lebzeiten vom Erblasser vollzogen wird, konnte sich hieraus das Argument zur Gleichbehandlung ergeben. Der Bundesfinanzhof (NJW 1991, 3300, 3301) ist dem aber mittlerweile entgegengetreten und behandelt die zu Lebzeiten vollzogene Schenkung von Todes wegen im Sinne des § 2301 Abs. 2 BGB als Schenkung unter Lebenden im Sinne des § 7 Abs. 1 Nr. 1 ErbStG. Das Schrifttum (etwa *Deppenkemper* in: PWW, § 2301 Rn. 28; *Hoeren* in: Hk-BGB, § 2301 Rn. 2) ist dem gefolgt, so dass man nicht mehr überzeugend mit einer Gleichbehandlung argumentieren kann.

1152 Die vollzogene Schenkung von Todes wegen hat Auswirkungen etwa auf den Pflichtteilsergänzungsanspruch nach § 2325 BGB, *Frank*, Erbrecht, § 24 Rn. 1; siehe auch *Hoeren* in: Hk-BGB, § 2301 Rn. 7.

1153 *Musielak* in: Münchener Kommentar BGB, § 2301 Rn. 3.

1154 So finden die §§ 516 ff. BGB Anwendung, *Hoeren* in: Hk-BGB, § 2301 Rn. 19 und 23.

1155 Eine Schenkung beinhaltet zugleich den Verzicht auf die eigene Rechtsposition. Nach herrschender Meinung ist ein solcher Verzicht auf das Urheberrecht aber nicht möglich, *Schack*, Urheber- und Urhebervertragsrecht, Rn. 311; *Schricker* in: Schricker, § 29 Rn. 15.

1156 Zur Abgrenzung von der vollzogenen Schenkung von Todes wegen, *Gätzner*, Vorweggenommene Erbfolge, S. 3.

Diese im BGB nicht geregelte, aber in § 593a S. 1 BGB anerkannte und vorausgesetzte Rechtsfigur[1157] ist im Detail streitig und wurde über Jahrhunderte dem Recht der letztwilligen Verfügung unterstellt.[1158] Heute aber wird die untechnisch[1159] zu verstehende "vorweggenommene Erbfolge" als Rechtsgeschäft unter Lebenden verstanden.[1160] Kennzeichen der Verfügung von Todes wegen ist nämlich gerade die Unverbindlichkeit und Wirkungslosigkeit zu Lebzeiten des Erblassers.[1161] Beide Eigenschaften hat eine vorweggenommene Erbfolge aber nicht.[1162] Somit kann auch mit dieser Rechtsfigur § 29 Abs. 1 UrhG nicht umgangen werden.

5. Zwischenergebnis

Die Konstruktion eines unübertragbaren Urheberrechts durch das Urheberrechtsgesetz von 1965 hat nicht dazu beigetragen, die auch vorher schon bestehenden Schwierigkeiten um die Übertragung des Urheberrechts aus der Welt zu schaffen.[1163] Die gefundenen erbrechtlich motivierten Übertragungen haben vielmehr verdeutlicht, dass das Urheberrecht aufgrund der §§ 28, 29 UrhG rechtstechnisch übertragen werden kann.[1164] Die Vererblichkeit des Urheberrechts, die Übertragung an Vermächtnisnehmer und durch Testamentsvollstrecker, die Übertragung im Rahmen der Erbauseinandersetzung, sowie etwaige Rückübertragungen führen dazu, dass der Grundsatz der Unübertragbarkeit des Urheberrechts "durchbrochen und praktisch fast aufgehoben"[1165] wird.

Somit erweist sich der Grundsatz der Unübertragbarkeit letztlich nur als verschleiertes Verbotsgesetz im Sinne des § 134 BGB.[1166] Dann aber vermag es nicht

---

1157 Etwa *Weimer*, Vermögensnachfolge aufgrund vorweggenommener Erbfolge, S. 3.

1158 Ausführlich *Olzen*, Vorweggenommene Erbfolge, S. 121. Er begründet dies damit, dass die sog. donatio mortis causa zwar Rechtswirkungen im Schuldrecht entfalte, im Übrigen aber erbrechtliche Konsequenzen nach sich ziehe.

1159 *Eccher*, Antizipierte Erbfolge, S. 201.

1160 BGH NJW 1995, 1349, 1350. Ausdrücklich auch *Lange/Kuchinke*, Erbrecht, § 25 XI 1; *Frank*, Erbrecht, § 24 Rn. 1 und *Gätzner*, Vorweggenommene Erbfolge, S. 3.

1161 *Lange/Kuchinke*, Erbrecht, § 33 I 6 b. Man denke etwa an die jederzeitige Widerrufsmöglichkeit in § 2253 BGB.

1162 Denn diese führt dazu, dass der Erblasser im Vorgriff auf die Erbfolge zu Lebzeiten schon tätig wird (*Lange/Kuchinke*, Erbrecht, § 25 XI 1) und sein gesamtes Vermögen oder doch wesentliche Teile überträgt, *Olzen*, Die vorweggenommene Erbfolge, S. 13.

1163 *Samson*, Urheberrecht, S. 132.

1164 Damit übereinstimmend auch *Kaerger*, Zwangsrechte, S. 167; *Dernburg*, Preußisches Privatrecht, S. 738; *Runge*, Urheber- und Verlagsrecht, S. 220.

1165 So ausdrücklich *Samson*, Urheberrecht, S. 131: „Der Grundsatz der Unübertragbarkeit des Urheberrechts, der in § 29 Satz 2 ausgesprochen wird, wird durch die Vererblichkeit des Urheberrechts (§ 28 Abs. 1) und durch die Konstruktion der Einräumung von Nutzungsrechten (§§ 31 ff.) durchbrochen und praktisch fast aufgehoben".

1166 *Fromm*, NJW 1966, 1244, 1246 rechte Spalte unten; wohl auch *Samson*, Urheberrecht, S. 132.

zu überzeugen, dass der Urheber erst sterben muss, bis er sein eigenes Recht übertragen darf.

II. Die Übertragung des Urheberrechts im Arbeitsrecht

Ob das Urheberrecht auch im Arbeitsrecht übertragbar ist, wird im Schrifttum seit Jahren lebhaft diskutiert.[1167] Die Schnittstelle zwischen dem Urheberrecht und dem Arbeitsrecht steht, bedingt durch die hohe praktische Relevanz, besonders im Mittelpunkt. Die Frage, ob der Arbeitnehmer-Urheber seinem Arbeitgeber Nutzungsrechte oder gar sein Urheberpersönlichkeitsrecht übertragen kann und muss, ist rechtlich nur unbefriedigend und rudimentär geregelt.[1168] Einzig § 43 UrhG regelt, dass die Vorschriften über die Nutzungsrechte auch anzuwenden sind, wenn der Urheber das Werk in Erfüllung seiner Verpflichtung aus einem Arbeits- oder Dienstverhältnis geschaffen hat, soweit sich aus dem Inhalt oder dem Wesen des Arbeits- oder Dienstverhältnisses nichts anderes ergibt. Für Computerprogramme enthält § 69b UrhG die Regelung, dass ausschließlich der Arbeitgeber zur Ausübung aller vermögensrechtlichen Befugnisse berechtigt ist, wenn vom Arbeitnehmer in Wahrnehmung seiner Aufgaben oder nach den Anweisungen seines Arbeitgebers ein Computerprogramm geschaffen wurde.[1169]

Häufige praktische Probleme sind deshalb diejenigen Fälle, in denen mehrere Arbeitnehmer-Urheber ein Werk gemeinsam geschaffen haben, ohne dass sich ihre Anteile gesondert verwerten lassen (sogenannte Miturheber im Sinne des § 8 Abs. 1 UrhG) und sich später über die Verwertung keine Einigkeit erzielen lässt, so dass der Arbeitgeber in der Verwertung gehemmt ist und seine investierten Kosten nicht kompensieren kann.[1170] Nicht weniger problematisch sind im Computerbereich diejenigen Fälle, in denen ein Arbeitnehmer-Urheber zur Konkurrenz wechselt und seine bisherigen Werke – etwa den Quellcode – dem Arbeitgeber zu entziehen versucht.[1171]

Diese Probleme würden nicht entstehen, würde das Urheberrechtsgesetz eine Rechtsübertragung oder einen originären Erwerb des Urheberrechts beim Arbeitgeber erlauben.

1167 Zu den Zahlen, wie viele Urheber als freie und wie viele als angestellte Urheber arbeiten, siehe *Spautz* in: Möhring/Nicolini, § 43 Rn. 1; *Rehbinder,* Urheberrecht, Rn. 327.

1168 Siehe zur Kritik und mit eigenem Reformvorschlag die Dissertation von *Barthel,* Arbeitnehmerurheberrechte, S. 218. Die Gesetzeslage sehr bemängelnd insbesondere auch *Rehbinder,* Urheberrecht, Rn. 329; siehe auch *Schack,* Urheber- und Urhebervertragsrecht, Rn. 978.

1169 *Barthel,* Arbeitnehmerurheberrechte, S. 227 wehrt sich gegen die unterschiedliche Regelung je nach Werktyp und hält die unterschiedliche Regelung in § 43 und § 69b UrhG mangels sachlicher Gründe für mit Art. 3 GG nicht vereinbar.

1170 Ausführlich zur Miturheberschaft bei Dienstwerken *Hunziger,* UFITA (101) 1985, 49, 57.

1171 Dazu *Rehbinder,* Urheberrecht, Rn. 333.

1. Die Kollision des urheberrechtlichen Schöpferprinzips mit dem Arbeitsrecht

Das Urheberrechtsgesetz verfolgt in § 7 UrhG das ohne Ausnahme geltende Schöpferprinzip.[1172] Urheber ist nach diesem Prinzip diejenige Person, die das betreffende Werk geschaffen hat. Mit dem Schaffensvorgang, einem Realakt,[1173] entsteht bei dieser Person das Urheberrecht.[1174] Aus dem Schöpferprinzip folgt, dass der werkschaffende Arbeitnehmer der Urheber ist. Er kann seinen Arbeitgeber auf den lediglich derivativen vertraglichen Erwerb der Nutzungsrechte verweisen.[1175] Möchte der Arbeitgeber demnach die vom Arbeitnehmer-Urheber geschaffenen Werke im Wirtschaftsverkehr verwerten, dann muss er von seinem Arbeitnehmer die urheberrechtliche Berechtigung erwerben.[1176]

Das Schöpferprinzip kollidiert im Arbeitsrecht augenscheinlich mit dem arbeitsrechtlichen Prinzip, wonach das Recht am Arbeitsergebnis dem Arbeitgeber zusteht.[1177] Hinter diesem Prinzip steht der Gedanke, dass regelmäßig der Arbeitgeber mit seinen Investitionen erst die Schöpfungsvoraussetzungen geschaffen hat, während der Werkentwicklung das gesamte Risiko trägt und dem Arbeitgeber als Ausgleich deshalb das Arbeitsergebnis zustehen soll.[1178]

Die ganz herrschende Meinung im Schrifttum gewährt dem Schöpferprinzip trotz Kollision mit dem arbeitsrechtlichen Prinzip den Vorrang[1179] und versucht das Spannungsverhältnis damit zu lösen, dass dem Arbeitgeber wenigstens einzelne Rechte an dem Arbeitsergebnis zustehen sollen.[1180] Die Lösung dieses Bedürfnisses des Arbeitgebers stellt im Schrifttum in Bezug auf die Dogmatik nach Ansicht von *Rehbinder* „den am wenigsten durchdachten Bereich des geltenden Urheberrechts"[1181] dar.

1172 *Schulze* in: Dreier/Schulze, § 7 Rn. 1; *Ahlberg* in: Möhring/Nicolini, § 7 Rn. 2. *Barthel,* Arbeitnehmerurheberrechte, S. 218 führt die Probleme im Arbeitnehmerurheberrecht auf das Schöpferprinzip zurück. Er befürwortet die Aufgabe des Schöpferprinzips für den Bereich des Arbeitnehmerurheberrechts.

1173 *Frey,* UFITA (98) 1984, 53, 54.

1174 *Ahlberg* in: Möhring/Nicolini, § 7 Rn. 2.

1175 *Rother,* GRUR Int. 2004, 235, 240; *Schack,* Urheber- und Urhebervertragsrecht, Rn. 270.

1176 *Rehbinder,* Urheberrecht, Rn. 329.

1177 *Auf der Maur,* UFITA (118) 1992, 87, 87; *Rehbinder,* UFITA (125) 1973, 125, 125; *Barthel,* Arbeitnehmerurheberrechte, S. 1; *Frey,* UFITA (98) 1984, 53, 58.

1178 Siehe dazu *Dittrich,* Die Urheberpersönlichkeitsrechte des Arbeitnehmerurhebers, S. 20, Zusammenfassung; *Frey,* UFITA (98) 1984, 53, 55; *Schack,* Urheber- und Urhebervertragsrecht, Rn. 979.

1179 Ausführlich *Larese,* Fragen zum Urheberrechtserwerb im beruflichen Abhängigkeitsverhältnis, S. 719, 720; *Frey,* UFITA (98) 1984, 53, 53; *Schack,* Urheber- und Urhebervertragsrecht, Rn. 979.

1180 *Schack,* ZUM 1990, 59, 59; zur Bestandsaufnahme im Schrifttum auch *Auf der Maur,* UFITA (118) 1992, 87, 100; *Dittrich,* Die Urheberpersönlichkeitsrechte des Arbeitnehmerurhebers, S. 20, Zusammenfassung.

1181 *Rehbinder,* Urheberrecht, Rn. 335.

Die herrschende Lehre geht davon aus, dass der Arbeitnehmer – wenn auch nur stillschweigend[1182] – mit Abschluss des Arbeitsvertrages eine Vorausverfügung der Nutzungsrechte zugunsten des Arbeitgebers vornehme und darüber hinaus dem Arbeitgeber sein Urheberpersönlichkeitsrecht übertrage bzw. auf seine Rechte verzichte.[1183] Die herrschende Lehre erläutert darüber hinaus aber nicht, wie sie dogmatisch die Einschränkungen des Urheberpersönlichkeitsrechts begründen will. *Rehbinder* schlägt indessen zur Beschränkung des Urheberpersönlichkeitsrechts zwei dogmatische Erklärungsmodelle vor. Nach dem ersten Modell wird aus dem Arbeitsverhältnis ein schuldrechtlicher Verzicht des Arbeitnehmer-Urhebers auf die Geltendmachung einzelner Ansprüche aus dem Urheberrecht konstruiert, nach dem zweiten wird das Urheberpersönlichkeitsrecht des Arbeitnehmer-Urhebers mit der treuhänderischen Rechtswahrnehmung durch den Arbeitgeber belastet (sogenannte gebundene Rechtsübertragung).[1184]

Zu zeigen ist nachfolgend, dass die herrschende Lehre im Grunde eine vollständige Übertragung des Urheberpersönlichkeitsrechts unter dem Mantel des Arbeitsrechts vornimmt.

2. Die Übertragung des Urheberpersönlichkeitsrechts

Das Urheberpersönlichkeitsrecht setzt sich aus den in den §§ 12-14 UrhG geregelten Teilrechten, namentlich dem Veröffentlichungs-, Anerkennungs- und Änderungsrecht zusammen.[1185]

Mit der Einräumung der Nutzungsrechte im Arbeitsverhältnis soll der Arbeitgeber nach Ansicht des Schrifttums auch das Veröffentlichungsrecht aus § 12 UrhG "erhalten"[1186]. Der Arbeitnehmer-Urheber müsse in seinen urheberpersönlichkeitsrecht-

---

1182 Schon *Smoschewer,* ZZP 1952, 25, 33; *Spautz* in: Möhring/Nicolini, § 43 Rn. 7 und 8.

1183 Ausführlich zur Vorausverfügungstheorie *Hunziger,* UFITA (101) 1985, 49, 55; *Auf der Maur,* UFITA (118) 1992, 87, 107; *Spautz* in: Möhring/Nicolini, § 43 Rn. 7. Die herrschende Lehre kann aber insbesondere in den Fällen keine Lösung bieten, in denen der Arbeitnehmer-Urheber bereits vorher einer Verwertungsgesellschaft ein ausschließliches Nutzungsrecht eingeräumt hat. Hier soll nach der herrschenden Lehre der Arbeitgeber doppelt zahlen, nämlich sowohl den Arbeitslohn an seinen Arbeitnehmer als auch die Nutzungsentgelte an die Verwertungsgesellschaft, vgl. dazu *Dittrich,* Die Urheberpersönlichkeitsrechte des Arbeitnehmerurhebers, S. 20; *Rehbinder,* Urheberrecht, Rn. 331. Gegen diesen Einwand trägt *Schack,* ZUM 1990, 59, 60 Fn. 16 vor, der Arbeitgeber habe einen Freistellungsanspruch gegen den Arbeitnehmer, der seine Arbeitsleistung frei von Rechten Dritter zu erbringen habe. Selbst wenn man diesem Einwand folgt, ergeben sich immer noch praktische Einwände, da der Arbeitgeber, um in seinem Unternehmen zeitnah über das Werk disponieren zu können, oftmals wenigstens zunächst einmal auch an die Verwertungsgesellschaft zahlen wird.

1184 *Rehbinder,* Urheberrecht, Rn. 335.

1185 Sog. Urheberpersönlichkeitsrecht im engeren Sinne, *Schulze* in: Dreier/Schulze, § 12 Vorbemerkung Rn. 2.

1186 Bereits schon *Rehbinder,* UFITA (125) 1973, 125, 138 und später *Rehbinder,* Urheberrecht, Rn. 336.

lichen Befugnissen insoweit „Abstriche"[1187] machen, als die Entscheidung, ob, wann und wie ein Werk der Öffentlichkeit zugänglich gemacht werde, dem Arbeitgeber obliege. Für die im Arbeitsverhältnis geschaffenen Computerprogramme meinen *Nordemann/Vinck*, dass das Veröffentlichungsrecht aus § 12 UrhG schlicht „nicht anwendbar"[1188] sei.

Ähnlich verfährt das Schrifttum mit dem Anerkennungsrecht aus § 13 UrhG. Habe der Arbeitnehmer-Urheber ein Werk in Erfüllung seiner Verpflichtungen aus dem Arbeitsverhältnis geschaffen, habe er kein Recht darüber zu entscheiden, ob das Werk mit seiner Urheberbezeichnung zu versehen ist.[1189] Vielmehr sei § 13 S. 2 UrhG, der diese Entscheidung dem Urheber vorbehält, abdingbar.[1190]

Schließlich soll im Arbeitsrecht auch das Recht des Arbeitnehmer-Urhebers aus § 14 UrhG, Entstellungen und Beeinträchtigungen seines Werkes zu verbieten, „nur in ganz wenigen Ausnahmefällen Anwendung finden können"[1191].

Man kommt also zu dem Ergebnis, dass entgegen dem Wortlaut des § 69b UrhG, nach dem der Arbeitgeber nur zur Ausübung der "vermögensrechtlichen" Befugnisse berechtigt ist, das überwiegende Schrifttum dem Arbeitgeber auch das Urheberpersönlichkeitsrecht des Arbeitnehmer-Urhebers zuspricht.[1192] Statt an anderer Stelle zu behaupten, der Arbeitgeber erhalte natürlich von seinem Arbeitnehmer-Urheber keine Urheberpersönlichkeitsrechte,[1193] sollte das Schrifttum Farbe bekennen und

---

1187 *Haberstumpf* in: Mestmäcker/Schulze, § 69b Rn. 23 und 24; *Chrocziel*, Gewerblicher Rechtsschutz und Urheberrecht, Rn. 374: „Einschränkungen" hinnehmen.

1188 *Nordemann* in: Fromm/Nordemann, § 69b Rn. 3.

1189 *Rehbinder*, Urheberrecht, Rn. 336.

1190 *Rehbinder*, Urheberrecht, Rn. 336. Während der nicht mögliche Verzicht bzw. die Übertragung des § 12 UrhG fast einhellige Meinung ist, besteht im Schrifttum bezüglich § 13 UrhG keine Einigkeit. Siehe als Gegenstimme etwa *Haberstumpf* in: Mestmäcker/Schulze, § 69b Rn. 25. Die Übertragbarkeit des Anerkennungsrechts erörtert auch *Auf der Maur*, UFITA (118) 1992, 87, 136.

1191 *Nordemann* in: Fromm/Nordemann, § 69b Rn. 3. Siehe auch *Rehbinder*, UFITA (125) 1973, 125, 140, der im Arbeitsverhältnis dem Arbeitgeber ein größeres Änderungsrecht zugestehen möchte. Ebenso *Hunziger*, UFITA (101) 1985, 49, 67, der sich dann aber dafür ausspricht, dass es sich der Urheber „kraft seines Persönlichkeitsrechts nicht gefallen zu lassen" brauche, als „Urheber eines Dienstwerks ausgegeben zu werden".

1192 Dass die Urheberpersönlichkeitsrechte eingeschränkt und übertragen werden, stellen auch *Barthel*, Arbeitnehmerurheberrechte, S. 219 und *Harke*, Urheberrecht, S. 174 fest. Kritisch zu den Stimmen, die bereits vor der Einführung des § 69b UrhG von einer „partiellen Beschränkung" oder „gar einer Reduktion des Urheberpersönlichkeitsrechts sprachen" auch *Ahrens*, Verwertung persönlichkeitsrechtlicher Positionen, S. 42.

1193 So nämlich *Grützmacher* in: Wandtke/Bullinger, § 69b Rn. 26 und *Spautz* in: Möhring/Nicolini, § 43 Rn. 10. Ähnlich *Smid* in: MünchKommZPO, § 857 Rn. 16, der schreibt, die Rechte aus den §§ 12-14 UrhG könnten keinem anderen eingeräumt werden.

eingestehen,[1194] dass man sich auch im Arbeitsrecht in der Rechtspraxis seit langem von dem Dogma der Unübertragbarkeit des Urheberrechts verabschiedet hat.[1195]

3. Die teleologische Reduktion der aus dem Urheberpersönlichkeitsrecht fließenden Rechte

Über die Rechte der §§ 12-14 UrhG hinaus, fließen aus dem Urheberpersönlichkeitsrecht weitere Rechte, die dem im Arbeitsverhältnis stehenden Arbeitnehmer-Urheber ebenfalls genommen werden.[1196] Diese Rechte werden mancherorts als „besondere Urheberpersönlichkeitsrechte"[1197] bezeichnet.

So können an für sich die Nutzungsrechte an einem Werk gemäß §§ 34, 35 UrhG nur mit Zustimmung des Arbeitnehmer-Urhebers übertragen werden. Teile des Schrifttums lassen den Arbeitgeber die Nutzungsrechte aber „entgegen §§ 34, 35 UrhG ohne Zustimmung des Urhebers weiter übertragen"[1198].

In den §§ 41, 42 UrhG sind die Rückrufsrechte des Urhebers geregelt. Räumt ein Urheber einem Erwerber ein Nutzungsrecht ein und übt der Erwerber anschließend das Nutzungsrecht nicht aus oder hat sich später die Überzeugung des Urhebers gewandelt, so kann der Urheber sein Nutzungsrecht regelmäßig zurückrufen. Auch diese Rechte stehen dem Arbeitnehmer-Urheber nach Ansicht *Haberstumpfs*[1199] und *Rehbinders*[1200] in der Regel nicht zur Verfügung. Allein dem Arbeitgeber stehe die Entscheidung zu, ob und in welcher Weise er von seinem Nutzungsrecht Gebrauch mache.[1201]

1194 So nämlich *Rehbinder,* UFITA (125) 1973, 125, 148, der schreibt: „Es ist rechtsirrig, wenn man im Urheberrecht glaubt, die dogmatische Möglichkeit der Entstehung von Urheberrechten beim Arbeitgeber unter Hinweis auf den persönlichkeitsrechtlichen Bestandteil des Urheberrechts leugnen zu können".

1195 Siehe zum Lösungsvorschlag de lege ferenda *Barthel,* Arbeitnehmerurheberrechte, S. 228, der das Schöpferprinzip für den Bereich des Arbeitnehmerurheberrechts aufgeben möchte.

1196 Auch bei der Zustimmung zur Übertragung von Nutzungsrechten im Sinne der §§ 34, 35 UrhG sind nicht nur vermögensrechtliche, sondern auch persönlichkeitsrechtliche Interessen des Urhebers berührt, *Spautz* in: Möhring/Nicolini, § 43 Rn. 9. *Schulze* in: Dreier/Schulze, § 12 Vorbemerkung Rn. 3 fasst diese Rechte als Urheberpersönlichkeitsrecht im weiteren Sinne zusammen.

1197 Etwa *Ahrens,* Verwertung persönlichkeitsrechtlicher Positionen, S. 178; *Neumann-Duesberg,* NJW 1971, 1640, 1641.

1198 *Haberstumpf* in: Mestmäcker/Schulze, § 69b Rn. 19. Vorsichtiger *Dreier* in: Dreier/Schulze, § 43 Rn. 21, der davon ausgeht, das Zustimmungserfordernis könne im Arbeitsvertrag – auch stillschweigend – ausgeschlossen werden.

1199 *Haberstumpf* in: Mestmäcker/Schulze, § 69b Rn. 29; auch in der Schweiz gewährt die herrschende Lehre dem Arbeitgeber den Vorrang vor den Interessen des Arbeitnehmer-Urhebers, *Hunziger,* UFITA (101) 1985, 49, 59.

1200 *Rehbinder,* UFITA (125) 1973, 125, 141.

1201 *Haberstumpf* in: Mestmäcker/Schulze, § 69b Rn. 29.

Schließlich sei das Zugangsrecht des Urhebers zu den Werkstücken erwähnt.[1202] Nach § 25 UrhG kann der Urheber vom Besitzer des Originals oder eines Vervielfältigungsstücks seines Werkes verlangen, dass er ihm das Original oder das Vervielfältigungsstück zugänglich macht. Diese Norm wird meist dann relevant, wenn das Arbeitsverhältnis zwischen dem Arbeitnehmer-Urheber und dem Arbeitgeber beendet ist, der Urheber aber beispielsweise den Zugang zum Quellcode seines Programmes verlangt.[1203] Auch hier nimmt das Schrifttum dem Urheber sein Recht aus § 25 UrhG, da dieser Rechtsausübung regelmäßig berechtigte Interessen des Arbeitgebers entgegenstünden.[1204]

4. Neuere Ansätze im Schrifttum

Das Schrifttum war in den letzten Jahren bemüht, die Kollision des urheberrechtlichen Grundsatzes der Unübertragbarkeit des Urheberrechts mit dem arbeitsrechtlichen Prinzip des Rechts des Arbeitgebers am Arbeitsergebnis zu einem praxistauglichen Ausgleich zu führen.

Allen voran hat sich das Schweizer Schrifttum intensiv mit der Konstruktion eines originären Rechtserwerbs beim Arbeitgeber auseinandergesetzt und somit eine Annäherung an die angloamerikanische Auffassung versucht.[1205]

Larese geht davon aus, dass bei Werken, bei denen sich der Schöpfer nicht eruieren lässt, weil sich seine Persönlichkeit nicht im Werk widerspiegelt, man darauf angewiesen sei, dass sich eine Person als Urheber zu erkennen ergebe. Analog zur Aneignung herrenloser Sachen solle daher demjenigen das Urheberrecht zustehen, der sich als Urheber bezeichne (sogenannte Zeichnungstheorie).[1206] In Deutschland lässt sich *Lareses* Theorie mit dem Schöpferprinzip aber nicht vereinbaren. Denn *Larese* verschiebt den Moment der Entscheidung über die Urheberschaft auf die Vertragsebene zwischen den Beteiligten,[1207] während das Schöpferprinzip des deutschen Urheberrechtsgesetzes bereits durch den Realakt der Schöpfung von der Entstehung des Urheberrechts ausgeht.[1208]

1202 Das Zugangsrecht zählt nach allgemeiner Meinung zu den urheberpersönlichkeitsrechtlichen Vorschriften im weiteren Sinne, *Vogel* in: Schricker, § 25 Rn. 7.
1203 Zur Situation des ausscheidenden Arbeitnehmer-Urhebers auch *Hunziger*, UFITA (101) 1985, 49, 72.
1204 *Haberstumpf* in: Mestmäcker/Schulze, § 69b Rn. 28; *Hunziger*, UFITA (101) 1985, 49, 73.
1205 Auch *Schack*, ZUM 1990, 59, 60 erkennt hier den Vormarsch im Schweizer Urheberrecht, einen originären Rechtserwerb zu konstruieren. Anzuführen sind etwa *Hunziger*, UFITA (101) 1985, 49, 49 und *Frey*, UFITA (98) 1984, 53, 58, der weitere europäische Rechtsordnungen aufzeigt, die einen originären Rechtserwerb beim Arbeitgeber kennen.
1206 *Larese*, FuR 1978, 81; ihm folgend *Auf der Maur*, UFITA (118) 1992, 87, 114.
1207 *Auf der Maur*, UFITA (118) 1992, 87, 115.
1208 Als Einwand bezüglich der Umsetzung dieser Theorie lässt sich anführen: wie etwa sollen diejenigen Fälle behandelt werden, in denen nach Jahren der Schöpfer geltend macht, dass nicht der in der Öffentlichkeit bekannt gewordene Urheber der Schöpfer des Werkes sei. Hier

Barthel brachte 2002 den bislang modernsten Vorschlag und sprach sich – de lege ferenda – für eine vollständige Aufgabe des Schöpferprinzips im Arbeitnehmerurheberrecht aus.[1209] *Barthel* nimmt an, dass die zahlreichen Probleme durch einen lediglich derivativen Erwerb der Nutzungsrechte beim Arbeitgeber nur dann gelöst werden können, wenn der Arbeitgeber kraft Gesetz originär das Urheberrecht erwerbe.[1210] Dazu müsse das Schöpferprinzip in diesem Bereich dem Arbeitsrecht weichen.

Es bleibt abzuwarten, ob der massive Vorstoß von *Barthel* im Schrifttum Anklang finden wird, da für das deutsche Urheberrechtsgesetz das Schöpferprinzip eine tragende Säule, wie *Hunziger* es formuliert, ein Glaubenssatz urheberrechtlicher Doktrin, darstellt.[1211]

Gegen Ansätze eines originären Erwerbs wird ferner vorgetragen, zwischen Arbeitnehmer und Arbeitgeber würde damit die Austauschgerechtigkeit gestört. Da bei Abschluss des Arbeitsvertrages meist noch nicht feststehe, welche Verwertungserlöse ein Werk einbringen werde, sei mitunter der Arbeitslohn keine gerechte Kompensation dafür, dass der Arbeitgeber als Rechtsinhaber nun losgelöst vom Arbeitnehmer hohe Erträge erwirtschaften kann.

Dieser Einwand lässt aber außer Acht, weshalb sich der Arbeitnehmer in die Abhängigkeit von einem Produzenten als Arbeitgeber begeben hat: Der Arbeitnehmer will ja gerade sein Verwertungsrisiko gegen die materielle Sicherheit eines konstanten Arbeitslohnes eintauschen.[1212]

Es bleibt festzuhalten, dass die vorgetragenen Bedenken gegen einen originären Erwerb des Urheberrechts beim Arbeitgeber zwar nicht begründet erscheinen, allerdings die im Schweizer Recht entwickelten Ansätze im deutschen Urheberrecht nicht unmittelbar umsetzbar sind.

---

wird vorgeschlagen, der Schöpfer könne zur Absicherung des zeichnenden Urhebers ein sog. Urheberzeugnis ausstellen, siehe dazu *Auf der Maur*, UFITA (118) 1992, 87, 122 Fn. 172.

1209 *Barthel*, Arbeitnehmerurheberrechte, S. 228. Sympathisierend schon *Frey*, UFITA (98) 1984, 53, 61.

1210 *Barthel*, Arbeitnehmerurheberrechte, S. 219. Er zeigt überzeugend, dass dadurch insbesondere das Problem einer Miturheberschaft bei mehreren Arbeitnehmern gelöst werden könnte. Freilich wehrt sich *Barthel* in seiner Arbeit gegen ein elementares Prinzip im Urheberrecht.

1211 *Hunziger*, UFITA (101) 1985, 49, 53.

1212 So von *Auf der Maur*, UFITA (118) 1992, 87, 123 überzeugend eingewandt. Ähnlich auch *Barthel*, Arbeitnehmerurheberrechte, S. 6 und *Frey*, UFITA (98) 1984, 53, 55.

5. Stellungnahme: Parallele zur sachenrechtlichen Interessenlage in § 950 BGB

Anknüpfend an die Arbeiten von *Rehbinder*[1213] ist aber zu überlegen, ob ein originärer Rechtserwerb des Arbeitgebers möglich ist, überträgt man die sachenrechtlichen Rechtsgedanken aus § 950 BGB auf das Urheberrecht. Stellt jemand durch Umbildung oder Verarbeitung eine Sache her, so erwirbt er gemäß § 950 BGB das Eigentum an der neuen Sache, sofern nicht der Wert der Verarbeitung oder Umbildung erheblich geringer ist als der Wert des Stoffes. Es handelt sich also um einen originären Eigentumserwerb.[1214]

Nach Ansicht der Rechtsprechung und Teilen der Literatur bestimmt sich das Tatbestandsmerkmal "Hersteller" nach dem Sprachgebrauch und der Verkehrsauffassung vom Standpunkt eines mit den Verhältnissen vertrauten objektiven Beobachters.[1215] Diese Ansicht überzeugt, da sich schon aus dem Wortlaut entnehmen lässt, dass derjenige, der eine Sache verarbeitet, nicht unbedingt der Hersteller sein muss.[1216] Überdies lässt sich aus den Protokollen zum Entwurf des BGB entnehmen, dass das Gleichstehen von "herstellen" und "herstellen lassen" selbstverständlich war, so dass das Hinzufügen der Worte "herstellen lassen" gleichgültig erschien.[1217] *Rehbinder* schließt aus den Protokollen, dass der damalige Sprachgebrauch und die Verkehrsauffassung nicht denjenigen als Hersteller bezeichneten, der die Arbeit an der neuen Sache geleistet hatte, sondern den Inhaber des Betriebs, aus dem die neue Sache hervorgegangen war.[1218]

Für den Arbeitnehmer-Urheber heißt das sachenrechtlich betrachtet zunächst, dass nicht er selbst das Eigentum am Werkexemplar erwirbt, sondern der Arbeitgeber, sofern das Werk im Namen und wirtschaftlichen Interesse des Arbeitgebers hergestellt wurde. Der Arbeitgeber wird in diesem Fall als Hersteller im Sinne des § 950 BGB angesehen.[1219]

1213 Siehe schon *Rehbinder*, UFITA (125) 1973, 125, 127, der den nicht möglichen originären Rechtserwerb beim Arbeitgeber bedauert (vgl. auch *Rehbinder*, Urheberrecht, Rn. 625 ff.) und sich für eine sachenrechtliche Sichtweise im Urheberrecht ausspricht (so versteht ihn auch *Auf der Maur*, UFITA (118) 1992, 87, 113). Sympathisierend für einen originären Rechtserwerb beim Arbeitgeber auch *Dittrich*, Die Urheberpersönlichkeitsrechte des Arbeitnehmerurhebers, S. 20, unter 6b.

1214 *Füller* in: MünchKommBGB, § 950 Rn. 13.

1215 BGHZ 112, 243; BGHZ 46, 118; BGHZ 14, 117; *Scherer* in: PWW, § 950 Rn. 9; *Füller* in: MünchKommBGB, § 950 Rn. 16; *Rehbinder*, UFITA (125) 1973, 125, 125.

1216 So auch *Füller* in: MünchKommBGB, § 950 Rn. 16.

1217 *Achilles/Gebhard/Spahn*, Protokolle BGB, Band 3, S. 242 und 243: „Es sei dies jedoch für die Frage, ob die Worte "oder herstellen läßt" hinzuzufügen seien, gleichgültig und werde es sich empfehlen, die Worte wegzulassen, weil es hier wie an anderen Stellen des Entw. selbstverständlich sei, daß das "herstellen lassen", obwohl darin keine Vertretung liege, dem "Herstellen" gleichstehe".

1218 Auf die Protokolle Bezug nehmend *Rehbinder*, UFITA (125) 1973, 125, 127; ferner *Rehbinder*, Urheberrecht, Rn. 625.

1219 Übereinstimmend mit *Rehbinder*, Urheberrecht, Rn. 328.

Überträgt man diese Ansicht aus dem Sachenrecht auf das Urheberrecht, könnte man erwägen, auch den Schöpferbegriff nach dem Sprachgebrauch und der Verkehrsauffassung vom Standpunkt eines mit den Verhältnissen vertrauten objektiven Beobachters zu bestimmen.[1220]

Nach § 7 UrhG ist der Urheber der Schöpfer des Werkes. Schöpfer wäre dann nicht der weisungsabhängige, in die betriebliche Arbeitsorganisation eingebundene Arbeitnehmer, sondern der die Schöpfung finanziell und organisatorisch leitende Arbeitgeber, der die Schöpfungsumgebung erst geschaffen hat und in dessen Umgebung nun das Werk entsteht.[1221]

Eine Bestimmung des Schöpferbegriffs nach der Verkehrsauffassung bringt den Vorteil, flexibel auf die jeweiligen Verhältnisse in einem Betrieb oder Unternehmen reagieren zu können.[1222] Derjenige Arbeitnehmer, der durch gewährten Freiraum[1223]

1220 *Schack,* ZUM 1990, 59, 61 meint, wenn schon der Arbeitnehmer keinen Urheberrechtsschutz mehr verdiene, da er so wenig schöpfend tätig geworden ist, dass sich eine eigene persönliche geistige Schöpfung nicht mehr erkennen lasse, könne auch nicht der Arbeitgeber den Urheberrechtsschutz erlangen. Vielmehr sei für den Arbeitgeber dann nur ein auf niedriger Stufe anzusiedelnder Leistungsschutz angebracht. Dagegen kann man einwenden, dass zwar nicht der einzelne nur auf Weisung handelnde Arbeitnehmer den Urheberschutz verdient, wohl aber der die Erstellung des Werkes leitende Arbeitgeber. Nur weil aber der Arbeitnehmer selbst nicht schöpfend tätig wurde, heißt das noch nicht, dass dann auch der Arbeitgeber kein Schöpfer sein könne.

1221 Zwar äußert sich *Schack,* ZUM 1990, 59, 60 nicht zu dem hier vorgestellten Weg, er stimmt mit dem Ergebnis aber überein, wenn es um den originären Erwerb des Filmproduzenten als Arbeitgeber geht. Das Gesetz versucht mit zahlreichen Vergünstigungen der Praxis gerecht zu werden, etwa dadurch, dem Produzenten einen originären Rechtserwerb zu ermöglichen. Wenn *Schack* aber schon für den Filmproduzenten den originären Rechtserwerb befürwortet, ist es ein kleines, dies auch für andere Branchen zu bejahen. Im Ergebnis wohl auch übereinstimmend mit *Rehbinder,* UFITA (125) 1973, 125, 147, der formuliert „Wenn behauptet wird, daß nur der Schöpfer des Werkes die rechtliche Stellung eines Urhebers originär einnehmen könne, so wird hier rechtstechnisches Können und rechtspolitisches Sollen verwechselt".

1222 Zu überlegen wäre noch, wem das Urheberrecht zusteht, wenn ein Unternehmen als juristische Person oder Personengesellschaft organisiert ist. Zwar will die herrschende Meinung das Schöpferprinzip nur auf natürliche Personen anwenden (*Schricker* in: Schricker, § 7 Rn. 2; *Schulze* in: Dreier/Schulze, § 7 Rn. 2; *Ahlberg* in: Möhring/Nicolini, § 7 Rn. 7; *Thum* in: Wandtke/Bullinger, § 7 Rn. 1), doch durchbricht die herrschende Meinung ihre eigene Position im Rahmen des § 28 UrhG, da eine juristische Person das Urheberrecht durch eine Verfügung von Todes wegen erwerben kann, *Schricker* in: Schricker, § 28 Rn. 4; *Hertin* in: Fromm/Nordemann, § 28 Rn. 1. Kritisch zum Schöpferprinzip auch *Rehbinder,* Urheberrecht, Rn. 329. Dabei lassen sich durchaus Ansätze finden, auch juristischen Personen die Trägerschaft des Urheberrechts zuzubilligen. So kannte noch das LUG und das KUG das Urheberrecht juristischer Personen (*Rehbinder* aaO Rn. 248). *Smoschewer,* ZZP 1952, 25, 27 trägt vor, dass es keinen Unterschied machen könne, ob der Unternehmer eine natürliche oder juristische Person sei. So auch das Kammergericht Berlin in seinem Beschluss vom 2. April 1923.

1223 Dieser Freiraum wird insbesondere für die angestellten Wissenschaftler in der Forschung diskutiert, siehe zur Rechtsvergleichung Deutschland-Niederlande *Quaedvlieg,* GRURInt (11) 2002, 901, 908 f.

selbst die Planung und Durchführung in den Händen hält, wird eher als Schöpfer und damit als Urheber zu sehen sein, als derjenige Arbeitnehmer, der nur auf konkrete Weisungen hin handelt, mithin nur verlängerter Arm, also ein Werkzeug des Arbeitgebers ist.

Nicht von der Hand zu weisen ist das Konzentrationsinteresse des Arbeitgebers, seine vermarkteten Werke in einer – in seiner – Hand zu wissen. Nur so wird er im Wettbewerb in erforderlicher Weise agieren und reagieren können. Ein Arbeitgeber, der sich stets bei zahlreichen Arbeitnehmern, die zusammen eine Miturheberschaft innehaben, absprechen muss, wird am Markt wenig Aussicht auf Erfolg haben.[1224]

Das Konzentrationsinteresse zeigt sich aber auch in besonderem Maße im Falle von Urheberrechtsverletzungen. Im Falle der Verletzung des Urheberpersönlichkeitsrechts ist allein der Urheber aktivlegitimiert.[1225] Da nach herrschender Meinung allein der Arbeitnehmer Schöpfer und damit Urheber des Werkes ist, kann auch allein der Arbeitnehmer die Rechtsverletzungen mit den Ansprüchen aus den §§ 97 ff. UrhG geltend machen.[1226] Den Prozess wird folglich auch der Arbeitnehmer führen und nicht etwa der Arbeitgeber, mag dieser mit dem Werk in der Öffentlichkeit noch so in Verbindung gebracht werden. Erst durch eine gewillkürte Prozessstandschaft gelangt man zu für die Rechtspraxis sinnvollen Ergebnissen.[1227] Allerdings kommt eine gewillkürte Prozessstandschaft aufgrund der monistischen Theorie nur für Verletzungen der urheberrechtlichen Nutzungsrechte, nicht aber für die Verletzung des Urheberpersönlichkeitsrechts in Betracht.[1228]

Ein originärer Rechtserwerb beim Arbeitgeber durch Bestimmung des Schöpferbegriffes im Rahmen des § 7 UrhG nach dem Sprachgebrauch und der Verkehrsauffassung könnte auch durch den Vergleich mit anderen Schutzrechten gestützt werden. Die Sachlage ist namentlich mit der im Patentrecht vergleichbar. Auch hier erfinden Arbeitnehmer patentfähige Erfindungen, so dass sich die Frage stellt, ob im Patentrecht ein originärer Rechtserwerb beim Arbeitgeber möglich ist.[1229] Anders als

---

1224 Darauf weist auch *Quaedvlieg,* GRURInt (11) 2002, 901, 904 hin.

1225 *Lütje* in: Möhring/Nicolini, § 97 Rn. 73, 74; *Dreier* in: Dreier/Schulze, § 97 Rn. 16; *Wolff* in: Wandtke/Bullinger, § 97 Rn. 6; *Nordemann* in: Fromm/Nordemann, § 97 Rn. 8.

1226 *Dreier* in: Dreier/Schulze, § 97 Rn. 17. Wird das Nutzungsrecht verletzt, ist nach herrschender Meinung zu differenzieren, um welche Art Nutzungsrecht es sich gehandelt hat. Im Falle eines ausschließlichen Nutzungsrechts ist sowohl der Urheber als auch der Nutzungsinhaber aktivlegitimiert. Im Falle von einfachen Nutzungsrechten ist allein der Urheber aktivlegitimiert, *Dreier* in: Dreier/Schulze, § 97 Rn. 19 und 20; *Lütje* in: Möhring/Nicolini, § 97 Rn. 79.

1227 Es wäre beispielsweise wohl undenkbar, dass ein angestellter Programmierer bei SAP in seinem eigenen Namen eine Verletzung seines Urheberrechts geltend macht. SAP würde selbstredend als Prozessstandschafter auftreten und das fremde Recht in eigenem Namen geltend machen.

1228 So auch *Nordemann* in: Fromm/Nordemann, § 97 Rn. 14; *Dreier* in: Dreier/Schulze, § 97 Rn. 21; *Wolff* in: Wandtke/Bullinger, § 97 Rn. 11.

1229 Der Interessenkonflikt entstand im Patent- und Arbeitsrecht erst, als der Gesetzgeber 1936 das Patentgesetz vom Anmelder- auf das Erfinderprinzip umstellte. Bis dahin war es möglich, dass der Arbeitgeber die Diensterfindung zum Patent anmeldet und damit Rechtsinhaber wurde. Dazu *Fleuchaus/Braitmayer,* GRUR 2002, 653, 653.

im Urheberrecht hat der Gesetzgeber für das Patentrecht eine in der Praxis taugliche und bewährte Lösung bereitgestellt. Die Diensterfindungen des Arbeitnehmers im Sinne des Arbeitnehmererfindungsgesetzes von 1954 können vom Arbeitgeber unbeschränkt in Anspruch genommen werden (§ 6 Abs. 1 ArbnErfG), so dass gemäß § 7 Abs. 1 ArbnErfG alle Rechte an der Diensterfindung auf den Arbeitgeber übergehen.[1230] Der Arbeitgeber kann folglich den Antrag auf Patenterteilung stellen. Dann entsteht das Patentrecht mit der Erteilung an den Anmelder originär in der Person des Arbeitgebers.[1231]

Für den hier vertretenen Vorschlag spricht schließlich auch die Annäherung an die meisten anderen Staaten, die sich für einen originären Rechtserwerb beim Arbeitgeber ausgesprochen haben. So geht beispielsweise Art. 7 des niederländischen Urheberrechtsgesetzes davon aus, dass derjenige als Schöpfer und somit als Urheber der Werke angesehen wird, in dessen Dienst sie angefertigt wurden.[1232] Den gleichen Weg verfolgen etwa auch das Vereinigte Königreich in § 11 (2) CDPA und die USA in § 201(b) CA 1976, sowie die Türkei in Art. 8 UrhG.[1233] Hier gilt die sogenannte "work-made-for-hire-doctrine", die das Urheberrecht im Arbeitsverhältnis originär dem Arbeitgeber zuweist.[1234]

E. Ergebnis

Aus dem Unterkapitel I ist die Erkenntnis hervorgegangen, dass das Problem der Unübertragbarkeit des Urheberrechts als Vollstreckungsschranke entgegen einigen Stimmen im Schrifttum nicht mit § 857 Abs. 3 ZPO umgangen werden kann. Im Unterkapitel II hat sich gezeigt, dass sich der Grundsatz der Unübertragbarkeit erst 1965 mit der Durchsetzung der monistischen Theorie etabliert hat. Seit jeher kämpft die Rechtspraxis aber mit diesem Grundsatz und muss schwierige Abgrenzungsfra-

---

1230 *Dressel*, GRUR (05) 1989, 319, 323 spricht sich gegen eine Einführung eines Gesetzes ähnlich dem ArbnErfG für das Urheberrecht aus.

1231 Übereinstimmend mit *Rehbinder*, UFITA (125) 1973, 125, 132. Der Arbeitgeber ist bezüglich der Diensterfindung somit Rechtsnachfolger des Arbeitnehmers, vgl. *Mes*, Kommentar PatG/GebrMG, § 6 Rn. 30. Zu der streitigen Frage, ob der Arbeitnehmer-Erfinder dennoch ein Erfinderpersönlichkeitsrecht behält, siehe bejahend *Sack* in: Münchener Handbuch zum Arbeitsrecht, § 101 Rn. 22, wohl eher verneinend *Mes*, Kommentar PatG/GebrMG, § 6 Rn. 17, der überzeugend auf die durch die Marlene-Dietrich-Rechtsprechung gewandelte Ansicht zur Übertragbarkeit auch des Persönlichkeitsrechts verweist. Ähnlich auch *Zimmermann*, GRUR 1999, 121, 128, die sich bereits vor der genannten BGH-Entscheidung für die Übertragbarkeit und Vollstreckbarkeit der vermögensrechtlichen Teile des Erfinderrechts aussprach. Siehe dazu auch 1. Kapitel C II.

1232 Ausführlich zu Art. 7 *Quaedvlieg*, GRURInt (11) 2002, 901, 902.

1233 Die Lösung dieser Staaten kritisierend *Schack*, Urheber- und Urhebervertragsrecht, Rn. 979. Zu einigen weiteren Staaten (Irland, Israel, Kanada, Neuseeland und Japan) siehe *Auf der Maur*, UFITA (118) 1992, 87, 127.

1234 *Barthel*, Arbeitnehmerurheberrechte, S. 2; *Harke*, Urheberrecht, S. 57 f.; *Dittrich*, Der Werkbegriff – sinnvolle Ausdehnung oder Denaturierung, S. 214, 218.

gen bewältigen. Im Unterkapitel III wurde festgestellt, dass die Rechtslage bei unseren europäischen Nachbarn kein einheitliches Bild widerspiegelt. Vielmehr bestehen hier unterschiedlichste, aber nicht unbedingt überzeugendere Regelungen.

Jedenfalls haben sich die Zweifel an der Richtigkeit des Grundsatzes der Unübertragbarkeit des Urheberrechts verstärkt. Das Urheberrecht im Arbeitsrecht ist neben der erbrechtlich bedingten Übertragung das zweite Gegenbeispiel, mit dem gezeigt werden konnte, dass das Urheberrecht rechtstechnisch durchaus übertragen werden kann bzw. wird.[1235] Mit *Götting*[1236] und *Peifer*[1237] kann man sagen, dass das Dogma der Unübertragbarkeit ins Wanken gerät.[1238] Da der Grundsatz der Unübertragbarkeit in der Rechtsanwendung zu impraktikablen Ergebnissen führt,[1239] bemüht sich das Schrifttum seit langem um Korrekturen. Diese führen dazu, dass das Urheberpersönlichkeitsrecht unter dem Mantel des Arbeitsrechts übertragen wird und zahlreiche aus dem Urheberpersönlichkeitsrecht resultierende Rechte des Arbeitnehmer-Urhebers eingeschränkt werden. Als alternativen Weg wird vorgeschlagen, eine Parallele zum Sachenrecht zu ziehen und auch den Schöpferbegriff aus § 7 UrhG nach dem Sprachgebrauch und der Verkehrsanschauung vom Standpunkt eines mit den Verhältnissen vertrauten objektiven Beobachters zu bestimmen. Folgt man dem, so ist ein originärer Rechtserwerb des Arbeitgebers möglich.[1240]

Der Grundsatz der Unübertragbarkeit ist rechtsgeschichtlich nachvollziehbar, stellt aber einen Schutz des Urhebers vor sich selbst dar.[1241] *Metzger* trägt überzeugend vor, dass dieser Schutz vor sich selbst aufgrund des Urhebervertragsrechts nicht geboten[1242] und mit dem Menschenbild des Grundgesetzes auch nicht zu ver-

---

1235 Das ist auch der Grund, warum im Ausland über den deutschen Grundsatz der Unübertragbarkeit wenig anerkennend geschrieben wird. „Es muss als Trugschluss, ja Lebenslüge entlarvt werden, zu glauben, der Urheber werde durch eine Bevormundung geschützt, indem ihm verboten wird, über das Urheberrecht [...] zu verfügen. Ein deutlicherer Beweis als die trotz des deutschen Monismus offenbar als erforderlich betrachtete Urhebervertragsrechtsreform kann dafür kaum gefordert werden. Scheinbar behilft sich die Verwertungswirtschaft eben auch ohne formelle Übertragbarkeit des Urheberrechts zulasten des Urhebers", *Hilty*, Urhebervertragsrecht: Schweiz im Zugzwang?, S. 87, 106.

1236 *Götting*, Persönlichkeitsrechte als Vermögensrechte, S. 1. An ihn anschließend dann *Metzger*, Rechtsgeschäfte über das Droit moral, S. 105, der das Dogma der Unübertragbarkeit von Persönlichkeitsrechten zu widerlegen versucht.

1237 *Peifer*, GRUR 2002, 495, 498.

1238 Sehr kritisch auch *Jänich*, Geistiges Eigentum, S. 261, der von „Zweifel an der Richtigkeit der dogmatischen Konstruktion" spricht und betont, dass die Unübertragbarkeit für den Urheber nicht allein eine Schutzoptimierung sei.

1239 Auch *Schack*, ZUM 1990, 59, 59 gesteht ein, der derivative Erwerb des Arbeitgebers sei „lästig".

1240 Im Ergebnis übereinstimmend für den Filmproduzenten als Arbeitgeber *Schack*, ZUM 1990, 59, 60.

1241 Ähnlich *Jänich*, Geistiges Eigentum, S. 261.

1242 *Metzger*, Rechtsgeschäfte über das Droit moral, S. 103. Handelt der Urheber in Selbstbestimmung, ist die Vereinbarung eine privatautonome Gestaltung. Es mangelt für ein Übertragungsverbot dann an der Schutzberechtigung, siehe *Metzger* aaO S. 104.

einbaren ist.[1243] Das durch Art. 14 Abs.1 GG geschützte (geistige)[1244] Eigentum ist gekennzeichnet durch Privatnützigkeit und Verfügungsfähigkeit.[1245] Gerade diese im Interesse des Urhebers liegende Verkehrsfähigkeit wird im Urheberrecht beschnitten.[1246] Der Schutz durch eine Unübertragbarkeit des Urheberrechts liegt folglich in vielen Fällen nicht einmal im Interesse des Geschützten – des Urhebers.[1247] Tatsächlich kann man der Urheberpersönlichkeit nicht einerseits Schöpferkraft zusprechen und andererseits den Urheber im Rechtsverkehr entmündigen.[1248]

1243 *Metzger,* Rechtsgeschäfte über das Droit moral, S. 191: „Der Persönlichkeitsschutz nach dem Grundgesetz schreibt dem einzelnen nicht vor, was Persönlichkeitsentfaltung oder allgemeine Handlungsfreiheit für ihn zu bedeuten haben".

1244 BVerfGE 49, 382 (Kirchenmusik). *Jänich,* Geistiges Eigentum, S. 148; *Götting,* GRUR 2006, 353, 357.

1245 BVerfGE 24, 367 = NJW 1969, 309, 310; *Jänich,* Geistiges Eigentum, S. 262.

1246 *Jänich,* Geistiges Eigentum, S. 262.

1247 Ähnlich *Jänich,* Geistiges Eigentum, S. 261.

1248 *Metzger,* Rechtsgeschäfte über das Droit moral, S. 191.

4. Kapitel: Ausblick: Die Rechtsnatur des Urheberrechts

Die fragwürdigen Regelungen im Urheberrechtsgesetz zur Zwangsvollstreckung und das ins Wanken geratende Dogma der Unübertragbarkeit des Urheberrechts lassen sich letztlich auf eine zentrale Frage zurückführen, nämlich diejenige nach der Rechtsnatur des Urheberrechts.[1249] Dass das Urheberrecht ein Doppelrecht sein soll und beide Teile untrennbar miteinander verbunden scheinen,[1250] hinterfragt heute kaum jemand mehr.[1251] Das Schrifttum hat sich weit überwiegend auf diese Konstruktion geeinigt.[1252]

In Kombination mit dem Zwangsvollstreckungsrecht hat sich gezeigt, dass ein Recht hinsichtlich seiner Rechtsnatur und Verkehrsfähigkeit Farbe bekennen muss. So stellt sich die Frage nach der Rechtsnatur bereits beim Tatbestandsmerkmal "Vermögensrecht" im Sinne des § 857 Abs. 1 ZPO und die Frage der Verkehrsfähigkeit im Rahmen der §§ 857 Abs. 1, 851 ZPO. Die in den vorherigen Kapiteln bereits aufgezeigten, zahlreichen Unstimmigkeiten zeugen dabei von der Komplexität der Rechtsnatur des Urheberrechts.

Im Folgenden werden beide Komponenten des Urheberrechts getrennt betrachtet. Die Ausführungen verstehen sich dabei als Versuch, die Diskussion um die Rechtsnatur des Urheberrechts zu intensivieren.[1253] Eine solche Diskussion scheint mit Blick auf die vorherigen Kapitel notwendig und durch *Josef Kohler,* den maßgeblichen Konstrukteur des Urheberrechts, legitimiert. Denn *Kohler* äußert bereits 1894, dass seine bisherige Konstruktion nicht zum Hemmschuh der Entwicklung werden möge,[1254] die bisherige Ansicht sich niemals als unabänderlich erklären soll.[1255]

1249 So erwähnt bereits der Bericht über die Verhandlung des Reichstags, 10. Legislaturperiode, II. Session 1900/1902, Erster Anlageband, Nr. 97, S. 395: Die Meinungsverschiedenheiten „haben ihren Grund in den Schwierigkeiten, die sich daraus ergeben, daß einerseits das Urheberrecht vom Gesetz als ein veräußerliches Vermögensrecht anerkannt wird, daß aber andererseits die Veröffentlichung des Werkes, ohne welche dessen Verwerthung nicht ausführbar ist, die rein persönlichen Interessen des Urhebers unmittelbar berührt".

1250 Siehe zur monistischen Theorie 3. Kapitel B I 2.

1251 Statt aller: *Ulmer,* Urheber- und Verlagsrecht, § 17 II 2. Es ist allein *Götting,* Persönlichkeitsrechte als Vermögensrechte, S. 10 zu nennen, der nicht der allgemeinen Auffassung folgt und sich bezüglich der Rechtsnatur für ein Recht sui generis ausspricht.

1252 Etwa *Schulze* in: Dreier/Schulze, § 11 Rn. 2; *Nordemann* in: Fromm/Nordemann, § 11 Rn. 2; *Kroitzsch* in: Möhring/Nicolini, § 11 Rn. 3.

1253 Die letzte Diskussion zur Rechtsnatur des Urheberrechts liegt nun mehr als ein Jahrzehnt zurück, vgl. *Götting,* Persönlichkeitsrechte als Vermögensrechte, S. 11.

1254 *Kohler,* AcP (82) 1894, 141, 146.

1255 *Kohler,* AcP (82) 1894, 141, 146. Auch *Götting,* Persönlichkeitsrechte als Vermögensrechte, S. 10 geht davon aus, dass die Einordnung eines Rechts in eine Kategorie nicht von „axiomatischer, zeitloser Gültigkeit" ist, sondern Veränderungen unterliegt.

A. Das Urheberrecht – ein Persönlichkeitsrecht?

I. Umschreibung eines Persönlichkeitsrechts und Subsumtion

Das Urheberrecht soll nach allgemeiner Meinung auch eine persönlichkeitsrechtliche Seite enthalten.[1256] Der deutschen Rechtswissenschaft ist es in dem Zeitraum von über einhundert Jahren zwar nicht gelungen, eine Definition des Persönlichkeitsrechts zu entwickeln,[1257] was überwiegend mit der schwierigen Abgrenzung des Persönlichkeitsrechts zum Rechtskreis Dritter zusammenhängt.[1258] Wohl aber wird versucht, das "Persönlichkeitsrecht" näher zu beschreiben.[1259] Vielerorts wird etwa zur Bestimmung seines Schutzgegenstandes auf das Wesen der Persönlichkeit Bezug genommen.[1260] Nach *Larenz/Wolf* sind Persönlichkeitsrechte ihrer allgemeinen Struktur nach Rechte auf Achtung, das heißt auf Anerkennung und Nichtverletzung der Person in der ihr eigentümlichen Würde und in ihrer leiblichen Existenz, ihrem Dasein und Sosein.[1261]

Versucht man das Urheberrecht unter diese Beschreibungen zu subsumieren, so stellt man zunächst fest, dass – und das belegt die Statistik[1262] – beinahe alle Urheber als Arbeitnehmer tätig sind und somit als Persönlichkeit für Dritte weder feststehen, noch erkennbar in Erscheinung treten und damit bereits der Anknüpfungspunkt an

---

1256 Siehe schon 1. Kapitel C II und 3. Kapitel B.

1257 Aktuell etwa das BVerfG NJW 2008, 39, 41, das betont, der „Inhalt dieses Rechts ist nicht allgemein und abschließend umschrieben". Ebenso *Ahrens*, Verwertung persönlichkeitsrechtlicher Positionen, S. 52; ausführlich *Hubmann*, Persönlichkeitsrecht, S. 9.

1258 So auch *Röhl*, Allgemeine Rechtslehre, § 44 I 3. Überdies bereitet die Differenzierung des zivilrechtlichen Persönlichkeitsrechts vom allgemeinen Persönlichkeitsrecht als Grundrecht Schwierigkeiten. Zur Verwechslungsproblematik siehe *Neumann-Duesberg*, NJW 1971, 1640, 1640 und *Rehbinder*, UFITA (125) 1973, 125, 145. Ferner *Jarass*, NJW 1989, 857, 858.

1259 Eine Übersicht über die Definitionsvorschläge des allgemeinen Persönlichkeitsrechts in Rechtsprechung und Literatur stellt *Hubmann*, Persönlichkeitsrecht, S. 9 ff. zusammen. *Schleup*, Rechtstheorie, Rn. 606 schreibt, dass die herrschende Meinung in der Schweiz unter Persönlichkeitsrechten Rechte an Gütern ohne Vermögenswert verstehe. Das erscheint unter Berücksichtigung der Kommerzialisierung von Persönlichkeitsrechten nicht mehr überzeugend, siehe etwa *Freudenberg*, Zwangsvollstreckung in Persönlichkeitsrechte, S. 12 und schon 1. Kapitel C II.

1260 Etwa *Hubmann*, Persönlichkeitsrecht, S. 9.

1261 *Larenz/Wolf*, Allgemeiner Teil BGB, § 15 I 1 a. Ähnlich auch *Götting*, Persönlichkeitsrechte als Vermögensrechte, S. 1 und 4, sowie *Medicus*, Bürgerliches Recht, Rn. 615, die den Schutz der Ehre, das Ansehen und die Privatsphäre betonen. Bei dieser Beschreibung erkennt man auch deutlich die Ähnlichkeit zur Umschreibung des allgemeinen Persönlichkeitsrechts durch den Bundesgerichtshof. So versteht der BGH das allgemeine Persönlichkeitsrecht als das Recht des einzelnen auf Achtung seiner Würde und Entfaltung seiner Persönlichkeit (etwa BGHZ 24, 72, 76).

1262 Siehe *Rehbinder*, Urheberrecht, Rn. 624. Das gilt ebenso für die Erfinder, *Freudenberg*, Zwangsvollstreckung in Persönlichkeitsrechte, S. 78.

die zu schützende Person Schwierigkeiten bereitet.[1263] Soll mit einem Persönlichkeitsrecht die Person in ihrer Individualität geschützt werden,[1264] kann diese aber meist nicht ermittelt werden, so kann dem unbekannten Urheber weder "Anerkennung", noch "Würde" zuteil werden. Gelingt bereits die Bezugnahme auf das Wesen der Persönlichkeit nicht,[1265] lässt sich das Urheberrecht auch nicht überzeugend als Persönlichkeitsrecht subsumieren.

II. Die Ratio der persönlichkeitsrechtlichen Seite des Urheberrechts?

Da bereits keine überzeugende Subsumtion unter die Beschreibung des Persönlichkeitsrechts gelingt, drängt sich die Frage nach dem Sinn und Zweck auf, den die Konstrukteure verfolgten, als sie das Urheberrecht mit einer persönlichkeitsrechtlichen Seite ausgestalteten.

Diesen Sinn und Zweck erkennt man, vergegenwärtigt man sich die rechtshistorische Entwicklung:[1266] Dem Urheberrecht fehlt ebenso wie den Rechten aus dem gewerblichen Rechtsschutz eine über Jahrhunderte gewachsene Tradition.[1267] So war etwa dem römischen Recht das Urheberrecht im System der allgemein anerkannten Privatrechte noch fremd.[1268] Was aber begrifflich nicht ins romanische Rechtssystem eingeordnet werden konnte, war vielen auch rechtspolitisch suspekt.[1269] Das hatte zur Folge, dass der Schutz des Künstlers im Bewusstsein der Beteiligten bis zur Neuzeit keinen Raum fand.[1270]

1263 Ähnlich *Larese*, Fragen zum Urheberrechtserwerb im beruflichen Abhängigkeitsverhältnis, S. 719, 722 und 725, wonach eine persönlichkeitsrechtliche Komponente nicht mehr zu überzeugen vermag, wenn das Werk nicht mehr erkennbar Ausdruck einer Persönlichkeit ist.

1264 *Larenz/Wolf*, Allgemeiner Teil BGB, § 15 I 1 a.

1265 Ähnlich *Larese*, Fragen zum Urheberrechtserwerb im beruflichen Abhängigkeitsverhältnis, S. 719, 723: „Entsprechend ist die Zuordnung des Urheberrechts an einzelne an der Werkherstellung Beteiligte weder zwangsläufig noch praktisch durchführbar".

1266 Eine einführende Darstellung der geschichtlichen Entwicklung findet sich bei *Schack*, Urheber- und Urhebervertragsrecht, Rn. 88 ff. Zur maßgeblichen Darstellung der Entwicklung des Urheberrechts im Kaiserreich siehe *Bandilla*, Urheberrecht im Kaiserreich, S. 53 ff.

1267 So auch *Forkel*, JuS 1988, 869, 869 und *Zimmermann*, Immaterialgüterrechte und ihre Zwangsvollstreckung, S. 48.

1268 Vgl. *Gierke*, Deutsches Privatrecht, S. 751. Das römische Recht kam vielmehr mit einer rein sachenrechtlichen Betrachtungsweise aus, wonach das Eigentum an den jeweiligen Werken und Manuskripten zugeordnet werden konnte, ohne aber die geistige Leistung selbst zu berücksichtigen, *Bappert*, Wege zum Urheberrecht, S. 178.

1269 *Ohly*, JZ 2003, 545, 547.

1270 Ähnlich auch *Forkel*, JuS 1988, 869, 869. So wurde die soziale Absicherung der Künstler durch eine Mitgliedschaft als Mönch in Klöstern oder durch die "Handwerker"-Stellung in den Zünften gewährleistet. Das Bewusstsein umfasste weniger die Möglichkeit der billigeren Reproduktion und Anfertigung der Kopien, sondern vielmehr die Sorge vor der Entstellung des Werkes. Vgl. deshalb *Bappert*, Wege zum Urheberrecht, S. 181 zu den sogenannten Bücherflüchen.

Dieses Bewusstsein änderte sich auch nur unwesentlich in der Zeit des Privilegienwesens.[1271] Durch sogenannte Privilegien[1272] konnte die allgemeine Nachdrucksfreiheit außer Kraft gesetzt werden.[1273] Dahinter stand aber nicht der Gedanke den Urheber, sondern allein den Verleger und dessen Investitionen zu schützen.[1274] Dennoch sind auf das Privilegienwesen zwei bis heute beibehaltene Eigenschaften des Urheberrechts zurückzuführen. Namentlich die zeitliche Beschränkung des Urheberrechtsschutzes lässt sich von den ebenfalls nur für eine begrenzte Zeit wirkenden Privilegien ableiten.[1275] Nicht weniger bedeutsam ist, dass auf das Privilegienwesen der vermögensrechtliche Charakter des Urheberrechts zurückgeführt werden kann,[1276] da in dieser Zeit der Handel mit Privilegien und die Abtretbarkeit von Urheberrechten aufkam.

Das Privilegienwesen wurde im 17. und 18. Jahrhundert von der Lehre vom geistigen Eigentum verdrängt, die ein Umdenken auslöste, wonach die Quelle des Rechts nicht mehr im staatlichen Verleihungsakt, sondern in der geistigen Schöpfung selbst gesehen wurde.[1277] Man nahm an, dass dem Schöpfer ein dem Eigentum ähnliches Herrschaftsrecht über sein Geisteswerk zustand, ein sogenanntes geistiges Eigentum.[1278] Wenngleich zwar nicht mehr der Druck- und Verlagsaufwand, sondern das Eigentum am Werk selbst als Grund für ein Urheberrecht gesehen wurde, so darf nicht der Eindruck entstehen, die Lehre vom geistigen Eigentum hätte den Schutz des Urhebers vor Augen gehabt. Vielmehr ging es dieser Lehre im Wesentli-

---

1271 Das Institut der Privilegien hatte eine Art Auffangfunktion für all diejenigen Phänomene, für deren Einreihung die bestehende Rechtsordnung keinen Raum bot. *Bappert,* Wege zum Urheberrecht, S. 179 etwa spricht von einem „Sammelbecken aller jener Phänomene".

1272 Die Rechtsnatur eines Privilegs war umstritten. Da der Begünstigte keinen Anspruch auf Erteilung hatte, wurde ein Privileg überwiegend als staatlicher Gnadenakt angesehen, *Osterrieth/Marwitz* in: Kommentar zum KUG, § 5.

1273 Die Nachdrucksfreiheit zeigt sich deutlich an den Verboten, den Nachdruck zu verhindern. Die Universität in Paris erließ noch 1323 ein Verbot, wonach kein Universitätsbuchhändler, der sog. Stationarius, einem Kopisten den Gebrauch einer wissenschaftlichen Handschrift zur Abschrift verweigern durfte, *Lehmann,* NJW 1988, 2421, 2421. Rechtsfolge des erteilten Privilegs war das außer-Kraft-Setzen der Nachdrucksfreiheit und die Anordnung eines materiellrechtlichen Nachdruckverbots.

1274 *Ohly,* JZ 2003, 545, 548; *Götting,* GRUR 2006, 353, 354. *Bappert,* Wege zum Urheberrecht, S. 181 nimmt als erstes textlich bekanntes Druckprivileg eine Urkunde der Republik Venedig vom 1.9.1486 an. Das früheste bekannte Privileg eines Autors soll ebenfalls durch die Republik Venedig erteilt worden sein, die 1486 den Druck der Geschichte Venedigs durch Marcus Antonius Sabellicus honorierte.

1275 Nach drei bis zehn Jahren erlosch ein Privileg und konnte dann nur gegen Gebühren verlängert werden. Siehe bereits *Mitteis,* Zur Kenntnis des literarisch-artistischen Urheberrechts, S. 93, 109, der schon 1898 annahm, nach Ablauf der Frist werde das Werk Gemeingut ("res nullius").

1276 So auch *Elster,* Rabels ZAuslIPR 1932, 903, 916 und *Harke,* Urheberrecht, S. 38.

1277 *Rigamonti,* Geistiges Eigentum, S. 37. Siehe zu den hinter der Lehre stehenden philosophischen Ansätzen der Naturrechtslehre *Harke,* Urheberrecht, S. 39 und *Bappert,* Wege zum Urheberrecht, S. 243.

1278 Zur jeher umstrittenen Terminologie siehe *Ohly,* JZ 2003, 545, 546; *Götting,* GRUR 2006, 353, 354.

chen um das ausschließliche Recht des Verlegers und dessen gewerberechtliches Anliegen.[1279]

Der Teil der rechtswissenschaftlichen Literatur, der den alleinigen Schutz des Urhebers im Blick hatte, begann im Laufe des 19. Jahrhunderts, das Urheberrecht als Persönlichkeitsrecht zu entwickeln.[1280] Diese Strömung versuchte, die vermögensrechtlichen Ansätze der Theorie vom geistigen Eigentum zu verdrängen und das Urheberrecht rein persönlichkeitsrechtlich zu deuten.[1281] Das primäre Ziel des Urheberrechts, die Errungenschaften an Ruhm und Ehre zu sichern, sei durch die Rechtsnatur als Persönlichkeitsrecht am ehesten zu erreichen.[1282]

Die rechtshistorische Entwicklung zeigt also den Sinn und Zweck einer Konstruktion des Urheberrechts mit einer persönlichkeitsrechtlichen Seite: der jahrhundertelangen Schutzlosigkeit des Urhebers wurde durch die Einordnung des Urheberrechts als Persönlichkeitsrecht entgegenzutreten versucht.[1283] Diese Einordnung sollte für den Urheber ein Höchstmaß an Schutz ermöglichen. Die im vorherigen Kapitel diskutierten Schwierigkeiten des Urheberrechts – etwa mit dem Arbeitsrecht und dem Erbrecht – und der Wunsch nach einem verkehrsfähigen Urheberrecht zeigen, dass durch die vorangeschrittene Entwicklung und geänderte Rechtsauffassung heute aber eine Kluft zwischen Rechtsdogmatik und Rechtswirklichkeit besteht:[1284] die Ausgestaltung des Urheberrechts als Persönlichkeitsrecht ist nun doch zum Hemmschuh geworden.[1285]

III. Alternativer Schutz durch das Urhebervertragsrecht?

Da die vorangeschrittene Entwicklung zu einer Kluft zwischen Rechtsdogmatik und Rechtswirklichkeit geführt hat, stellt sich die Frage, ob der hinter der Konstruktion stehende Schutzgedanke auf einem anderen Weg erreicht werden kann. Ein solch anderer Weg könnte der Schutz über das Urhebervertragsrecht sein. Die Reformen des Urhebervertragsrechts von 2002 durch das Gesetz zur Stärkung der vertraglichen

---

1279 Vgl. *Bappert,* Wege zum Urheberrecht, S. 256 und 257.

1280 Allen voran sind hier als Hauptvertreter *Dahn,* Privatrechtliche Studien, S. 82 und *Gierke,* Deutsches Privatrecht, S. 764 zu nennen.

1281 *Gierke,* Deutsches Privatrecht, S. 764; vgl. auch *Schack,* Urheber- und Urhebervertragsrecht, Rn. 106. Überdies sprach sich *Savigny* in: System des heutigen Römischen Rechtes, Band 1 von 8, S. 336 gegen die Konstruktion eines geistigen Eigentums aus.

1282 Vgl. *Gierke,* Deutsches Privatrecht, S. 759.

1283 So äußern auch *Kahmann,* Zwangsvollstreckung im Urheberrecht, S. 19 und *Auf der Maur,* UFITA (118) 1992, 87, 93 grundsätzliches Verständnis für diese Entwicklung.

1284 *Götting,* Persönlichkeitsrechte als Vermögensrechte, S. 1; ähnlich auch *Rehbinder,* UFITA (125) 1973, 125, 126: „Auseinanderfallen von Gesetzestechnik und sozialer Wirklichkeit". Letztlich erkannte *Kohler,* Archiv für bürgerliches Recht (10) 1895, 241, 246 schon 1896, dass durch die Persönlichkeitsrechtslehre „schließlich fast jedes Recht zum Persönlichkeitsrecht" wird.

1285 Siehe zu dieser Befürchtung *Kohler,* AcP (82) 1894, 141, 146.

Stellung von Urhebern und ausübenden Künstlern[1286] und 2007 durch das Zweite Gesetz zur Regelung des Urheberrechts in der Informationsgesellschaft führten zwar immer noch nicht zu einem einheitlich normierten Urhebervertragsrecht,[1287] doch sind durch die Reformen zahlreiche Möglichkeiten geschaffen worden, den Urheber – insbesondere vergütungsrechtlich – zu schützen.

Hervorzuheben ist zunächst die programmartige Änderung in § 11 S. 2 UrhG, wonach das erklärte Ziel künftig ausdrücklich die Sicherung einer angemessenen Vergütung für den Urheber ist.[1288] Damit richtete die Reform von 2002 das Urheberrecht deutlich vermögensrechtlich und in Richtung des gewerblichen Rechtsschutzes aus.[1289] Überdies wurde die Kontrolle der Nutzungsrechtsverträge, die häufig als Allgemeine Geschäftsbedingungen vereinbart werden, durch die Leitbildfunktion des § 11 S. 2 UrhG erleichtert.[1290] Kernstück des Urhebervertragsrechts sind weiter die §§ 32, 32a UrhG,[1291] durch die der Urheber einen vertraglichen[1292] Anspruch auf Änderung des Lizenzvertrages erhält, wenn dieser keine angemessene Vergütung vorsieht beziehungsweise einen Anspruch auf weitere Beteiligung, wenn sich im Nachhinein zwischen Vergütung und Ertrag ein auffälliges Missverhältnis herausstellt.[1293] Diese Ansprüche werden flankiert durch die §§ 36, 36a UrhG, die versuchen, für einen Ordnungsrahmen auf angemessene Vergütung zu sorgen.[1294] Hinzu kommt, dass die Rückrufsrechte erweitert[1295] und die genannten Ansprüche zudem nicht dispositiv, sondern als unverzichtbare, zwingende Ansprüche ausgestaltet wurden.[1296]

1286 BGBl. 2002 Teil I Nr. 21 1155; siehe auch zum Entwurf BT-Drucksache 14/6433. Ferner zum vorangegangenen sogenannten Professorenentwurf GRUR 2000, 765 ff.

1287 Insbesondere besteht auch heute noch kein Allgemeiner Teil für Urheberrechtsverträge, dazu *Schack,* Urheber- und Urhebervertragsrecht, Rn. 965.

1288 Deutlich *Berger,* GRUR 2003, 675, 676; *Reber,* GRUR 2003, 393, 393.

1289 Die Annäherung des Urheberrechts an die gewerblichen Schutzrechte ist nicht von der Hand zu weisen. Seit Jahren ist aber hoch umstritten, ob man dieser faktischen Annäherung auch rechtlich Rechnung trägt. Siehe für die Position, die das Urheberrecht zu einem gewerblichen Schutzrecht „degeneriert" sehen, *Ohly,* JZ 2003, 545, 554; *Stieger,* Urheberrecht: Bald ein "gewöhnliches" gewerbliches Schutzrecht?, S. 21, 33 und *Loewenheim,* GRUR 1987, 761, 767. Zur Gegenauffassung etwa *Schack,* Urheber- und Urhebervertragsrecht, Rn. 62 und *Thoms,* Schutz der kleinen Münze, S. 260.

1290 *Erdmann,* GRUR 2002, 923, 924.

1291 *Erdmann,* GRUR 2002, 923, 925. Zur seit dem 1.1.2008 in Kraft getretenen Änderung des § 32a III UrhG siehe *Spindler,* Reform des Urheberrechts, NJW 2008, 9, 11.

1292 *Schack,* GRUR 2002, 853, 854. In den Beratungen wurde lange ein gesetzlicher Anspruch diskutiert.

1293 Siehe zu § 32a UrhG bereits 2. Kapitel C IV 6. Seit 1.1.2008 tritt mit § 32c I UrhG ein weiterer Anspruch auf angemessene Vergütung hinsichtlich neuer Nutzungsarten hinzu. Die praktischen Auswirkungen bleiben abzuwarten.

1294 So auch *Jacobs,* NJW 2002, 1905, 1906; *Erdmann,* GRUR 2002, 923, 929; *Hilty/Peukert,* GRURInt 2002, 643, 643.

1295 So findet sich neben den Rückrufsrechten aus §§ 41 f. UrhG nun in § 34 Abs. 3 S. 2 UrhG ein weiteres Rückrufsrecht. Dazu *Erdmann,* GRUR 2002, 923, 930.

1296 *Rehbinder,* Urheberrecht, Rn. 609; *Erdmann,* GRUR 2002, 923, 927.

Folglich bewerten die Stimmen im Schrifttum die Position des Urhebers, der in den allermeisten Fällen den kommerziellen Verwertern an wirtschaftlicher Macht und rechtlicher Erfahrung unterlegen ist,[1297] als gestärkt und die Reformen damit als deutlichen Fortschritt.[1298]

Den hier aufgezeigten alternativen Schutz vermochte die Konstruktion des Urheberrechts als Persönlichkeitsrecht nicht zu erreichen. Der Schutz über das Urhebervertragsrecht erweist sich hingegen als wesentlich flexibler, insbesondere an künftige Entwicklungen anpassungsfähiger als die grobe Einordnung eines Rechts in eine bestimmte Kategorie. Die Urhebervertragsrechtsreform von 2002 hat bei nüchterner Betrachtung überdies gezeigt, dass es sich als Trugschluss[1299] erwiesen hat, den Urheber durch eine Bevormundung zu schützen, indem ihm verboten wird, über sein Urheberrecht rechtsgeschäftlich zu verfügen. Einen deutlicheren Beweis als die trotz der Konstruktion des Urheberrechts als Persönlichkeitsrecht und trotz der Verfolgung der monistischen Theorie offenbar als erforderlich betrachtete Urhebervertragsrechtsreform kann dafür kaum gefordert werden.[1300] Offensichtlich behilft sich die Verwertungswirtschaft zulasten des Urhebers auch ohne formelle Übertragbarkeit des Urheberrechts und auch trotz Ausgestaltung des Urheberrechts als Persönlichkeitsrecht.[1301]

Der Schlüssel zu einem effektiven Schutz des Urhebers scheint folglich allein ein griffiges Urhebervertragsrecht zu sein.[1302] Zweifelsohne ist das deutsche Recht diesbezüglich auf einem guten Weg und nimmt eine Vorreiterstellung ein[1303] – das zeigt allein schon die Bewertung des deutschen Urhebervertragsrechts im Ausland.[1304]

IV. Resümee

Hinter die Frage, ob das Urheberrecht auch ein Persönlichkeitsrecht darstellt, darf heute ein größeres Fragezeichen gesetzt werden denn je.[1305] Die maßgeblichen Ar-

---

1297 *Rehbinder,* Urheberrecht, Rn. 609; *Schack,* Urheber- und Urhebervertragsrecht, Rn. 952.

1298 Etwa *Schack,* GRUR 2002, 853, 853; *Erdmann,* GRUR 2002, 923, 931; *Spindler,* Reform des Urheberrechts, NJW 2008, 9, 11; *Schricker* in: Schricker, §§ 28 ff. Vorbemerkung Rn. 3c. Siehe aber auch zu den Gegenstimmen zur Zeit der Entwürfe und insbesondere zur vorgetragenen Verfassungswidrigkeit *Schricker* aaO Rn. 3b.

1299 So auch *Hilty,* Urhebervertragsrecht: Schweiz im Zugzwang?, S. 87, 106, der überdies von einer „entlarvten Lebenslüge" spricht.

1300 *Hilty,* Urhebervertragsrecht: Schweiz im Zugzwang?, S. 87, 106.

1301 *Hilty,* Urhebervertragsrecht: Schweiz im Zugzwang?, S. 87, 107.

1302 *Hilty,* Urhebervertragsrecht: Schweiz im Zugzwang?, S. 87, 104.

1303 So bewertet *Schack,* GRUR 2002, 853, 859 etwa das österreichische Urhebervertragsrecht als „unterentwickelt" und kreidet auch der Schweiz ein fehlendes allgemeines Urhebervertragsrecht an. Der reichhaltigste Allgemeine Teil eines Urhebervertragsrechts findet sich zurzeit im ungarischen Urheberrechtsgesetz von 1999 in den §§ 42-55.

1304 *Hilty,* Urhebervertragsrecht: Schweiz im Zugzwang?, S. 87, 99, der deshalb sogar für die Schweiz einen „Zugzwang" diskutiert.

1305 *Forkel,* JuS 1988, 869, 870 formuliert, dass die Entwicklung „alles andere als abgerundet" ist.

beiten im Schrifttum von *Ahrens*[1306] und *Götting*[1307] haben die Diskussion und den Charakterwechsel[1308] der Persönlichkeitsrechte zu Vermögensrechten vorangetrieben.[1309] Insbesondere durch die Entscheidungen des Bundesgerichtshofs Ende 1999 ("Marlene-Dietrich"[1310] und "Der blaue Engel"[1311]) hat sich das Bewusstsein in der Rechtswissenschaft verändert, so dass eine „Kommerzialisierung von Persönlichkeitsrechten"[1312] heute kein Tabuthema mehr darstellt.[1313] Bezieht sich diese Entwicklung in erster Linie auf das allgemeine Persönlichkeitsrecht,[1314] gilt für das besondere Persönlichkeitsrecht, das Urheberpersönlichkeitsrecht, nichts anderes, da es sich heute beim Urheberrecht ohnehin um ein kommerziell verwendetes Wirtschaftsrecht handelt.[1315]

Versucht man deshalb heute, das Urheberrecht unter die Beschreibung eines Persönlichkeitsrechts zu subsumieren, stellt sich heraus, dass eine solche Subsumtion für nahezu alle Urheber auf Schwierigkeiten stößt. Die Ratio der Konstruktion des Urheberrechts mit einer persönlichkeitsrechtlichen Seite lässt sich zwar rechtshistorisch nachvollziehen, doch ist die Entwicklung seit 1965 vorangeschritten, ohne dass man bislang an der Konstruktion des Urheberrechts weitergearbeitet hat. Letztendlich lässt sich nicht mehr abstreiten, dass die persönlichkeitsrechtliche Prägung des Urheberrechts immer mehr verblasst.[1316]

Das alles führt zu der Frage, ob der Schutz des Urhebers durch einen alternativen Weg erreicht werden kann. Die Reformen des Urhebervertragsrechts von 2002 und 2007 haben das deutsche Recht dafür auf einen guten Weg gebracht. Die zahlreichen gesetzlichen Ansprüche haben einen Schutz geschaffen, den die Konstruktion des

---

1306 *Ahrens,* Verwertung persönlichkeitsrechtlicher Positionen, S. 262 und 482 (Fn. 239), der sich aber gegen die Aufspaltung des Persönlichkeitsrechts in vermögenswerte und ideelle Bestandteile ausspricht.

1307 *Götting,* Persönlichkeitsrechte als Vermögensrechte, S. 66, 68 und 130, der die Entwicklung des Persönlichkeitsrechts am eigenen Bild, das Namensrecht und das wirtschaftliche Persönlichkeitsrecht erörtert.

1308 *Freudenberg,* Zwangsvollstreckung in Persönlichkeitsrechte, S. 13.

1309 Ferner etwa *Hahn,* NJW 1997, 1348, 1350.

1310 BGHZ 143, 214 = BGH JZ 2000, 1056 = BGH NJW 2000, 2195 (Marlene Dietrich).

1311 BGH NJW 2000, 2201 (Der blaue Engel).

1312 Diese Formulierung wählen auch *Freudenberg,* Zwangsvollstreckung in Persönlichkeitsrechte, S. 12 und *Gregoritza,* Kommerzialisierung von Persönlichkeitsrechten Verstorbener, S. 108. Siehe ferner *Peifer,* GRUR 2002, 495, 495.

1313 So spricht *Götting,* Persönlichkeitsrechte als Vermögensrechte, S. 276 deutlich an, dass eine solche Kommerzialisierung für viele Rechtsträger die Möglichkeit geschaffen hat, aus ihrer Person Kapital zu schlagen. Siehe auch *Gregoritza,* Kommerzialisierung von Persönlichkeitsrechten Verstorbener, S. 108 und *Jänich,* Geistiges Eigentum, S. 263.

1314 Siehe schon 1. Kapitel C II.

1315 So auch *Schwab/Löhnig,* Zivilrecht, Rn. 278; ähnlich auch *Freudenberg,* Zwangsvollstreckung in Persönlichkeitsrechte, S. 20. Siehe auch *Dernburg,* Preußisches Privatrecht, S. 720, der schon 1878 schreibt, das Urheberrecht „gehört demgemäß zu den Vermögensrechten, da sein Hauptzweck ein wirtschaftlicher ist".

1316 So ausdrücklich *Götting,* GRUR 2006, 353, 358. Ähnlich auch *Rehbinder,* UFITA (125) 1973, 125, 145.

Urheberrechts als Persönlichkeitsrecht und die monistische Theorie nie erreicht haben – andernfalls wäre eine Reform nicht nötig gewesen.[1317] Schließlich zeigen die in der Reform von 2002 noch nicht umgesetzten Entwürfe eine weitere Verabschiedung vom Urheberpersönlichkeitsrecht: so war in § 39 Abs. 2 UrhG-E ein rechtsgeschäftlicher Verzicht auf das Anerkennungsrecht aus § 13 UrhG vorgesehen, genauso wie in § 39 Abs. 3 UrhG-E die Möglichkeit, dass der Urheber einen Lizenznehmer ermächtigt, selbständig das Veröffentlichungsrecht aus § 12 UrhG wahrzunehmen.[1318]

Somit lässt sich festhalten, dass für die Konstruktion des Urheberrechts mit einer persönlichkeitsrechtlichen Seite keine zwingenden Gründe streiten.[1319] Den für die Rechtspraxis entscheidenden Schutz in der Verwertung gewährt das reformierte Urhebervertragsrecht. Wird aber der Schutz ohnehin nicht durch die persönlichkeitsrechtliche Seite, sondern das Urhebervertragsrecht erreicht, reduziert sich für den Urheber auch nicht das Schutzniveau, verzichtet man auf diese persönlichkeitsrechtliche Seite. Die Aufgabe, den Urheber in der Ehre und seinem Ansehen zu schützen, übernimmt bereits das allgemeine Persönlichkeitsrecht.[1320] Dem Ehrschutz verwandt ist der Schutz vor einer Verfälschung des Persönlichkeitsbildes.[1321] Niemandem sollen danach Äußerungen oder Handlungen zugeordnet werden, die nicht von ihm stammen.[1322] Der Schutz der Ehre und des Ansehens macht aber aus dem Urheberrecht nicht zwingend ein Persönlichkeitsrecht.

1317 Zu diesem Argument bereits oben (3.) und *Hilty*, Urhebervertragsrecht: Schweiz im Zugzwang?, S. 87, 106.
1318 Zu diesen weiteren Reformen siehe *Schack*, GRUR 2002, 853, 859. Zum Gesetzestext siehe BT-Drucksache 14/6433, S. 4. Es bleibt abzuwarten, ob diese Entwürfe im sogenannten "3. Korb" weiterverfolgt werden.
1319 Noch weiter geht *Götting*, Persönlichkeitsrechte als Vermögensrechte, S. 10, der das Urheberrecht deshalb nicht zu den Persönlichkeitsrechten zählt, weil selbst die persönlichkeitsrechtlichen Befugnisse dafür zu disponibel sind. Er spricht sich dafür aus, das Urheberrecht zwischen Persönlichkeits- und Immaterialgüterrecht als Recht eigener Art anzusiedeln (aaO S. 11).
1320 So auch *Neumann-Duesberg*, NJW 1971, 1640, 1641. Deshalb betont auch *Hubmann*, Persönlichkeitsrecht, S. 239, dass das allgemeine Persönlichkeitsrecht neben dem Urheberrecht eine Rolle spielt und den Urheber in seiner Ehre und seinem Ansehen schützt. Siehe auch *Rehbinder*, Urheberrecht, Rn. 137 und *ders.* in UFITA 1973, 125, 145, der vorschlägt, dem Urheberpersönlichkeitsrecht nicht dieselben rechtsdogmatischen Eigenschaften zuzusprechen, die für das allgemeine Persönlichkeitsrecht gelten. Er lässt das Urheberpersönlichkeitsrecht so weit von der Persönlichkeit entfremden, dass es auf den anderen Rechtsträger übergehen könne.
1321 *Gregoritza*, Kommerzialisierung von Persönlichkeitsrechten Verstorbener, S. 107.
1322 *Gregoritza*, Kommerzialisierung von Persönlichkeitsrechten Verstorbener, S. 107.

B. Das Urheberrecht – ein Immaterialgüterrecht?

I. Definition eines Immaterialgüterrechts und Subsumtion

Auch bezüglich des Begriffs "Immaterialgüterrecht" findet sich bis heute keine einheitliche Definition.[1323] Allerdings besteht über die inhaltliche Ausgestaltung weitgehend Einigkeit. So sollen unter dem Begriff "Immaterialgüterrecht" Herrschaftsbeziehungsweise Nutzungsrechte an verselbständigten und verkehrsfähigen geistigen Gütern gefasst werden, deren Verkehrswert durch eine individuelle Leistung geschaffen wurde.[1324] Als geistige Güter werden solche bezeichnet, welche nicht mit den menschlichen Sinnen in ihrer Erscheinungsform unmittelbar wahrgenommen werden können, sondern nur mittels eines sinnlich wahrnehmbaren Mitteilungsträgers.[1325] Als geistige Werte können sie ohne Einbuße an Substanz und Qualität Dritten an beliebigem Ort, zu beliebiger Zeit und beliebig oft mitgeteilt werden.[1326] Ein Immaterialgüterrecht berechtigt zeitlich begrenzt zur Nutzung oder Verwertung des jeweiligen Immaterialguts.[1327] Gegenüber jedem Dritten, der in dieses Recht unbefugt eingreift, können Abwehransprüche geltend gemacht werden.[1328] Folglich werden die Immaterialgüterrechte zu den absoluten Rechten gezählt und gehören zu den Vermögensrechten.[1329]

Im Vergleich zur Subsumtion des Urheberrechts unter die Beschreibung eines Persönlichkeitsrechts gelingt diese unter die Beschreibung des Immaterialgüterrechts leichter. So ist die urheberrechtliche Schöpfung ein geistiges Gut, das durch die Leistung seines Schöpfers zu einem Verkehrswert gelangen kann. Die Schöpfung ist dabei nicht durch die Sinne, sondern erst durch ein Werkstück wahrnehmbar, kann beliebig verwertet werden und zeigt dadurch den vermögensrechtlichen Charakter. Schwieriger gestaltet sich die Subsumtion unter die Voraussetzung der Verkehrsfähigkeit, da § 29 Abs. 1 UrhG diese Eigenschaft einschränkt. Infolgedessen nimmt *Götting* die fehlende Übertragbarkeit als Anlass, die Zuordnung des Urheberrechts zu den Immaterialgüterrechten zu verneinen und das Urheberrecht als Recht sui generis zu sehen.[1330] Das ist konsequent, zeichnet die Verkehrsfähigkeit

---

1323 *Zimmermann,* Immaterialgüterrechte und ihre Zwangsvollstreckung, S. 46 f.

1324 *Müller,* Zwangsvollstreckung in Immaterialgüter, S. 1; *Zimmermann,* Immaterialgüterrechte und ihre Zwangsvollstreckung, S. 48; ähnlich *Götting,* Persönlichkeitsrechte als Vermögensrechte, S. 10. Zur Einordnung als Herrschaftsrecht *Brox/Walker,* BGB AT, Rn. 621.

1325 *Müller,* Zwangsvollstreckung in Immaterialgüter, S. 1. Siehe deshalb schon 1. Kapitel A.

1326 *Troller,* Immaterialgüterrecht Bd. 1, 3. Kapitel § 5 III 1; *Bork,* BGB AT, Rn. 295.

1327 Siehe *Larenz/Wolf,* Allgemeiner Teil BGB, § 15 I 1 c.

1328 *Larenz/Wolf,* Allgemeiner Teil BGB, § 15 I 1 c.

1329 *Rüthers,* Rechtstheorie, Rn. 64; *Larenz/Wolf,* Allgemeiner Teil BGB, § 15 I 4. Ob man den Immaterialgüterrechten überdies gegebenenfalls einen „persönlichkeitsrechtlichen Einschlag" zuspricht (so etwa *Götting,* Persönlichkeitsrechte als Vermögensrechte, S. 10) erscheint bedenklich, wird damit doch bereits auf der obersten Ebene einer Rechteeinordnung eine Vermengung betrieben. Überzeugender ist es, beim jeweiligen Recht zu fragen, in welche Kategorien es einzuordnen ist.

1330 *Götting,* Persönlichkeitsrechte als Vermögensrechte, S. 10.

schließlich die Immaterialgüterrechte aus. Spricht man sich aber wie die vorliegende Arbeit de lege ferenda dafür aus, das Dogma der Unübertragbarkeit des Urheberrechts aufzugeben,[1331] besteht kein Anlass dafür, das Urheberrecht aus der Gruppe der Immaterialgüterrechte auszuschließen.

II. Die Ratio der immaterialgüterrechtlichen Seite des Urheberrechts

Es verbleibt die Frage, warum überhaupt das Urheberrecht in die Kategorie der Immaterialgüterrechte eingruppiert wird. Bei der Durchsicht des bestehenden Schrifttums wird der Eindruck erweckt, als bestünde die Gruppe der Immaterialgüterrechte seit jeher, so dass diese Kategorie über allen Zweifel erhaben sei. Bedenkt man aber, dass es diese Gattung gerade einmal seit einhundert Jahren gibt, entsteht das Bedürfnis, den Hintergrund durch eine weitere historische Betrachtung auch hier auszuleuchten.

Die von *Kohler*[1332] entwickelte Lehre vom Immaterialgüterrecht ist aus heutiger Sicht betrachtet der erfolgreiche Versuch gewesen, dem Streit zwischen der Lehre vom Persönlichkeitsrecht und der Theorie vom geistigen Eigentum aus dem Weg zu gehen und mit der Gründung einer neuen Kategorie ein "Sammelbecken" für all diejenigen bis dato ungelösten Probleme zu geben.[1333] Dabei zeigt sich heute, dass der Gedanke der Theorie vom geistigen Eigentum, wonach das Verhältnis des Urhebers zu seinem Werk dem Eigentum an Sachen ähnelt, mit kaum überzeugenden Argumenten abgelehnt wurde. Sammelt man die vorgebrachten Argumente derjenigen, die sich gegen die Theorie vom geistigen Eigentum ausgesprochen haben, so stellt man fest, dass im Vordergrund die Sorge vor einer Verflüchtigung und Ausdehnung des Eigentumsbegriffes[1334] sowie die Ausblendung der persönlichkeitsrechtlichen Seite des Urheberrechts stand.[1335] Es ist die sich als Fortführung des römischen Rechts verstehende deutsche Pandektenwissenschaft,[1336] die den sachenrechtlichen Eigentumsbegriff allein auf körperliche Sachen verstanden haben wollte.[1337] Infolgedessen wurde es bei den Vorarbeiten zum Bürgerlichen Gesetzbuch

---

1331 Dazu 3. Kapitel D und E.

1332 Siehe als maßgebliche Werke *Kohler,* AcP (82) 1894, 141, 191; *Kohler,* Urheberrecht, S. 17; *Kohler,* Archiv für bürgerliches Recht 1895, 56, 263.

1333 *Kohler* bediente sich letztlich inhaltlich dem Leitbild des geistigen Eigentums, nahm im Unterschied zum Sacheigentum eine zeitliche Begrenzung an und ersetzte terminologisch die Bezeichnung durch den Begriff "Immaterialgüterrecht". So auch *Rigamonti,* Geistiges Eigentum, S. 58. Es ist bemerkenswert, dass *Kohler* große Mühe hatte, dem Schrifttum scharfe Konturen seiner neuen Gruppe an Rechten darzulegen. Siehe dazu und zur Begriffsjurisprudenz bei *Kohler* ausführlich *Jänich,* Geistiges Eigentum, S. 92 und 97.

1334 *Kohler,* AcP (82) 1894, 141, 161; ähnlich *Forkel,* JuS 1988, 869, 871.

1335 So noch heute *Rehbinder,* Urheberrecht, Rn. 97.

1336 Siehe *Hausmaninger/Selb,* Römisches Privatrecht, S. 115.

1337 *Windscheid/Kipp,* Pandektenrecht, S. 693 Fn. 10; *Dernburg,* Preußisches Privatrecht, S. 721; *Beseler,* Privatrecht, S. 322; *Savigny,* System des heutigen Römischen Rechtes, Band 1, S. 336; zusammenfassend auch *Ohly,* JZ 2003, 545, 546.

abgelehnt, den Begriff des Eigentums auf Erzeugnisse der geistigen Arbeit auszudehnen.[1338] Diese Haltung hat schließlich in den §§ 90, 903 BGB ihren Niederschlag gefunden, wonach Sachen nur körperliche Gegenstände sind und deshalb Eigentum allein an körperlichen Gegenständen bestehen kann.[1339]

Johow, der Verfasser des Vorentwurfs zum Sachenrecht des BGB, hätte aber berücksichtigen müssen,[1340] dass das römische Recht unter dem Begriff "res" sowohl körperliche als auch unkörperliche Sachen verstand und besonders *Gaius* in den Institutiones diese Differenzierung darlegte.[1341] *Jänich* hat jüngst herausgestellt, dass es im römischen Recht auch keine strikte Beschränkung des Eigentums auf körperliche Gegenstände gab[1342] und eine Begrenzung dieser umfassenden Herrschaftsmacht auf körperliche Gegenstände nicht ersichtlich ist.[1343] Eine Definition des "Eigentums" gab es im römischen Recht noch nicht.[1344] Vielmehr lässt sich bis in das 17. Jahrhundert bei *Grotius* ein weiter Eigentumsbegriff nachweisen.[1345] Dass das römische Recht keine strikte Beschränkung des Eigentums auf körperliche Gegenstände kannte, lässt sich nicht zuletzt mit der weiten Herrschaftsmacht des pater familias begründen.[1346] Folglich hätte das römische Sachenrecht das Urheberrecht als geistiges Gut durchaus erfassen können.

Weiterhin wäre zu berücksichtigen gewesen, dass die deutsche Zivilprozessordnung von 1877 seit jeher unter dem Begriff "Sache" körperliche Gegenstände und Rechte verstand.[1347] Die Verfasser des BGB, die sich vehement gegen einen Eigentumsbegriff an unkörperlichen Sachen wehrten, normierten selbst das Pfandrecht an Rechten im 3. Buch des BGB und verstanden es somit als Sachenrecht.[1348] Eigens *Windscheid* räumt ein, dass „das BGB an seiner Definition des Sachbegriffs selbst nicht festhält", wenn es in § 119 Abs. 2 BGB unter Sachen auch unkörperliche Gegenstände versteht.[1349] Es ist deshalb *Götting* beizupflichten, dass das Reduzieren

---

1338 *Seiler* in: Staudinger, §§ 903 ff. Vorbemerkung Rn. 16. Das resultiert daraus, dass das BGB „das reinste Produkt der Pandektenwissenschaft" ist, *Hausmaninger/Selb,* Römisches Privatrecht, S. 115.

1339 So auch *Götting,* GRUR 2006, 353, 356.

1340 So bewertet auch *Götting,* GRUR 2006, 353, 356 *Johow,* Sachenrecht I (Vorlagen für die erste Kommission zur Ausarbeitung des Entwurfs eines Bürgerlichen Gesetzbuchs), S. 490 und 494.

1341 Zu den res corporales siehe *Gaius* Inst. 2, 13, zu den res incorporales Inst. 2, 14. Anders aber *Wieling,* Sachenrecht, § 1 I 3, der einen weiten Sachbegriff nur beim germanischen, mittelalterlichen und zum Teil gemeinen Recht sieht.

1342 Es ist zudem zu berücksichtigen, dass es "den" Eigentumsbegriff bis zur Zeit der Lehre vom geistigen Eigentum nicht gab, *Jänich,* Geistiges Eigentum, S. 35.

1343 *Jänich,* Geistiges Eigentum, S. 35; *Kaser,* Römisches Privatrecht I, § 31 I 1.

1344 *Wieling,* Sachenrecht, § 8 II a.

1345 *Wieacker,* Privatrechtsgeschichte der Neuzeit, S. 291; *Jänich,* Geistiges Eigentum, S. 35.

1346 Vgl. *Kaser,* Eigentum und Besitz, S. 4.

1347 Siehe etwa *Becker-Eberhard* in: MünchKommZPO, § 265 Rn. 16; *Hartmann* in: Baumbach/Lauterbach, § 265 Rn. 4; *Reichold* in: Thomas/Putzo, § 265 Rn. 2.

1348 Deshalb betont *Dernburg,* Sachenrecht, S. 941 in seinem Lehrbuch ausdrücklich, dass Pfandrechte an Rechten als Sachenrechte behandelt werden.

1349 *Windscheid/Kipp,* Pandektenrecht, S. 694.

des Begriffs des Eigentums im BGB auf die Sachherrschaft nicht „das Problem des Geistigen Eigentums, sondern das Problem des BGB ist und [...] seine Rückständigkeit [zeigt], die schon zur Zeit seiner Entstehung zu konstatieren war, weil es die "geistigen Güter" trotz ihrer zunehmenden wirtschaftlichen Bedeutung vollkommen außer Acht ließ"[1350].[1351]

Sieht man die höchstrichterliche Rechtsprechung und das Schrifttum der letzten Jahre durch, kommt man nicht umhin, eine Wiederbelebung des geistigen Eigentums festzustellen.[1352] So sieht der Bundesgerichtshof in der Grundig-Reporter-Entscheidung[1353] das "geistige Eigentum" als Quelle für die Werkherrschaft und den Anspruch auf gerechten Lohn. Der Rechtsbegriff fand 1990[1354] erneut Einzug in das deutsche Recht[1355] und wichtige rechtswissenschaftliche Publikationen arbeiteten die Vergleichbarkeit des Sacheigentums mit dem geistigen Eigentum heraus.[1356] Es ist allen voran *Jänich* zu nennen, der 2001 erstmalig einen umfassenden Vergleich des Sach- und des geistigen Eigentums vorlegte und zahlreiche Gemeinsamkeiten feststellte. So zählt das Sacheigentum als auch das geistige Eigentum zu den subjektiven

---

1350 *Götting*, GRUR 2006, 353, 358. Ähnlich *Gregoritza*, Kommerzialisierung von Persönlichkeitsrechten Verstorbener, S. 107.

1351 Das gilt insbesondere für eine allgemeine Bestimmung über ein Namensrecht, dessen Aufnahme in das Bürgerliche Gesetzbuch in den Motiven (IV. Buch, S. 1005) ausdrücklich abgelehnt wurde. Als Begründung wird genannt, dass „die hier in Betracht kommenden Fälle [...] selten und von geringer praktischer Wichtigkeit [sind]". Siehe zur Entstehungsgeschichte auch *Habermann*, in: Staudinger, § 12 Rn. 1. Es überrascht im Übrigen auch nur noch auf den ersten Blick, wenn das spanische Recht in seinem Civilgesetzbuch von 1889 in Art. 429 erklärt, dass auf das geistige Eigentum alle Bestimmungen über das Sacheigentum subsidiär anzuwenden sind. Art. 429 aus dem Codigo Civil Espanol, Capítulo III (De la propiedad intelectual) lautet: „La Ley sobre propiedad intelectual determina las personas a quienes pertenece ese derecho, la forma de su ejercicio y el tiempo de su duración. En casos no privistos ni resueltos por dicha ley especial se aplicarán los reglas generales establecidas en este Código sobre la propiedad". (Die Gesetze über das geistige Eigentum regeln, welche Personen Rechte aus dem geistigen Eigentum innehaben, die Ausgestaltung ihrer Rechte und die zeitliche Geltung. In von dem Spezialgesetz nicht vorgesehenen und nicht geregelten Fällen sind die allgemeinen Vorschriften des Zivilgesetzbuches über das Eigentum anwendbar).

1352 *Jänich*, Geistiges Eigentum, S. 1 schreibt, die grundlegende Ablehnung scheint abgeklungen zu sein.

1353 BGHZ 17, 266, 278 ("Grundig-Reporter"): „Die Herrschaft des Urhebers über sein Werk, auf den sich sein Anspruch auf einen gerechten Lohn für eine Verwertung seiner Leistung durch Dritte gründet, wird ihm hiernach nicht erst durch den Gesetzgeber verliehen, sondern folgt aus der Natur der Sache, nämlich aus seinem geistigen Eigentum, das durch die positive Gesetzgebung nur seine Anerkennung und Ausgestaltung findet".

1354 Gesetz zur Bekämpfung der Produktpiraterie vom 7. März 1990.

1355 Siehe auf Landesebene aber bereits Art. 162 der bayerischen Verfassung: „Das geistige Eigentum, das Recht der Urheber, der Erfinder und Künstler genießen den Schutz und die Obsorge des Staates" (siehe aber zur Gesetzgebungskompetenz Art. 73 Nr. 9 GG). Seit dem Jahr 2000 wird überdies in Art. 17 II der in Nizza verkündeten EU-Charta geistiges Eigentum geschützt.

1356 *Götting*, GRUR 2006, 353, 354; *Jänich*, Geistiges Eigentum, S. 379; *Schack*, GRUR 1983, 56, 56. Sehr kritisch allerdings *Rehbinder*, Urheberrecht, Rn. 97, der von einem Begriff aus der „Mottenkiste der Rechtsgeschichte" spricht.

Rechten[1357] und zu den absoluten Herrschaftsrechten.[1358] Überdies kennt das Sach- und geistige Eigentum das Prinzip der Publizität[1359] und den Bestimmtheitsgrundsatz[1360]. Schließlich erfasst der Schutzbereich des Art. 14 Abs. 1 GG sowohl das Sach- als auch das geistige Eigentum.[1361] Ergänzend zu *Jänichs* Vergleich kann angeführt werden, dass sich auch die Einräumung von urheberrechtlichen Nutzungsrechten mit der Belastung des Eigentums durch einen Nießbrauch vergleichen lässt.[1362]

Nicht von der Hand zu weisen sind aber auch einige Unterschiede. So ist beim Sacheigentum, nicht aber beim geistigen Eigentum ein Verbrauch und eine Abnutzung des Gegenstandes denkbar.[1363] Während Sacheigentum einzigartig ist, kann geistiges Eigentum beliebig oft wiederholt werden.[1364] Und ist Sacheigentum regelmäßig zerstörbar, zeichnet sich das geistige Gut durch Unzerstörbarkeit aus.[1365] Hoch umstritten,[1366] aber geltendes Recht ist letztlich der Unterschied der zeitlichen Befristung: Während das Sacheigentum zeitlich unbeschränkt geschützt wird,[1367] erlischt etwa der Urheberrechtsschutz gemäß § 64 UrhG 70 Jahre post mortem auctoris.[1368] Einige dieser Unterschiede zwischen Sacheigentum und geistigem Eigentum beruhen – wie *Jänich* betont – letztlich aber allein auf gesetzgeberischen, revidierbaren Wertentscheidungen.[1369]

1357 *Jänich*, Geistiges Eigentum, S. 188.

1358 *Jänich*, Geistiges Eigentum, S. 193 und 198.

1359 *Jänich*, Geistiges Eigentum, S. 202. Das Publizitätsprinzip trifft vornehmlich auf die Registerrechte zu. Das Urheberrecht bedarf hingegen keiner Eintragung. Andererseits weichen auch die Übergabesurrogate der §§ 930, 931 BGB das Publizitätsprinzip auf.

1360 *Jänich*, Geistiges Eigentum, S. 207.

1361 BVerfGE 49, 382 (Kirchenmusik). *Jänich*, Geistiges Eigentum, S. 148; *Götting*, GRUR 2006, 353, 357.

1362 So kennt man in beiden Fällen überdies einen "Heimfall" des Rechts. Siehe neben § 1061 BGB dazu etwa *Schricker* in: Schricker, § 29 Rn. 20. Den Vergleich zum Nießbrauch zieht bezüglich des Markenrechts auch *Berger*, Insolvenzschutz für Markenlizenzen, S. 25.

1363 *Forkel*, JuS 1988, 869, 873; *Troller*, Immaterialgüterrecht Band 1, 3. Kapitel § 5 III 1.

1364 *Troller*, Immaterialgüterrecht Band 1, 3. Kapitel § 5 III 1; *Forkel*, JuS 1988, 869, 873.

1365 Siehe auch *Mestmäcker/Schweitzer*, Europäisches Wettbewerbsrecht, § 28 Rn. 8.

1366 Mittlerweile liegen zu dieser Streitfrage zahlreiche Monographien vor. Siehe *Jean-Richard-Dit-Bressel*, Ewiges Urheberrecht, S. 29 ff.; *Leinemann*, Sozialbindung, S. 117 ff; *Jänich*, Geistiges Eigentum, S. 223; *Lutz*, Schranken des Urheberrechts, S. 147 ff. und *Beier*, Urheberrechtliche Schutzfrist, passim. Siehe überdies *Schack*, GRUR 1983, 56, 59.

1367 *Jänich*, Geistiges Eigentum, S. 222 trägt das bekannte Argument vor, selbst beim Sacheigentum bestehe ein faktisches Erlöschen des Eigentumsrechts, muss doch der Inhaber regelmäßig Teile seines Eigentums aufgrund von Steuern an den Staat abgeben.

1368 Beide Ansichten können zur Frage der Zeitlichkeit überzeugende Argumente vorweisen, was die Schwierigkeit des Problems der Zeitlichkeit verdeutlicht. Jedenfalls sollte berücksichtigt werden, dass selbst die Ewigkeit des Eigentums nicht selbstverständlich ist, zeigt doch *Kohler*, Patentrecht, S. 59, dass etliche Rechtsordnungen in der Geschichte von einem zeitlichen Eigentum ausgingen.

1369 *Jänich*, Geistiges Eigentum, S. 380 führt an, dass der Gesetzgeber etwa das Urheberrecht zeitlich unbeschränkt gewähren oder den gutgläubigen Erwerb von Markenrechten ermöglichen könnte.

III. Resümee

Entgegen einer weit verbreiteten Ansicht wäre eine Ausrichtung des Urheberrechts als geistiges Eigentum und damit als Sachenrecht rechtshistorisch betrachtet möglich gewesen. Die Einführung einer Gattung der "Immaterialgüterrechte" war somit nicht unbedingt notwendig. Da die Denkrichtung zwischen Sach- und geistigem Eigentum aber insoweit unterschiedlich ist, als der Sacheigentümer alles darf, was ihm nicht verboten ist, der Urheber aber nur das darf, was ihm das Gesetz ausdrücklich erlaubt,[1370] ist es rechtshistorisch nachvollziehbar und systematisch auch zweckmäßig, die Besonderheiten mit einer eigenen Rechtekategorie zu berücksichtigen. So werden mit der geschaffenen Gattung der Immaterialgüterrechte die aufgrund gesetzgeberischer Wertentscheidungen bestehenden Unterschiede hervorgehoben.

C. Ergebnis

Es wird angeregt, das Urheberrecht hinsichtlich seiner Rechtsnatur vermehrt an die Rechtswirklichkeit anzupassen, um der Rechtspraxis einen zeitgemäßen rechtlichen Rahmen zu geben. Da eine Ausgestaltung mit einer persönlichkeitsrechtlichen Seite zwar rechtshistorisch begründbar ist, das Urhebervertragsrecht den hinter dieser Konstruktion stehenden Schutzauftrag aber weitaus besser ausführen kann, wird vorgeschlagen, de lege ferenda die Konstruktion des Urheberrechts künftig als reines Immaterialgüterrecht weiter zu entwickeln. Die Erfindung der Immaterialgüterrechte als Rechtekategorie ist nicht zwingend notwendig gewesen, aber sie betont die wenigen[1371] verbleibenden Unterschiede zum Sacheigentum. Mit diesem Vorschlag könnte man überdies einen weiteren Schritt zur Vereinheitlichung des Urheberrechts mit dem gewerblichen Rechtsschutz erreichen.[1372] Ein als reines Immaterialgüterrecht konstruiertes Urheberrecht wäre schließlich nicht nur im Rechtsverkehr, sondern auch in der Zwangsvollstreckung einfacher zu handhaben.

1370 *Schack,* GRUR 1983, 56, 57. Ähnlich *Ohly,* JZ 2003, 545, 547.
1371 So betonen *Jänich,* Geistiges Eigentum, S. 349 und *Ohly,* JZ 2003, 545, 547, dass die Gemeinsamkeiten erheblich mehr ins Gewicht fallen als die Unterschiede.
1372 Sich dafür massiv einsetzend: *Ohly,* JZ 2003, 545, 554. Ebenso *Stieger,* Urheberrecht: Bald ein "gewöhnliches" gewerbliches Schutzrecht?, S. 21, 33; siehe auch *Loewenheim,* GRUR 1987, 761, 767.

Zusammenfassung

1. Kapitel

Das Urheberrecht ist jedenfalls hinsichtlich seiner vom umfassenden Verwertungsrecht abspaltbaren Nutzungsrechte ein Vermögensrecht im Sinne des § 857 Abs. 1 ZPO. Da selbst dem Urheberpersönlichkeitsrecht vermögensrechtliche Seiten zugesprochen werden, ist heute seine formale Einteilung in eine Gruppe der subjektiven Rechte für die Frage, ob es Vermögensrecht im Sinne des § 857 Abs. 1 ZPO ist, nicht mehr entscheidend. Von entscheidender Bedeutung ist hingegen die Frage der Übertragbarkeit des Urheberrechts. Während das Urheberrecht als Ganzes, das Urheberpersönlichkeitsrecht und das umfassende Verwertungsrecht nach § 29 Abs. 1 UrhG nicht übertragbar sind, erfüllen die urheberrechtlichen Nutzungsrechte diese Voraussetzung aus §§ 857 Abs. 1, 851 Abs. 1 ZPO.

2. Kapitel

Gegenstand der Zwangsvollstreckung nach § 113 S. 1 UrhG können vom umfassenden Verwertungsrecht abgespaltete Nutzungsrechte in der Gestalt sein, dass das Nutzungsrecht im Sinne des § 31 UrhG - abweichend vom Normalfall - nicht freiwillig durch den Urheber, sondern zwangsweise eingeräumt wird.

I. Einfache Nutzungsrechte im Sinne des § 31 Abs. 2 UrhG sind ihrer Rechtsnatur nach schuldrechtliche Rechte. Eine Zwangsvollstreckung ist sowohl in einfache als auch ausschließliche Nutzungsrechte möglich.
   Die Rückrufsrechte aus den §§ 41, 42 UrhG sind in der Zwangsvollstreckung nicht anwendbar.

II. Eine ohne vorherige Einwilligung vorgenommene Zwangsvollstreckung ist entgegen der herrschenden Meinung nicht unwirksam. Da die Zwangsvollstreckung im Verhältnis des Hoheitsträgers zum Schuldner öffentlich-rechtlicher Natur ist, sind Fehler im Zwangsvollstreckungsverfahren nach der verwaltungsrechtlichen Fehlerfolgenlehre zu beurteilen. Das Fehlen der Einwilligung im Sinne des § 113 UrhG führt daher nur zu einer rechtswidrigen und damit anfechtbaren Maßnahme.

III. Für die Verwertung gepfändeter Nutzungsrechte kommen potentiell die §§ 835 Abs. 1 Alt. 1 und 2, 844, 857 Abs. 4 und 5 ZPO als Rechtsgrundlage in Betracht. In Übereinstimmung mit der allgemeinen Auffassung ist § 835 Abs. 1 Alt. 2 ZPO für die Verwertung urheberrechtlicher Nutzungsrechte nicht einschlägig. Entgegen der herrschenden Meinung kommen aber auch § 835 Abs. 1 Alt. 1 ZPO und § 844 ZPO nicht in Betracht. Die Verwertungsmöglichkeiten nach § 857 Abs. 4 und 5 ZPO schließen sich auf Tatbestandsebene gegenseitig aus. Beide Absätze stehen in einem Exklusivitätsverhältnis. Für die Verwertung urheberrechtlicher Nutzungsrechte ist nach der hier vertretenen Auffassung allein § 857 Abs. 4 ZPO anwendbar. Die im Wortlaut des § 857 Abs. 4 S. 2 ZPO erwähnte Verwaltung ist dabei nur eine von mehreren Möglichkeiten.

Teile der Literatur sehen in der Verwertung durch Verwaltung oder Veräußerung eine Übertragung des Nutzungsrechts im Sinne des § 34 Abs. 1 S. 1 UrhG und fordern kumulativ zur Einwilligung die Zustimmung des Urhebers zur Übertragung. Das Problem einer Doppelbeschränkung der Zwangsvollstreckung stellt sich nach der hier vertretenen Auffassung aber nicht. Mangels translativer Übertragung zwischen Zwangsverwalter und Erwerber ist § 34 Abs. 1 S. 1 UrhG schon nicht einschlägig. Es handelt sich für den Erwerber vielmehr um eine konstitutive Rechtseinräumung.

IV. Die Maximen des Zwangsvollstreckungsrechts werden als Leitlinien und Prüfungsmaßstab für die besondere Vollstreckungsvoraussetzung der §§ 113 f. UrhG herangezogen. Das dort enthaltene Einwilligungserfordernis lässt sich mit dem Prinzip der Erzwingbarkeit von Ansprüchen, dem Grundsatz des einseitigen Verfahrens sowie dem Prioritätsprinzip nicht vereinbaren. Die von Teilen der Literatur vorgenommene Auslegung der §§ 113 f. UrhG harmonisiert überdies auch nicht mit dem Grundsatz der Formalisierung.

V. Die Unvereinbarkeit der besonderen Vollstreckungsvoraussetzung mit den vollstreckungsrechtlichen Maximen lässt sich nicht, insbesondere nicht mit einer pauschalen Privilegierung der Persönlichkeitsinteressen des Urhebers vor den Vermögensinteressen des Gläubigers rechtfertigen.

VI. Den im Schrifttum vorgeschlagenen Ansätzen zur Überwindung des Einwilligungserfordernisses kann nicht gefolgt werden. Insbesondere ist methodisch weder eine analoge Anwendung des § 34 Abs. 1 S. 2 UrhG, noch eine teleologische Reduktion des § 113 UrhG möglich. Desweiteren sind die bisherigen Ansätze entweder nicht mit dem formalisierten Vollstreckungsverfahren zu vereinbaren oder haben in der praktischen Rechtsanwendung keine Aussicht auf Erfolg.

VII. Die vollstreckungsrechtliche Dogmatik kann mit den Interessen des Urheberrechts in Einklang gebracht werden, wenn man das vom umfassenden Verwertungsrecht abgespaltene Nutzungsrecht als in seiner zwangsweisen Verwertbarkeit aufschiebend bedingtes Recht pfändet. Die aufschiebende Bedingung tritt ein, wenn der Urheber sein Werk veröffentlicht. Somit wird nicht schon die Pfändung, sondern erst die Verwertung eingeschränkt. Diese Vorgehensweise, die bei der Zwangsvollstreckung in Pflichtteilsansprüche und in die offene Kreditlinie bereits bekannt ist, wahrt die vollstreckungsrechtlichen Maximen besonders dadurch, dass sie dem erst betreibenden Gläubiger eine Sicherung gewährt, ohne den Urheber in seiner Entscheidungsfreiheit zu beeinflussen und diesen übermäßig zu belasten. Für den Fall, dass der Urheber geltend machen kann, dass sein Persönlichkeitsinteresse das Vermögensinteresse des Gläubigers überwiegt, mithin die konkrete Vollstreckungsmaßnahme ihn unverhältnismäßig belastet, schützt die Zivilprozessordnung den Urheber. Einschlägig ist allerdings weder der Vollstreckungsschutz nach § 765a ZPO, noch die Vollstreckungsabwehrklage und die Vollstreckungserinnerung, sondern allein die allgemeine Feststellungsklage nach § 256 ZPO. Kann bereits das Vollstreckungsrecht der Zivilprozessordnung das Urheberrecht in der Zwangsvollstreckung umfassend behandeln, bedarf es einer besonderen Regelung zur Zwangsvollstreckung durch die §§ 112 bis 119 UrhG nicht. Die §§ 112 bis 119 UrhG können demzufolge gestrichen werden.

3. Kapitel

I. Eine weitergehende Zwangsvollstreckung in das gesamte Urheberrecht scheitert gemäß §§ 857 Abs. 1, 851 Abs. 1 ZPO, 29 Abs. 1 UrhG an dessen fehlender Übertragbarkeit. Entgegen einigen Stimmen im Schrifttum kann das Problem der Unübertragbarkeit auch nicht mit § 857 Abs. 3 ZPO umgangen werden.

II. Die Frage der Übertragbarkeit des Urheberrechts wird in den Rechtsordnungen unserer europäischen Nachbarn höchst unterschiedlich beantwortet. Grundsätzlich lassen sich die Rechtsordnungen danach unterscheiden, ob sie der monistischen oder der dualistischen Theorie folgen. Selbst die der dualistischen Theorie folgenden Rechtsordnungen müssen aber nicht zwingend einer Zwangsvollstreckung offen gegenüberstehen. Vielmehr hat sich herausgestellt, dass die Frage der Übertragbarkeit unabhängig von der Frage der Zwangsvollstreckung zu beantworten ist, infolgedessen zwischen einer Anerkennung als übertragbares Vermögensrecht und dessen Pfändbarkeit keine Konnexität besteht.

III. Die fehlende Übertragbarkeit des Urheberrechts ist kein Problem des rechtstechnischen Könnens, sondern des rechtspolitischen Wollens. Mit der Schnittstelle zum Erbrecht kann gezeigt werden, dass das Urheberrecht in zahlreichen Fällen übertragen werden kann. Die Schnittstelle zum Arbeitsrecht zeigt, dass die Rechtspraxis und die herrschende Lehre auch die persönlichkeitsrechtliche Seite des Urheberrechts unter dem Mantel des Arbeitsrechts übertragen. Zwischen Rechtsdogmatik und Rechtswirklichkeit ist eine Kluft entstanden. Das Dogma der Unübertragbarkeit ist ins Wanken geraten.

Die Kollision des Urheberrechts mit dem Arbeitsrecht kann durch eine Auslegung des Schöpferbegriffs aus § 7 UrhG nach dem Sprachgebrauch und der Verkehrsanschauung vom Standpunkt eines mit den Verhältnissen vertrauten objektiven Beobachters gelöst werden.

4. Kapitel

I. Die Konstruktion des Urheberrechts mit einer persönlichkeitsrechtlichen Seite ist das Ergebnis einer wechselseitigen rechtshistorischen Entwicklung. Das reformierte Urhebervertragsrecht hat aber mittlerweile einen leistungsfähigen Schutz geschaffen, den die Konstruktion des Urheberrechts als Persönlichkeitsrecht nie erreicht hat. Für eine Konstruktion mit einer persönlichkeitsrechtlichen Seite sprechen keine zwingenden Gründe mehr.

II. Es wird vorgeschlagen, die Rechtsnatur des Urheberrechts künftig als reines Immaterialgüterrecht weiter zu entwickeln.

Literaturverzeichnis

Ahrens, Claus, Die Verwertung persönlichkeitsrechtlicher Positionen, Ansatz einer Systembildung, Würzburg 2001 (*zitiert: Ahrens,* Verwertung persönlichkeitsrechtlicher Positionen)

Allfeld, Philipp, Kommentar zu den Gesetzen vom 19. Juni 1901 betreffend das Urheberrecht an Werken der Literatur und der Tonkunst und über das Verlagsrecht, München 1902 (*zitiert: Allfeld,* Kommentar LUG)

Angst, Peter, Kommentar zur Exekutionsordnung, Wien 2000 (*zitiert: Bearbeiter* in: Angst, Kommentar zur Exekutionsordnung)

Auf der Maur, Rolf, Die Rechtsstellung des Produzenten im Urheberrecht – Ein Problem der europäischen Rechtsharmonisierung, UFITA (118) 1992, S. 87 ff. (*zitiert: Auf der Maur,* Rechtsstellung des Produzenten im Urheberrecht)

Bandilla, Kai, Urheberrecht im Kaiserreich, Saarbrücken 2004 (*zitiert: Bandilla,* Urheberrecht im Kaiserreich)

Bamberger, Heinz Georg und Roth, Herbert, Kommentar zum Bürgerlichen Gesetzbuch, 2. Auflage, München 2007 (*zitiert: Bearbeiter* in: Bamberger/Roth)

Bappert, Walter, Maunz, Theodor und Schricker, Gerhard, Verlagsrecht Kommentar, 3. Auflage, München 2001 (*zitiert: Bearbeiter* in: Kommentar zum Verlagsrecht)

Bappert, Walter, Wege zum Urheberrecht – Die geschichtliche Entwicklung des Urheberrechtsgedankens, Frankfurt am Main 1962 (*zitiert: Bappert,* Wege zum Urheberrecht)

Barthel, Thomas, Arbeitnehmerurheberrechte in Arbeitsverträgen, Tarifverträgen und Betriebsvereinbarungen, Zugleich ein Reformvorschlag zum Arbeitnehmerurheberrecht, Frankfurt am Main 2002 (*zitiert: Barthel,* Arbeitnehmerurheberrechte)

Baucks, Eckhard, Die französische Urheberrechtsreform von 1985, 1. Auflage, Baden-Baden 1992 (*zitiert: Baucks,* Französische Urheberrechtsreform)

Baur, Fritz, Stürner, Rolf, und Bruns, Alexander, Zwangsvollstreckungsrecht, 13. Auflage, Heidelberg 2006 (*zitiert: Baur/Stürner/Bruns,* Zwangsvollstreckungsrecht)

Baumbach, Adolf, Lauterbach, Wolfgang, Albers, Jan und Hartmann, Peter, Zivilprozessordnung, Kommentar, 64. Auflage, München 2006 (*zitiert: Bearbeiter* in: Baumbach/Lauterbach)

Beier, Nils, Die urheberrechtliche Schutzfrist, Eine historische, rechtsvergleichende und dogmatische Untersuchung der zeitlichen Begrenzung, ihrer Länge und ihrer Harmonisierung in der Europäischen Gemeinschaft, München 2001 (*zitiert: Beier,* Urheberrechtliche Schutzfrist)

Berger, Christian, Grundfragen der "weiteren Beteiligung" des Urhebers nach § 32a UrhG, GRUR 2003, S. 675 ff. (*zitiert: Berger,* Weitere Beteiligung)

-, Zwangsvollstreckung in urheberrechtliche Vergütungsansprüche, NJW 2003, S. 853 ff. (*zitiert: Berger,* Zwangsvollstreckung in urheberrechtliche Vergütungsansprüche)

Berger, Lucina, Insolvenzschutz für Markenlizenzen, Tübingen 2006 (*zitiert: Berger,* Insolvenzschutz für Markenlizenzen)

Beseler, Georg, System des gemeinen deutschen Privatrechts, Berlin 1866 (*zitiert: Beseler,* Privatrecht)

Beuthien, Volker, Postmortaler Persönlichkeitsschutz auf dem Weg ins Vermögensrecht, ZUM 2003, S. 261 ff. (*zitiert: Beuthien,* Postmortaler Persönlichkeitsschutz)

-, Was ist vermögenswert, die Persönlichkeit oder ihr Image? - Begriffliche Unstimmigkeiten in den Marlene-Dietrich-Urteilen, NJW 2003, S. 1220 ff. (*zitiert: Beuthien*, Persönlichkeitsgüterrecht)

Bleta, Styliani, Software in der Zwangsvollstreckung, Frankfurt am Main u.a. 1994 (*zitiert: Bleta,* Software in der Zwangsvollstreckung)

Blomeyer, Arwed, Rechtskraft- und Gestaltungswirkung der Urteile im Prozeß auf Vollstreckungsgegenklage und Drittwiderspruchsklage, AcP (165) 1965, S. 481 ff. (*zitiert: Blomeyer,* Vollstreckungsgegenklage und Drittwiderspruchsklage)

Blomeyer, Karl, Zwangsvollstreckung, 2. Auflage, Berlin 1956 (*zitiert: Blomeyer,* Zwangsvollstreckung)

Bongartz, Wilfried, Das Recht am eigenen Bilde und seine Reform, Köln 1966 (*zitiert: Bongartz,* Recht am eigenen Bilde)

Bork, Reinhard, Allgemeiner Teil des Bürgerlichen Gesetzbuchs, 2. Auflage,Tübingen 2006 (*zitiert: Bork,* BGB AT)

-, Einführung in das Insolvenzrecht, 4. Auflage, Tübingen 2005 (*zitiert: Bork,* Insolvenzrecht)

Breidenbach, Stephan, Computersoftware in der Zwangsvollstreckung (I), CR 1989, S. 873 ff. (*zitiert: Breidenbach,* Computersoftware)

-, Computersoftware in der Zwangsvollstreckung (II), CR 1989, S. 971 ff. (*zitiert: Breidenbach,* Computersoftware)

Brox, Hans und Walker, Wolf-Dietrich, Allgemeiner Teil des BGB, 31. Auflage, Köln 2007 (*zitiert: Brox/Walker,* BGB AT)

-, Zwangsvollstreckungsrecht, 7. Auflage, Köln 2003 (*zitiert: Brox/Walker,* Zwangsvollstreckungsrecht)

Bruns, Rudolf, Die Vollstreckung in künftige Vermögensstücke des Schuldners, AcP (171) 1971, S. 358 ff. (*zitiert: Bruns,* Vollstreckung in künftige Vermögensstücke)

Bülow, Peter, Recht der Kreditsicherheiten, 7. Auflage, Heidelberg 2007 (*zitiert: Bülow,* Recht der Kreditsicherheiten)

Bunge, Jürgen, Das englische Zwangsvollstreckungsrecht, Berlin 1979 (*zitiert: Bunge,* Das englische Zwangsvollstreckungsrecht)

-, Zivilprozeß und Zwangsvollstreckung in England, 2. Auflage, Berlin 2005 (*zitiert: Bunge,* Zivilprozeß und Zwangsvollstreckung in England)

Calker, Fritz van, Kritische Bemerkungen zu dem Entwurf eines Gesetzes, betreffend das Urheberrecht an Werken der Literatur und der Tonkunst vom 13. Juli 1899, Max Niemeyer, Halle 1900 (*zitiert: Calker*, Kritische Bemerkungen Entwurf)

Canaris, Claus-Wilhelm, Die Feststellung von Lücken im Gesetz, Eine methodologische Studie über Voraussetzungen und Grenzen der richterlichen Rechtsfortbildung praeter legem, 2. Auflage, Berlin 1983 (*zitiert: Canaris,* Lücken im Gesetz)

Chrociel, Peter, Einführung in den Gewerblichen Rechtsschutz und das Urheberrecht, 2. Auflage, München 2002 (*zitiert: Chrociel,* Gewerblicher Rechtsschutz und Urheberrecht)

Clément, Christoph, Urheberrecht und Erbrecht, Baden-Baden 1993 (*zitiert: Clément,* Urheberrecht und Erbrecht)

Dahn, Felix, Privatrechtliche Studien in Bausteine, Gesammelte kleine Schriften, Berlin 1884 (*zitiert: Dahn,* Privatrechtliche Studien)

Daude, Paul, Lehrbuch des Deutschen literarischen, künstlerischen und gewerblichen Urheberrechts, Stuttgart 1888 (*zitiert: Daude*, Urheberrecht (1888))

Dernburg, Heinrich, Das bürgerliche Recht des Deutschen Reichs, Band 3 - Das Sachenrecht, Halle a. d. S. 1908 (*zitiert: Dernburg,* Sachenrecht)

-, Lehrbuch des preußischen Privatrechts, Band 2, Viertes Buch "Die privaten Gewerberechte. Urheberrechte", Halle a. d. S. 1878 (*zitiert: Dernburg,* Preußisches Privatrecht)

-, Urheber-, Patent-, Zeichenrecht, Versicherungsrecht und Rechtsverfolgung, Halle a. d. S. 1910 (*zitiert: Dernburg,* Urheberrecht u.a.)

Dittrich, Robert, Der Werkbegriff – sinnvolle Ausdehnung oder Denaturierung, in: Woher kommt das Urheberrecht und wohin geht es?, Wien 1988, S. 214 ff. (*zitiert: Dittrich,* Der Werkbegriff)

-, Die Urheberpersönlichkeitsrechte des Arbeitnehmerurhebers, in: Das Urheberrecht im Arbeitsverhaeltnis, Bern 1983, S. 20 ff. (*zitiert: Dittrich,* Urheberpersönlichkeitsrechte des Arbeitnehmerurhebers)

Dreier, Thomas und Schulze, Gernot, Kommentar zum Urheberrecht, 2. Auflage, München 2006 (*zitiert: Bearbeiter* in: Dreier/Schulze)

Dressel, Lothar, Der angestellte Urheber - Kein Handlungsbedarf für den Gesetzgeber, GRUR (05) 1989, S. 319 ff. (*zitiert: Dressel,* Der angestellte Urheber)

Eccher, Bernhard, Antizipierte Erbfolge, Berlin 1980 (*zitiert: Eccher,* Antizipierte Erbfolge)

Eisenmann, Hartmut und Jautz, Ulrich, Grundriss Gewerblicher Rechtsschutz und Urheberrecht, 7. Auflage, Heidelberg 2007 (*zitiert: Eisenmann,* Gewerblicher Rechtsschutz und Urheberrecht)

Elster, Alexander, Zur Ontologie des Urheberpersönlichkeits- und Urhebervermögensrechts - Ein rechtsvergleichender Beitrag zum § 12 des deutschen Urheberrechts-Gesetzentwurfs, Rabels ZAusllPR 1932, S. 903 ff. (*zitiert: Elster,* Urheberpersönlichkeits- und Urhebervermögensrecht)

Elze, Hans, Luecken im Gesetz - Begriff und Ausfüllung, Halle a. d. S. 1913 (*zitiert: Elze,* Luecken im Gesetz)

Enneccerus, Ludwig und Nipperdey, Hans Carl, Allgemeiner Teil des Bürgerlichen Rechts, 1. Halbband, 15. Auflage, Tübingen 1959 (*zitiert: Enneccerus/Nipperdey,* BGB AT)

Erdmann, Willi, Urhebervertragsrecht im Meinungsstreit, GRUR 2002, S. 923 ff. (*zitiert: Erdmann,* Urhebervertragsrecht)

Feder, Johann Georg Heinrich, Neuer Versuch einer einleuchtenden Darstellung der Gründe für das Eigentum des Bücherverlags, Göttingen 1785 (*zitiert: Feder,* Das Eigentum des Bücherverlags)

Fehling, Michael, Kastner, Berthold und Wahrendorf, Volker, Verwaltungsrecht (VwVfG, VwGO) Handkommentar, 1. Auflage, Baden-Baden 2006 (*zitiert: Bearbeiter* in: Hk-VerwR)

Fleuchaus, Andrea und Braitmayer, Sven-Erik, Hochschullehrerprivileg ade?, GRUR 2002, S. 653 ff. (*zitiert: Fleuchaus/Braitmayer,* Hochschullehrerprivileg ade?)

Forkel, Hans, Grundfälle zu den Immaterialgüterrechten, JuS 1988, S. 869 ff. (*zitiert: Forkel,* Immaterialgüterrechte)

Frank, Rainer, Erbrecht, 4. Auflage, München 2007 (*zitiert: Frank,* Erbrecht)

Freudenberg, Nils, Zwangsvollstreckung in Persönlichkeitsrechte, Baden-Baden 2006 (*zitiert: Freudenberg,* Zwangsvollstreckung in Persönlichkeitsrechte)

Frey, Markus, Die internationale Vereinheitlichung des Urheberrechts und das Schöpfungsprinzip, UFITA (98) 1984, S. 53 ff. (*zitiert: Frey,* Vereinheitlichung des Urheberrechts und Schöpfungsprinzip)

Fromm, Friedrich Karl, Die neue Erbrechtsregelung im Urheberrecht, NJW 1966, S. 1244 ff. (*zitiert: Fromm,* Erbrechtsregelung im Urheberrecht)

Gätzner, Cornelia, Vorweggenommene Erbfolge, Erbauseinandersetzung, Teilungsanordnung, Vermächtnis und Sondererbfolgen in Zivil- und Einkommenssteuerrecht, Regensburg 1994 (*zitiert: Gätzner,* Vorweggenommene Erbfolge)

Gaul, Hans Friedhelm, Billigkeit und Verhältnismäßigkeit in der zivilrechtlichen Vollstreckung öffentlicher Abgaben, JZ 1974, S. 279 ff. (*zitiert: Gaul,* Zivilrechtliche Vollstreckung öffentlicher Abgaben)

-, Die Haftung aus dem Vollstreckungszugriff, ZZP 1997, S. 3 ff. (*zitiert: Gaul,* Haftung aus dem Vollstreckungszugriff)

-, Zur Reform des Zwangsvollstreckungsrechts, JZ 1973, S. 473 ff. (*zitiert: Gaul,* Reform des Zwangsvollstreckungsrechts)

Gierke, Otto, Deutsches Privatrecht, München und Leipzig 1895 (*zitiert: Gierke,* Deutsches Privatrecht)

Götte, Tilman, Zur Wiedereinführung einer Rangfolge der Zwangsvollstreckungsmittel, ZZP (100) 1987, S. 412 ff. (*zitiert: Götte,* Rangfolge der Zwangsvollstreckungsmittel)

Götting, Horst-Peter, Der Begriff des Geistigen Eigentums, GRUR 2006, S. 353 ff. (*zitiert: Götting,* Begriff des Geistigen Eigentums)

-, Die Vererblichkeit der vermögenswerten Bestandteile des Persönlichkeitsrechts - ein Meilenstein in der Rechtsprechung des BGH, NJW 2001, S. 585 ff. (*zitiert: Götting,* Vererblichkeit der vermögenswerten Bestandteile des Persönlichkeitsrechts)

-, Persönlichkeitsrechte als Vermögensrechte, Tübingen 1995 (*zitiert: Götting,* Persönlichkeitsrechte als Vermögensrechte)

-, Sanktionen bei Verletzung des postmortalen Persönlichkeitsrechts, GRUR 2004, S. 801 ff. (*zitiert: Götting,* Verletzung des postmortalen Persönlichkeitsrechts)

Göttlich, Walter, Die Zwangsvollsteckung in Schutzrechte, MDR 1957, S. 11 ff. (*zitiert: Göttlich,* Zwangsvollsteckung in Schutzrechte)

Gregoritza, Anna, Die Kommerzialisierung von Persönlichkeitsrechten Verstorbener, Eine Untersuchung der Rechtsfortbildung durch den Bundesgerichtshof in den Marlene-Dietrich-Urteilen vom 1. Dezember 1999, Berlin 2003 (*zitiert: Gregoritza,* Kommerzialisierung von Persönlichkeitsrechten Verstorbener)

Greve, Kai, Zur Pfändung eines Pflichtteils nach § 852 ZPO, ZIP (16) 1996, S. 699 ff. (*zitiert: Greve,* Pfändung eines Pflichtteils)

Guinchard, Serge und Moussa, Tony, Droit et pratique des voies d'exécution, Dalloz 1999 (*zitiert: Bearbeiter* in: Droit et pratique des voies d'exécution)

Grunsky, Wolfgang, Anmerkung zu BGH, Urteil v. 24.1.1985, JZ 1985, S. 490 ff. (*zitiert: Grunsky,* Urteils-Anmerkung)

Häfele, Edelbert und Wurzer, Alexander, Bewertung und Verwertung gewerblicher Schutzrechte im Insolvenzverfahren, DZWIR 2001, S. 282 ff. (*zitiert: Häfele/Wurzer,* Verwertung gewerblicher Schutzrechte)

Hahn, Bernhard, Das Recht am eigenen Bild - anders betrachtet, NJW 1997, S. 1348 ff. (*zitiert: Hahn,* Das Recht am eigenen Bild)

Handkommentar zum Bürgerlichen Gesetzbuch, Schulze, Reiner (Schriftleitung), 5. Auflage, Baden-Baden 2007 (*zitiert: Bearbeiter* in: Hk-BGB)

Harke, Dietrich, Urheberrecht, Fragen und Antworten, 2. Auflage, Köln u.a. 2001 (*zitiert: Harke,* Urheberrecht)

Hausmaninger, Herbert und Selb, Walter, Römisches Privatrecht, 9. Auflage, Wien u.a. 2001 (*zitiert: Hausmaninger/Selb,* Römisches Privatrecht)

Heidelberger Kommentar zur Insolvenzordnung, Eickmann, Dieter, Flessner, Axel, Irschlinger, Friedrich, Kirchhof, Hans-Peter, Kreft, Gerhart, Landfermann, Hans-Georg, Marotzke, Wolfgang, Stephan, Guido (Hrsg.), 4. Auflage, Heidelberg 2006 (*zitiert: Bearbeiter* in: Heidelberger Kommentar InsO)

Heidelberger Kommentar zum Urheberrecht, Dreyer, Gunda und Kotthoff, Jost, 1. Auflage, Heidelberg 2004 (*zitiert: Bearbeiter* in: Heidelberger Kommentar UrhG)

Heidland, Herbert, Software in der Insolvenz unter besonderer Berücksichtigung der Sicherungsrechte, KTS 1990, S. 191 ff. (*zitiert: Heidland,* Software in der Insolvenz)

Held, Christoph, Weiterübertragung von Verlagsrechten - Zur Weitergeltung von § 28 VerlG, GRUR 1983, S. 161 ff. (*zitiert: Held,* Weiterübertragung von Verlagsrechten)

Hess, Harald, Insolvenzrecht, 4. Auflage, Heidelberg 2007 (*zitiert: Hess,* Insolvenzrecht)

Hilty, Reto, Urhebervertragsrecht: Schweiz im Zugzwang?, in: Urheberrecht am Scheideweg?, Bern 2002, S. 87 ff. (*zitiert: Hilty,* Urhebervertragsrecht)

Hilty, Reto M. und Peukert, Alexander, Das neue deutsche Urhebervertragsrecht im internationalen Kontext, GRURInt 2002, S. 643 ff. (*zitiert: Hilty,* Urhebervertragsrecht im internationalen Kontext)

Holzhammer, Richard, Österreichisches Zwangsvollstreckungsrecht, Wien u.a. 1974 (*zitiert: Holzhammer,* Österreichisches Zwangsvollstreckungsrecht)

Honsell, Heinrich, Anmerkung zu BGH, Urteil v. 29.3.2001, JZ 2001, S. 1143 ff. (*zitiert: Honsell,* Urteils-Anmerkung)

Huber, Michael, Anfechtungsgesetz, 10. Auflage, München 2006 (*zitiert: Huber,* Anfechtungsgesetz)

Hubmann, Heinrich, Das Persönlichkeitsrecht, 2. Auflage, Köln u.a. 1967 (*zitiert: Hubmann,* Persönlichkeitsrecht)

-, Die Zwangsvollstreckung in Persönlichkeits- und Immaterialgüterrechte, in: Festschrift für Heinrich Lehmann zum 80. Geburtstag, Tübingen 1956, S. 812 ff. (*zitiert: Hubmann,* Die Zwangsvollstreckung in Persönlichkeits- und Immaterialgüterrechte)

Hunziger, Manfred, Urheberrecht nach beendetem Arbeitsverhältnis, UFITA (101) 1985, S. 49 ff. (*zitiert: Hunziger,* Urheberrecht nach beendetem Arbeitsverhältnis)

Jaeger, Ernst, Insolvenzordnung, Großkommentar, 1. Auflage, Berlin 2004 (*zitiert: Bearbeiter* in: Jaeger, InsO)

Jacobs, Rainer, Das neue Urhebervertragsrecht, NJW 2002, S. 1905 ff. (*zitiert: Jacobs,* Urhebervertragsrecht)

Jänich, Volker, Geistiges Eigentum - eine Komplementärerscheinung zum Sacheigentum?, Tübingen 2002 (*zitiert: Jänich,* Geistiges Eigentum)

Jarass, Hans D. und Pieroth, Bodo, Grundgesetz für die Bundesrepublik Deutschland - Kommentar, 9. Auflage, München 2007 (*zitiert: Bearbeiter* in: Jarass/Pieroth GG)

Jarass, Hans D., Das allgemeine Persönlichkeitsrecht im Grundgesetz, NJW 1989, S. 857 ff. (*zitiert: Jarass,* Persönlichkeitsrecht im Grundgesetz)

Jautz, Ulrich, Probleme der Zwangsvollstreckung in Patentrechte und Patentlizenzrechte, Stuttgart 1997 (*zitiert: Jautz,* Zwangsvollstreckung in Patentrechte)

Jean-Richard-Dit-Bressel, Marc, Ewiges Urheberrecht oder Urhebernachfolgevergütung? (domaine public payant), Baden-Baden 2000 (*zitiert: Jean-Richard-Dit-Bressel,* Ewiges Urheberrecht)

Kaerger, Karl, Zwangsrechte, Ein Beitrag zur Systematisierung der Rechte, Berlin 1882 (*zitiert: Kaerger,* Zwangsrechte)

225

Kahmann, Rudolf, Die Zwangsvollstreckung im Urheberrecht, Köln 1957 (*zitiert: Kahmann,* Zwangsvollstreckung im Urheberrecht)

Kaser, Max, Das römische Privatrecht, Abschnitt 2, Die nachklassischen Entwicklungen, 2. Auflage, München 1975 (*zitiert: Kaser,* Römisches Privatrecht II)

-, Das römische Privatrecht, Abschnitt 1, Das altrömische, das vorklassische und klassische Recht, 2. Auflage, München 1971 (*zitiert: Kaser,* Römisches Privatrecht I)

-, Eigentum und Besitz im älteren Römischen Recht, 2. Auflage, Köln 1956 (*zitiert: Kaser,* Eigentum und Besitz)

Katz, Alfred, Staatsrecht: Grundkurs im öffentlichen Recht, 17. Auflage, Heidelberg 2007 (*zitiert: Katz,* Staatsrecht)

Kayser, Th., Beiträge zur Feststellungsklage, AcP (70) 1886, S. 455 ff. (*zitiert: Kayser,* Feststellungsklage)

Kindl, Johann, Die Rechtsfolgen der Gläubiger- und Konkursanfechtung bei der Veräußerung von beweglichen Sachen und Forderungen, NZG 1998, S. 321 ff. (*zitiert: Kindl,* NZG 1988)

Klauze, Andreas, Urheberrechtliche Nutzungsrechte in der Insolvenz, Köln u.a. 2006 (*zitiert: Klauze,* Urheberrechtliche Nutzungsrechte)

Klumpp, Hans-Hermann, Der Pflichtteilsanspruch als Gegenstand des Rechtsverkehrs und als Vollstreckungsobjekt, ZEV (4) 1998, S. 123 ff. (*zitiert: Klumpp,* Pflichtteilsanspruch als Vollstreckungsobjekt)

Knack, Hans Joachim, Verwaltungsverfahrensgesetz Kommentar, 8. Auflage, Köln u.a. 2004 (*zitiert: Bearbeiter* in: Knack VwVfG)

Knoche, Joachim und Biersack, Cornelia, Das zwangsvollstreckungsrechtliche Prioritätsprinzip und seine Vereitelung in der Praxis, NJW 2003, S. 476 ff. (*zitiert: Knoche/Biersack,* Prioritätsprinzip)

Kohler, Josef, Das Recht der Kunstwerke und Alterthümer, Archiv für bürgerliches Recht 1895, S. 56 ff. (*zitiert: Kohler,* Recht der Kunstwerke und Alterthümer)

-, Die Idee des geistigen Eigenthums, AcP (82) 1894, S. 141 ff. (*zitiert: Kohler,* Geistiges Eigenthum)

-, Handbuch des deutschen Patentrechts, in rechtsvergleichender Darstellung, Mannheim 1900 (*zitiert: Kohler,* Patentrecht)

-, Kunstwerkrecht, Stuttgart 1908 (*zitiert: Kohler,* Kunstwerkrecht)

-, Urheberrecht an Schriftwerken und Verlagsrecht, Stuttgart 1907 (*zitiert: Kohler,* Urheberrecht)

-, Zur Konstruktion des Urheberrechts, Archiv für bürgerliches Recht (10) 1895, S. 241 ff. (*zitiert: Kohler,* Konstruktion Urheberrecht)

Kopp, Ferdinand und Ramsauer, Ulrich, Verwaltungsverfahrensgesetz, Kommentar, 10. Auflage, München 2008 (*zitiert: Kopp/Ramsauer,* VwVfG Kommentar)

Kuchinke, Kurt, Der Pflichtteilsanspruch als Gegenstand des Gläubigerzugriffs, NJW 1994, S. 1769 ff. (*zitiert: Kuchinke,* Pflichtteilsanspruch)

Lackmann, Rolf, Zwangsvollstreckungsrecht mit Grundzügen des Insolvenzrechts, 8. Auflage, München 2007 (*zitiert: Lackmann,* Zwangsvollstreckungsrecht)

Lange, Heinrich und Kuchinke, Kurt, Erbrecht - ein Lehrbuch, 5. Auflage, München 2001 (*zitiert: Lange/Kuchinke,* Erbrecht)

Larenz, Karl und Canaris, Claus-Wilhelm, Methodenlehre der Rechtswissenschaft, 4. Auflage, Berlin u.a. 2007 (*zitiert: Larenz/Canaris,* Methodenlehre)

Larenz, Karl und Wolf, Manfred, Allgemeiner Teil des bürgerlichen Rechts, 9. Auflage, München 2004 (*zitiert: Larenz/Wolf,* Allgemeiner Teil BGB)

Larese, Wolfgang, Aktuelle Fragen zum urheberrechtlichen Werkbegriff, FuR 1978, S. 81 ff. (*zitiert: Larese,* Werkbegriff)

-, Fragen zum Urheberrechtserwerb im beruflichen Abhängigkeitsverhältnis, in: Festschrift für Frank Vischer zum 60. Geburtstag, Zürich 1983, S. 719 ff. (*zitiert: Larese,* Fragen zum Urheberrechtserwerb im beruflichen Abhängigkeitsverhältnis)

Lehmann, Michael, Der Rechtsschutz von Computerprogrammen in Deutschland, NJW 1988, S. 2421 ff. (*zitiert: Lehmann,* Rechtsschutz von Computerprogramme)

-, Der wettbewerbsrechtliche Titelschutz für Computerprogramme, CR 1986, S. 374 ff. (*zitiert: Lehmann,* Der wettbewerbsrechtliche Titelschutz für Computerprogramme)

Leinemann, Felix, Die Sozialbindung des "Geistigen Eigentums", Baden-Baden 1998 (*zitiert: Leinemann,* Sozialbindung)

Leipold, Dieter, Erbrecht - Grundzüge mit Fällen und Kontrollfragen, 16. Auflage, Tübingen 2006 (*zitiert: Leipold,* Erbrecht)

Leupold, Eberhard, Die Zwangsverwaltung von Rechten nach § 857 ZPO, Leipzig 1915 (*zitiert: Leupold,* Zwangsverwaltung)

Lindner, Brigitte, Die Kodifizierung des französischen Urheberrechts, UFITA (125) 1994, S. 9 ff. (*zitiert: Lindner,* französisches Urheberrecht)

Loewenheim, Ulrich, Der Schutz der kleinen Münze im Urheberrecht, GRUR 1987, S. 761 ff. (*zitiert: Loewenheim,* Schutz der kleinen Münze)

Lutz, Martin, Die Schranken des Urheberrechts nach schweizerischem Recht unter vergleichender Berücksichtigung der europäischen Urheberrechtsgesetze und der deutschen Entwürfe, Zürich 1964 (*zitiert: Lutz,* Schranken des Urheberrechts)

Maaz, Oliver, Zwangsvollstreckung in Vermögensrechte an Identitätsmerkmalen im Rechtsvergleich Deutschland – USA, Hamburg 2006 (*zitiert: Maaz,* Zwangsvollstreckung in Vermögensrechte)

Marotzke, Wolfgang, Öffentlichrechtliche Verwertungsmacht und Grundgesetz, NJW 1978, S. 133 ff. (*zitiert: Marotzke,* NJW 1978)

Marwitz, Bruno und Möhring, Philipp, Das Urheberrecht an Werken der Literatur und der Tonkunst in Deutschland – Kommentar zum Reichsgesetz vom 19. Juni 1901, Berlin 1929 (*zitiert: Bearbeiter* in: Kommentar zum LUG)

Medicus, Dieter, Bürgerliches Recht, 21. Auflage, Köln u.a. 2007 (*zitiert: Medicus,* Bürgerliches Recht)

Meinecke, Jens Peter, Erbschaftsteuer- und Schenkungsteuergesetz, Kommentar, 14. Auflage, München 2004 (*zitiert: Meinecke,* Erbschaftsteuer- und Schenkungsteuergesetz)

Mentzel, Franz und Kuhn, Georg, Kommentar zur Konkursordnung, 7. Auflage, Berlin u.a. 1962 (*zitiert: Mentzel/Kuhn,* Konkursordnung)

Mes, Peter, Patentgesetz, Gebrauchsmustergesetz - Kommentar, 2. Auflage, München 2005 (*zitiert: Mes,* Kommentar PatG/GebrMG)

Mestmäcker, Ernst-Joachim und Schweitzer, Heike, Europäisches Wettbewerbsrecht, 2. Auflage, München 2004 (*zitiert: Mestmäcker/Schweitzer,* Europäisches Wettbewerbsrecht)

Metzger, Axel, Rechtsgeschäfte über das Droit moral im deutschen und französischen Urheberrecht, München 2002 (*zitiert: Metzger,* Rechtsgeschäfte über das Droit moral)

-, Rechtsgeschäfte über das Urheberpersönlichkeitsrecht nach dem neuen Urhebervertragsrecht - Unter besonderer Berücksichtigung der französischen Rechtslage, GRURInt 2003, S. 9 ff. (*zitiert: Metzger,* Rechtsgeschäfte über das Urheberpersönlichkeitsrecht)

Mitteis, Ludwig, Zur Kenntnis des literarisch-artistischen Urheberrechts, in: Festschrift für Joseph Unger, Stuttgart 1898, S. 93 ff. (*zitiert: Mitteis*, Zur Kenntnis des literarisch-artistischen Urheberrechts)

Mohrbutter, Jürgen, Handbuch des gesamten Vollstreckungs- und Insolvenzrechts, 2. Auflage, Köln 1974 (*zitiert: Mohrbutter*, Vollstreckungsrecht)

Möhring, Philipp, Nicolini, Käte und Ahlberg, Hartwig, Urheberrechtsgesetz Kommentar, 2. Auflage, München 2000 (*zitiert: Bearbeiter* in: Möhring/Nicolini)

Müller, Urs, Die Zwangsvollstreckung in Immaterialgüter, Zürich 1978 (*zitiert: Müller*, Zwangsvollstreckung in Immaterialgüter)

Münchener Handbuch zum Arbeitsrecht, 2. Auflage, München 2000/2001 (*zitiert: Bearbeiter* in: Münchener Handbuch zum Arbeitsrecht)

Münchener Kommentar zum Bürgerlichen Gesetzbuch, 4. und 5. Auflage, München 2004-2006 (*zitiert: Bearbeiter* in: Münchener Kommentar BGB)

Münchener Kommentar zur Insolvenzordnung, 2. Auflage, München 2007 (*zitiert: Bearbeiter* in: Münchener Kommentar InsO)

Münchener Kommentar, Kommentar zur Zivilprozessordnung mit Gerichtsverfassungsgesetz und Nebengesetzen, 2. und 3. Auflage, München 2001-2007 (*zitiert: Bearbeiter* in: MünchKommZPO)

Münzberg, Wolfgang, Anmerkung zu BGH JZ 1989 S. 252 (Urteil vom 16. 5. 1988), JZ 1989, S. 253 ff. (*zitiert: Münzberg*, Anmerkung)

Münzel, Karl, Vererblichkeit und Übertragbarkeit des Schmerzensgeldanspruchs, NJW 1961, S. 1558 ff. (*zitiert: Münzel*, Vererblichkeit und Übertragbarkeit des Schmerzensgeldanspruchs)

Musielak, Hans-Joachim, Kommentar zur Zivilprozessordnung mit Gerichtsverfassungsgesetz, 5. Auflage, München 2007 (*zitiert: Bearbeiter* in: Musielak)

Nerlich, Jörg und Niehus, Christoph, Anfechtungsgesetz, München 2000 (*zitiert: Nerlich/Niehus*, Anfechtungsgesetz)

Neumann-Duesberg, Horst, Verwechslung des Urheberpersönlichkeitsrechts mit dem allgemeinen Persönlichkeitsrecht, NJW 1971, S. 1640 ff. (*zitiert: Neumann-Duesberg*, Urheberpersönlichkeitsrecht)

Nieder, Heinrich, Handbuch der Testamentsgestaltung, 2. Auflage, München 2000 (*zitiert: Nieder*, Testamentsgestaltung)

Nirk, Rudolf und Kurtze, Helmut, Geschmacksmustergesetz, Köln 1989 (*zitiert: Nirk/Kurtze*, Geschmacksmustergesetz)

Nordemann, Wilhelm, Vinck, Kai und Hertin, Paul, Urheberrecht Kommentar, 9. Auflage, Stuttgart 1998 (*zitiert: Bearbeiter* in: Fromm/Nordemann)

Ohly, Ansgar, Geistiges Eigentum?, JZ 2003, S. 545 ff. (*zitiert: Ohly*, Geistiges Eigentum)

Olzen, Dirk, Die vorweggenommene Erbfolge, Paderborn 1984 (*zitiert: Olzen*, Die vorweggenommene Erbfolge)

-, Die Zwangsvollstreckung in Dispositionskredite, ZZP 1984, S. 1 ff. (*zitiert: Olzen*, Zwangsvollstreckung in Dispositionskredite)

-, Vorweggenommene Erbfolge in historischer Sicht, Berlin 1988 (*zitiert: Olzen*, Vorweggenommene Erbfolge)

Osterrieth, Christian, Patentrecht, 3. Auflage, München 2007 (*zitiert: Osterrieth*, Patentrecht)

Osterrieth, Albert und Marwitz, Bruno, Das Urheberrecht an Werken der bildenden Künste und der Photographie – Kommentar zum Reichsgesetz vom 9. Januar 1907, Berlin 1929 (*zitiert: Bearbeiter* in: Kommentar zum KUG)

228

Palandt, Otto, Bürgerliches Gesetzbuch, Kommentar, 67. Auflage, München 2008 (*zitiert: Bearbeiter* in: Palandt)

Paulus, Christoph, Die Pfändung von EDV-Anlagen, DGVZ 1990, S. 151 ff. (*zitiert: Paulus,* Die Pfändung von EDV-Anlagen)

-, Rechtsschutz und Verwertung von Computerprogrammen (hrsg. von Lehmann, Michael), in: Urheberrecht, Patentrecht, Warenzeichenrecht, Wettbewerbsrecht, Kartellrecht, Vertrags- und Lizenzrecht, Arbeitsrecht, Strafrecht, Insolvenz- und Vollstreckungsrecht, Prozeßrecht, Produzentenhaftung, Recht der Datenbanken, Steuerrecht, Köln 1993, S. 831 ff. (*zitiert: Paulus,* Rechtsschutz und Verwertung von Computerprogrammen)

-, Software in Vollstreckung und Insolvenz, ZIP 1996, S. 1 ff. (*zitiert: Paulus,* Software in Vollstreckung und Insolvenz)

Pawlowski, Hans-Martin, Methodenlehre für Juristen, 3. Auflage, Heidelberg 1999 (*zitiert: Pawlowski,* Methodenlehre)

Peifer, Karl-Nikolaus, Eigenheit oder Eigentum - Was schützt das Persönlichkeitsrecht?, GRUR 2002, S. 495 ff. (*zitiert: Peifer,* Eigenheit oder Eigentum)

Pieroth, Bodo und Schlink, Bernhard, Grundrechte, Staatsrecht II, 23. Auflage, Heidelberg 2007 (*zitiert: Pieroth/Schlink,* Grundrechte)

Pinzger, Werner, Zwangsvollstreckung in das Erfinderrecht, ZZP (60) 1937, S. 415 ff. (*zitiert: Pinzger,* Zwangsvollstreckung in das Erfinderrecht)

Prütting, Hanns, Wegen, Gerhard und Weinreich, Gerd, BGB Kommentar, 2. Auflage, Neuwied 2007 (*zitiert: Bearbeiter* in: PWW)

Quaedvlieg, Antoon, Denker im Dienstverhältnis. Kernfragen des Arbeitnehmer-Immaterialgüterrechts - Eine Analyse nach niederländischen Recht, GRURInt (11) 2002, S. 901 ff. (*zitiert: Quaedvlieg,* Denker im Dienstverhältnis)

Reber, Nikolaus, Die Redlichkeit der Vergütung (§ 32 UrhG) im Film- und Fernsehbereich, GRUR 2003, S. 393 ff. (*zitiert: Reber,* Redlichkeit der Vergütung)

Rehbinder, Manfred, Recht am Arbeitsergebnis und Urheberrecht, UFITA (125) 1973, S. 125 ff. (*zitiert: Rehbinder,* Recht am Arbeitsergebnis und Urheberrecht)

-, Schweizerisches Urheberrecht, Bern 1993 (*zitiert: Rehbinder,* Schweizerisches Urheberrecht)

-, Urheberrecht, 14. Auflage, München 2006 (*zitiert: Rehbinder,* Urheberrecht)

Rigamonti, Cyrill, Geistiges Eigentum als Begriff und Theorie des Urheberrechts, Baden-Baden 2001 (*zitiert: Rigamonti,* Geistiges Eigentum)

Rintelen, Max, Urheberrecht und Urhebervertragsrecht nach österreichischem, deutschem und schweizerischem Recht, Wien 1958 (*zitiert: Rintelen,* Urheberrecht und Urhebervertragsrecht)

Röhl, Klaus F., Allgemeine Rechtslehre, 3. Auflage, Köln u.a. 2007 (*zitiert: Röhl,* Allgemeine Rechtslehre)

Rosenberg, Leo, Gaul, Hans Friedrich und Schilken, Eberhard, Zwangsvollstreckungsrecht, 11. Auflage, München 1997 (*zitiert: Bearbeiter* in: Rosenberg/Gaul/Schilken)

Rosenberg, Leo, Schwab, Karl Heinz und Gottwald, Peter, Zivilprozessrecht, 16. Auflage, München 2004 (*zitiert: Bearbeiter* in: Rosenberg/Schwab/Gottwald)

Rother, Gereon, Rechte des Arbeitgebers/Dienstherrn am geistigen Eigentum, GRUR Int. 2004, S. 235 ff. (*zitiert: Rother,* Rechte des Arbeitgebers/Dienstherrn am geistigen Eigentum)

Roy, Rudolf und Palm, Franz, Zur Problematik der Zwangsvollstreckung in Computer, NJW 1995, S. 690 ff. (*zitiert: Roy/Palm,* Problematik der Zwangsvollstreckung in Computer)

Rüthers, Bernd, Rechtstheorie, Begriff, Geltung und Anwendung des Rechts, 3. Auflage, München 2007 (*zitiert: Rüthers,* Rechtstheorie)

229

Runge, Kurt, Urheber- und Verlagsrecht, Bonn 1948 (*zitiert: Runge,* Urheber- und Verlagsrecht)

Sachs, Michael, Grundgesetz - Kommentar, 4. Auflage, München 2007 (*zitiert: Bearbeiter* in: Sachs GG)

Säcker, Franz-Jürgen, Der Streit um die Rechtsnatur des Pfändungspfandrechts - Zugleich ein Beitrag zum Anteil der Rechtswissenschaft an der außergesetzlichen Rechtsfortbildung, JZ 1971, S. 156 ff. (*zitiert: Säcker,* Rechtsnatur des Pfändungspfandrechts)

Saenger, Ingo, Zivilprozessordnung - Handkommentar, 2. Auflage, Baden-Baden 2007 (*zitiert: Bearbeiter* in: Hk-ZPO)

Samson, Benvenuto, Urheberrecht, Pullach 1973 (*zitiert: Samson,* Urheberrecht)

Schack, Heimo, Geistiges Eigentum contra Sacheigentum, GRUR 1983, S. 56 ff. (*zitiert: Schack,* Geistiges Eigentum contra Sacheigentum)

-, Urheber- und Urhebervertragsrecht, 4. Auflage, Tübingen 2007 (*zitiert: Schack,* Urheber- und Urhebervertragsrecht)

-, Urhebervertragsrecht im Meinungsstreit, GRUR 2002, S. 853 ff. (*zitiert: Schack,* Urhebervertragsrecht)

-, Wem gebührt das Urheberrecht: dem Schöpfer oder dem Produzenten?, ZUM 1990, S. 59 ff. (*zitiert: Schack,* Schöpfer oder Produzent)

Schiemer, Karl, Die Pfändung des Patentrechtes und des Rechtes aus der Anmeldung eines Patentes, öJZ 1949, S. 266 ff. (*zitiert: Schiemer,* Pfändung des Patentrechtes)

Schiener, Moira, Dänisches Urheberrechtsgesetz, Gesetz Nr. 1207 vom 27. Dezember 1996, GRUR 1997, S. 893 ff. (*zitiert: Schiener,* Dänisches Urheberrechtsgesetz, Gesetz Nr. 1207 vom 27. Dezember 1996)

Schilken, Eberhard, Zivilprozessrecht, 5. Auflage, Köln 2006 (*zitiert: Schilken,* Zivilprozessrecht)

Schleup, Walter, Einladung zur Rechtstheorie, Baden-Baden u.a. 2006 (*zitiert: Schleup,* Rechtstheorie)

Schlosser, Peter, Vollstreckungsrechtliches Prioritätsprinzip und verfassungsrechtlicher Gleichheitssatz, ZZP 1984, S. 121 ff. (*zitiert: Schlosser,* Prioritätsprinzip)

-, Zivilprozessrecht II, Zwangsvollstreckungs- und Insolvenzrecht, München 1984 (*zitiert: Schlosser,* Zivilprozessrecht II)

Schmidt, Karsten, Darlehn, Darlehnsversprechen und Darlehnskrediteröffnung im Konkurs, JZ 1976, S. 756 ff. (*zitiert: Schmidt,* Darlehn im Konkurs)

Schmidt, Richard Bernhard, Ueber Frommholds Widerspruchsklage in der Zwangsvollstreckung, ZZP (17) 1892, S. 401 ff. (*zitiert: Schmidt,* Widerspruchsklage)

Schmidth-Bleibtreu, Bruno, Hofmann, Hans und Hopfauf, Axel, Kommentar zum Grundgesetz, 11. Auflage, Neuwied 2008 (*zitiert: Klein/Schmidth-Bleibtreu,* Grundgesetz)

Schricker, Gerhard, Urheberrecht Kommentar, 3. Auflage, München 2006 (*zitiert: Bearbeiter* in: Schricker)

Schulze, Erich und Mestmäcker, Ernst-Joachim, Kommentar zum deutschen Urheberrecht, 41. Aktualisierungslieferung, Neuwied 2006 (*zitiert: Bearbeiter* in: Mestmäcker/Schulze)

Schulze, Gernot, Der Schutz der kleinen Münze im Urheberrecht, GRUR 1987, S. 769 ff. (*zitiert: Schulze,* Schutz der kleinen Münze)

-, Die "kleine Münze" und ihre Abgrenzungsproblematik bei den Werkarten des Urheberrechts, Freiburg 1983 (*zitiert: Schulze,* Abgrenzungsproblematik bei den Werkarten)

Schuschke, Winfried und Walker, Wolf-Dietrich, Vollstreckung und Vorläufiger Rechtsschutz, Kommentar zum Achten Buch der Zivilprozessordnung, 2. und 3. Auflage, Köln 2002-2005 (*zitiert: Bearbeiter* in: Schuschke/Walker)

Schwab, Dieter und Löhnig, Martin, Einführung in das Zivilrecht, 17. Auflage, Heidelberg 2007 (*zitiert: Schwab/Löhnig,* Zivilrecht)

Seuffert, Lothar von, Kommentar zur Zivilprozeßordnung, Zweiter Band, 11. Auflage, München 1911 (*zitiert: Seuffert,* Kommentar ZPO (1911))

Sieber, Ulrich, Der urheberrechtliche Schutz von Computerprogrammen, BB 1983, S. 977 ff. (*zitiert: Sieber,* Der urheberrechtliche Schutz von Computerprogrammen)

Siebert, Peter, Das Prioritätsprinzip in der Einzelzwangsvollstreckung, Göttingen 1988 (*zitiert: Siebert,* Prioritätsprinzip)

Smoschewer, Fritz, Zur Zwangsvollstreckung in die Rechte am Film, ZZP 1952, S. 25 ff. (*zitiert: Smoschewer,* Zwangsvollstreckung in die Rechte am Film)

Soergel, Hans Theodor, Bürgerliches Gesetzbuch mit Einführungsgesetz und Nebengesetzen, 13. Auflage, Stuttgart 2002 (*zitiert: Bearbeiter* in: Soergel)

Sosnitza, Olaf, Die Zwangsvollstreckung in Persönlichkeitsrechte, JZ 2004, S. 992 ff. (*zitiert: Sosnitza,* Zwangsvollstreckung in Persönlichkeitsrechte)

Spindler, Gerald, Reform des Urheberrechts im "Zweiten Korb", NJW 2008, S. 9 ff. (*zitiert: Spindler,* Reform des Urheberrechts)

Stamm, Jürgen, Die Prinzipien und Grundstrukturen des Zwangsvollstreckungsrechts - Ein Beitrag zur Rechtsvereinheitlichung auf europäischer Ebene, Tübingen 2007 (*zitiert: Stamm,* Prinzipien und Grundstrukturen des Zwangsvollstreckungsrechts)

Staudinger, Julius von, Kommentar zum Bürgerlichen Gesetzbuch mit Einführungsgesetz und Nebengesetzen, 12. Auflage, Berlin 1986 (*zitiert: Bearbeiter* in: Staudinger (12. Auflage))

Staudinger, Julius von, Kommentar zum Bürgerlichen Gesetzbuch, 13. Auflage, Berlin 2000 (*zitiert: Bearbeiter* in: Staudinger)

Stein, Ekkehart und Frank, Götz, Staatsrecht, 20. Auflage, Tübingen 2007 (*zitiert: Stein/Frank,* Staatsrecht)

Stein, Friedrich, Grundfragen der Zwangsvollstreckung, Tübingen 1913 (*zitiert: Stein,* Grundfragen der Zwangsvollstreckung)

Stein, Friedrich und Jonas, Martin, Kommentar zur Zivilprozessordnung, 22. Auflage, Tübingen 2002-2006 (*zitiert: Bearbeiter* in: Stein/Jonas)

Steiner, Anton, Zwangsversteigerung und Zwangsverwaltung, Band 1, 9. Auflage, München 1984-1986 (*zitiert: Bearbeiter* in: ZVG)

Stelken, Paul, Bonk, Heinz Joachim und Sachs, Michael, Kommentar zum Verwaltungsverfahrensgesetz, 6. Auflage, München 2001 (*zitiert: Bearbeiter* in: Stelken/Bonk/Sachs)

Stern, Klaus, Das Staatsrecht der Bundesrepublik Deutschland, Band 1, Grundbegriffe und Grundlagen des Staatsrechts, Strukturprinzipien der Verfassung, München 1977 (*zitiert: Stern,* Staatsrecht Bd. 1)

Stieger, Werner, Urheberrecht: Bald ein "gewöhnliches" gewerbliches Schutzrecht?, in: Urheberrecht am Scheideweg?, Bern 2002, S. 21 ff. (*zitiert: Stieger,* Urheberrecht)

Stöber, Kurt, Forderungspfändung, Zwangsvollstreckung in Forderungen und andere Vermögensrechte, 14. Auflage, Bielefeld 2005 (*zitiert: Stöber,* Forderungspfändung)

Strömholm, Verwertungsrecht und Nutzungsrecht - Gedanken zur Systematik der deutschen Urheberrechtsgesetze, GRUR Int. 1973, S. 350 ff. (*zitiert: Strömholm,* Verwertungsrecht und Nutzungsrecht)

Stürner, Rolf, Aktuelle Probleme des Konkursrechts, ZZP (94) 1981, S. 263 ff. (*zitiert: Stürner,* Konkursrecht)

-, Prinzipien der Einzelzwangsvollstreckung, ZZP (99) 1986, S. 291 ff. (*zitiert: Stürner,* Prinzipien der Einzelzwangsvollstreckung)

231

Tetzner, Heinrich, Gläubigerzugriff in Erfinderrechte und Patentanmeldungen, JR 1951, S. 166 ff. (*zitiert: Tetzner,* Gläubigerzugriff)

Thomas, Heinz und Putzo, Hans, Kommentar zur Zivilprozessordnung, 28. Auflage, München 2007 (*zitiert: Bearbeiter* in: Thomas/Putzo)

Thoms, Frank, Der urheberrechtliche Schutz der kleinen Münze: historische Entwicklung, Rechtsvergleichung, rechtspolitische Wertung, München 1980 (*zitiert: Thoms,* Schutz der kleinen Münze)

Traichel, Christian, Die Reform des französischen Zwangsvollstreckungsrechts, Bielefeld 1995 (*zitiert: Traichel,* Französisches Zwangsvollstreckungsrecht)

Troller, Alois, Der schweizerische gewerbliche Rechtsschutz, Patent- Marken-, Muster- und Modell-, Urheberrecht und unlauterer Wettbewerb, Basel 1948 (*zitiert: Troller,* Gewerblicher Rechtsschutz)

-, Immaterialgüterrecht Band 1, 2. Auflage, Basel u.a. 1968 (*zitiert: Troller,* Immaterialgüterrecht Bd. 1)

-, Immaterialgüterrecht Band 2, Basel u.a. 1971 (*zitiert: Troller,* Immaterialgüterrecht Bd. 2)

Tröndle, Herbert, Fischer, Thomas, Strafgesetzbuch und Nebengesetze - Kommentar, 54. Auflage, München 2007 (*zitiert: Bearbeiter* in: Tröndle/Fischer)

Ulmer, Eugen, Anmerkung zum Urteil des BGH JZ 1955, S. 211, JZ 1955, S. 211 ff. (*zitiert: Ulmer,* Anmerkung zum Urteil des BGH JZ 1955, S. 211)

-, Urheber- und Verlagsrecht, Berlin u.a. 1980 (*zitiert: Ulmer,* Urheber- und Verlagsrecht)

Waasen, Raphael Van, Das Spannungsfeld zwischen Urheberrecht und Eigentum im deutschen und ausländischen Recht, Frankfurt am Main 1994 (*zitiert: Waasen,* Urheberrecht und Eigentum)

Walker, Gustav, Österreichisches Exekutionsrecht, Wien 1932 (*zitiert: Walker,* Österreichisches Exekutionsrecht)

Wallner, Jürgen, Die Insolvenz des Urhebers, Berlin 2002 (*zitiert: Wallner,* Die Insolvenz des Urhebers)

Wandtke, Artur-Axel und Bullinger, Winfried, Praxiskommentar zum Urheberrecht, München 2002 (*zitiert: Bearbeiter* in: Wandtke/Bullinger)

Weimann, Martin, Software in der Einzelzwangsvollstreckung, RPfl 1996, S. 12 ff. (*zitiert: Weimann,* Software in der Einzelzwangsvollstreckung)

Weimer, Thilo, Die Vermögensnachfolge aufgrund vorweggenommener Erbfolge und von Todes wegen in der Einkommensteuer, Wertheim 1995 (*zitiert: Weimer,* Vermögensnachfolge aufgrund vorweggenommener Erbfolge)

Welbers, Hartwig, Vollstreckungsrechtliches Prioritätsprinzip und verfassungsrechtlicher Gleichheitssatz, Bonn 1991 (*zitiert: Welbers,* Prioritätsprinzip)

Werner, Olaf, Die Bedeutung der Pfändungspfandrechtstheorien, JR 1971, S. 278 ff. (*zitiert: Werner,* Pfändungspfandrechtstheorien)

Wieacker, Franz, Privatrechtsgeschichte der Neuzeit, 2. Auflage, Göttingen 1967 (*zitiert: Wieacker,* Privatrechtsgeschichte der Neuzeit)

Wieczorek, Bernhard und Schütze, Rolf, Kommentar zur Zivilprozessordnung und Nebengesetzen, 3. Auflage, Berlin u.a. 1994-2006 (*zitiert: Bearbeiter* in: Wieczorek/Schütze)

Wieling, Hans Josef, Sachenrecht, 5. Auflage, Berlin u.a. 2007 (*zitiert: Wieling,* Sachenrecht)

Wieser, Eberhard, Sofortige Beschwerde gegen den Pfändungs- und Überweisungsbeschluß, ZZP (115) 2002, S. 157 ff. (*zitiert: Wieser,* Sofortige Beschwerde gegen den Pfändungs- und Überweisungsbeschluß)

Windscheid, Bernhard und Kipp, Theodor, Lehrbuch des Pandektenrechts, 9. Auflage, Frankfurt a. M. 1963 (*zitiert: Windscheid,* Pandektenrecht)

Zeller, Friedrich und Stöber, Kurt, Zwangsversteigerungsgesetz - Kommentar zum ZVG der Bundesrepublik Deutschland mit einem Anhang einschlägiger Texte und Tabellen, 18. Auflage, München 2006 (*zitiert: Bearbeiter* in: Zeller/Stöber - Zwangsversteigerungsgesetz)

Zeller, Ulrich, Die Vollstreckung in offene Kreditlinien, Hamburg 2006 (*zitiert: Zeller,* Offene Kreditlinien)

Zimmermann, Julia Bettina, Das Erfinderrecht in der Zwangsvollstreckung, GRUR 1999, S. 121 ff. (*zitiert: Zimmermann,* Erfinderrecht in der Zwangsvollstreckung)

-, Immaterialgüterrechte und ihre Zwangsvollstreckung, St. Augustin 1998 (*zitiert: Zimmermann,* Immaterialgüterrechte und ihre Zwangsvollstreckung)

Zippelius, Reinhold, Juristische Methodenlehre, 10. Auflage, München 2006 (*zitiert: Zippelius,* Methodenlehre)

Zöller, Richard, Zivilprozessordnung, 26. Auflage, Köln 2007 (*zitiert: Bearbeiter* in: Zöller)

Stichwortverzeichnis